Lembke, Strategisches Produktmanagement

Peter M. Lembke

Strategisches Produktmanagement

Organisation der Produktplanung als integrativer Bestandteil der Unternehmensplanung

W DE G

Walter de Gruyter · Berlin · New York 1980

Dr. Peter M. Lembke

war Leiter der Produktplanung für einen Geschäftsbereich im Unternehmensbereich Nachrichtentechnik (heute Kommunikationstechnik) der Siemens AG. Er ist heute Abteilungsleiter für die Projektierung von Software im Unternehmensbereich Daten- und Informationssysteme.

Für meine Familie

CIP-Kurztitelaufnahme der Deutschen Bibliothek

Lembke, Peter M.:
Strategisches Produktmanagement : Organisation d. Produktplanung als integrativer Bestandteil d. Unternehmensplanung / Peter M. Lembke.
– Berlin, New York : de Gruyter, 1980. –
ISBN 3-11-008272-1

Printed in Germany.
Satz und Druck: Georg Wagner, Nördlingen. – Bindearbeiten: Dieter Mikolai, Berlin

Vorbemerkung

Die Idee zu dieser Arbeit entstand vor einiger Zeit anläßlich eines Managementseminars. Die Beschäftigung mit dem Thema Planung erscheint besonders dann reizvoll, wenn man selber vor den Problemen steht, die mit der Entwicklung und Einführung von ›wohldefinierten‹ Planungssystemen verbunden sind. Die Kluft zwischen einem theoretisch möglichen Planungsperfektionismus und einem praktisch realisierbaren und dennoch wirksamen Planungssystem erscheint zunächst unüberbrückbar. Der streng formale Charakter der Planung zwingt zu einem Perfektionismus des Modells, dem in der Realität nichts entspricht. Dennoch ist die theoretische Durchdringung eines Planungssystems notwendig, um vorhandene Wirkungszusammenhänge aufzeigen und begreifbar machen zu können. Planung bedeutet auch oder vor allem Konflikte lösen. Die Erkenntnis der Notwendigkeit eines organisierten Konfliktausgleiches ist auch weit verbreitet – weil vernünftig begründbar. Danach auch zu handeln, ist offenbar schwieriger, wie die Praxis zeigt. Die Kunst besteht nun darin, den praktischen Bezug dergestalt herzustellen, daß das Planungssystem durch seine Einfachheit zu einem selbstverständlichen Handeln (ver-)führt, ohne qualitative Einbußen zu erleiden. Das gelingt nur, wenn man die am Planungsgeschehen beteiligten Menschen als systemimmanenten und systembestimmenden Faktor akzeptiert. Auch die hier niedergelegten Gedanken und Anregungen sind das Ergebnis vieler Diskussionen mit Kollegen und Freunden, denen an dieser Stelle für die immer wieder bewiesene Standfestigkeit und Geduld zu danken ist. Eine Quelle für immer neue und wertvolle Anregungen waren die Gespräche mit Herrn Dr. A. Kürzl, speziell zum Produkt – Team – Management und zur systemorientierten Betrachtung der Unternehmung und ihrer Umwelt.

Die zwischen theoretischem Modell und praktischer Realisierung zu überwindende Diskrepanz wird auf vortreffliche Art und Weise durch einen Ausspruch gekennzeichnet, der einem erfahrenen amerikanischen Unternehmer zugeschrieben wird: »you have not only to develop a system you have to get people running the system« (etwa: man darf ein System nicht nur entwickeln, sondern man muß die Menschen auch dazu bewegen, sich dieses Systems zu bedienen). Das war auch die Leitlinie, die der Verfasser und seine Kollegen bei den Arbeiten an Planungssystemen immer vor Augen hatten. Es bestand allerdings nie die Absicht, den zahlreichen Abhandlungen zum Thema Planung eine weitere hinzuzufügen. Ziel konnte es vielmehr nur sein, auf der Basis praktischer Erfahrungen einige aktuelle Aspekte einer umfassenden Produktplanung und speziell die damit verbundenen Probleme der Zusammenarbeit zu diskutieren.

Mit dem Thema Planung erschließt sich das weite Feld der (Menschen-) Führung generell. Selbstbeschränkung tut deshalb not, um das Augenmerk mit der gebotenen Bescheidenheit auf die zu behandelnden Probleme hinzulenken. Eine gewisse Geschlossenheit der Darstellung wurde versucht durch das Abstecken des Gesamtrahmens für die ›Planung eines Industrieunternehmens‹. Da der Unternehmungsplanung in der Literatur ein breiter Rahmen eingeräumt wird, werden ihre Probleme hier nur insoweit behandelt, als sie als Rahmen für die Produktplanung und zu deren tieferem Verständnis unbedingt nötig sind. Im Zentrum der Betrachtung steht eine strategisch orientierte Produktplanung und die durch sie induzierte Zusammenarbeit der am Produktgeschehen beteiligten Mitarbeiter. (Auf die Projektplanung, die unter bestimmten Voraussetzungen als Spezialfall der Produktplanung angesehen werden kann, wird nicht gesondert eingegangen. Hier genügt ein Hinweis, wo die Verknüpfung unmittelbar sichtbar wird). Im einzelnen ergibt sich folgende Untergliederung:

Teil 1 schildert einige aktuelle Entwicklungstendenzen technologischer, marktwirtschaftlicher und führungspolitischer Art, die zu Konsequenzen auch in der Planung führen müssen.

Im Teil 2 erfolgt nach der Darstellung von Organisations- und Planungssystem als Subsysteme des Systems Unternehmung eine kurze Vorstellung des Organisations- und Planungssystems der Siemens AG. Dabei soll speziell auf die Wechselwirkung zwischen Organisations- und Planungssystem eingegangen werden.

Im Teil 3 werden die grundlegenden Elemente und Beziehungen im Planungssystem herausgearbeitet und zu einem System von (produktorientierten) Teilplänen zusammengefügt.

Im Teil 4 werden die aus Teil 3 ableitbaren Planungsaufgaben den Planungsträgern zugeordnet. Im Zusammenhang damit wird auch der Einsatz der Elektronischen Datenverarbeitung (EDV) in der Planung vorgestellt. Anschließend wird das Modell für eine erfolgs- und produktorientierte Querorganisation erläutert. Auf dieser Basis werden auch die Voraussetzungen und

Grundbedingungen für die vertikale und horizontale Kommunikation und Information in diesem Organisationssystem diskutiert.

Im Teil 5 schließt sich die Behandlung der Prozeßkomponente an. Der Prozeß der permanenten Produktplanung wird für sich und in der Verknüpfung mit der jährlichen Wirtschaftsplanung erläutert. Dieser Teil schließt mit der Betrachtung von Strukturen und Elementen eines produktorientierten Management-Informations-Systems (MIS) ab.

Teil 6 enthält eine Zusammenstellung des Nutzens einer auf kooperativer Basis betriebenen Produktplanung für die Unternehmung als Ganzes und die Menschen in ihr. In einem abschließenden Kapitel werden auf der Basis der bisherigen Entwicklung die gegenwärtigen und die zukünftig zu erwartenden Entwicklungstendenzen skizziert.

Teil 7 enthält eine Zusammenfassung der Arbeit in Thesen. Diese soll dem eiligen Leser die Möglichkeit geben, sich einen schnellen Überblick über die Thematik zu verschaffen. Eventuell interessierende Spezialthemen können schnell aufgefunden und an entsprechender Stelle nachgelesen werden.

Dieses Buch ist aus einer Dissertation entstanden, für deren stets geduldige und aufmunternde Betreuung Herrn Professor Dr. Dietger Hahn herzlich gedankt sei. Das Zustandekommen der Arbeit ist der Siemens AG zu verdanken. Mein besonderer Dank gilt hier Herrn Joachim Chr. Koch für die gewährte Unterstützung. Danken möchte ich auch den vielen guten Geistern, die durch ihren persönlichen Einsatz wesentlich zum Gelingen dieses Werkes beigetragen haben. Dem Verlag Walter de Gruyter sei für die tatkräftige und aufgeschlossene Zusammenarbeit gedankt.

Siegertsbrunn, im September 1980 *Peter M. Lembke*

Inhalt

»The solution of today's major social problems will come from more and better technology – not from less technology. For technology is just another name for human knowledge. We need to deepen our scientific knowledge, broaden our repertory of alternatives, and strengthen our technology of decision procedures. Above all, we need a more profound understanding of Man himself, for all human problems have their roots in our own nature.«

Herbert A. Simon

1 Führungsaufgaben im Wandel

Die Unternehmung ist eingebettet in eine sich ständig ändernde Umwelt. Zwischen beiden bestehen Wechselbeziehungen, die zu gegenseitigen Anpassungsprozessen führen. Anpassung bedeutet Veränderung und Veränderungen verlangen ein planvolles Vorgehen, wenn der Organismus Unternehmung im Gleichgewicht bleiben und überleben soll. Für die Führung stellt sich die Aufgabe, die Umweltveränderungen zu analysieren und sich den neuen Erfordernissen anzupassen. Dabei ist die Planung als eine zentrale Führungsaufgabe von besonderer Bedeutung. Sie hat vor allem die Aufgabe, zukünftige Entwicklungstendenzen zu erkennen und in beherrschbare Bahnen zu lenken. Welche Funktionen die Planung im konkreten Fall zu erfüllen hat und wie die sich daraus ergebenden Planungsaufgaben in das Führungssystem eingebettet sind, wird weitgehend bestimmt von den aktuellen und zukünftig erwarteten Entwicklungstendenzen der Unternehmung und ihrer Umwelt. (Zur Wechselwirkung zwischen Unternehmung und Umwelt vgl. z. B. Gasser [55], Günther [282], Kieser [316], Krüger [331] und E. Schmidt [374]).

1.1 Wirkungen externer und interner Umweltbedingungen

Die Unternehmung ist mit der Umwelt durch ein stark vernetztes Beziehungsgefüge verbunden. Sie ist schließlich selbst Bestandteil dieser Umwelt. Dies erschwert die Abgrenzung der Einflüsse, die von außerhalb der Unternehmung auf diese einwirken von jenen, die in der Unternehmung ihren Ursprung haben und primär auf diese einwirken. Politische, gesellschaftliche und technische Umwelteinflüsse sind untrennbar miteinander verbunden. Sie bestimmen im wesentlichen auch den unternehmensbezogenen Bedingungsrahmen, der seine konkrete Ausprägung im unternehmungspolitischen Rahmen sowie im Führungs- und Organisationssystem einer Unternehmung findet.

Die individuelle Führung einer Unternehmung verlangt die Auseinandersetzung mit den vielfältigen Umweltbedingungen. Die genannten Umwelteinflüsse können nur den Rahmen abstecken, in dessen Grenzen eine sorgfältige Analyse und Synthese der Umwelteinflüsse zu erfolgen hat. Eine zumindest ausschnittweise Vertiefung erscheint somit angebracht. Aus der Fülle von Umweltbedingungen sollen einige externe und interne Entwicklungstendenzen herausgegriffen und kurz skizziert werden, die insbesondere die Besinnung auf eine systematische Produktplanung als Basis einer strategisch orientierten Unternehmensplanung forcieren: Tendenzen des technologischen Wandels, einige Aspekte bezüglich der Ausweitung der Märkte, schließlich Konsequenzen für die Organisation und die Führung sowie für den Menschen selbst.

1. Der technologische Wandel führt zu immer schnelleren Innovationsprozessen und als Folge davon zu immer kürzeren Produktlebenszyklen (Abb. 1 [270, S. 193 f.]). Auf dem Gebiet der Informationstechnik erleben wir seit etwa 1960 eine zunehmende Miniaturisierung der Geräte bei gleichzeitiger Erschließung immer neuer Anwendungsgebiete. Die Entwicklung der Halb-

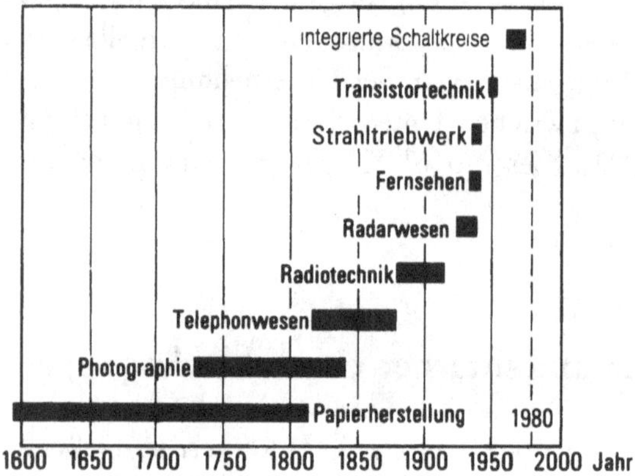

Abb. 1 Die Innovationszeiten werden kürzer (nach Ch. Gasser)

leiterbauelemente ist ein sprechendes Beispiel für einen technischen Fortschritt, dessen umfassende Konsequenzen wir heute noch nicht ausreichend beurteilen können (Abb. 2 [291, S. 322] und 3 [387, S. 9]). Aus dem zunehmenden Anteil von Software an den Geräten und Systemen ergeben sich neue qualitative Anforderungen an Forschung und Entwicklung, Fertigung und Vertrieb. Software kann in Anlehnung an Weizenbaum als die Summe aller zu einem Gerät (z. B. Computer) gehörenden Programme, Programmiertechniken, Systembeschreibungen, Systemanweisungen und sonstige Dienstleistungen, die mit der Anwendung des Gerätes zusammenhängen, verstanden werden [188, S. 247]. Die damit verbundenen hohen Vorleistungen in Form von Investitonen und Aufwand für die Forschung

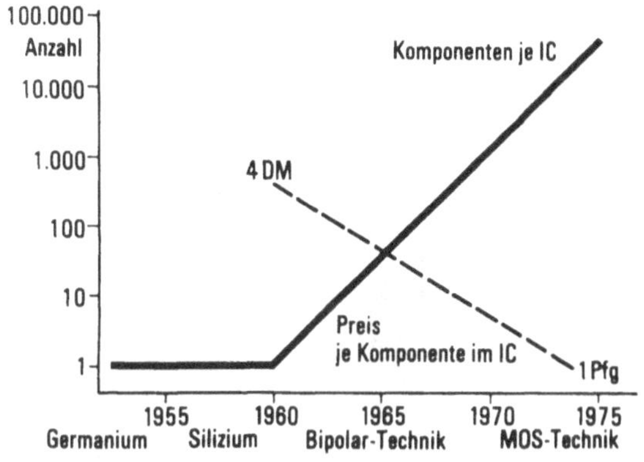

Abb. 2 Entwicklungsstufen von Halbleiterbauelementen der Informationstechnik (IC = Integrated Circuit) (nach U. Haier)

und Entwicklung sowie für die Fertigungstechnik müssen in immer kürzeren Zeiten am Markt wieder eingespielt werden.

Das unternehmerische Risiko wächst mit zunehmendem Anteil an Forschungs- und Entwicklungstätigkeiten. Die Diskussion über zukünftige technische Entwicklungsschritte wird mehr und mehr in die Öffentlichkeit getragen, wie uns die Beispiele Breitbandkommunikation und Kabelfernsehen zeigen. Staat, Wirtschaft und Gesellschaft stehen in einem Beziehungsgefüge zueinander, aus dem heraus die nächsten Entwicklungsschritte gemeinsam abgeleitet und entschieden werden müssen.

2. Dieser Strukturwandel wird begleitet und verstärkt durch einen starken relativen Rückgang des Hardware-(Geräte-)Anteils am Gesamtumsatz, der durch eine zunehmende Vermarktung von Softwareleistungen (über-)kompensiert werden muß. Noch um 1955 betrug der Anteil der Software (einschließlich der Wartung) an den Gesamtkosten der Elektronischen Datenverarbeitung (EDV) etwa 10%. Heute beträgt dieser Anteil bereits mehr als 50% und er wird bis 1985 ca. 90% erreichen. Das wird nicht nur Konsequenzen für das Geschäft mit Computersystemen haben sondern sich auf die gesamte Kommunikationstechnik auswirken. Der solchermaßen induzierte Rückgang des traditionellen „Hardware-Selling" (Geräteverkauf) und die Hinwendung zum anwendungsorientierten Problemlösungsgeschäft verursachen gravierende Veränderungen der Produktions- und Wertschöpfungsstruktur einer Unternehmung. Forschung und Entwicklung, Fertigung, Vertrieb und die Geschäftsleitung sind gleichermaßen betroffen. Diese Veränderungen verlangen eine gezielte Analyse zur Beseitigung der Schwächen und eine Besinnung auf die Stärken einer Unternehmung. Nur so können die sehr komplexen und anspruchsvollen Bestandteile des Problemlösungsgeschäftes wie z. B. umfas-

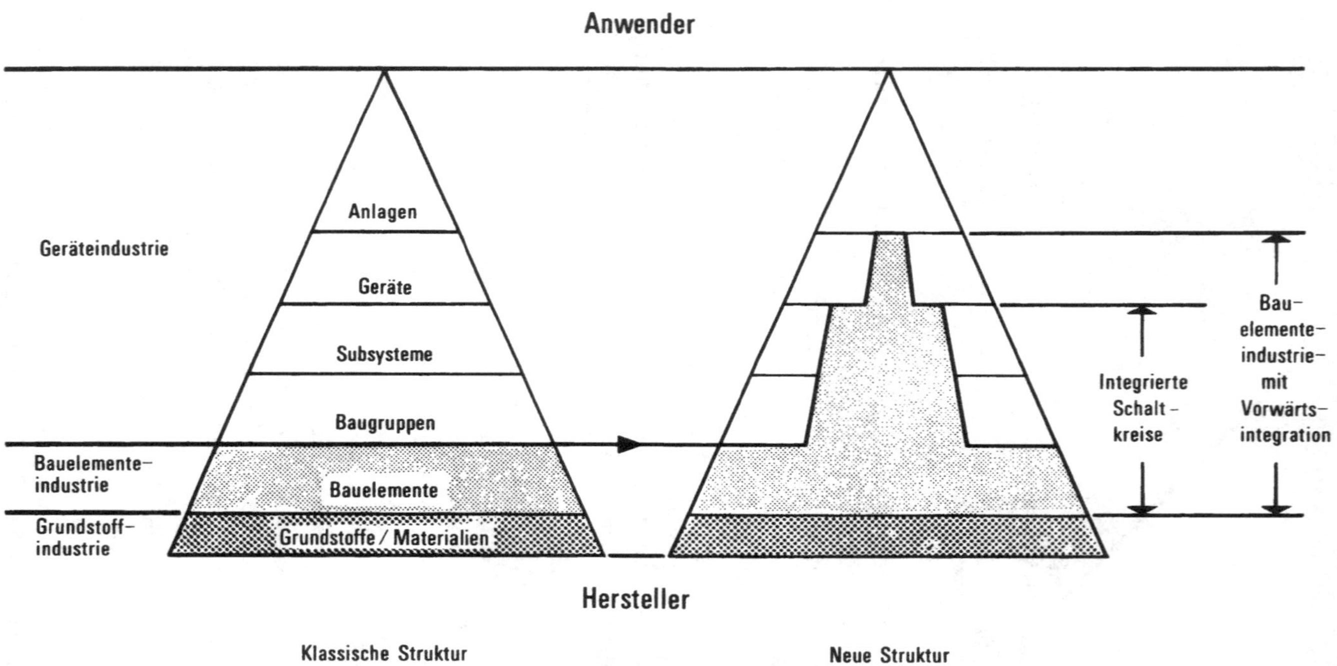

Abb. 3 Strukturveränderungen in der elektronischen Technik unter dem Einfluß der Großintegration und ihre Auswirkungen auf die Struktur der Elektronikindustrie
(Quelle: Siemens)

sende Beratung, Entwicklung und Durchsetzung von Organisationskonzepten, benutzerfreundliche Software, ansprechende, ergonomisch ausgereifte und wartungsfreie Hardware, schneller und leistungsfähiger Service, bewältigt werden. Das „Alles aus einer Hand-Prinzip" wird um so stärker dominieren, je umfassender sich die Einsatzfälle moderner Kommunikationstechniken gestalten und je mündiger der Kunde selbst wird bezüglich der Beurteilung von Risiken und Chancen moderner Computersysteme.

Alles das zwingt u. a. zur Entwicklung und forcierten Anwendung moderner Softwaretechnologien, mit deren Hilfe die arbeitsteilige Softwareproduktion nach ingenieurmäßigen Kriterien durchgesetzt werden kann. Systemdesign (Systemarchitektur), Bausteintechnik, Mehrfachverwendung, Werkzeugeinsatz (einschließlich Hilfsmittel und Methoden zur rationelleren Softwareherstellung), strukturierte Programmierung u. a. m. sind die Arbeitsgebiete, die vertieft bzw. neu erschlossen werden müssen. Neue Betätigungen und neue Berufsbilder sind die Folge. Der sich abzeichnende Strukturwandel betrifft das Aufgabengefüge einer Unternehmung, die Sachmittel zur Erfüllung dieser Aufgaben und nicht zuletzt die beteiligten Menschen gleichermaßen.

3. Die angedeuteten Tendenzen sind Bestandteil umfassender technologischer Veränderungen. In dem Bestreben, das notwendige Marktvolumen zur Abdeckung des hohen Aufwandes für die Innovationen zu gewinnen, versuchen die betroffenen Firmen der Begrenztheit der nationalen Märkte zu entrinnen und drängen auf die internationalen Märkte. Dies wiederum hat Konsequenzen für die Vertriebsorganisation, die sich auf sehr differenzierte und weltweite Vertriebsaktivitäten einstellen muß. Auf internationalen Märkten trifft man auf eine internationale Konkurrenz, wodurch der Wettbewerb noch härter wird. Lohngefälle, Währungskrisen, Probleme der Kapitalbeschaffung, Sicherung der Rohstoffbasis sowie die Berücksichtigung nationaler Interessen führen zur Errichtung nationaler Fertigungsstätten im Ausland. Diese wiederum ziehen den Aufbau von Forschungs- und Entwicklungskapazitäten und den Transfer von know-how (Blaupausen-Export) nach sich, um Anpassungsentwicklungen an die individuellen Bedürfnisse des Landes durchführen zu können. Darin ist auch der steigende Export von Wertschöpfung begründet, da Drittländer in zunehmendem Maße am Aufbau eigener Fertigungsstätten mit umfassenden Vertriebsaktivitäten interessiert sind. Die Potenzierung des Aufwandes erscheint unausweichlich, wenn nicht völlig neue Konzepte zur Steuerung derartiger weltumspannender Unternehmungseinheiten geschaffen werden.

4. Mit der Hilfe verbesserter Führungskonzeptionen soll den komplexeren Aufgaben und den veränderten Ansprüchen des Menschen entsprochen werden. Der wachsende Umfang, die steigende Änderungsgeschwindigkeit, die zunehmende Spezialisierung und die wachsende räumliche Extension der Aufgaben [18, S. 24 ff.] stellen neue Anforderungen an die Planung und die Organisation in den Unternehmungen.

Die Divisionalisierung als Instrument der organisatorischen Gestaltung und Steuerung der Unternehmung hat sich nicht zuletzt deshalb in breitem Umfang durchgesetzt, weil im Zuge der Festlegung einer exakten, erfolgsbetonten Verantwortung und einer klaren technischen Gliederung eine unmittelbare Ausrichtung aller Führungsanstrengungen auf das Unternehmungsziel hin konsequenter durchführbar erscheint. Das allgemeine Bedürfnis zur Verbesserung der Managementtechniken fand sehr schnell Resonanz. Der rezeptartige Charakter alter und neuer Empfehlungen zur Verbesserung der Managementeffizienz wurde erfreulicherweise sehr bald überdeckt durch die systematische Auseinandersetzung mit den Problemen der Organisation, der Führung und insbesondere der Planung, und zwar unter Hinzuziehung benachbarter Disziplinen wie z. B. der Psychologie und der Soziologie. Interdisziplinäre Forschungsrichtungen wie die Erkenntnismöglichkeiten der Systemtheorie tragen dazu bei, komplexe Wirkungszusammenhänge transparenter und damit begreifbarer zu machen.

5. Im Zentrum aller Führungsprobleme steht der Mensch selbst. Alle Führungsinstrumente und -techniken sind nutzlos, wenn es nicht gelingt, diese an den Menschen anzupassen und den Menschen zu bewegen, sich ihrer zu bedienen. Aus der unterschiedlichen Aufgabenstellung einzelner Produkt- und Funktionsbereiche ergeben sich Konflikte, die durch das Bestreben nach Befriedigung der individuellen Bedürfnisse des Einzelnen noch verstärkt werden. Die sozialorientierte Unternehmensführung trägt diesem Tatbestand Rechnung, indem sie den Menschen nicht nur als Produktfaktor zur Erfüllung von Aufgaben sieht, sondern auch seine individuelle Bedürfnisstruktur berücksichtigt [347, S. 431].

Die verhaltenstheoretische Orientierung der Unternehmensführung zielt auf die Bedürfnisse des Einzelnen und sein Verhalten in der Gruppe ab: Der Mensch erwartet Selbstverwirklichung im System [18, S. 27 f.]. Aufgabe dieser Forschungsrichtung ist es auch, Konfliktsituationen zu erhellen und Möglichkeiten ihrer Bewältigung zu erarbeiten. In der Praxis werden auftretende Konflikte häufig im Keim erstickt, um ein Höchstmaß an „scheinbarer“ Ausgeglichenheit für den Gesamtbetrieb zu erzielen. Oder die Konflikte werden einfach ignoriert, um unliebsamen Auseinandersetzungen aus dem Weg zu gehen. Hier zeichnen sich nun Ansatzpunkte einer Veränderung ab. Die Unternehmung ist auf verantwortliche, kritisch eingestellte und ihr Arbeitsgebiet beherrschende Mitarbeiter angewiesen. Die Anforderungen an die Effektivität der Unternehmung verbieten es, die sachlichen Zielkonflikte einzelner Abteilungen oder Bereiche zu unterdrücken. Als Folge einer auf Kooperationsbereitschaft beruhenden multipersonalen Führung wird eine zunehmende Liberalisierung auf und zwischen den nachgeordneten hierarchischen Ebenen sichtbar. Im Sinne einer einheitlichen Führung, die auch die Probleme der einzelnen Arbeitsbereiche berücksichtigt und alle Schwachstellen in das Kalkül einbezieht, ist es nötig, auf einen offenen Konfliktausgleich zu drängen. Dies stellt angesichts festgefügter Machtstrukturen völlig neue Anforderungen an die Führenden und an die Geführten. Dafür muß eine Atmosphäre geschaffen werden, in der kompetente Mitarbeiter offen und ohne persönliche Einschränkung über gemeinsame Probleme diskutieren können. Hier ist der Ansatzpunkt für eine umfassende unternehmungsbezogene Konfliktforschung gegeben, damit unternehmungsspezifische Spannungen in Fortschritte umgewandelt werden können, die allen zugute kommen.

1.2 Konsequenzen für die Unternehmungsführung

Die Unternehmungsführung und speziell die Planung werden maßgeblich von diesen und anderen Entwicklungsrichtungen bestimmt. Der technische Fortschritt führt zu neuen Technologien, aus diesen entstehen spezielle Verfahren und Produkte. Damit lassen sich neue Märkte erschließen und diese wiederum verlangen verbesserte Methoden für die Steuerung und Koordinierung umfassender Vertriebsaktivitäten. Die Führung muß sich als konstruktive und integrierende Kraft in einem Netz multidimensionaler Beziehungen erweisen. Dazu bedarf es der Besinnung auf die wesentlichen Bezugspunkte unternehmerischen Tuns: Die Führung von Menschen, die Fortentwicklung der Technik und die Beachtung der Wirtschaftlichkeit. Dabei wird mehr Flexibilität vonnöten sein als in der Vergangenheit. Ob wir wirklich flexibler sein können wird sich auch darin zeigen, ob uns die Abkehr von einer hauptsächlich nachträglichen Reaktion auf Ereignisse zugunsten einer vorausschauenden Aktion gelingt.

Konzepte müssen erdacht und in konkrete Produktvorhaben umgewandelt werden – in immer kürzeren Zeitabschnitten. Ziele und Maßnahmen müssen geplant, koordiniert und organisiert werden. An die Menschen werden höhere und immer neue Anforderungen gestellt. Trotz oder gerade wegen der zunehmenden Spezialisierung greifen die verschiedenen Tätigkeiten in Forschung und Entwicklung, Fertigung und Vertrieb stärker ineinander denn je zuvor. Das Verständnis für die Probleme im benachbarten Arbeitsbereich wird immer dringender nötig, um dem eigenen Beitrag den richtigen Stellenwert zu verschaffen. Neue, komplexere Aufgaben und das zunehmende Verständnis für größere Wirkungszusammenhänge fordern neue Arbeitsmittel. Diese müssen im Systemzusammenhang von Mensch und Aufgabe entwickelt und eingesetzt werden. Eine konstruktive Systemgestaltung wird zum Instrument für die Analyse und Synthese mehrdimensionaler Wirkungszusammenhänge.

Alternative Maßnahmen und Strategien werden für wechselnde Umwelteinflüsse entwickelt, Strategie und Taktik werden zum beherrschenden Element der Planung schlechthin. Eine fundierte, marktorientierte Produktpolitik in Verbindung mit einer systematischen Produktplanung ist die Drehscheibe für das Umsetzen einer globalen Unternehmenspolitik in operationale Einzelaktivitäten.

Im Hinblick auf die Auseinandersetzung mit den Umwelteinflüssen ist die Frage zu stellen, wie die Unternehmungsführung und speziell eine strategisch orientierte Planung organisiert werden können, um den gegenwärtigen und zukünftigen Anforderungen zu genügen. Um in einer schwerdurchschaubaren Vielfalt unternehmerischer Aktivitäten Einzelmaßnahmen nicht zum Selbstzweck werden zu lassen, muß der allen Anstrengungen gemeinsame Gegenstand bestimmt werden: Produkt und Produktgeschehen in ihren vielfältigen Ausprägungen stehen im Zentrum planerischer Überlegungen.

Die Beschäftigung mit den Problemen der Unternehmungs- und Produktplanung hat in Theorie und Praxis zugenommen. Dies ist sowohl auf eine stärkere Hinwendung des Topmanagements zu Planungsproblemen als auch auf eine bessere theoretische Durchdringung der Planungs- und Informationsprozesse zurückzuführen.

Welche Probleme bei der Gestaltung von Planungs- und Informationssystemen zu bewältigen sind, soll hier am praktischen Beispiel erarbeitet werden. Es wird ein in der Praxis erprobtes Modell einer produktorientierten Unternehmungsführung vorgestellt, in dem die funktions-, produkt- und unternehmungsorientierten Belange der Führung integrativ miteinander verknüpft sind.

Wenn die substantielle Übereinstimmung zwischen strategischer Unternehmungsführung, Unternehmungsplanung und Produktplanung angestrebt wird, dann müssen die damit verbundenen organisatorischen und planungstechnischen Probleme bewußt gemacht werden. Die konsequente Durchsetzung einer definierten Unternehmungsstrategie ist nur möglich, wenn sich deren Auswirkungen bis in die Steuerung und Koordinierung aller wesentlichen Produktaufgaben verfolgen läßt. Welche Ansätze dafür praktikabel erscheinen, soll die Darstellung der Systematik der Produktplanung in einem Geschäftsbereich der Siemens AG verdeutlichen. Dabei werden im Einzelnen Schwerpunkte der Produktarbeit und praktische Erfahrungen mit der Produktplanung anzusprechen sein, wobei auf die herausragende Rolle des Menschen besonders einzugehen ist. Die auf Kooperationsbereitschaft beruhenden Planungsprozesse und die im Konfliktfall notwendigen autoritären Einzelentscheidungen schließen sich scheinbar aus. Es wird zu zeigen sein, welche Ansätze zur Lösung dieses Dilemmas denkbar sind. Die notwendige Abstraktion vom praktischen Beispiel sowie die Beschränkungen auf die wesentlichen Elemente und Beziehungen des Planungssystems dienen der besseren Überschaubarkeit und dem leichteren Verständnis.

Eine umfassende Behandlung der Produktplanung bedarf der Betrachtung von verschiedenen Seiten. Die systemtheoretische Durchdringung dieses Modells soll zweierlei ermöglichen: Einmal kann das Planungssystem mit all seinen zahlreichen und verzweigten Komponenten übersichtlich und umfassend strukturiert werden, zum anderen gestattet die konsequente Anwendung einheitlicher Gliederungskriterien eine detaillierte Analyse und Synthese der Beziehungen zwischen verschiedenen Systemen auf jeder Stufe des Wirkungszusammenhanges.

Die Planung als Akt der unternehmerischen Willensbildung bedingt die Reflexion auf entscheidungstheoretische Erkenntnisse. Entscheidungsprozesse werden weitgehend vom Entscheidungsverhalten der Planungsträger geprägt, womit der verhaltenstheoretische Ansatz generell angesprochen wird.

Unmittelbar verbunden damit ist das Problem der Informationsbeschaffung, der Informationsverarbeitung, des Informationsaustausches und der Informationsverwertung. Die Information als Produktivfaktor steht heute gleichberechtigt neben den klassischen produktiven elementaren Einsatzfaktoren wie menschliche Arbeitsleistung, Betriebsmittel und Werkstoffe und den dispositiven Faktoren Führung, Planung und Organisation. Die Beschäftigung mit dem Informationssystem als immateriellem Subsystem des Systems Unternehmung zieht die Analyse und Synthese von Steuerungs- und Regelungsprozessen nach sich. Die Erkenntnismöglichkeiten der Kybernetik erleichtern die Erschließung dieses komplexen und noch wenig analysierten Beziehungsgefüges.

Diese von verschiedenen Untersuchungsrichtungen ausgehende Betrachtung der unternehmerischen Funktion Planung erscheint aufwendig. Die Komplexität der Planungszusammenhänge, die mit der Zukunft verbundene Unsicherheit der Erwartungen und die mit menschlichen Handlungsweisen verbundenen Imponderabilien verlangen jedoch diese umfassende Betrachtung des Themas.

Die notwendige Einengung des Themas geschieht durch die Beschränkung auf die organisatorische Gestaltung der Produktplanung aus systemtheoretischer Sicht. Entscheidungstheoretische Erkenntnisse wie z. B. Bewertungsfragen sind zwar für die Durchdringung der Planungsprobleme wichtig, können aber ebenso wie die soziologischen und psychologischen Aspekte nur am Rande behandelt bzw. erwähnt werden. Ziel dieser Arbeit ist es vielmehr, die Wechselbeziehungen zwischen Organisations- und Planungssystem sichtbar zu machen, die Produktplanung als integrativen Bestandteil der Unternehmungsplanung herauszustellen und eine Möglichkeit der Organisation mehrdimensionaler Führungsstrukturen an einem in der Praxis erprobten Beispiel aufzuzeigen. Die systemtheoretische Vorgehensweise soll die ganzheitliche Betrachtung erleichtern. Außerdem vermag sie als interdisziplinäre Wissenschaft Verschiedenes miteinander zu verbinden. Dadurch werden notwendige Verbindungen zu weiterführenden Betrachtungen auf Nachbargebieten sichtbar und der geneigte Leser erhält Hinweise für weiterführende Studien und Überlegungen, die seinen eigenen Wirkungskreis betreffen.

2 Organisation und Planung als Subsysteme der Unternehmung

2.1 Der Systembegriff und seine Übertragung auf das System Unternehmung

2.1.1 Der systemtheoretische Ansatz

Die Systemtheorie ist eine auf die Realwissenschaften gerichtete allgemeine Wissenschaft [18, S. 11] und gestattet eine umfassende und ganzheitliche Betrachtung komplexer Wirkungsgefüge. Statische und dynamische Elemente kommen dabei ebenso zum Tragen wie die aus einer fundierten Systemanalyse abgeleiteten Möglichkeiten einer zweckorientierten Systemsynthese. Als interdisziplinäre Wissenschaft gestattet die Anwendung des Instrumentariums der Systemtheorie eine integrative Betrachtung der Unternehmung aus der Sicht verschiedener Einzelwissenschaften (z. B. der Betriebswirtschaft, der Soziologie und der Psychologie), die zu ihrem tieferen Verständnis nötig ist. Erst durch eine alle wesentlichen Aspekte berücksichtigende Durchdringung erhält jedes einzelne Element seinen individuellen Stellenwert und läßt sich mit anderen Elementen zu einem homogenen Ganzen zusammenfügen. Die Vernachlässigung wesentlicher Systemeinflüsse aus der Umwelt stellt eine meist unterschätzte Gefahr für den Bestand eines Systems dar.

Ein System ist eine zielgerichtete, geordnete Gesamtheit von Elementen, zwischen denen Beziehungen bestehen [75, S. 4]. Systeme müssen grundsätzlich als zielorientiert aufgefaßt werden. Selbst wenn sich uns wegen mangelnder Durchdringung der eigentliche Sinn und Zweck eines Systems entzieht, kann zumindest das Bestreben nach Selbsterhaltung festgestellt werden. Zur Analyse und Synthese von Systemen gehört auch die Beschäftigung mit der systemimmanenten Zielsetzung. Diese muß erforscht werden, wenn wir die Elemente, deren Beziehungen untereinander sowie die Antriebe für bestimmte Verhaltensweisen verstehen wollen.

Aus dieser allgemeinen Systemdefinition können die einzelnen Schwerpunkte der systemtheoretischen Forschung abgeleitet werden:

1. die Erforschung der Systemziele,
2. die Bestimmung und Beschreibung der Systemelemente,

3. die Untersuchung der Beziehungen zwischen den Systemelementen und
4. die Analyse und Synthese des Systemverhaltens.

Diese vier Aspekte bilden die Grundlage für die praktische Systemgestaltung, die auf einer fundierten Systemanalyse und einer konstruktiven Systemsynthese beruht [109, S. 59].

Zur weiteren allgemeinen Charakterisierung von Systemen können in Anlehnung an verschiedene Autoren [1, S. 18 f.; 10, S. 27 ff.; 40, S. 32] folgende Systemtypen unterschieden werden:

1. Konkrete und abstrakte Systeme. Konkrete Systeme sind körperliche Systeme, zwischen deren Elementen Output-Input-Ströme fließen. Abstrakte Systeme sind erdachte Systeme. Zu ihnen gehören zum Beispiel Aussagensysteme und Klassifikationssysteme. Dabei handelt es sich in der Regel um Abbilder von der Wirklichkeit (Modelle). Die Elemente sind durch Zuordnungsbeziehungen ohne Output-Input-Ströme verbunden.
2. Offene und geschlossene Systeme. Bei offenen Systemen existieren Beziehungen zum jeweiligen Umsystem. Geschlossene Systeme haben keine Außenbeziehungen. In der Regel muß von der Offenheit der Systeme ausgegangen werden.
3. Einfache und komplexe Systeme. Nach der Anzahl der Elemente und Beziehungen und nach der Intensität der gegenseitigen Verflechtungen können einfache, komplexe und äußerst komplexe Systeme unterschieden werden.
4. Deterministische und probabilistische Systeme. Diese Unterscheidung beruht auf der Voraussagbarkeit von Verhaltensweisen in Systemen.
5. Künstliche und natürliche (biologische) Systeme. Künstliche Systeme sind von Menschen geschaffen. In der Regel wird man Mischformen zwischen beiden Typen feststellen können.

Elemente und Beziehungen können ihrerseits Gegenstand der Untersuchung sein und als System betrachtet werden. Ein System kann also sowohl in Teilsysteme (Subsysteme, Insysteme) gegliedert als auch als Element eines oder mehrerer über- oder nebengeordneter Systeme (Supersysteme, Umsysteme) betrachtet werden [139, S. 49]. Die jeweilige Systemabgrenzung ergibt sich aus der Aufgabenstellung für Systemanalyse und -synthese.

2.1.2 Die Unternehmung als System

Die Unternehmung kann als zielorientiertes, offenes, äußerst komplexes, probabilistisches, soziotechnisches System verstanden werden [174, S. 153 ff.]. Sie ist ein vielschichtiges Gebilde, in dem schwer definierbare Ziele formuliert und durchgesetzt werden müssen. Dies geschieht durch Menschen, deren Verhalten weitgehend unbestimmt ist – und das unter Berücksichtigung zahlreicher Beziehungen zur Umwelt. Die Unternehmung ist integrativer Bestandteil des Systems Gesamtwirtschaft und in dieser Rolle Partner in einem System ökonomischer Arbeitsteilung. Daraus folgt, daß die wirtschaftliche Selbständigkeit der Unternehmung nicht notwendigerweise auch ihre wirtschaftliche Unabhängigkeit nach sich zieht [109, S. 18]. „Selbständigkeit der Unternehmung im wirtschaftlichen Sinne bedeutet daher nur (graduell differenzierte) Entscheidungsfreiheit im Rahmen eines durch die wirtschaftlichen Verflechtungen eingeengten Entscheidungsspielraumes [109, S. 18 f.]." Das wirtschaftliche Risiko liegt in der freien Entscheidungsmöglichkeit aller Wirtschaftssubjekte und in der unvollkommenen Information über die Einflüsse auf das Wirtschaftsgeschehen insgesamt. Durch Beschaffung von Informationen und durch eine systematische Planung wird versucht, die Ungewißheit zu reduzieren [18, S. 17] und damit das Risiko zu vermindern. Systematische Planung und Informationsbeschaffung sind somit unverzichtbare Aufgaben der Unternehmungsführung. Da die Grundlagen der Systemforschung hier nicht abgehandelt werden können, sei auf einige wesentliche Arbeiten hingewiesen wie z. B. auf die von Ackoff und Emery [1], Beer [10], v. Bertalanffy [222], Alewell, Bleicher und Hahn [210], Dworatschek [40], Cleland und King [34], Churchman [32], H. Fuchs [265], Kosiol, Szyperski und Chmielewicz [327], Lindemann [112], Ulrich [174], Vester [181], Wieser [193], Zangemeister [430] u. a. m.

2.1.2.1 Grundsätzliche Subsysteme und Elemente des Systems Unternehmung

Die Unternehmung als Ganzes und ihre Teilbereiche sind Gegenstand der Planung. Die Gliederung der Unternehmung in Subsysteme und Elemente (Abb. 4) ist ein wesentliches Gestaltungskriterium für die Organisation der Unternehmungs- und Produktplanung. Da das Planungssystem als Untersuchungsgegenstand herausgestellt wird, soll die Unternehmung unter den Aspekten Zielsetzung und Zielerreichung untergliedert werden. Dabei wird

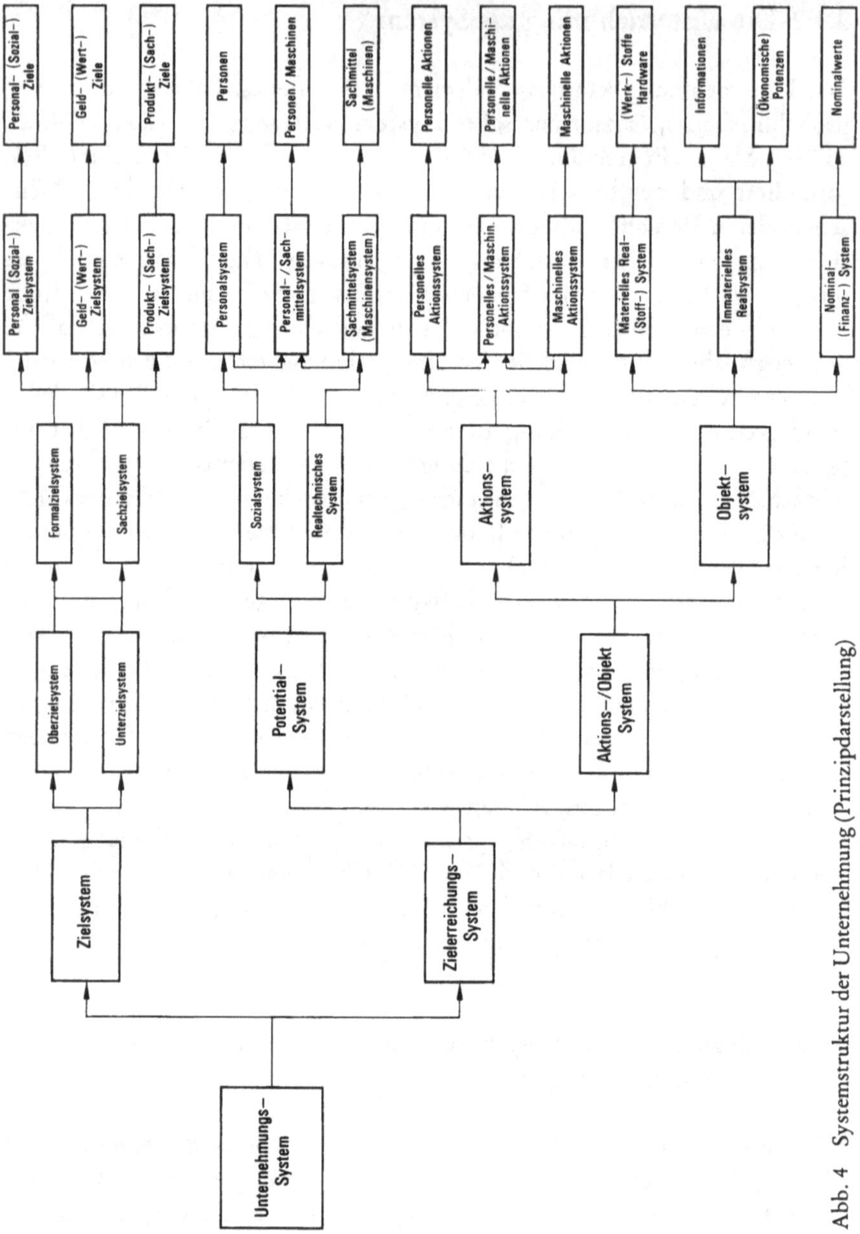

Abb. 4 Systemstruktur der Unternehmung (Prinzipdarstellung)

hauptsächlich die Terminologie von Bleicher [18, S. 13 ff.], Hahn [75, S. 10 ff.] und Heinen [84, S. 45 und S. 89 ff.] benutzt.

Die Unternehmung besteht aus einem Zielsystem und aus einem System der Leistungserstellung zur Erreichung dieser Ziele (Zielerreichungssystem). Das Zielsystem besteht aus einzelnen Zielen (Zielelementen), die in enger Beziehung zueinander stehen und die entsprechend den Zielentscheidungen der Unternehmungsführung in einer Zielhierarchie (Ober- und Unterziele) angeordnet sind. Ziele sind zukünftige Zustände einer Unternehmung, die als erstrebenswert angesehen werden. Zielentscheidungen sind weitgehend autonome Wahlhandlungen und von substantieller Bedeutung für die Unternehmung [297, S. 11]. Zu den wichtigsten allgemeinen Zielen gehören die Personalziele (Sozialziele), Geldziele (Wertziele) und Produktziele (Sachziele). Für die Darstellung des Planungssystems soll als weitere grundsätzliche Gliederung des Zielsytems die Unterscheidung in ein Sachzielsystem und ein Formalzielsytem eingeführt werden. „Das Sachziel stellt das konkrete Handlungsprogramm der Unternehmung dar. Es enthält die Art, die Menge und den Zeitpunkt für die zu erstellenden und im Markt abzusetzenden Güter oder Dienstleistungen [65, S. 38]." „Das Formalziel der Unternehmung gibt an, anhand welcher Kriterien die Entscheidungen in der Unternehmung im Hinblick auf die auszuwählenden Handlungsmöglichkeiten getroffen werden [65, S. 41]." (Diese Unterscheidung in Sachziel und Formalziel geht zurück auf Kosiol [109, S. 212]). Ersteres betrifft also den sachlichen Bezug der Leistungserstellung, letzteres die Bewertung der Vorgänge im System der Leistungserstellung.

Die generellen Ziele können diesen Subsystemen adäquat zugeordnet werden. Die Personalziele haben sowohl Sachcharakter als auch Formalcharakter, die Geldziele haben vornehmlich Formalcharakter (wenn man vom Geld als Sachgut, das produziert, gelagert und transportiert werden muß, einmal absieht) und die Produktziele haben als Objekt von Verrichtungen primär Sachcharakter, müssen aber formal bewertet werden. In dieser formalen Eigenschaft (z. B. Produktgewinn) sind die Produktziele Elemente des Geld-(Wert-)Zielsystems.

Das Zielerreichungssystem ist bestimmt durch soziotechnische Komponenten, die als Träger der Leistungserstellung zur Zielerreichung zu verstehen sind. Dabei handelt es sich im Einzelnen um die Elemente Personen in einem Personalsystem (Sozialsystem), um die Elemente sachliche Hilfs- und Betriebsmittel in einem realtechnischen System, um die Aktionen (Aktivitäten) der Personen und Betriebsmittel (z. B. Maschinen) in einem Aktionssystem sowie um die Objekte (als Güter und Dienste oder Produkte sowie deren Vorstufen) in einem Objektsystem, auf die diese Aktionen gerichtet sind. Diese Objekte können als Realelemente in materieller Form (in einem Stoffsystem) und immaterieller Form (ökonomische Potenzen und Informationen) und als Nominalelemente (in einem Finanzsystem) auftreten. Personalsystem und realtechnisches System lassen sich zu einem Potentialsystem zusammenfassen. Als Potentialelemente kommen nicht nur Personen und Betriebsmittel, sondern auch Kombinationen von beiden in Frage. Faßt man die verschiedenen systemtheoretischen Aspekte zusammen, dann kann die Unternehmung als zielgerichtetes Potential- und Aktions-/Objektsystem bezeichnet werden [75, S. 12].

2.1.2.2 Spezielle Subsysteme des Systems Unternehmung

Aus den bisherigen Ausführungen ergeben sich verschiedene Ansatzpunkte für eine vertiefende Betrachtung. Als abgrenzbare Subsysteme der Unternehmung können zum Beispiel hervorgehoben werden: Das Zielsystem, das Sozialsystem, das Informationssystem oder das Finanzsystem. Wenn wir uns speziellen Führungsfunktionen, zum Beispiel der Organisation, der Entscheidung, der Planung oder der Kontrolle zuwenden, dann können wir neben dem Führungssystem weitere auf bestimmten Aktionen und Potentialen beruhende Subsysteme der Unternehmung betrachten: Das Entscheidungssystem, das Organisationssystem, das Planungssystem oder das Kontrollsystem. Anders abgegrenzte Systeme entstehen, wenn wir dem Verrichtungsprinzip folgen und die funktionale Arbeitsteilung als Kriterium für die Systembestimmung heranziehen. Dann entstehen z. B. Funktionssysteme wie das Beschaffungssystem, das Forschungs- und Entwicklungssystem, das Produktionssystem, das Absatzsystem und das Verwaltungssystem.

Die Einordnung in die allgemeine Systemhierarchie der Unternehmung (Abb. 4) fällt nicht schwer. Die Führungsfunktionen können in Aktionen der Führungsorgane zerlegt werden. Greift man aus diesen Funktionen zum Beispiel die Planung heraus, dann müssen die zur Erfüllung dieser Aufgabe notwendigen Aktionen und Potentiale sowie die zu verfolgenden Ziele einer speziellen Betrachtung zugeführt werden. Gleiches gilt für die Funktionsbereiche der Unternehmung. Ihre Beiträge für die Leistungserstellung zur Zielerreichung sind in spezifischen Aktionen und Potentialen begründet. Typisches Beispiel ist die vielzitierte und vieldiskutierte Mensch–Maschine-Kommunikation, die im Gesamtzusammenhang betrachtet werden muß. Die individuellen, zum Teil miteinander konkurrierenden Ziele dieser Subsysteme müssen im Rahmen der Zielsetzungsentscheidungen aufeinander abgestimmt und zu einer homogenen Zielhierarchie in Ober- und Unterzielen verbunden werden.

Die Elemente dieser Subsysteme der Unternehmung und damit diese Systeme selbst stehen in enger Wechselbeziehung untereinander. Nur durch eine isolierende und damit zwangsläufig realitätsferne Abstraktion hinsichtlich der Analyse eines bestimmten Problems wird das eine oder andere System hervorgehoben. Wollen wir jedoch sein wahres Wesen und seine gesamte Wirkung erforschen und begreifen, dann müssen die Wechselbeziehungen zu anderen Systemen ebenfalls in die Untersuchung mit einbezogen werden.

Die Beschäftigung mit den Problemen der Organisation der Produktplanung stellt zwei Systeme in den Vordergrund: Das Planungssystem, speziell das System der Produktplanung und das System seiner Organisation. Neben dem Organisationssystem werden auch bestimmte Beziehungen zu anderen Systemen, wie zum Beispiel dem Führungssystem und dem Informationssystem, zu behandeln sein. Dennoch muß die Untersuchung auf bestimmte Bereiche, z. B. die Steuerung und Koordinierung des Produktgeschehens, beschränkt bleiben. Die Grenzen dieser ausschnittweisen Betrachtung sollen durch entsprechende Hinweise auf benachbarte Gebiete kenntlich gemacht werden.

2.1.3 Die Organisation als tragendes Subsystem der Unternehmung

2.1.3.1 Ziele und Aufgaben der Organisation

Der gesamte Prozeß der Leistungserstellung bedarf einer ordnenden und strukturierenden Kraft, damit die Ziele der Unternehmung erreicht werden können. Diese zeigt sich in der Organisation. Der Begriff Organisation wird in Theorie und Praxis sowohl für die Tätigkeit des Organisierens als auch für das Ergebnis dieser Tätigkeit selbst verwendet [109, S. 52 f.]. Organisieren bedeutet die systematische Gestaltung und Regelung der Beziehungen zwischen Personen, zwischen Personen und Sachmitteln und zwischen einzelnen Sachmitteln im Hinblick auf die Verfolgung der aus den Zielen der Unternehmung abgeleiteten Aufgaben. Die dynamische Komponente des Organisierens und die statische Komponente der Organisation kann man zusammenfassen: Die Organisation ist eine zielorientierte, integrative Strukturierung von Gebilden und Prozessen.

Aus den Zielen der Unternehmung leitet sich die primäre Zielsetzung der Organisation und daraus die Bestimmung ihrer Aufgaben ab [18, S. 16]. Hinzu kommen sekundäre Ziele, die sich aus der Forderung nach einer optimalen Erfüllung der Organisationsaufgaben ergeben. Diese sekundäre Zielsetzung hängt von der Art der gewählten Strukturierungsalternative ab, wie z. B. von den Planungs-, Entscheidungs-, Kontroll- und Informationsaufgaben. „Das Formalziel eines rationalen und optimalen Erreichens der Sachziele wird zum Kriterium der Entscheidung über organisatorische Strukturierungsalternativen. Weitere Elemente des Zielsystems (z. B. soziale Zielsetzungen) gewinnen bei der organisatorischen Gestaltung den Charakter von Bedingungen, die die Wahl unter den Handlungsalternativen beeinflussen. Durch die organisatorische Gestaltung wird den Entscheidungsprozessen über Zielsetzung und Zielerreichung eine strukturelle Form gegeben, die selbst auf ihr Ergebnis einwirkt. Zielsetzung und das Maß der Zielerreichung werden auf diesem Wege durch die organisatorische Strukturform mitgeprägt. Damit enthüllt sich ein wechselseitiger Prozeß zwischen Zielsetzung und Organisationssystem: Die Organisation ist selbst zielabhängig wie zielbestimmend [18, S. 16]."

Neben der auf die reine Technik bezogenen Strukturierungsaufgabe der Organisation, bei der die sachlogischen Anforderungen der Aufgabe im Vordergrund stehen, bedarf ein weiterer Aspekt der besonderen Hervorhebung. Der Mensch ist wichtigster Organisationsteilnehmer. Er prägt die Organisation durch seine Verhaltensweisen, die eine Ausdruck individueller und sozialer Bedürfnisse sind [vgl. auch 18, S. 16]. Kommunikations- und Informationsbeziehungen bestimmen den Charakter des Sozialsystems. Der Mensch selbst als Träger der Entscheidung über die Gestaltung von Aufgaben beeinflußt die Bereitwilligkeit zur Leistungsaufgabe, also die Motivation. Andererseits wird die Ausgestaltung seiner individuellen Bedürfnisse von der Art der Organisation weitgehend bestimmt: Das Organisationssystem ist personenabhängig und personenbestimmend.

2.1.3.2 Einige Aspekte von Systemanalyse und -synthese

Die Erläuterungen über Ziel und Zweck der Organisation sollen kurz um einige Aspekte der Systemgestaltung ergänzt werden, die für die organisatorische Gestaltung der Produktplanung notwendig sind.

Die Unternehmung wird geprägt von ihrer Organisation. Unter Berücksichtigung ihrer erweiterten Zielsetzung ist die Unternehmung selbst als Organisation zu verstehen: Die Unternehmung hat eine Organisation und ist eine Organisation zugleich [91, S. 58 ff.]. Veränderungen der Organisation betreffen also immer unmittelbar die Unternehmung selbst. Die Elemente des Organisationssystems sind die Aufgaben, die Personen und die Sachmittel. (Die hier benutzte Terminologie ist weitgehend auf Bleicher [18, S. 10 ff. und 229] sowie Hahn [75, S. 10 ff.] zurückzuführen.) Diese Elemente sowie deren Beziehungen untereinander sind Gegenstand der integrativen Strukturierung von Gebilden und Prozessen. Die Integration besteht in der wechselseitigen Abhängigkeit von Elementen untereinander, woraus sich eine gegenseitige Durchdringung ihrer Aufgaben ergibt. „Durch sie besteht eine verbindende innere Beziehung der Elemente auf ein übergeordnetes Ganzes. Das drückt sich darin aus, daß eine Veränderung eines Elementes nicht auf dieses beschränkt bleibt, sondern sich über die integrative Struktur des Gefüges auch auf andere Elemente auswirkt [18, S. 14]."

Diese integrativ-strukturierenden Beziehungen sind Gegenstand einer isolierten organisatorischen Betrachtung. Aus der Verteilung von Aufgaben auf Aufgabenträger ergeben sich Verteilungs-(Zuordnungs-)beziehungen und zwischen den dadurch entstehenden Subsystemen entstehen Arbeitsbeziehungen. „Die Organisationselemente werden durch Entscheidungen über die Gestaltung von Verteilungs- und Arbeitsbeziehungen formal, räumlich und zeitlich strukturiert [18, S. 15]."

Die organisatorische Systemgestaltung beruht – wie die Systemgestaltung generell – auf einer fundierten Systemanalyse und führt zu einer konstruktiven Systemsynthese. Analyse ist die Zerlegung eines Systems in seine Bestandteile, um die innere Struktur und die Gesetze der Strukturierung erkennen zu können. Die Analyse der Elemente eines Organisationssystems richtet sich auf die qualitativen und quantitativen Eigenschaften von Aufgaben, Personen und Sachmitteln. Die Analyse der Bestandteile eines Systems muß durch die Analyse des Systemverhaltens ergänzt werden. Da der Mensch die potentiell vorhandenen Wirkungszusammenhänge nur sehr unvollkommen aufnehmen, analysieren und begreifen kann, müssen Modelle für eine abstrahierende Betrachtung unter wechselnden Bedingungen herangezogen werden. Die Zweckmäßigkeit, die sich aus den Zielen des Systems ableitet, dient als Richtschnur für das systemgerechte Verhalten. Ebenfalls von grundlegender Bedeutung für das Studium des Systemverhaltens ist dessen Lernfähigkeit. Unter Lernen sei hier die Vergrößerung des Wissens durch Aufnahme, Speicherung, Verarbeitung und Verwendung von Informationen verstanden [vgl. auch 27, S. 42 und 112, S. 120]. Die in Vergangenheit und Gegenwart gemachten Erfahrungen sind es, deren analytische Durchdringung für eine dynamische Weiterentwicklung von Organisationssystemen unerläßlich sind.

Durch die Synthese werden die im Wege einer Analyse zerlegten und untersuchten Bestandteile eines Ganzen unter Berücksichtigung einer bestimmten Zielsetzung zusammengefügt. In der Synthese liegt der eigentliche schöpferische Akt organisatorischer Gestaltung. Elemente werden zu Systemen höherer Ordnung zusammengefügt und durch die Herstellung bestimmter Beziehungen miteinander verknüpft. Durch diese integrative Strukturierung und durch die Betonung bestimmter Anreize werden Eigenschaften der Elemente und Subsysteme aktiviert. In der Organisation werden die Potentiale Menschen und Sachmittel zu Potentialsystemen und die aus den Aufgaben abgeleiteten Aktionselemente (Arbeitsschritte) entsprechend ihrer logischen Verknüpfung zu Aktionssystemen zusammengefügt. Das Potentialsystem als Ganzes entspricht der nach Zuordnungskriterien geschaffenen Aufbauorganisation und das Aktionssystem der aus Arbeitsbeziehungen entstandenen Ablauforganisation. Die kleinsten leistungsbereiten Organisationseinheiten, die durch Verteilungsbeziehungen entstehen, sind Basissysteme. Diese werden zielbewußt zu höheren Systemen integriert: Aus Basissystemen entstehen Zwischensysteme und über mehrere Stufen hinweg entsteht letztlich das Gesamtsystem Unternehmung.

Zusammenfassend kann festgestellt werden: Die Unternehmungsorganisation ist ein auf die Ziele der Unternehmung ausgerichtetes System, in dem die Potentialelemente Personen und sachliche Hilfsmittel durch optimale formale, räumliche und zeitliche Strukturierung von Verteilungs- und Arbeitsbeziehungen zu Potentialsystemen und Aktions-/Objekt-Systemen integriert sind. Die Systemstruktur des Organisationssystems muß zwangsläufig mit der für die Unternehmung dargestellten Struktur (Abb. 4) identisch sein.

Die Einung der Subsysteme zu einem harmonischen Gesamtsystem kann nicht alleine durch organisatorische Maßnahmen, also aus sich heraus, erfolgen. Das Führungssystem mit den Subsystemen Planungs- und Informationssystem muß zur Erfüllung dieser Aufgabe seine spezifischen Beiträge leisten. Die Polarisierung ist perfekt: Planungs- und Informationssysteme ihrerseits sind auf eine spezifische Reduktion der Ungewißheit in der Unternehmung gerichtet. Sie „. . . sind ohne organisatorische Systemgestaltung nicht denkbar. Erst das Organisationssystem schafft Voraussetzungen und Anlässe zur Information und Planung [18, S. 17].“

2.2 Die Planung als Aufgabe im Führungssystem der Unternehmung

2.2.1 Die Führung als Institution und Prozeß

Die Führung existiert als Aufgabe und als Institution. Aus der Fülle von Diskussionen sei die Abgrenzung von Hahn herausgegriffen, die für die Darstellung des hier erforderlichen Systemzusammenhanges zweckmäßig erscheint (vgl. dazu Abbildung 5): „Unter Führung als Tätigkeit verstehen wir einen Prozeß der Willensbildung und Willensdurchsetzung, der einen Prozeß der Informationsgewinnung, -verarbeitung und -abgabe darstellt. Es handelt sich um einen Prozeß von Meta-Aktionen (Planungs-, Steuerungs-, Kontrolltätigkeiten). Unter Führung als einer Gesamtheit von Personen verstehen wir die Träger dieses Prozesses, hier die Personen oder Personen-

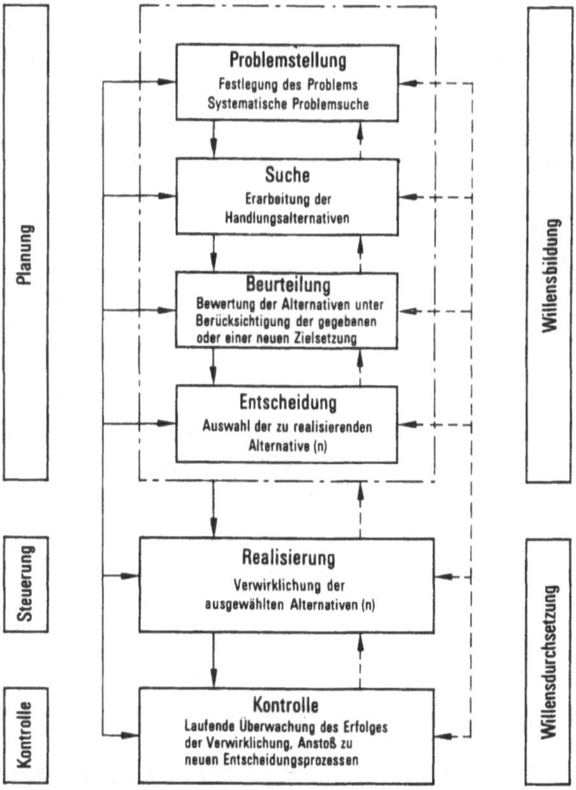

Abb. 5 Der Führungsprozeß (nach D. Hahn)

gruppen, die Führungstätigkeiten wahrnehmen – die Führungskräfte. Das Führungssystem umfaßt damit einen Teilbereich des Personal- (Sozial-) und des Informationssystems [75, S. 20]."

Willensbildung und Willensdurchsetzung bedingen die Verantwortungsübernahme für die damit verbundenen Entscheidungen und für die anschließende Durchsetzung dieser Entscheidungen. Verantwortung kann nur übernommen werden, wenn Aufgabenübernahme und Zuständigkeit übereinstimmen. Die Schaffung der Kompetenz in Übereinstimmung mit der gewünschten Verantwortungsübernahme ist von grundlegender Bedeutung für die Gestaltung des Führungssystems. Die Art und Weise, in der das geschieht, bestimmt die spezielle Ausgestaltung des Führungssystems und findet ihren Niederschlag in den Führungsgrundsätzen und im Führungsstil. Die Diskussion über Führungsformen wird heute erfreulicherweise beherrscht von einer stärkeren Orientierung auf den Menschen selbst. Die Bedürfnisse des Menschen, seine Motive und seine Ziele bilden den Hintergrund für die Diskussion über Führungsformen, mit deren Hilfe Humanität und Wirtschaftlichkeit in einen Gleichgewichtszustand gebracht werden können [347, S. 429]. Mellerowicz spricht von einer sozialorientierten Unternehmensführung als Führungslehre, die als interdisziplinäre Wissenschaft eine menschengerechte Arbeitsgestaltung und eine menschenwürdige Stellung des Arbeitnehmers fordert. Interessant ist auch das Modell der Führung als Beeinflussungsprozeß von Macharzina, in dem die verschiedenen Komponenten der Beeinflussung im Wirkungszusammenhang dargestellt sind [336]. Die ausgeprägte Bezugnahme auf den Menschen in Organismen hat zu einem verhaltenstheoretischen Ansatz geführt, der die gegenwärtige und zukünftige Diskussion beherrscht bzw. beherrschen wird [1, 8, 15, 18, 36, 101, 119, 120, 127, 129, 131, 160, 161, 174, 309 u. a. m.]. Diese Ansätze ebenso wie der interessante Situationsansatz [242, 351], der auf die Erforschung der situativ bedingten Organisation und Führung gerichtet ist, sind konkrete Beispiele einer weiteren Vertiefung der verhaltenstheoretischen Komponenten, die erfreulicherweise nicht nur unter theoretischen Aspekten diskutiert werden.

Die Führung als Institution umfaßt die Gesamtheit aller Führungskräfte, die auf Grund rechtlicher und/oder organisatorischer Regelungen befugt sind, anderen Personen Weisungen zu erteilen [72, S. 20]. In dieser Institution zeigt sich das Kompetenzsystem, durch das die Zuständigkeit für bestimmte Einzelaufgaben oder Aufgabenkomplexe und die damit verbundene Verantwortung festgelegt ist. In diesem Führungssystem werden neben diesen formellen auch informelle Beziehungen wirksam, die auf die individuellen Verhaltensweisen der Menschen zurückzuführen sind. Das Führungssystem zeigt sich als Beziehungsnetz, in dem sich formelle und informelle Organisationsbeziehungen gegenseitig durchdringen. Bei der Diskussion von Führungsproblemen müssen also formelle und informelle Aspekte gleichermaßen berücksichtigt werden, was schließlich in der Einbeziehung der verhaltenstheoretischen Komponente mündet.

Der Führungsprozeß ist mehrstufig und kann als Regelkreis aufgefaßt werden, in dem die Führungskräfte entsprechend ihrer organisatorischen Eingliederung als Führer und/oder Geführte tätig werden. Mit dem Hinweis auf den Regelungscharakter entgeht man dem Dilemma, die Phasen des Entscheidungsprozesses unter bestimmten Voraussetzungen als zwingende Abfolge von Teilprozessen zu verstehen [422, 427]. Mit Hahn kann der Führungsprozeß (Abb. 5) als Prozeß der Willensbildung mit anschließender Willensdurchsetzung verstanden werden, der sich in die Phasen (Operationen) (1) Problemstellung, (2) Suche, (3) Beurteilung, (4) Entscheidung, (5) Realisierung und (6) Kontrolle gliedern läßt [75, S. 23 f.]. Dabei werden auf der Basis sorgfältiger Analysen Ziele formuliert, Strategien zur Zielerreichung entwickelt und diese in Maßnahmen umgesetzt [52, S. 173]. Hahn ordnet die Planverabschiedung als den Akt der Entscheidungsfällung unter Planung im weiteren Sinne ein, während Problemstellung, Suche und Beurteilung als Planung im engeren Sinne bezeichnet werden [75, S. 28].

Entsprechend dieser bei vielen Autoren verbreiteten Terminologie [84, S. 27; 33, S. 22] sollen Führungsprozeß, Entscheidungsprozeß und Problemlösungsprozeß hier synonym verwendet werden. Zur Analyse und Synthese des Entscheidungsprozesses vgl. auch Grün [281], Bleicher [18, S. 31 ff.] und Witte [423, 426].

2.2.2 Die Planung als Führungsaufgabe

2.2.2.1 Zum Begriff und Inhalt der Planung

Aus der Fülle möglicher Definitionen soll mit Wild die Planung ganz allgemein verstanden werden als „. . . ein systematisch-methodischer Prozeß der Erkenntnis und Lösung von Zukunftsproblemen [194, S. 13].“ Entsprechend dem Führungsprozeß (Abb. 5) kann die Planung definiert werden als ein System von Ziel- und Mittelentscheidungen, die im voraus festgelegt und die koordiniert werden müssen. Sie umfaßt nicht nur die Planaufstellung und Planverabschiedung, sondern nach herrschender Meinung auch die Beschaffung der dazu notwendigen Informationen. Diese Definition der Planung ist substantiell bei verschiedenen Autoren zu finden wie z. B. bei Gälweiler [52, S. 15], Grochla [64, S. 11], Gutenberg [70, S. 149 f.], Heinen [84, S. 18 f.], Wild [194, S. 13 und S. 39] u. a. m. Der wesentliche Inhalt des Planungsprozesses kann nach Agthe [3, S. 17] auch wie folgt umrissen werden:

1. Festlegung der anzustrebenden Gesamt- und/oder Teilziele der Unternehmung,
2. Festlegung der Strategien für die Erreichung der Ziele und
3. Bestimmung der konkreten Maßnahmen und Schritte in sachlicher und zeitlicher Sicht zur Durchführung der ausgewählten Strategien.

Die Planung ist eine Führungsaufgabe und ein Instrument der Geschäftspolitik zur Durchsetzung der Unternehmungsziele. Sie wird von den Trägern der Führungsaufgabe wahrgenommen und ist ein Teil der Führung. (Die Begriffe Führung und Leitung werden hier synonym verwendet.) „Zentrales Merkmal der Führung ist ganz allgemein die Beeinflussung menschlichen Verhaltens, das auf die Erreichung bestimmter Ziele hingelenkt werden soll [194, S. 32].“ Daraus ergeben sich eine Reihe weiterer Führungsaufgaben, die neben dem Planen auszuführen sind wie z. B. organisieren, steuern, kontrollieren, koordinieren, informieren, motivieren, Impulse geben und Innovationen anstoßen [194, S. 32].

Entscheidungen sind stets zukunftsbezogen, weshalb der gesamte Entscheidungsprozeß als Planungsprozeß verstanden werden kann. In diesem Sinne umfaßt die Planung „. . . das Fällen von Führungsentscheidungen auf der Basis systematischer Entscheidungsvorbereitung . . . [75, S. 27].“ Die Entscheidung ist der bewußte Vollzug einer menschlichen Wahlhandlung [84, S. 18], also die Auswahl einer oder mehrerer Alternativen aus einem Bündel von Alternativen. Echte Führungsentscheidungen sind naturgemäß einmalig, auf die Unternehmung als Ganzes gerichtet, grundsätzlich unter Ungewißheit zu fällen und nicht delegierbar. Zu den delegierbaren Entscheidungen gehören alle (Ausführungs-)Entscheidungen, die einen gewissen Programmierungsgrad aufweisen und denen als Routineentscheidungen keine oder nur wenige planende Überlegungen vorausgehen [75, S. 24].

Der Programmierungsgrad von Entscheidungen bestimmt den Umfang des EDV-Einsatzes in einem Entscheidungsprozeß. Aus dieser Betrachtung leitet sich auch die später noch zu behandelnde Unterscheidung in programmierbare und nicht programmierbare Planungsaufgaben ab (vgl. Abschnitt 4.1.2.6). Zu dieser Kategorie gehören auch die Ad-hoc-Entscheidungen. Diese werden spontan und in der Regel unvorbereitet getroffen, es fehlt also die umfassende und systematische Entscheidungsvorbereitung. Der eigentliche Prozeß der

Willensbildung schrumpft auf einen kurzen Wahlakt (Auswahl aus den vorhandenen Alternativen) zusammen. Hahn bezeichnet diesen Fall als Improvisation [75, S. 29]. Diese ist zwar von der systematischen Planung abzugrenzen. Dennoch: Improvisationsvermögen bedeutet Flexibilität, bedeutet Spielraum für die freie Gestaltung individueller Belange. Im Planungssystem muß sich auch die schöpferische, auf Intuition basierende Initiative entwickeln können. Oft genug sind aus der notwendigen Improvisation Anstöße für neue Ideen entstanden. Improvisation allein würde jedoch das Chaos nach sich ziehen. Es muß dafür gesorgt werden, daß alle Anstrengungen auf die Erreichung eines gemeinsamen Zieles ausgerichtet werden. Das schließt auch ein, daß man sich über alle wesentlichen Schritte vorher Rechenschaft ablegt. Systematische Planung und Improvisation müssen sich in befruchtender Weise ergänzen. Kosiol hat dies bereits auf vortreffliche Weise formuliert: „Das Höchstmaß an Gleichgewicht im Ablauf des wirklichen Arbeitsgeschehens kann erst erreicht werden, wenn die prozessuale Strukturierung durch vorübergehende Improvisation und laufende Disposition ergänzt wird [109, S. 85]."

In diesem Zusammenhang bedarf der Begriff „Prognose" einer kurzen Erklärung und Abgrenzung zur Planung. Die Prognose bedeutet Vorhersage und ist damit eine zukunftsorientierte Informationsquelle für die Planung. Mit dieser Vorhersage sind Informationen über mögliche künftige Entwicklungstendenzen und Zustände von Parametern verbunden, die in das Plankalkül einbezogen werden. Prognoseinformationen können also durch entsprechende Transformation im Planungsprozeß zu Planinformationen werden.

Eine andere Abgrenzung muß zwischen Planung und Disposition vorgenommen werden. Unter Disposition soll die unmittelbare, aktuelle Verfügung über Potentialelemente (z. B. Menschen und Maschinen) verstanden werden. Sie umfaßt sowohl die sachliche und zeitliche Einordnung von Geschäftsvorfällen (= Anordnung von Aktionen) als auch die Auswahl von Geschäftsvorfällen innerhalb eines vorgegebenen Rahmens [vgl. auch 122, S. 153 f.]. Die mit der Disposition verbundenen Verfügungen und Anordnungen beziehen sich unmittelbar auf die Steuerung der durch die Planung vorgegebenen Aktionen. In diesem Zusammenhang umfaßt die Disposition einen großen Teil an Routineentscheidungen. Doch auch die Realisierung bedarf der Koordinierung und der planvollen Gestaltung. In dieser Ausprägung trägt die Disposition planerische Züge, ist aber keineswegs diese Planung selbst.

2.2.2.2 Planung, Steuerung und Kontrolle im Regelkreis

Planung, Steuerung und Kontrolle sind nach den Prinzipien der Rückkoppelung (= feed back) miteinander verknüpft. Dieser Tatbestand ist in dem Grundprinzip der Kybernetik, der Regelung, begründet. Kybernetik ist ganz allgemein die Wissenschaft von der Steuerung und Regelung in Organismen bzw. in Systemen. Damit steht sie auch in enger Beziehung zur Systemtheorie, zur Entscheidungstheorie, zur Informationstheorie, zur Organisationstheorie und zur Verhaltenstheorie.

Die Kybernetik als Wissenschaft ist auf die Arbeiten von Wiener [192] zurückzuführen. Das Wort ‚Kybernetik' geht auf den griechischen Begriff ‚Kybernetes' (= Steuermann) zurück und wurde zuerst von André Ampère 1834 in seinem „Essai sur la philosophie des sciences" als ‚cybernétique' verwendet. Diese Bedeutung ist uns heute noch in den Begriffen „Governor (= Gouverneur)" gegenwärtig [1, 10, 27, 28, 33, 40, 46, 107, 122, 181, 185, 194, 266, 310, 339, 393].

Steuerung und Regelung sind die Grundprinzipien, auf denen die kybernetische Verknüpfung von Elementen in Systemen beruht. Unter Steuerung versteht man allgemein „. . . die Anweisung an ein System, sich in einer bestimmten Art zu verhalten . . . [185, S. 34]." Oder genauer nach DIN 19226: „Das *Steuern* – die *Steuerung* – ist der Vorgang in einem System, bei dem eine oder mehrere Größen als Eingangsgrößen andere Größen als Ausgangsgrößen aufgrund der dem System eigentlichen Gesetzmäßigkeit beeinflussen. Kennzeichen für das Steuern ist der offene Wirkungsablauf über das einzelne Übertragungsglied oder die Steuerkette." Die Steuerung bezieht sich auf alle Aktionen in der Unternehmung, auch auf die Aktionen im Rahmen des Führungsprozesses. Das macht es verständlich, daß die Begriffe Führung und Steuerung gelegentlich auch synonym verwandt werden. Hahn beschränkt die Steuerung auf „. . . die detaillierte Festlegung und die Veranlassung der Durchführung des Entscheidungsergebnisses . . . [75, S. 29]" und siedelt sie damit in der Realisierungsphase an.

Die Kontrolle bezieht sich auf die Überwachung der Durchführung und ist eine wesentliche Ergänzung der Planung. Planung ist ohne Kontrolle sinnlos und Kontrolle ist ohne Planung nicht möglich. Die Kontrolle erfolgt durch Vergleich von aus dem Plan abgeleiteten Sollgrößen (Vorgaben) mit aus dem laufenden Geschehen gewonnenen Istgrößen (= Soll-Ist-Vergleich). Aus der Abweichungsanalyse können Rückschlüsse auf den Grad der Erfüllung der vorgegebenen Sollgrößen gezogen werden. Gegebenenfalls müssen neue Vorgaben erarbeitet werden, damit das System an die veränderte Situation

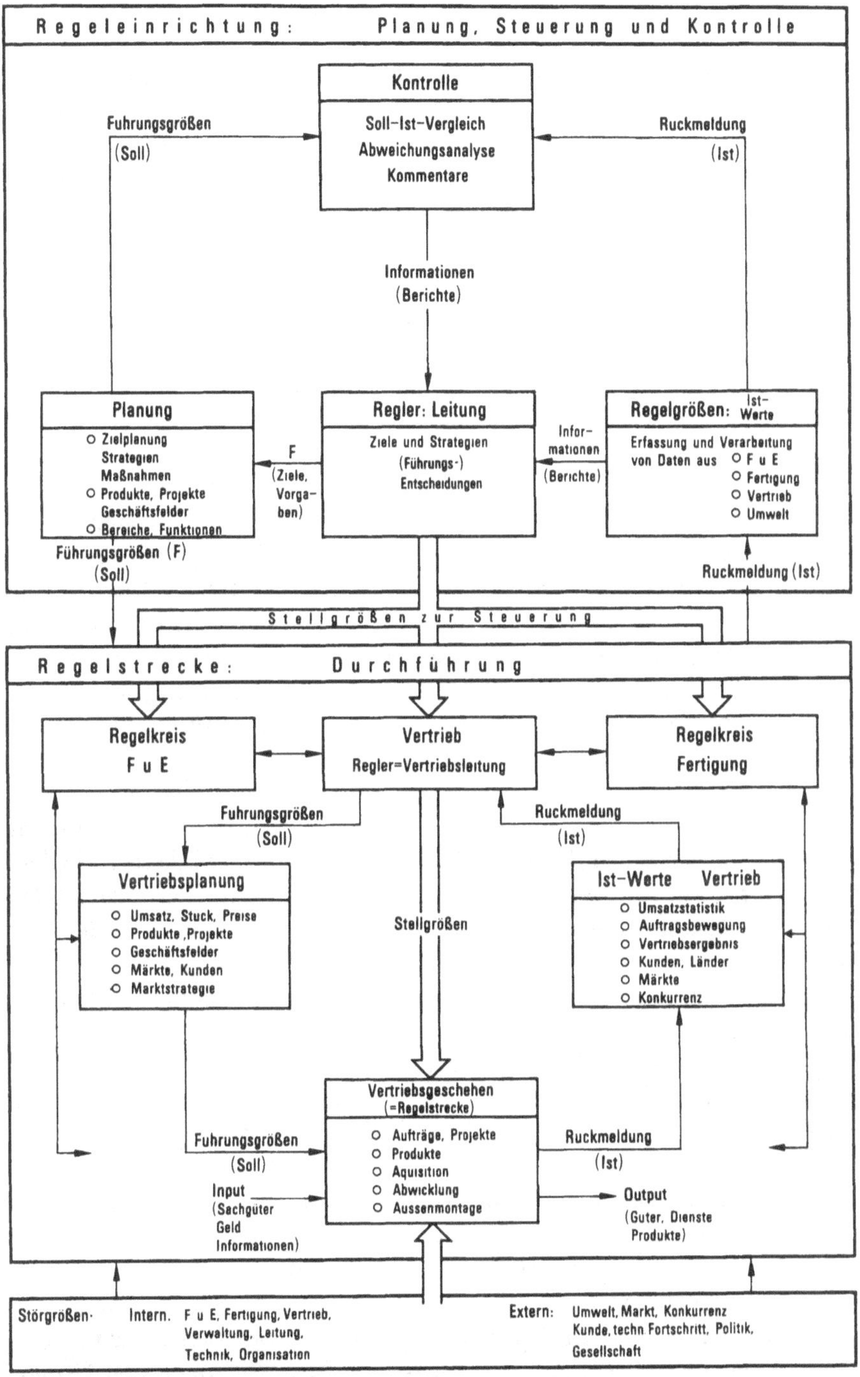

Abb. 6 Planung, Steuerung und Kontrolle im Regelkreis

angepaßt werden kann. Dieser Vorgang, der auf dem Prinzip der Rückkoppelung (feed back), also der Rückmeldung von Ist-Werten zur Anpassung des Systems beruht, wird Regelung genannt. Nach DIN 19226 wird Regelung wie folgt definiert: „Das *Regeln* – die *Regelung* – ist ein Vorgang, bei dem . . . die zu regelnde Größe (Regelgröße) fortlaufend erfaßt, mit einer anderen Größe, der Führungsgröße, verglichen und abhängig vom Ergebnis dieses Vergleiches im Sinne einer Angleichung an die Führungsgröße beeinflußt wird. Der sich dabei ergebende Wirkungsablauf findet in einem geschlossenen Kreis, dem Regelkreis, statt."

Das System von Planung, Steuerung und Kontrolle wird von diesem Rückkoppelungsmechanismus beherrscht. Der gesamte Führungsprozeß kann als ein System von horizontal, vertikal und diagonal miteinander vermaschten Regelkreisen aufgefaßt werden, in dem Führung und Durchführung nach dem Prinzip der Rückkoppelung miteinander verknüpft sind. Überträgt man dieses Grundprinzip auf die Planung, Steuerung und Kontrolle in einem primär funktional gegliederten Geschäftsbereich, dann entsteht das Regelmodell in Abbildung 6. Dabei werden die Geschäftsleitung bzw. Führung (Regler), die Durchführung (Regelstrecke) mit den Funktionen Forschung und Entwicklung (FuE), Vertrieb und Fertigung sowie die Objekte (Produkte, Projekte) im kybernetischen Wirkungszusammenhang durch Informationen miteinander verknüpft.

Dieses Grundmodell der Planung, Steuerung und Kontrolle im Regelkreis kann als Subsystem eines umfassenden Management-Informations-Systems (MIS) aufgefaßt werden [75, S. 574 f.]. Dies gilt für den Teil des MIS, in dem das Management für Zwecke der Planung, Steuerung und Kontrolle mit den relevanten Informationen versorgt werden muß. Dabei wird die Grundsatzfrage aufgeworfen, wer welche Information für welchen Zweck, zu welcher Zeit und an welchem Ort benötigt und wie die optimalen Bedingungen dafür auszusehen haben. Dieser Sachverhalt wird uns noch aus der Sicht der Logistik (Abschnitt 4.2.2.4) begegnen.

Ganz allgemein kann das MIS beschrieben werden als „. . . die organisatorische Konzeption des gesamten betrieblichen Informationswesens in dem Sinne, daß das Management die für die Durchführung seiner Aufgaben benötigten Informationen über die Vergangenheit, über das Ist und über die Zukunft (Prognosen) entsprechend dem jeweiligen Zweck (Situation) mit dem richtigen Inhalt, zum richtigen Zeitpunkt in der zweckmäßigsten Form unter Berücksichtigung des allgemeinen Wirtschaftslichkeitsprinzips zur Verfügung hat [106, S. 21]." Der Zusammenhang zwischen Planungs- und Informationssystem erzwingt die gegenseitige Berücksichtigung der Grundtatbestände, wenn es darum geht, das Planungs-, Steuerungs- und Kontrollsystem als Subsystem des Führungs- bzw. Managementsystems zu optimieren.

Bei der Analyse und Synthese von MIS ist das kybernetische Denken von elementarer Bedeutung, um das Verständnis für die dynamischen Verhältnisse in Informationssystemen zu wecken. Der instrumentale Charakter des Regelkreismodells hilft uns, komplexe Strukturen übersichtlich zu gliedern, vermittelt uns einen Einblick in die dynamische Verknüpfung der Elemente in Systemen und gibt uns zugleich Aufschluß über das Verhalten dieser Systeme.

2.2.3 Das Planungssystem als Teil des Führungssystems

2.2.3.1 Die Planung als System

2.2.3.1.1 Grundsätzliche Gliederung des Planungssystems

Zur näheren Bestimmung und Charakterisierung der Subsysteme und Elemente eines Planungssystems sollen in Anlehnung an Hahn [75, S. 53 ff., 64 f.; 172, 233] u. a. Autoren [34, S. 103 ff.; 166, S. 61 ff.] folgende Teilplanungskomplexe unterschieden werden:

1. Die Zielplanung
   - als generelle Zielplanung auf der Basis eines unternehmenspolitischen Rahmens,
   - als spezielle Zielplanung bezogen auf einzelne Bereiche bzw. Objekte (Produkte, Projekte);

2. die strategische Planung
   als langfristig orientierte Zielerreichungsplanung mit der speziellen Ausprägung als (Produkt-)Programm- und Potentialplanung sowie

3. die operative Planung
   als kurzfristig orientierte Zielerreichungsplanung (oder Maßnahmenplanung bzw. Durchführungsplanung) mit der speziellen Ausprägung als laufende (Produkt-)Programm- und Aktionsplanung.

Zielplanung, strategische Planung und operative Planung bauen aufeinander auf und können als Planungsstufen verstanden werden. Durch eine entsprechende sachliche und zeitliche Differenzierung ergibt sich eine weitere Stufe der Planung, nämlich die mittelfristig orientierte taktische Planung. Faßt man die Zielplanung und die strategische Planung zur obersten Stufe des Planungssystems zusammen, dann entsteht ein dreistufiges Planungssystem aus strategischer Planung, taktischer Planung und operativer Planung [194, S. 166 f.]. Strategie und Taktik lassen sich jedoch nur schwer voneinander trennen: „Die Strategie gibt den Anlaß zum taktischen Vorgehen, und das taktische Vorgehen kann als Teilstrategie aufgefaßt werden, die ihrerseits wieder Taktiken zur Durchführung anwendet [194, S. 75]." Deshalb soll die hier gewählte Untergliederung den weiteren Erläuterungen zugrunde gelegt werden.

Zielplanung, strategische Planung und operative Planung werden durchdrungen von einer unternehmungs- und produktbezogenen ergebnis- und liquiditätsorientierten Planungs- und Kontrollrechnung. Diese besteht in der „... Erstellung von Plan- und Kontrollinformationen auf der Basis der Wertkategorien und den Verfahren des Rechnungs- und Finanzwesens sowie den Verfahren des Operations Research [75, S. 110]." Die Planungs- und Kontrollrechnung liefert ihrerseits Untergliederungen der Planung, die gesondert betrachtet werden müssen.

Die konsequente Erarbeitung und Verfolgung von Strategien ist von elementarer Bedeutung für eine wirkungsvolle Unternehmungsplanung. Deshalb und weil in Theorie und Praxis nicht immer klar genug zwischen strategischen und nicht-strategischen Plänen unterschieden wird, soll nachfolgend kurz der Begriff Strategie im Zusammenhang mit der Planung näher erläutert werden. Anschließend werden die Subsysteme, Elemente und Beziehungen des Planungssystems diskutiert und die wichtigsten Planungsfunktionen einschließlich der Hilfssysteme (Modelle und Methoden der Planung) vorgestellt.

2.2.3.1.2 Planung und Strategie

Das Wort „Strategie" stammt aus dem griechischen (strategos = Feldherr) und bedeutet soviel wie Kriegskunst. „Taktik" (griechisch: Taktike techne = Kunst des Aufstellens) dagegen umfaßt die Kunst der Truppenführung im Gefecht, sie umfaßt einzelne, kurzfristige Operationen, die zur Verfolgung einer übergeordneten Strategie durchgeführt werden müssen. Die Begriffe Strategie, Taktik und Operation gehen etwa bis auf das Jahr 500 v. Chr. zurück und wurden im Laufe der Zeit unterschiedlich interpretiert [149, S. 25 ff.]. Der Begriff Strategie fand zunächst Eingang in die Politik und über das Operations Research (OR) (speziell durch die Entwicklung der Spieltheorie) in die Wirtschaftsliteratur [166, S. 318]. Der spieltheoretische Ansatz basiert auf einem realen Hintergrund. „Die Wirksamkeit vieler wirtschaftlicher Entscheidungen hängt häufig nicht nur von den durch sie ausgelösten eigenen Handlungen ab, sondern auch – vernachlässigt man hier jede Art von Zufallseinflüssen – von den Aktionen und von den teilweise sogar direkten Gegenmaßnahmen anderer Wirtschaftssubjekte, m. a. W. vom Verhalten der Konkurrenz [100, S. 58 f.]." Das Verhalten in strategischen Spielen „. . . mit ihrer bewußten Auswahl von Handlungen und Gegenhandlungen (Strategien) zwischen zwei oder auch mehr Beteiligten (Spielern) zeigt . . . bestechende Kongruenzen mit der Problematik wirtschaftlichen Verhaltens" [100, S. 60]." Dabei ist die einzelne Strategie „. . . als ein bewußt konzipierter und konsequent durchgeführter *Gesamt*plan für das spieltheoretische Verhalten zu interpretieren [100, S. 61]", wobei der Spieler (oder die Partei als Gruppe von Spielern) seine Auswahlmöglichkeiten in Abhängigkeit vom jeweiligen Spielstand bestimmt [vgl. auch 3.3].

Übertragen auf die Unternehmung gewinnt die Strategie ihren konkreten Gehalt durch die Bezugnahme auf Handlungs- und Verhaltensweisen zwischen den Wirtschaftssubjekten innerhalb und außerhalb der Unternehmung. Zahn versteht die strategische Planung in diesem Zusammenhang als „. . . Bindeglied zwischen den durch Umweltveränderungen verursachten Chancen und Gefahren auf der einen Seite und auf der anderen Seite . . . [429, S. 601]." Die daraus zu entwickelnde „. . . systematische Kombination von sorgfältig bewerteten Stärken und Schwächen des Unternehmens und systematisch antizipierten Umweltveränderungen ist eine Grundvoraussetzung für die Realisierung des Überlebenszieles, das heute – mehr denn je – durch die zeitlich immer schneller erfolgenden Veränderungen in der (technischen, ökonomischen, sozialen und ökologischen) Umwelt gefährdet ist [429, S. 601]". Auch Steiner sieht in der Beschäftigung mit den Faktoren, die Erfolg oder Mißerfolg einer Unternehmung bestimmen, die wesentliche Aufgabe der strategischen Planung „. . . unter Berücksichtigung des potentiellen Vorgehens der Konkurrenz [166, S. 319]."

Diese besondere strategische Ausprägung der Planung wird später noch näher zu behandeln sein. Zur Ergänzung des Themas sei hier vor allem auf die Arbeiten von Dunst [39], Lorange und Vancil [167], Nagtegaal [137], Rothschild [148], Cleland und King [34], Grinyer und Norburn [276], Hamilton und Moses [292], Hayes und Radosevich [295], Henzler [301], H. Koch [322] und Stalp [391] hingewiesen. Zur Abrundung sei noch erwähnt, daß Unternehmungsstrategien mit den persönlichen Strategien der Menchen in der Unternehmung und in der Umwelt untrennbar verknüpft sind. Private

Strategien konkurrieren mit geschäftlichen oder unterstützen diese. Dieser Tatbestand ist nicht zu leugnen, darf aber auch nicht überbewertet werden. Unzureichende Strategien sind oft doch noch akzeptabel gewesen, weil sich Führungskräfte in besonderem Maße persönlich engagiert haben [166, S. 323]. „Viele unternehmerische Fehler sind durch Standfestigkeit, Energie und Schwungkraft schon ausgeglichen worden [166, S. 323]."

2.2.3.2 Subsysteme, Elemente und Beziehungen des Planungssystems

Aus dem systemtheoretischen Ansatz ergeben sich die einzelnen Komponenten, nach denen ein Planungssystem als wesentliches Subsystem des Führungssystems und damit des Systems Unternehmung (vgl. Abb. 4) näher bestimmt werden kann: die Zielsetzung der Planung, die Ordnung, die zur Erfüllung dieser Zielsetzung zu errichten ist, die Elemente der Planung (Planungsaufgaben, Pläne und Planungsträger), die Beziehungen zwischen diesen Elementen sowie das Systemverhalten, das sich auch in den Wechselbeziehungen zu über- und nebengeordneten Systemen zeigt. Sehr ähnlich ist auch die Definition von Wild: „Unter einem Planungssystem wird eine geordnete und integrierte Gesamtheit verschiedener Teilplanungen (Pläne) und anderer Elemente sowie ihrer Beziehungen verstanden, die zwecks Erfüllung bestimmter Funktionen nach einheitlichen Prinzipien aufgebaut und miteinander verknüpft sind [194, S. 153]." Die Beziehungen zwischen diesen verschiedenen Komponenten ist in Abbildung 7 dargestellt. Hier wurde die stufenweise Zusammenführung der Elemente der Planung und die Überleitung des Planungssystems in das Informationssystem hervorgehoben.

Die einzelnen Schritte der Systemanalyse und -synthese sind wie folgt zu kommentieren: Die Planung darf nicht Selbstzweck sein. Sie muß letztlich auf den Unternehmungszweck gerichtet sein und hat die Aufgabe, die zukunftsorientierten Belange der Unternehmung wahrzunehmen. Die spezifischen Ziele der Planung ergeben sich primär aus den Zielen der Unternehmung und sekundär aus der Aufgabenstellung der Planung selbst. Diese sekundäre Zielsetzung der Planung besteht in der bestmöglichen Erfüllung der Anforderungen, die an sie herangetragen werden. Die daraus ableitbaren einzelnen Funktionen der Planung werden im nächsten Abschnitt näher erläutert.

Die Subsysteme und Elemente des Planungssystems gewinnt man durch Analyse seiner Zielsetzung und Organisation. Die Planung hier wird als Gegenstand des Organisierens, also der zielorientierten, integrativen Struktu-

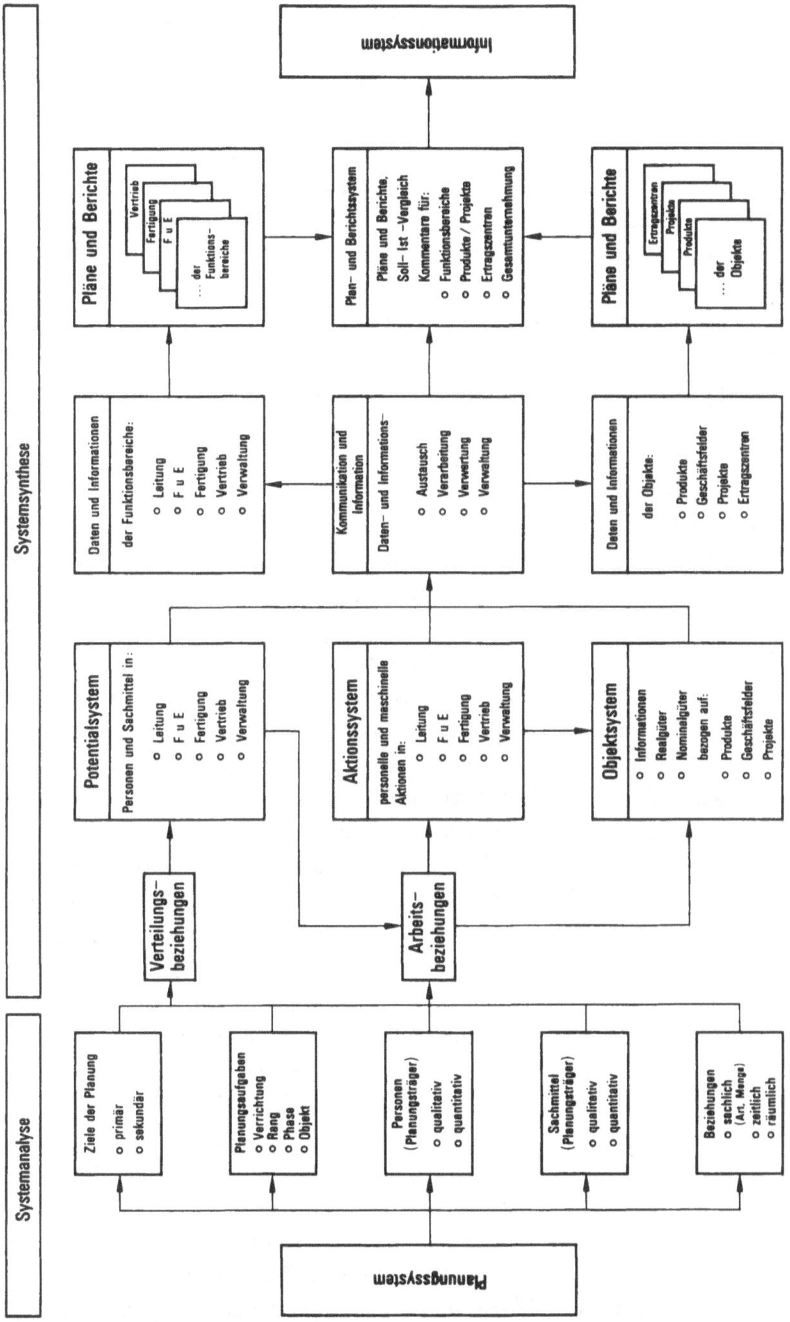

Abb. 7 Systemstruktur von Planungs- und Informationssystem

rierung von Gebilden und Prozessen gesehen. Überträgt man die Elemente und Beziehungen des Organisationssystems auf den speziellen Anwendungsfall der Planung, dann ergeben sich die Elemente und Beziehungen des Subsystems der Planungsorganisation mit den speziellen Subsystemen Potentialsystem, Aktionssystem und Objektsystem. Die Erfassung der Planungsaufgaben orientiert sich zweckmäßigerweise am Planrahmen der Unternehmung, wobei vorausgesetzt werden muß, daß dieser aus dem Führungs- und Organisationssystem heraus entwickelt wird. Die Aufgaben der Planung können im klassischen Sinne [109, S. 62 ff.] neben der reinen Zweckbeziehung nach Verrichtungen und Objekten sowie nach dem Rang und der Phase gegliedert werden. Das Kriterium Verrichtung führt zu einer Gliederung der Planungsaufgaben in Aufgaben der Forschung und Entwicklung, der Fertigung, des Vertriebes und der Verwaltung. Zusätzlich ist zu unterscheiden in spezielle Planungsaufgaben der Daten- und Informationsverarbeitung (unterteilt nach Datengenerierung, -erfassung, -verarbeitung, -verwaltung und -verwertung) und in allgemeine steuernde und koordinierende Planungsaufgaben. Als Objekt wird hier das Produkt hervorgehoben, während das Kriterium Rang grundsätzlich die Unterscheidung in Entscheidung und Ausführung liefert oder auch eine Aufgabengliederung entsprechend der hierarchischen Struktur in einer Unternehmung (Unternehmensbereich – UB, Geschäftsbereich – GB, Geschäftsgebiet – GG, Produkt). Schließlich ist noch auf den Phasencharakter der Aufgaben hinzuweisen, wie er sich in den einzelnen Operationen des Führungsprozesses zeigt.

Die sachliche, räumliche und zeitliche Zuordnung von Planungsaufgaben auf Personen als Aufgabenträger (Planer) und Stelleninhaber und auf sachliche Hilfs- und Betriebsmittel, die zur Unterstützung der Planung herangezogen werden (z. B. EDV-Anlagen), erfolgt durch die Herstellung von Verteilungsbeziehungen und führt zum Potentialsystem. Die solchermaßen mit Aufgaben verknüpften Potentialelemente (Menschen und Computer) sind die Basissysteme des Verteilungszusammenhanges. Ausgehend von diesen Basissystemen entsteht über die Zwischensystemgestaltung das hierarchisch aufgebaute Kompetenzsystem, in dem über- und untergeordnete Aufgabenkomplexe entsprechend ihrer sachlichen Zugehörigkeit stufenweise zusammengefaßt sind. Die Tiefengliederung der Gesamtaufgabe hängt von deren Komplexität und vom gewünschten bzw. notwendigen Grad der Aufgabenteilung ab. Die kleinste, nicht mehr sinnvoll teilbare Elementaraufgabe bildet die unterste Stufe der Aufgabengliederung. Sie ist alleine oder zusammen mit mehreren anderen Elementaraufgaben Bestandteil (Element) des Basissystems. Aus der Herstellung von Arbeitsbeziehungen zwischen den Basissystemen entstehen Aktionen, die entsprechend der logischen Verknüpfung der Aufgaben in einem Aktionssystem verbunden sind. Diese Aktionen können ebenso wie die Planungsaufgaben, die Planungsträger (Führungs- und Hilfskräfte) und die sachlichen Hilfsmittel als Elemente des Organisationssystems der Planung verstanden werden.

Planung und Kontrolle sind sowohl auf die Verrichtungen an Objekten als auch auf die Objekte selbst, wie z. B. Informationen, Sachgüter und Nominalgüter, gerichtet. Man kann dann von Informationsplanung, Sachplanung und Nominalplanung sprechen. Planung erfordert den Austausch von Daten und Informationen zwischen den Aktionsträgern in einem Kommunikationssystem [40, S. 38]. Diese Kommunikations- und Informationsprozesse, die daraus entstehenden Planungs- und Kontrollinformationen sowie die Pläne und Berichte, in denen diese niedergelegt sind, können als Subsysteme und/oder Elemente des Informationssystems betrachtet werden [75, S. 43 f.]. Das Planungs- und Kontrollsystem ist also ein Subsystem des Führungssystems und des Informationssystems.

„Ziele werden durch Verrichtungen an Objekten erfüllt [18, S. 14]." Auch wenn die Verrichtungen an Informationen, Sachgütern und Nominalgütern zunächst im Vordergrund stehen, so muß letztlich doch das Endprodukt als Gegenstand gemeinsamer Anstrengungen und als Träger des Erfolges im Zentrum planerischer Betrachtungen stehen. Informationen, Sachgüter und Nominalgüter können zwar selber Endprodukt sein, werden aber für den Bereich der Investitionsgüterindustrie nur als besondere Ausprägungen des zentralen Objektes „Produkt als verkaufsähige Einheit" verstanden.

2.2.3.3 Planungsfunktionen und Hilfssysteme der Planung

2.2.3.3.1 Die wichtigsten Funktionen des Planungssystems

Aus der Zielsetzung und Aufgabenstellung dec Planung ergeben sich unterschiedliche Anforderungen an die Planung, die in verschiedenen Planungsfunktionen ihren Niederschlag finden. In Anlehnung an Häusler [73, S. 38] und Wild [194, S. 15 ff.] lassen sich folgende Funktionen der Planung unterscheiden:

(1) Die Führungsfunktion,
(2) die Informationsfunktion,
(3) die Ordnungsfunktion,
(4) die Erklärungsfunktion,

(5) die Flexibilitätsfunktion und
(6) die Motivationsfunktion.

(1) Die Führungsfunktion der Planung wurde in Abschnitt 2.2.1 bereits erläutert. Sie ist auf die nachhaltige Sicherung des Erfolges und die Steigerung der Effizienz einer Unternehmung gerichtet und hat eine Art Leitfunktion für die übrigen Planungsfunktionen.

(2) Die Informationsfunktion umfaßt alle Anstrengungen, die auf Erhellung der Problemerkenntnis (z. B. durch entsprechende Signalfunktionen) und auf Reduktion der Ungewißheit gerichtet sind. Dieser auch als Sicherungsfunktion bezeichnete Aspekt ist nicht nur auf die Risikominderung zur Erhöhung der Wahrscheinlichkeit der Zielerreichung gerichtet, sondern soll Risiken und Erfolgschancen aufdecken, bewußt werden lassen und durch systematische entscheidungstheoretische Durchdringung kalkulierbar machen.

(3) Die Ordnungsfunktion ist auf die übersichtliche Gestaltung der Planung und der Pläne in Übereinstimmung mit der Organisation gerichtet. Dazu gehört die rationelle Gestaltung der Entscheidungsvorbereitung durch Koordinierung von Einzelhandlungen ebenso wie die Reduktion der Komplexität [125, S. 111 f.]: „Pläne legen künftiges Handeln fest, regeln also das Verhalten und schließen damit andere Handlungsmöglichkeiten oder bestimmte Zustände und Ereignisse aus. Durch diese Selektion wird Einfluß auf die Varietät möglicher Zustände und Ereignisse genommen, mit anderen Worten, Komplexität absorbiert oder reduziert [194, S. 16 f.]“. Damit geht eine Stabilisierung der Verhaltensweisen einher, da das zukünftige Handeln der Menschen weniger ungewiß wird, was wiederum dazu beiträgt, daß Umweltstörungen besser verarbeitet werden können.

(4) Die Erklärungsfunktion der Planung bezieht sich auf die Transparenz innerbetrieblicher Zusammenhänge, die aus einem formalisierten und systematisch aufgebauten Planungssystem abgelesen werden können. Dabei wird nicht nur der Sinn für ressortüberschreitende Probleme geschärft, sondern es wird die Interdependenz von Daten, Informationen, Maßnahmen und Entscheidungen deutlich. Dieser von Wild als ‚Synergieeffekt‘ bezeichnete Aspekt zielt auf den Wirkungszusammenhang ab: „Planung gewinnt immer dann einen besonderen Stellenwert oder erweist sich dann als notwendig, wenn komplexe, nicht ohne weiteres überschaubare Wirkungszusammenhänge zwischen Zielen und Handlungsmöglichkeiten, deren Wirkungen und

der Umwelt existieren und wenn das System der Einflußgrößen, die den Handlungserfolg bestimmen, Änderungen im Zeitablauf unterliegt [194, S. 17]." Sicherlich ist hier auch eine enge Verknüpfung zur Gestaltungsfunktion innerhalb der Ordnungsfunktion gegeben.

(5) Im Rahmen der Flexibilitätsfunktion sollen zukünftige Handlungsspielräume konzipiert und durchleuchtet werden. In dem Maße, wie das gelingt, wird späteres Krisenmanagement durch Planung ersetzt. Diese für die strategische Planung so typische Situation bezieht sich auf die Mobilität und Anpassungsfähigkeit des Planungs- und Organisationssystems selbst. Die (strategische) Unternehmensführung verlangt ein organisationsgerechtes, aktuelles, flexibles und exaktes Planungs- und Informationssystem, das den besonderen Anforderungen im Hinblick auf ein schnelles Reaktionsvermögen und eine möglichst unkomplizierte Anpassungsfähigkeit an Umweltänderungen ermöglicht.

(6) Die auf die Mitarbeiter gerichtete Motivationsfunktion wird nicht etwa wegen ihrer geringeren Bedeutung am Schluß genannt, im Gegenteil: Die Wirkung, die sich aus der aktiven Beteiligung der Mitarbeiter am Planungsprozeß ergibt ist nicht zu unterschätzen. Die Mitwirkung an der Erarbeitung der Zielsetzung und an der Ausarbeitung der Durchführungspläne erzeugt jenes Maß an Identifikation mit der Sache, das unbedingt notwendig ist, wenn zur Stabilisierung der Verhältnisse im System Unternehmung die persönlichen Bedürfnisse mit den geschäftlichen Notwendigkeiten nachhaltig in Einklang gebracht werden sollen. Dieser Komplex ist eng mit der generellen Führungsfunktion verbunden und gewinnt gerade in Krisenzeiten ein entscheidendes Gewicht. Die Bereitschaft, auch unkonventionelle Entscheidungen mitzutragen, kann dann nicht erwartet werden, wenn sie nicht vorher unter stabileren Verhältnissen geübt wurde.

Diese Gliederung und inhaltliche Bestimmung einiger wesentlicher Funktionen und Planung erhebt keinen Anspruch auf Vollständigkeit. Auch kann, je nach Blickwinkel, eine beliebige Unterteilung erfolgen. Hier soll lediglich betont werden, daß Planung nicht nur aus der rechnerischen Erarbeitung von Plänen durch einige wenige Mitarbeiter besteht. Die Führung durch (gemeinsam erarbeitete) Planziele, die Systematisierung der Planungsaufgaben nach wirtschaftlichen Gesichtspunkten sowie die Schaffung der für die Erfüllung komplexer Aufgaben notwendigen Transparenz sind Funktionen, die zur Sicherstellung einer umfassenden Unternehmungsplanung und einer systematischen Produktplanung erfüllt werden müssen. Dazu bedarf es einer detaillierten Systemanalyse und einer konstruktiven Systemsynthese, um ein diesen Anforderungen entsprechendes Planungssystem aufzubauen, einzuführen und weiterzuentwickeln.

2.2.3.3.2 Modelle und Methoden als Hilfssysteme der Planung

Ein Modell ist ein Abbild von der Realität oder genauer, „jede adäquate Abbildung von realen Erscheinungen, Zusammenhängen oder allgemein von Untersuchungsobjekten, losgelöst aus ihrer Umwelt [100, S. 10]". Modelle sind „als grundlegendes Instrument bei der Bewältigung von Planungs- und Entscheidungsaufgaben anzusehen [64, S. 40]". Ziel der Modellbildung ist generell die Unterstützung des rationalen Verständnisses der Wirklichkeit [325, S. 321; zu den nachfolgenden Ausführungen über die Modellbildung vgl. auch 75, S. 34 f.]. Die Modellanalyse bzw. -synthese dient somit auch der Beschreibung von Systemen, wobei verschiedene Techniken der Modelldarstellung, z. B. bildhafte, analoge oder formale Modelle möglich sind. Den Planungsmodellen und -verfahren wird in der Literatur ein so breiter Raum gewidmet, daß hier auf eine ausführliche Erörterung verzichtet werden kann. Hier ist lediglich beabsichtigt, den instrumentalen Charakter der Modellbildung und der Anwendung von speziellen Planungsverfahren zu betonen und kurz das Problem der praktischen Anwendung von Planungsmethoden zu erörtern.

Die gezielte Anwendung der Modelltechnik und der situationsgerechte Einsatz von Planungsverfahren ist ein wesentlicher Schlüssel für die Analyse und Synthese von (Planungs-)Systemen. Sie erweisen sich als unentbehrliches Hilfsmittel, wenn es z. B. darum geht, statische und dynamische Zusammenhänge zu erklären oder komplizierte Entscheidungssituationen zu strukturieren und zu formalisieren.

Im Rahmen der Planung müssen auch Informationen über die Zukunft – das sind zunächst Prognoseinformationen – erarbeitet werden. Diese werden in Planinformationen umgewandelt. Planinformationen sind „... Erwartungswerte, die auf der Basis von Ermittlungsmodellen und Erklärungsmodellen sowie durch Entscheidungsmodelle gewonnen werden [75, S. 34]." Ermittlungsmodelle (Beschreibungsmodelle, Aufbereitungsmodelle) beziehen sich auf einfache (z. B. numerische) Aussagen, die durch mathematische Gleichungen abgebildet werden, ohne daß fnktionale Zusammenhänge und Restriktionen berücksichtigt werden (z. B. Kostenträgerrechnung). Durch Erklärungsmodelle wird der funktionale Zusammenhang zwischen abhängigen und unabhängigen Variablen dargestellt, wobei Nebenbedingungen zum Tragen kommen. „Die Bedeutung der Erklärungsmodelle liegt darin, Erwartungswerte als Ausdruck der Konsequenzen möglicher Handlungen zu erhalten [75, S. 34]." Führt man Ziele bzw. Entscheidungskriterien ein, dann entstehen aus den Erklärungsmodellen Entscheidungsmodelle [296, S. 432]. Bei diesen „... wird mittels eines Algorithmus im Hinblick auf die Zielfunktion aus dem zulässigen Lösungsbereich, der mindestens mehrere Lösungsmöglichkeiten enthält, die optimale Entscheidungsalternative ausgewählt. Als optimale Entscheidung ist diejenige zu betrachten, die der in der Zielfunktion formulierten Zielvorstellung am nächsten kommt [185, S. 45]." Analytische Entscheidungsmodelle (z. B. lineare Programmierung) erfassen alle Handlungsmöglichkeiten des jeweiligen Entscheidungsfeldes und liefern ein absolutes Optimum (als Extremwert). Ist die Anzahl der zu untersuchenden Handlungsmöglichkeiten aus Gründen der Praktikabilität oder Wirtschaftlichkeit begrenzt, dann können im Wege der Simulation die Erwartungswerte für eine begrenzte Anzahl von Alternativen errechnet werden und man erhält ein relatives Optimum (als Näherungswert).

Die Planung ist auf die Reduktion der Ungewißheit über die Zukunft gerichtet. Diese Ungewißheit soll durch die Erforschung zukünftiger Entwicklungstendenzen (z. B. mittels Prognosetechniken) (zur Gewinnung von Prognose vgl. z. B. Wild [194, S. 87 ff.] und Brem [240]) und unter Zuhilfenahme von bestimmten Entscheidungstechniken in determinierbare und kalkulierbare Planvorstellungen umgesetzt werden. (Zur Entscheidung unter Sicherheit und Ungewißheit vgl. hauptsächlich Agthe [3, S. 28 ff.], Dinkelbach [252], Hax [82], Hax und Laux [294], v. Neumann und Morgenstern [138] sowie den guten Überblick bei Hettich [302]). Entscheidungen unter Sicherheit (einwertige Erwartungen) setzen vollkommene Information voraus. Bei unvollkommener Information liegt Entscheidung unter Ungewißheit vor (mehrwertige Erwartungen). Diese kann auf zweierlei Arten reduziert werden. Sind Angaben über die Eintrittswahrscheinlichkeit bestimmter Ereignisse möglich, dann handelt es sich um stochastische Entscheidungssituationen, also um Entscheidungen unter Risiko. Fehlen solche Annahmen, dann liegt Entscheidung unter Unsicherheit vor. In diesem Fall können Entscheidungsregeln herangezogen werden, mit deren Hilfe Aussagen über zukünftige Ereignisse erarbeitet werden können. (Zu den wichtigsten Entscheidungsregeln wie z. B. Minimax-Regel, Minimax-Risiko-Regel oder Pessimismus-Optimismus-Regel vgl. z. B. Hax [82, S. 52 ff.], Heinen [84, S. 178 ff.] und Hettich [302, S. 127 ff.]).

In der Planungspraxis haben Entscheidungen unter Unsicherheit eine geringere Bedeutung, da das voraussetzen würde, daß sich über den möglichen Umweltzustand keine Wahrscheinlichkeiten angeben lassen. Das wiederum würde bedeuten, daß man sich überhaupt noch nicht mit dem Problem auseinandergesetzt hätte. Das aber soll durch eine systematische Planung vermieden werden. Auch nicht quantifizierbare Faktoren lassen sich verbal beschreiben und begutachten und führen zu bestimmten Annahmen über zukünftige Situationen. Es kann also davon ausgegangen werden, daß in der Mehrzahl der Entscheidungssituationen subjektive Wahrscheinlichkeiten zu ermitteln sind und Entscheidungen unter Risiko vorherrschen.

Neben den Modellen und Methoden, die speziell zur Unterstützung von Entscheidungsvorbereitung und Entscheidungsfällung herangezogen werden können, existieren weitere Verfahren, die auch für Zwecke der Steuerung (und Kontrolle) eingesetzt werden können. Das Instrumentarium des Operations Research (OR) ist in der Literatur ausführlich behandelt [z. B. 33, 82, 100, 136, 151, 202].

Hier soll lediglich auf eine Übersicht von Steiner (Tabelle 1) [166, S. 449] hingewiesen werden, in der die wichtigsten quantitativen und nicht-quantitativen Methoden und Verfahren aufgeführt sind und die als individuell anwendbare Hilfssysteme der Planung, Steuerung und Kontrolle eingesetzt werden können. Diese Aufstellung erhebt keinen Anspruch auf Vollständigkeit, hat jedoch den Vorzug, daß sie einen Überblick über die wesentlichen, auch für die Praxis relevanten Werkzeuge und Techniken gibt. Eine ausführliche Übersicht bietet auch Wild, der die verschiedenen Planungsmethoden in bezug auf die Anwendung in den verschiedenen Phasen der Planung gegliedert hat, woraus sich auch gleichzeitig eine Abgrenzung der Planungsmethoden im engeren Sinn ergibt [194, S. 146 ff.]. Eine übersichtliche und prägnante Charakterisierung der wichtigsten Planungsverfahren und deren praktische Bedeutung ist zu finden bei Milliken und Morrison [350].

Insgesamt ist – nicht zuletzt gefördert durch den wachsenden Einsatz der EDV – ein zunehmender Einsatz von OR-Verfahren, speziell auch im Rahmen des hier vorzustellenden Planungssystems, zu verzeichnen. In der Fertigung werden Verfahren eingesetzt, die von der einfachen Ablaufplanung für die Fertigungssteuerung bis zum Einsatz der Linearen Programmierung zur Kapazitätsoptimierung reichen. Im Vertriebsbereich dominieren Verfahren für Zeitreihenanalyse und Prognoserechnungen, in Einzelfällen werden auch Simulationsmodelle für die Optimierung des Absatzprogrammes eingesetzt. Ein weiterer Komplex umfaßt den Einsatz sowohl von einfachen methodischen Verfahren als auch Simulationsmodellen für die Personalplanung (bezüglich Personaleinsatz nach Menge, Zeit und Kosten), für die Kalkulation sowie für die Kosten- und Ergebnisrechnung (einschließlich der Teilkostenbetrachtungen) zur Planung, Steuerung und Kontrolle von Er-

Tabelle 1 Eine Klassifikation der wichtigsten Werkzeuge und Techniken zur rationalen Entscheidungsfindung in der Unternehmensplanung

I. Nicht-quantitative Methoden
  A. Kreative Denkprozesse (z. B. Kreativität, Erfahrung, Urteil, Vorahnung, Intuition, Brainstorming)
  B. Ermittlung des kritischen Faktors
    1. Barnards Prinzip des Begrenzungsfaktors
    2. Einfache Entscheidungsketten und -tabellen
    3. Technik der richtigen Fragestellung
  C. Organisation per se (z. B. Planungsorganisation und Budget-System)
  D. Faustregeln
  E. Richtlinien und Verfahren
  F. Einfache Problemlösungsschritte
  G. Allgemeine Kenntnis des Gebietes, auf dem eine Entscheidung zu treffen ist (Recht, Wirtschaft, Physik etc.)

II. Allgemeine Systemvorgehen
  A. Problemdefinition
  B. Entwicklung eines nicht-quantitativen Simultationsmodelles
    1. Logisch-analytische Strukturen
    2. Adaptationssuche
    3. Arbeitsprozesse
  C. Buchhaltungssysteme und -modelle
    1. Gesamtbuchhaltungssystem
    2. Bilanz und Gewinn-und-Verlust-Rechnung
    3. Cash-flow-Analyse
    4. Analyse von Verhältniszahlen in der Buchhaltung
    5. Break-even-Analyse
  D. Entwicklung von Informationssystemen

III. Ältere quantitative Methoden
  A. Grenzplankostenrechnung
  B. Rentabilitätsrechnung (ROI)
    1. Annuitätenmethode
    2. Cash-flow-Methoden
  C. Quantitative Prognoseerstellung
    1. Trend-Extrapolation
    2. Exponential Smoothing („exponentielle Glättung")
    3. Korrelationsanalyse
    4. Ökonometrische Modelle

IV. Konventionelle Terminplanungsmodelle
  A. Gantt-Pläne
  B. Milestone-Pläne
  C. Critical Path Method
  D. Line-of-Balance-System

V. Neuere mathematische Techniken
  A. Wahrscheinlichkeitstheorien
  B. Computer-Simulation
  C. Lineare Programmierung
  D. Netzplantechnik (PERT/Zeit und PERT/Kosten)
  E. Heuristische Problemlösung
  F. Spiel-Theorie
  G. Kosten-Nutzen-Analyse

VI. Komplexe Methoden als Kombination vieler Techniken
  A. Systemanalyse
  B. Soziologische Forschung
  C. Verfeinerte Unternehmensplanung
  D. Programmbudgetierung

(nach G. A. Steiner).

tragszentren. Darüber hinaus stehen ausgereifte Simulationsmodelle für die Investitionsrechnung und -beurteilung sowie für die Finanz- und Bilanzplanung zur Verfügung, die auch in zunehmendem Maße eingesetzt werden. In der Praxis zeigt sich immer wieder, daß das Bedürfnis nach anspruchsvolleren Verfahren zum „Durchspielen" von komplexen Zusammenhängen wächst, wenn – wie z. B. bei der Produktplanung – einfache Alternierungen (mit Minimum-, Optimum- und Maximumbetrachtung) durchgeführt werden. Diese Chance gilt es zu nützen, wenn eine weitere Verbreitung der praxisnahen OR-Verfahren angestrebt wird.

Ein Haupthindernis für die Verbreitung der bekannten und erprobten Modelle und Methoden liegt einmal in den mangelnden Kenntnissen der betroffenen Stellen (Anwender) und zum zweiten in dem Problem der situationsgerechten Anwendung. Diese wird häufig erschwert durch eine ungenügende Analyse der Problemstellung. Wird das Problem nicht exakt analysiert (was aus Zeitgründen oft der Fall ist) dann fällt es auch schwer, das zugängliche Instrumentarium richtig einzusetzen. Ein weiterer Grund besteht in einer objektiv vorhandenen unterschiedlichen Problemsituation zwischen verschiedenen Branchen und auch zwischen verschiedenen Unternehmungen. Daraus entwickeln sich den individuellen Bedürfnissen angepaßte Planungs- und Bewertungsmethoden.

Der Einsatz von Planungsmethoden bedarf immer der Abstraktion von der Realität. Jedes Problem muß also auf die grundlegende Problemstruktur zurückgeführt werden. Für die Analyse von Entscheidungsproblemen erscheint es zweckmäßig, die wesentlichen Faktoren, die zur Unsicherheit führen, einzeln zu betrachten. Nach Agthe [3, S. 45] können folgende Faktoren genannt werden: der Umfang der Informationen, die Ausdehnung des Planungszeitraumes, der Detaillierungsgrad der zu planenden Vorgänge und Ergebnisse und die Kontrollmöglichkeit der Einflußfaktoren. Allein aus der Feststellung, welches dieser Kriterien dominiert und welche Faktoren zu besonderen Schwierigkeiten bei der Planung führen, können Erkenntnisse für die Bestimmung der relevanten Planungsmethode gewonnen werden.

In dieser Problematik liegt auch die Erklärung dafür, daß die Netzplantechnik [7, 34, 173] eine breite praktische Anwendung erfahren hat. Netzplantechnik ist der Sammelbegriff für alle Methoden, mit deren Hilfe die Aktionsfolgen in Projekten entsprechend ihrer sachlogischen Verknüpfung und unter Zugrundelegung von Zeiten, Kapazitäten und Kosten für diese Tätigkeiten geplant, gesteuert und kontrolliert werden können. Damit ist bereits die Affinität zur systemtheoretischen Vorgehensweise gegeben: Die Tätigkeiten (Elemente) eines Projektes werden durch bestimmte Beziehungen (z. B. Logik der Abfolge) und andere Bedingungen der Verknüpfung (z. B. Überwindung eines Widerstandes in Form von Zeit, Kapazität oder Kosten) miteinander verknüpft [75, S. 329]. Daraus ergibt sich, daß die Netzplantechnik im Grundkonzept dem systemtheoretischen Ansatzpunkt entspricht und sowohl statische (Vernetzung) als auch dynamische (Ablauf) Betrachtungen von Systemen gestattet. Ihre relativ einfache Handhabung und ihre große Verbreitung prädestinieren die Netzplantechnik geradezu, als Instrument zur Systemgestaltung einer breiteren Verwendung zugeführt zu werden. Für die Netzplantechnik gilt, daß sie universell anwendbar und leicht zu erlernen ist und ohne komplizierten Formalismus auskommt. Außerdem kann durch sie relativ schnell die notwendige Transparenz auch über komplexe Zusammenhänge erzielt werden. Der Erfolg der Netzplantechnik liegt darin, daß ihre Terminologie nur wenig von der natürlichen Sprache abweicht. Die einzelnen Symbole und Zeichen sind einprägsam und lassen sich schnell erlernen. Außerdem ist der Abstraktionsgrad von der Realität sehr gering. Die Prozesse und Ereignisse werden so niedergeschrieben, wie sie der gedanklich entwickelten Logik entsprechen. Eine ähnliche Verbreitung wie die der Netzplantechnik wäre für das Entscheidungsbaumverfahren [75, S. 191 ff.; 82, S. 83 ff.; 136, S. 325 ff.; 194, S. 74 f.; 202, S. 96 ff.; 237; 337] wünschenswert. Dieses Verfahren gestattet die Verarbeitung mehrstufig-bedingter Alternativen [194, S. 76] und ist somit gut geeignet, komplexe Vorhaben in verschiedenen Variationen darzustellen.

Die Beschäftigung mit Modellen und Methoden hat in den vergangenen Jahren einen Aufschwung genommen, der verschiedene Ursachen hat [122, S. 51]: der zunehmende Einsatz von Planungssystemen und der damit verbundenen Verbreitung des methodischen Instrumentariums, der Einsatz der EDV generell, die wachsenden Erfahrungen mit den Methoden des Operations Research sowie der mit einer starken Publizität verbundene Einsatz von Unternehmensspielen. Für die organisatorische Gestaltung der (Produkt-) Planung ist vor allem die Arbeit mit Modellen wichtig, die auf das Erkennen und Gestalten der Planungsorganisation gerichtet sind. Drei Modelltypen stehen im Vordergrund: das Modell der (produktorientierten) Planungs- und Kontrollrechnung als Grundmodell für das Plan- und Berichtssystem (Kapitel 3), das Strukturmodell für das Potentialsystem (Kapitel 4) und das Ablaufmodell für das Aktionssystem (Kapitel 5).

2.2.4 Gegenstand und Bedeutung der Produktplanung

2.2.4.1 Begriff und Umfang

Unter Bezugnahme auf die erarbeitete Definition der Planung kann die Produktplanung beschrieben werden als ein auf das einzelne Produkt oder eine Gruppe von Produkten gerichtetes System von Ziel- und Mittelentscheidungen, die im voraus festgelegt und die koordiniert werden müssen. Die Produktplanung hat sich den Oberzielen der Unternehmung und des geschäftsführenden Bereiches zu unterwerfen. Aufgabe der Produktplanung ist es, durch eine zielbewußte Zusammenarbeit aller am Produktgeschehen beteiligten verantwortlichen Mitarbeiter die technische Leistungsfähigkeit, die Wirtschaftlichkeit und Rentabilität sowie die Stellung der Unternehmung am Markt nachhaltig zu sichern.

Umfang und Inhalt der Produktplanung werden in Literatur und Praxis wenig einheitlich beschrieben [49, S. 7; 103, S. 9; 172, S. 119 f.; 170, S. 7 f.]. Produktplanung kann in einer engeren Auslegung verstanden werden als die Planung neuer Produkte oder auch nur als die systematische Suche und Auswahl neuer Produktideen. Es zeichnet sich jedoch eine deutliche Tendenz zu der hier vertretenen Auffassung ab, daß die Produktplanung als umfassendes System der Planung, Steuerung und Kontrolle verstanden werden muß, in dem – angefangen von der systematischen Suche und Förderung neuer Produktideen bis hin zu einer gezielten Aussterbekontrolle – alle Phasen des Produktlebens vereinigt sind (vgl. z. B. [37, S. 51; 49, S. 9; 75, S. 791; 103, S. 9; 166, S. 705 f.; 170, S. 8; 249; 271; 357, S. 637 ff.; 373, S. 18; 405, S. 651 ff.]). Die Produktplanung umfaßt demnach die systematische Suche und Auswahl neuer Produkte, die Planung, Steuerung und Kontrolle der laufenden Produktvorhaben, sowie die Aufgabe von Produkten, für die am Markt keine Absatzchancen mehr gesehen werden. Wenn dieser umfassende Inhalt der Produktplanung gewählt wird, dann bietet sich an, den Produktlebenszyklus und seine einzelnen Phasen (Abschnitt 5.1.1.1.2) als Gliederungskriterium für die einzelnen Arbeitsschritte der Produktplanung während eines ganzen Produktlebens heranzuziehen. Trotz dieser umfassenden Auslegung soll die systematische Suche und Auswahl neuer Produkte als eine Hauptaufgabe der Produktplanung nicht geleugnet werden. Diese steht im Zentrum der Innovation, die für die langfristige Existenz der Unternehmung notwendig ist. Die Produktinnovation umfaßt den Zeitraum von der ersten Idee für ein neues Produkt (und/oder ein Verfahren) bis zur Einführung am Markt.

2.2.4.2 Gründe für die Produktplanung

Eine systematische Produktplanung verursacht viel Aufwand und führt zu vielen harten Auseinandersetzungen zwischen den Beteiligten. Angesichts dieser Tatsache ist es gerechtfertigt, die Frage nach den Gründen für die Produktplanung zu stellen. Hier sollen in Ergänzung zu den oben angeführten Entwicklungstendenzen, die allgemein zu einer intensiven und systematischen Planung zwingen, einige weitere Argumente gebracht werden, die für den Einsatz einer umfassenden und systematischen Produktplanung sprechen.

Neue Produkte sind von grundlegender Bedeutung für das Wachstum von Unternehmungen. Das zeigt eine Erhebung der US-Federal Trade Commission für verschiedene Industriezweige der USA, wonach z. B. in der Elektrotechnik 74% und im Maschinenbau 68% des Umsatzzuwachses im Erhebungszeitraum auf neue Produkte zurückzuführen war, die erstmals im Erhebungszeitraum produziert wurden [249, S. 789; 22, S. 5; 23, S. 16; 159, S. 37 ff.]. Eine andere Studie von Program und Bailey zeigt, daß etwa 20–30% des Umsatzes mit Produkten getätigt wird, die erst innerhalb der letzten fünf Jahre vom Unternehmen auf den Markt gebracht wurden. Vergleichbare Ergebnisse werden auch von Gasser [270, S. 194] kommentiert. Diese Tendenz dürfte sich in den letzten Jahren noch verstärkt haben. So hat z. B. die Siemens AG im Geschäftsjahr 1978/79 48% des Umsatzes mit Produkten erzielt, die jünger als fünf Jahre waren [386] – und die Tendenz zeigt weiter nach oben.

Angesichts der Bedeutung neuer Produkte für das Wachstum der Unternehmungen stimmt es nachdenklich, wenn die Chance für den kommerziellen Erfolg eines Produktes geringer als 1:100 geschätzt wird [166, S. 706]. Wird eine Produktidee in die Prozedur der Produktplanung aufgenommen, dann sind nach einer Studie von Booz, Allen & Hamilton immer noch 58 Produktideen nötig, um ein einziges erfolgreiches neues Produkt zu generieren [22, S. 9]. Es scheint also lohnend, sich bereits in einem frühen Stadium mit allen Kräften der Selektion von Produktideen zu widmen, um hohe Verluste zu vermeiden. Der Aufwand für erfolglose Produkte nimmt rasch zu und ist um so höher, je später der Produktentwicklungsprozeß abgebrochen wird. So werden schließlich – als Folge der hohen Ausfallrate – nur etwa 30% der Gesamtausgaben für erfolgreiche Produkte verwendet; von den verlorenen Ausgaben werden dabei etwa ²/₃ allein durch die Produktentwicklung verschlungen [22, S. 11]. Selbst wenn ein Produkt auf den Markt kommt, muß immer damit gerechnet werden, daß nur eines von fünf

Produkten ein Erfolg wird [166, S. 707]. Booz, Allen & Hamilton ermittelten ein Verhältnis von etwa drei erfolgreichen Produkten zu insgesamt fünf Produkten, die in der Kommerzialisierungsphase sind. Allerdings wird diese relativ gute Chance nur einigen wenigen Unternehmen zugestanden [22, S. 11 f.]. Deshalb ist zu fordern, daß die Produktplanung auch die laufende Überwachung des Produktgeschehens umfaßt und eine systematische Abbruch- bzw. Aussterbekontrolle herbeiführt.

Interessant erscheint der Hinweis, daß die Mißerfolgsrate wenig zwischen den Branchen, aber stark zwischen einzelnen Firmen schwankt, woraus wiederum Rückschlüsse auf die Effektivität des Managements gezogen werden können [22, S. 12]. Steiner weist auf die Bedeutung der Einstellung der Manager für das Fehlschlagen neuer Produkte hin: „Wenn das Top Management neue Produkte in ihrer Bedeutung für gewinnbringendes Wachstum und Überleben des gesamten Unternehmens nicht anerkennt und nicht mit aller Deutlichkeit erkennen läßt, daß es gute Ergebnisse in diesem Bereich erwartet, können die neuen Produkte zu einem Mißerfolg werden. Ebenso werden Probleme entstehen, wenn das Top Mangement nicht erkennt, daß die Entwicklung neuer Produkte ein evolutionärer Prozeß ist, der durch das Management überwacht werden kann [166, S. 713]." In der Tat scheinen neben Mängeln wie z. B. unzureichende Marktanalyse, Produktmängel und Überschreitung der geplanten Kosten [166, S. 714] Probleme der Organisation zu dominieren. (Die Hälfte aller angeführten Probleme betraf die Organisation [22, S. 16]). Geht man diesen organisatorischen Problemen nach, dann ergibt sich aus einer entsprechenden Befragung, daß folgende Verbesserungen der Organisation (in der Reihenfolge ihrer Bedeutung) wünschenswert wären: Definition der Verantwortung, Arbeits- und Berichtsbeziehungen, Kommunikation, Unterstützung durch das Top Management, Größe der Organisation, Organisationsstruktur, Systeme und Verfahren [22, S. 17]. Interessant ist auch die Feststellung, daß die in der Vergangenheit kritischen Probleme der Organisationsstruktur von den Problemen im Zusammenhang mit dem Engagement des Top Managements für die Produktfunktion überholt wurden. Probleme der Koordination sowie der konstruktiven und kreativen Zusammenarbeit haben an Bedeutung gewonnen. „However, problems concerned with coordination – of people working together constructively and creatively – have increased in importance. This is a result, not only of increased new product activity, but also the conflicting objectives of the various functional units involved. It indicates the need for top management action in clearly delineating and assigning responsibilities for new products in order to reduce communication breakdown and improve working and reporting relationships [22, S. 18]."

2.3 Zum grundsätzlichen Zusammenhang zwischen Organisations- und Planungssystem

2.3.1 Wechselwirkungen zwischen Planungs- und Organisationssystem

Die Führung von Unernehmungen besteht aus einer Reihe von Aufgaben, die mit zunehmender Unternehmungsgröße auf immer mehr Führungskräfte und deren Hilfspersonal verteilt werden müssen. Je umfangreicher und je schwieriger die zu behandelnden Probleme werden, desto stärker setzt sich auch die Spezialisierung auf bestimmte Aufgabenkomplexe durch. Viele Einzelaktivitäten wiederum bedürfen einer sinnvollen Koordinierung und einer vorausschauenden Gestaltung. Organisation und Planung werden selbst zum Gegenstand der Diskussion, wenn es darum geht, bei der Bewältigung der Führungsaufgaben eine ordnende und vorausschauende Vorgehensweise zu erzielen.

Die Organisation ist einem ständigen Wandel unterworfen. Märkte, Technologien und die Menschen selbst bewirken Veränderungen, auf die reagiert werden muß. Wachsende Unternehmungen stellen unterschiedliche Anforderungen an die Leistungsfähigkeit der Organisation. Die Planung der Organisation, also der zukünftigen Strukturierung von Menschen, Aufgaben und Sachmitteln unter anderen Bedingungen wird zum Bestandteil der Zielerreichungsplanung.

Der Zusammenhang zwischen Organisation und Planung, in seiner wechselseitigen Bedeutung, ist in Abbildung 8 schematisch dargestellt. Die Organisation der Planung ist auf die integrative Strukturierung der Planung in der Unternehmung gerichtet. Mit der Frage, wie ein Planungs- und Kontrollsystem, z. B. in Übereinstimmung mit einer neu zu entwickelnden Organisationsform, ausgestaltet werden soll, „. . . wird die Planung . . . selbst Gegenstand der Planung (Meta-Planung) [75, S. 53]." Es muß z. B. überlegt werden, welche Pläne in welcher Detaillierung benötigt werden und wer diese Pläne zu welchem Zeitpunkt zu erstellen hat. Planung der Planung bedeutet auch, daß bereits heute darüber entschieden werden muß, nach welchen organisatorischen Grundsätzen und auf der Basis welcher Informationen die Unternehmung in Zukunft zu führen ist.

Nicht nur bei der generellen Modifizierung oder Neukonzeption eines Planungs- und Kontrollsystems kommt die ‚Planung der Planung' zum Tragen, sondern auch im Rahmen der periodischen Planerstellung. Die

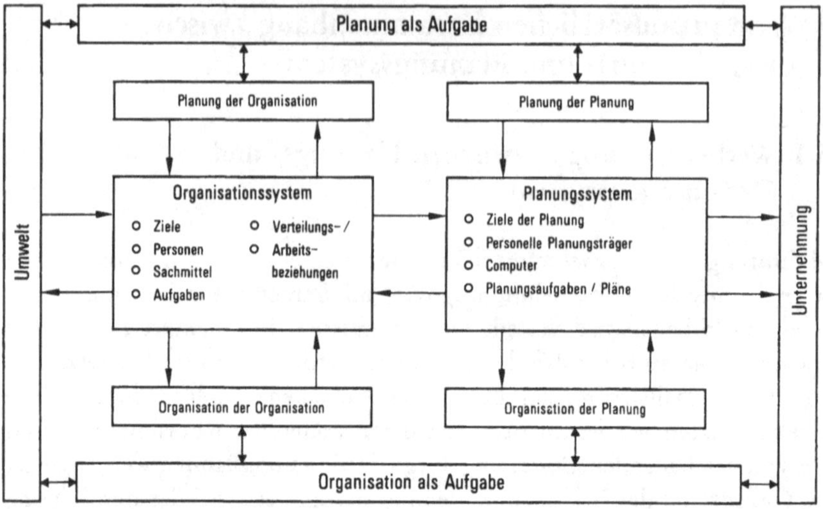

Abb. 8 Zusammenwirken zwischen Organisation und Planung

sorgfältige Planung und Organisation der jährlichen Planerstellung selbst ist unabdingbar, wenn es darum geht, zahlreiche Beteiligte aus allen hierarchischen Stufen zu verschiedenen Zeiten mit jeweils vergleichbaren und abgestimmten Unterlagen (Teilplänen) sachlich, zeitlich und räumlich zu koordinieren. Die Notwendigkeit und die Bedeutung der organisatorischen Gestaltung hat Agthe vortrefflich formuliert: „Ohne eine straffe Organisation der Planungsarbeit besteht ... die Gefahr, daß die Führungskräfte ihre wichtigste Funktion – die vorausschauende Unternehmenslenkung durch Unternehmensplanung – immer wieder durch Tagesaufgaben verdrängen lassen. Um das zu verhindern, muß die Planung systematisch und in organisierter Form erfolgen, und zwar derart, daß durch die Organisation ein äußerer Zwang auf die Führungskräfte ausgeübt wird, ihre Planungsfunktion zu erfüllen. Dabei sollte man sich nicht davor scheuen, einen gewissen Routineablauf in die Planungsdurchführung zu bringen, denn was einmal zu einem festgeregelten, routinemäßigen Bestandteil der Unternehmensorganisation geworden ist, läßt sich nur sehr schwer wieder abschütteln oder ignorieren [3, S. 56 f.]."

Von fundamentaler Bedeutung für die Unternehmungsplanung ist die Identität der Grundstruktur von Organisationssystem und Planungssystem. Nur wenn sichergestellt ist, daß der sachliche Bezug der Planung mit den Organisationseinheiten (z. B. Bereiche, Abteilungen, Stellen) und den Objekten (z. B. Produkte und Projekte) übereinstimmt, dann können die Zielvorstellungen der Unternehmensführung in operationale Maßnahmen auf allen Ebenen umgesetzt werden. Als Beispiel dafür sollen nachfolgend ein Organisationssystem, ein Planungssystem und die formale Übereinstimmung beider Systeme vorgestellt werden.

2.3.2 Organisations- und Führungssystem der Siemens AG

Zur Erläuterung des Organisations- und Führungssystems der Siemens AG werden zwei Aspekte herangezogen: Die Struktur der Aufbauorganisation und die Prinzipien der Zusammenarbeit als Ausdruck einer bestimmten Führungsphilosophie. Anschließend wird die typische Organisationsstruktur eines Geschäftsbereiches vorgestellt, wie sie dem hier zu diskutierenden praktischen Beispiel der Produktplanung zugrunde liegt. Hier können nur die Grundzüge des Organisations- und Führungssystems ausgeführt werden. (Näheres siehe [282, 356, 385]).

2.3.2.1 Grundsätze des Organisations- und Führungssystems

Im Zuge einer strukturellen Reorganisation zum 1. Oktober 1969 und einiger nachfolgender Umorganisationen gliedert sich die Siemens AG heute (Abb. 9) in sechs Unternehmensbereiche, fünf Zentralbereiche und mehrere regionale Einheiten (inländische Zweigniederlassungen und ausländische Landesgesellschaften sowie Beteiligungsgesellschaften). Bei der Schaffung der Unternehmensbereiche wurden weitgehend die Prinzipien der Produkt- und Marktorientierung verfolgt. Die technische Orientierung nach Kunden und/oder Absatzgebieten und die Orientierung an den Funktionen sind die Hauptprinzipien dieser Matrixorganisation.

Die sechs Unternehmensbereiche sind mit einem Höchstmaß an Selbständigkeit ausgestattet und verantworten ihr Geschäft als Fachunternehmer von der Entwicklung bis zum Kunden weltweit (vgl. zu den nachfolgenden Ausführungen Siemens AG [385] sowie Peisl und Lüttge [356]). Die Zweigniederlassungen und Landesgesellschaften sind für den Vertrieb des Spektrums aller Unternehmensbereiche auf den ihnen zugewiesenen Märkten zuständig. Die übergeordnete Führung und Verwaltung dieser regionalen Einheiten wird durch den Zentralbereich Vertrieb wahrgenommen. Die regionale Verantwortung umfaßt neben den auf die Optimierung des weltweiten, individuellen Produkterfolges gerichteten Bemühungen auch die Zielsetzung, einen angemessenen Gesamterfolg zu erzielen. „Die Verantwor-

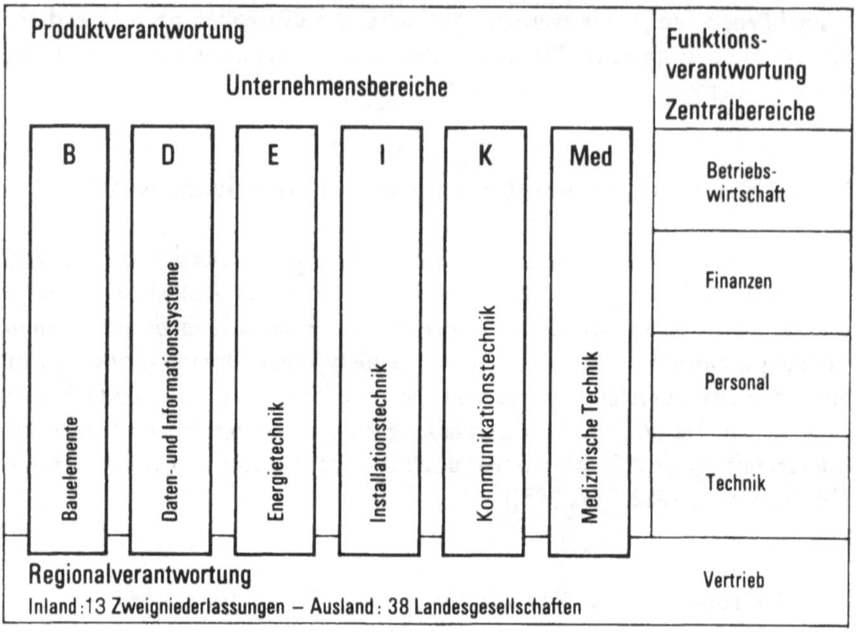

Abb. 9 Organisation Siemens

tung für den Gesamterfolg und der hierfür notwendige unternehmerische Entscheidungsspielraum ist in besonderem Maße bei den ausländischen Einheiten ausgeprägt, da sie in der Infra- und Sozialstruktur ihres Landes verankert und dazu berufen sind, die jeweilige Landespolitik des Hauses entscheidend mitzugestalten [385, S. 340]." Im Sinne einer einheitlichen Geschäftspolitik ist es nötig, daß die Unternehmensbereiche einen Teil ihrer fachunternehmerischen Verantwortung an die regionalen Einheiten delegieren. Produktverantwortung und Regionalverantwortung ergänzen sich als gleichberechtigte Interessen in fruchtbarer Weise [356, S. 349].

Die Zentralbereiche sind in fünf Funktionen gegliedert und „. . . haben außer Dienstleistungs-, Legislativ- und Kontrollfunktion vor allem die Aufgabe, den Vorstandsvorsitzenden und den Vorstand bei der einheitlichen Führung des Unternehmens zu unterstützen [356, S. 349]." Zu den Koordinierungsaufgaben und zur Richtlinienkompetenz der Zentralbereiche gehören z. B. auch die Schaffung und Implementierung von umfassenden Planungssystemen, der Erlaß von Grundsätzen für das Planungs- und Berichtssystem sowie für das Rechnungswesen und nicht zuletzt die Erarbeitung von Vorschlägen für die Formulierung von Unternehmenszielen und für die Gesamtunternehmensstrategie.

Dem Vorstand gehören die Leiter aller Unternehmens- und Zentralbereiche sowie einige der Leiter nachgeordneter Geschäfts- oder Hauptbereiche an. Dadurch ist die Einheitlichkeit der Geschäftsführung sichergestellt, da bei der Diskussion und Entscheidung über gesamtunternehmerische Probleme die Interessen aller Bereiche verantwortlich und kompetent vertreten sind.

Diese auf den Grundsätzen eines kooperativen Führungsstils beruhende Zusammenarbeit der verschiedenen Verantwortungsbereiche ist Richtschnur für die interne Zusammenarbeit. Die ausgeprägte Dezentralisierung von Verantwortung und Entscheidung, die gegenüber der alten Organisation bessere Überschaubarkeit und klarere Kompetenz sowie die besseren Möglichkeiten, dem Strukturwandel auf den Märkten und der schnelleren Innovation der Technik Rechnung zu tragen, sind Kennzeichen dieser Organisationsform. Dies fördert und erleichtert eine produktbezogene Koordination und Kooperation innerhalb der geschäftsführenden Bereiche sowie die bereichsüberschreitende Projektkoordination durch den jeweiligen federführenden Projektführer. Produkte und Systeme werden werden zum Kristallisationsobjekt von Kommunikation und Information zwischen allen beteiligten Funktionsträgern. Entsprechende Projekt- und Produktplanungsteams werden zum Träger für diese wichtige Koordinierungs- und Kooperationsaufgabe. „Das Wissen um den eigenen Standort innerhalb der Organisation und um die Beziehungen zu den Organisationsmitgliedern fördert das Treffen von koordinierten Entscheidungen, die dem Gesamtinteresse Rechnung tragen [385, S. 342]."

2.3.2.2 Zur Organisation und Führung eines Geschäftsbereiches

Die Unternehmensbereiche sind nach den Prinzipien der Divisionalisierung in Geschäftsbereiche, Geschäftsgebiete und Geschäftszweige bis hin zu Produktgruppen und Produkten gegliedert. Diese Grundkonzeption ist durch die produktbezogene Gliederung der Funktionen Forschung und Entwicklung, Fertigung und Vertrieb auf der Ebene Geschäftsbereich weitgehend realisiert. Dort, wo sich der unmittelbare Bezug auf das Produkt nicht in divisionalisierten Organisationseinheiten zeigt, ist durch eine entsprechende Strukturierung der Funktionsbereiche die Grundlage für eine produktorientierte Koordination und Kooperation geschaffen worden.

An einem konkreten Beispiel soll das Grundprinzip der typischen Aufbauorganisation eines Geschäftsbereiches demonstriert werden (Abb. 10). Hier soll die Aufbauorganisation des Geschäftsbereiches dargestellt werden,

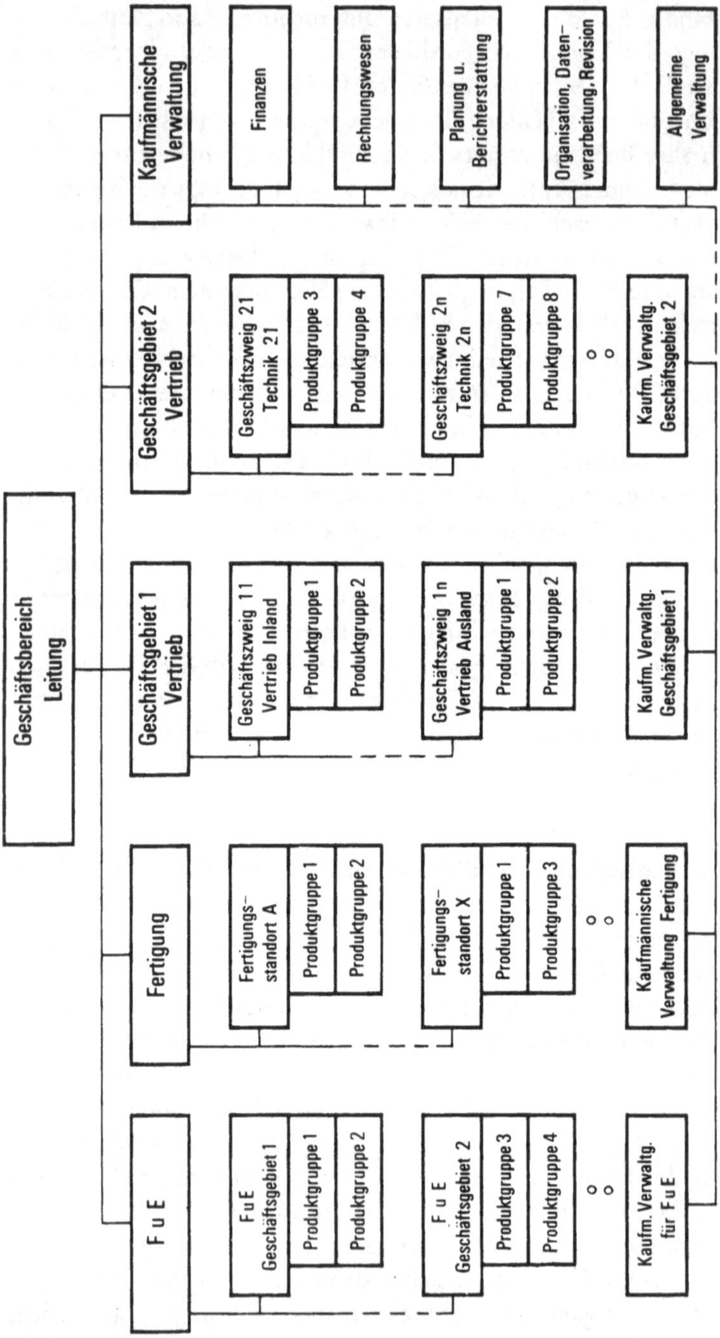

Abb. 10 Prinzip der Aufbauorganisation eines Geschäftsbereiches (Funktionsplan)

die dem hier diskutierten Planungsmodell zugrunde liegt. Diese Organisationsform variiert innerhalb der Siemens AG, dennoch kommt das Grundprinzip der Matrixorganisation überall zum Tragen. Der Geschäftsbereich ist nach Produkt- und Marktgesichtspunkten in Geschäftsgebiet, Geschäftszweige, Produktgruppen und Produkte gegliedert. Wegen der hohen technischen Anforderungen und wegen der starken technischen Verflechtung der Produkte untereinander sind Forschung und Entwicklung, Fertigung und Vertrieb als eigene Funktionsbereiche organisiert und werden auch entsprechend geführt. Die technische Orientierung bleibt erhalten, indem die Funktionsbereiche weitgehend einer einheitlichen technischen Gliederung folgen. Dieses Modell ist auf die Grundfunktionen Forschung und Entwicklung (FuE), Fertigung, Vertrieb und kaufmännische Verwaltung zurückgeführt. Selbstverständlich sind außerdem noch andere Funktionen, wie z. B. die Beschaffung, Lagerhaltung und Transport oder Personal von Bedeutung. Diese Aufgaben werden gedanklich durch die einzelnen Grundfunktionen mit abgedeckt. Der kaufmännische Bereich umfaßt die klassischen Funktionen der Verwaltung. Dazu gehören neben der allgemeinen Verwaltung auch die Gebiete Personal, Finanzen und Rechnungswesen. Der kaufmännische Leiter vereint in seiner Person die Funktionen des Controllers und des Treasurers für den jeweiligen Geschäftsbereich. Die kaufmännische Leitung eines Geschäftsberiches ist dem kaufmännischen Leiter des Unternehmensbereiches direkt unterstellt, womit dem Unternehmensbereich als geschäftsführendem Bereich Rechnung getragen wird. Hier steht jedoch der funktionale Zusammenhang im Vordergrund, der auf die einheitliche Leitung des Geschäftsbereiches ausgerichtet ist.

2.3.3 Das Planungssystem der Siemens AG

Die Neuorganisation und die damit verbundenen neuen Führungsgrundsätze machten die Entwicklung und Implementierung organisationsgerechter Führungsinstrumente nötig. Die im Zusammenhang mit der Wechselwirkung zwischen Organisation und Planung diskutierten Zusammenhänge werden jetzt deutlich: Der Entwurf des Organisationssystems setzte planerische Überlegungen voraus, wobei die zukünftige Führung und Steuerung der Organisation Siemens AG und seiner Einheiten im Vordergrund der Überlegungen stand. Im Anschluß daran mußte ein den neuen Führungsgrundsätzen entsprechendes Führungsinstrumentarium entwickelt und eingesetzt werden. Die divisionalisierte Organisationsstruktur erzwang geradezu den

Einsatz produkt- und rentabilitätsorientierter Führungstechniken, in deren Zentrum ein ausgebautes, umfassendes und organisationsgerechtes Planungs- und Kontrollsystem stehen mußte.

2.3.3.1 Das System der Planung als übergeordneter Rahmen

Organisationsgerecht heißt auch, daß das Planungs-, Steuerungs- und Kontrollsystem so konzipiert wird, daß alle Organisationseinheiten einen ihrem Auftrag entsprechenden Beitrag zur Formulierung langfristiger Unternehmungsziele und zur Ausarbeitung der Durchführungspläne liefern können. Dazu gehört auch ein dem Planungssystem angepaßtes internes Rechnungswesen, das über den jeweiligen Status Auskunft gibt und das die für eine wirksame Kontrolle notwendigen Informationen umfassend und aktuell liefert.

Das System der Planung der Siemens AG ist in Abbildung 11 dargestellt. Es enthält die hierarchisch aufgebaute Zielplanung und Durchführungsplanung und setzt sich – in Übereinstimmung mit dem Organisationssystem (vgl. Abb. 9) – aus den einzelnen Beiträgen der geschäftsführenden Einheiten und der Zentralbereiche zusammen. In dieser Gliederung ist das Planungssystem der formale Ausdruck für das dezentral orientierte Führungssystem. Gleichzeitig gestattet das Planungssystem den unabdingbar notwendigen Grad an Zentralisierung. Das System der Zielplanung umfaßt eine zeitlich unbegrenzte „Übergeordnete Zielsetzung“ und eine Zielplanung im engeren Sinne, nämlich den „Unternehmenspolitischen Rahmen“ sowie die „Entwicklungsziele des Unternehmens“. Diese Entwicklungsziele entstehen aus den Entwicklungszielen der geschäftsführenden Bereiche und der Zentralbereiche. Das System der Durchführungsplanung (Maßnahmenplanung oder Zielerreichungsplanung) setzt sich aus den Wirtschaftsplänen der geschäftsführenden Beriche und der Zentralbereiche zusammen.

Die übergeordnete Zielsetzung enthält die Begründung für die unternehmerische Tätigkeit. Sie ist in der Satzung fixiert und gilt zeitlich unbegrenzt, d. h. sie ist nicht Gegenstand einer periodischen Planung. „Die übergeordnete Zielsetzung des Unternehmens sehen wir darin, als Unternehmen der Elektrotechnik auf den von uns ausgewählten Absatzmärkten bedarfsgerechte und technisch führende Leistungen mit wirtschaftlichem Erfolg anzubieten, um den im Unternehmen tätigen Menschen möglichst sichere Arbeitsplätze und angemessene Einkommen bieten zu können, den Kapitalgebern attraktive Renditen zu sichern und der öffentlichen Hand die ihr zustehenden

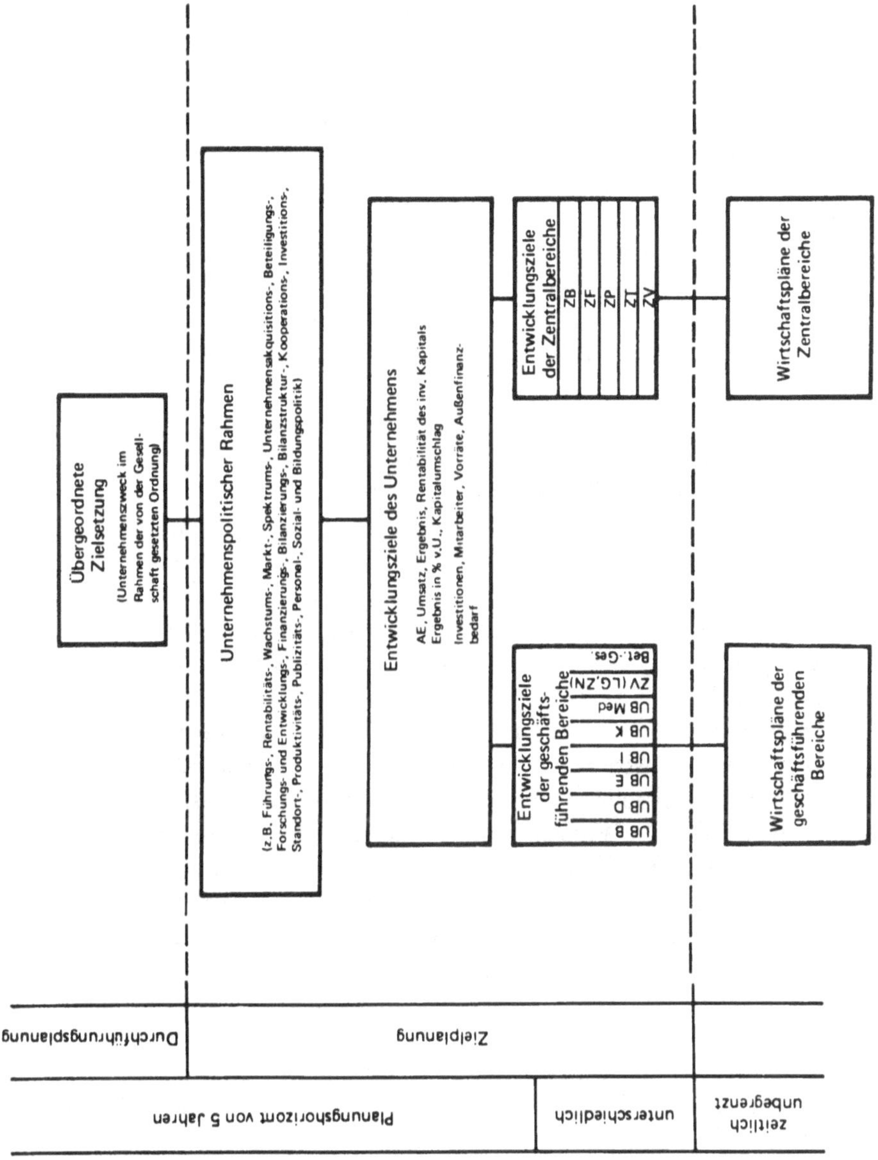

Abb. 11 Das System der Planung (Quelle: Siemens)

Steuern und Abgaben leisten zu können [356, S. 354]." Daran lassen sich weitere Bedingungen knüpfen, wie z. B. die Sicherung und die Erweiterung der Wettbewerbsfähigkeit, die im wesentlichen in der technischen Leistung der Unternehmung begründet ist und nicht zuletzt auch organisatorische Maßnahmen wie die Implementierung einer systematischen Produktplanung. Ertrag und Wachstum einschließlich der daraus abzuleitenden Determinanten sind der Ansatzpunkt für quantifizierbare und nicht quantifizierbare Aussagen im Rahmen der Ziel- und Durchführungsplanung.

Der Unternehmenspolitische Rahmen enthält Festlegungen, die in loser Form aus zahlreichen Beschlüssen vom Vorstand und seinen Gremien entwickelt wurden und die als Prämissen für die Planung aller Bereiche gelten.

Die Entwicklungsziele des Unternehmens und seiner Bereiche stellen eine weitere Konkretisierung der allgemeinen Zielsetzung und grundsätzlichen Strategien dar. Dabei handelt es sich in erster Linie um die wirtschaftlichen Eckzahlen, „... für die Zielvereinbarungen getroffen werden und deren Einhaltung laufend im Berichtswesen (Soll-Ist-Vergleich) überwacht wird. Diese sind Auftragseingang, Umsatz, Ergebnis, Ergebnis in % vom Umsatz, Kapitalumschlag, Rentabilität des investierten Kapitals, Außenfinanzbedarf, Investitionen, Vorräte und Mitarbeitergemeinkosten [356, S. 356]."

Die Wirtschaftspläne der Bereiche sind das Ergebnis der jährlichen Planung. Sie enthalten in verbaler und zahlenmäßiger Form die Strategien, Maßnahmen und Methoden, die zur Erreichung der Ziele notwendig sind. Sie sind das Steuerungsinstrument für die geschäftsführenden Bereiche und umfassen formal und sachlich allen Planungen für das Produktspektrum des Geschäftsbereiches. Die Wirtschaftspläne sind nicht nur zielbestimmt sondern auch zielbestimmend: aus ihnen werden die Entwicklungsziele der geschäftsführenden Bereiche und der Zentralbereiche generiert. Daraus und aus der Notwendigkeit einer sachbezogenen Identität zwischen Zielplanung und Durchführungsplanung ergibt sich für die Entwicklungsziele und für die Wirtschaftsplanung ein globaler Planrahmen, der von jedem Unternehmens- und Geschäftsbereich nach einheitlichen Richtlinien erstellt werden muß. Dabei ist selbstverständlich auf die innere Organisationsstruktur der Bereiche Rücksicht zu nehmen. Dieser Planrahmen umfaßt im einzelnen folgende Teilpläne:

1. Umweltbedingungen, Stärken und Schwächen des Bereiches
2. Entwicklungsziele (= Zusammenfassung des Planes in einer Gesamtübersicht)
3. Auftragseingang, Umsatz, Markt

4. Rentabilität des investierten Kapitals (RiK)
   a) Ergebnis und Umsatzrendite
   b) Vermögen und Kapitalumschlag
5. Mitarbeiter, Leistung, Produktivität
6. Investitionen
7. Finanzierung
8. Forschung und Entwicklung
9. Fertigungsstandorte
10. Geschäft der Beteiligungen.

Eine besondere Beachtung verdient die seit einiger Zeit stärker hervorgetretene verbale Erläuterung der Pläne. Nicht nur, weil das immer umfangreicher werdende Zahlenmaterial der zusätzlichen Interpretation bedarf, sondern auch weil in zunehmendem Maße Vorgehensweisen und Strategien vorgetragen werden müssen, die sich nicht quantifizieren lassen. Das Zahlenwerk alleine kann und darf nicht für Zielentscheidungen und Zielerreichungsentscheidungen ausschlaggebend sein.

Um das Bild des Gesamtplanungssystems abzurunden, soll noch kurz auf die zeitliche Verknüpfung der einzelnen Planungselemente eingegangen werden, die in Abbildung 12 [356, S. 356] dargestellt ist. Die Geschäftsjahr der Siemens AG dauert vom 1. Oktober bis 30. September. Noch während der Abschlußarbeiten werden Zielvorschläge (Entwicklungsziele) durch die Bereiche erarbeitet, die auf dem alten Wirtschaftsplan und den neuesten Erkenntnissen beruhen. Diese Vorschläge werden Ende Dezember/Anfang Januar im Vorstand durchgesprochen. Der tiefere Sinn dieser Abschluß- und Zielgespräche (Plan I. . . .) besteht darin, eine ausschließlich vergangenheitsbezogene Durchsprache der Abschlußzahlen zu vermeiden und statt dessen die aktuelle Situation auf der Basis neuester Erkenntnisse mit Blick in die Zukunft zu diskutieren. Im Februar erfolgt in einer Vorstandssitzung die Zielvereinbarung, deren Realisierbarkeit am Ende der Erstellung der Wirtschaftspläne (etwa von Dezember bis Mai) in den Plandurchsprachen im Vorstand geprüft wird. Die Verabschiedung des aus den Bereichsplänen konsolidierten Unternehmungsplanes im Gesamtvorstand im Juni (Plan VI. . . .) beendet dann diese Planungsrunde. Die lange und aufwendige Phase der Wirtschaftsplanung ist Gegenstand einer vertiefenden Betrachtung (vgl. die Abschnitte 3.3.2 und 5.1.2): Hier werden die einzelnen verrichtungs- und objektorientierten Teilpläne erarbeitet, abgestimmt und diskutiert. Sie sind, zusammen mit einem adäquaten Berichtssystem, das Planungs-, Steuerungs- und Kontrollinstrument, das unter Berücksichtigung der geschilderten übergeordneten Rahmenbedingungen für die Gesamtplanung einschließlich der Produktplanung organisationsgerecht in jedem einzelnen Bereich eingesetzt werden muß.

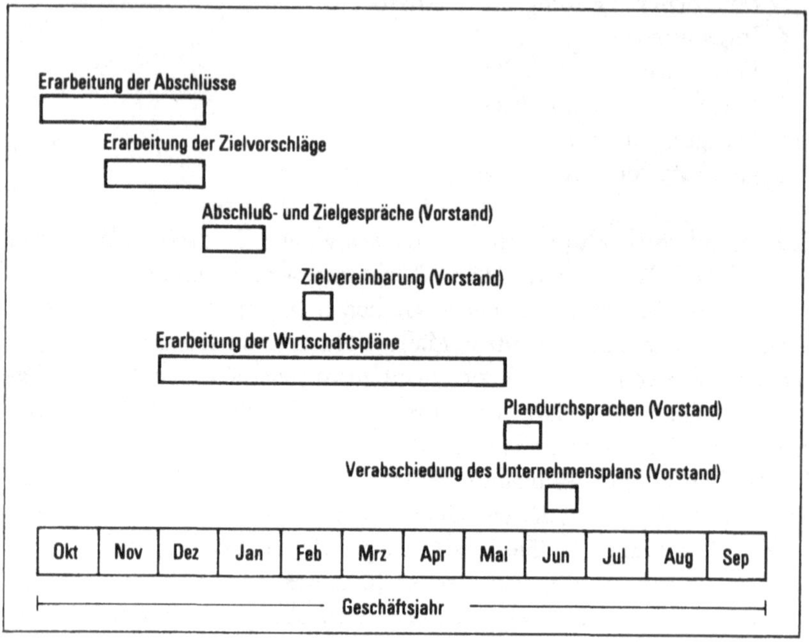

Abb. 12 Der zeitliche Ablauf des Planungsprozesses
(nach A. Peisl und B. Lüttge)

2.3.3.2 Das Planungssystem eines geschäftsführenden Bereiches als Subsystem des Gesamtplanungssystems

Das geschilderte System der Planung ist in sachlicher, formeller und zeitlicher Hinsicht als verbindlicher Rahmen für die geschäftsführenden Bereiche anzusehen. Die detaillierte Ausgestaltung der Planung der Bereiche ist diesen selbst überlassen. Wie das Planungssystem eines Bereiches aufgebaut sein kann wird am Beispiel eines Geschäftsbereiches gezeigt (Abb. 13). Dabei wurde das Planungsmodell der Siemens AG [68] und das Modell von Hahn [75, S. 65] zugrunde gelegt. Dieses Planungssystem enthält alle grundlegenden Elemente der Unternehmungsplanung und zeigt die Produktplanung als deren integrativen Bestandteil: die (langfristige) Zielplanung (Entwicklungsziele des Bereiches als Teilziele der Unternehmung), die (langfristige) strategische Planung (bezogen auf Produkte, Märkte und Geschäftsfelder) sowie die (kurz- bis mittelfristige) operative Planung. Letztere besteht aus der objektorientierten Produkt- und Geschäftsfeldplanung, der Planung der Funktionsbereiche und der bereichsorientierten Ergebnis- und Finanzplanung (für den Geschäftsbereich, die Geschäftsgebiete und Geschäftszweige). Der mittelfristige Wirtschaftsplan hat einen Planungshorizont von fünf Jahren und stellt einen auf diesen Zeitraum beschränkten Ausschnitt aus diesem Planungssystem dar. Er umfaßt die bereichsorientierten Ziele und Strategien sowie die operativen Pläne des Bereiches und seiner funktionalen und divisionalen Subsysteme. Die Produktpläne setzen sich zusammen aus den entsprechenden Zielen und Strategien als Bestandteil der generellen Zielplanung und Strategischen Planung sowie aus den Programmen, Potentialen und Aktionen der Operativen Planung zur Verfolgung dieser Ziele und Strategien. Die einzelnen Teilpläne sind nach den Grundsätzen der Delegation von Führung und Verantwortung in Geschäftsgebiete, Geschäftszweige und Produktgruppen gegliedert. Das System der Wirtschafts- und Produktplanung präsentiert sich somit als Spiegelbild des Planes der gesamten Unternehmung.

Abbildung 13 zeigt die integrative Verknüpfung von Produktplänen und Plänen der Funktionsbereiche mit den kurz- und mittelfristigen Ergebnis- und Finanzplänen der Geschäftsgebiete und Geschäftszweige. Der Unternehmens- bzw. Geschäftsbereich als Ganzes ist eine bilanzierungspflichtige bzw. bilanzierungsfähige Unternehmungseinheit, für die die Kapitalrendite (Rentabilität des investierten Kapitals – RiK) errechnet wird. Die Unternehmens- bzw. Geschäftsbereiche der Siemens AG sind wirtschaftlich selbständig. Sie besitzen keine eigene Rechtspersönlichkeit (wie z. B. die Landesgesellschaften) und sind demzufolge auch nicht mit Eigenkapital ausgestattet. Der entsprechende Passivposten in der Bilanz besteht aus einer Verschuldung gegenüber dem Zentralbereich Finanzen. Durch die Bezeichnung „bilanzierungspflichtig" bzw. „bilanzierungsfähig" soll zum Ausdruck gebracht werden, daß es sich bei den Geschäftsbereichen um Abrechnungseinheiten handelt, die für den Abschluß der Siemens AG eine „Teilbilanz" zu erstellen haben. Aus den Vermögensteilen kann auch für nachgeordnete Ergebniszentren (z. B. Geschäftsgebiete und Geschäftszweige) die Rentabilität des investierten Kapitals errechnet werden. (Zur Darstellung der Kapitalrendite bei mehrgliedrigen Unternehmungen sei auf die Ausführungen von Hahn [284] verwiesen). Die Vermögenswerte ergeben sich aus der Addition der Werte der Organisationseinheiten (Abrechnungseinheiten) innerhalb des Geschäftsbereiches und werden nach dem Prinzip der wirtschaftlichen Zuordnung ermittelt. Das bedeutet, daß der Vermögenseinsatz bei demjenigen Unterneh-

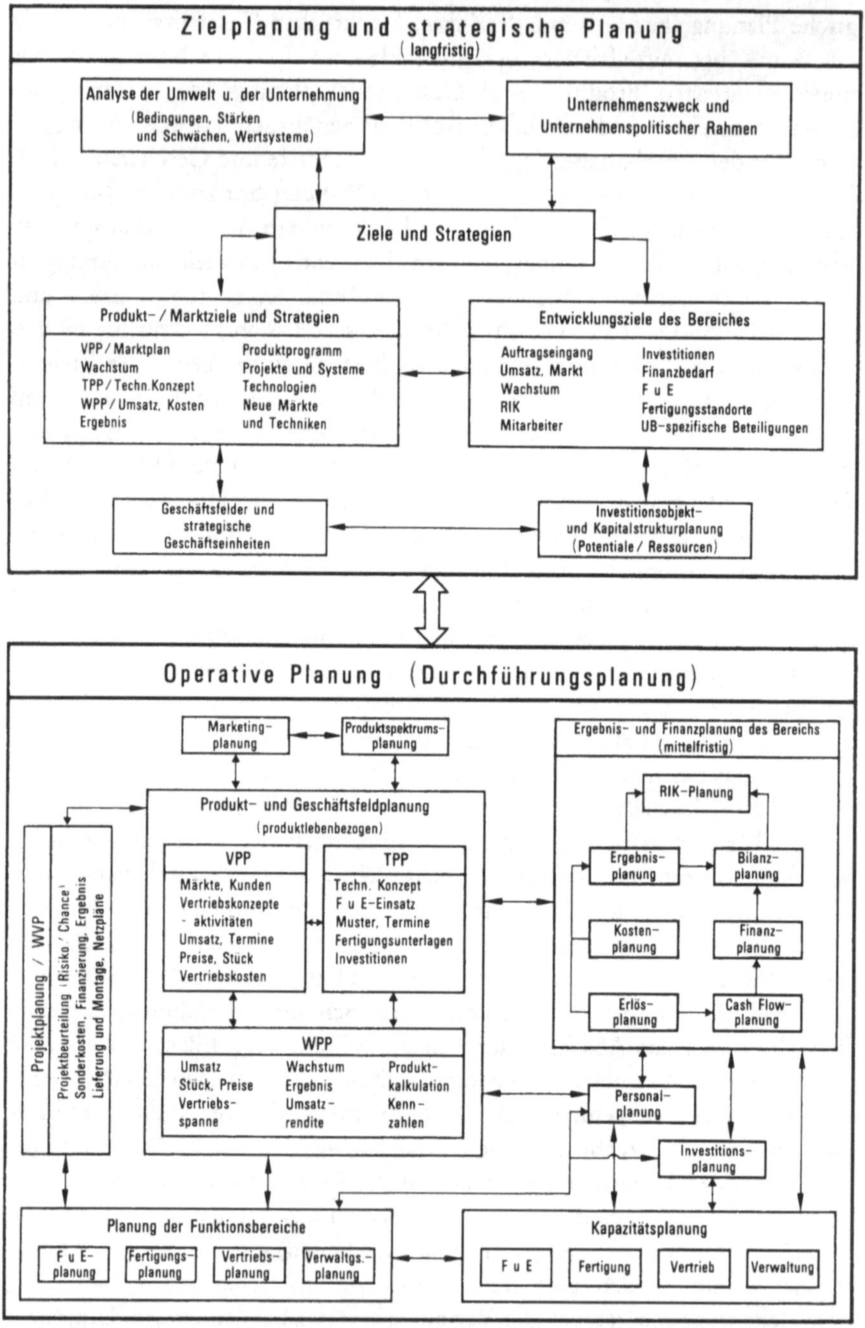

Abb. 13 Das Planungs-(Plan-)System eines Geschäftsbereiches

mens- und Geschäftsbereich zu zeigen ist, der daraus auch unmittelbar den wirtschaftlichen Nutzen zieht. Wegen der intensiven Verbundwirtschaft muß ein gegenseitiger Ausgleich vorgenommen werden. Entscheidend ist, daß aufgrund der vorhandenen Detaillierung des Zahlenmaterials bei der Ist-Erfassung und in der Planung eine Durchrechnung der Kapitalrendite (Rentabilität des investierten Kapitals – RiK) bis zu den Produktgruppen innerhalb der Geschäftszweige möglich ist. (Selbstverständlich ist die Ermittlung der RiK mit den bekannten Schwierigkeiten der Zuordnung allgemein nutzbarer Vermögensteile wie Grundstücke, Gebäude, Maschinen u. a. m. verbunden. Die Detaillierung muß dort ein Ende finden, wo entweder der Aufwand für die Rechnung zu groß wird oder wo die „gewaltsame" Zuordnung zu falschen Schlüssen führt). Das heißt also, daß die Geschäftsgebiete und Geschäftszweige einschließlich der zugehörigen Produktgruppen als Ertragszentren (Profit Centers) bezeichnet werden können. Da diese jedoch nicht originär in der Organisation dieses Bereiches vorhanden sind sondern sich erst aus der Verknüpfung von Funktion und Objekt in der Matrixorganisation ergeben, ist es besser, von produkt- bzw. geschäftsorientierten „Verantwortungsbereichen" zu sprechen. Dadurch soll zum Ausdruck gebracht werden, daß das Ergebnis für einen bestimmten Verantwortungsbereich nur gemeinsam von allen beteiligten Funktionsbereichen „verantwortet" werden kann. Dieser Sachverhalt wird im Zusammenhang mit der Darstellung der Aufbauorganisation der Produktplanung noch näher zu erläutern sein.

Die Produktplanung wird getragen von den Elementen Technik, Markt, Wirtschaftlichkeit und Rentabilität, was zu einer entsprechenden Gliederung im Planungssystem führt. Der breite Raum, der hier der Produktplanung im gesamten Planungssystem eingeräumt wird, trägt nicht nur demonstrativen Charakter. Jede systematische Planung muß sich in ihren wesentlichen Aussagen auf die Produkte (Güter und Dienste) beziehen, denn diese sind die Träger des technischen und wirtschaftlichen Erfolges am Markt. Die permanente Auseinandersetzung mit Inhalt, Umfang, Zusammensetzung und Qualität des vorhandenen und zukünftigen Produktspektrums ist eine Aufgabe aller betroffenen Bereiche. Eine gezielte Aussterbekontrolle alter Produkte gehört ebenso dazu wie der Anreiz zur systematischen Erschließung neuer Produktideen. Aus den täglichen Erfahrungen und aus der systematischen Verarbeitung der gewonnenen Erkenntnisse entstehen Anregungen und neue Ansätze, die für die nachhaltige Sicherung der technischen und wirtschaftlichen Leistungsfähigkeit einer Unternehmung notwendig sind.

Die Planung als Instrument zur Führung der Unternehmung und ihrer Teilbereiche bedingt, daß in ihr alle relevanten Tatbestände und Entwicklungstendenzen zum Ausdruck kommen. Diese Geschlossenheit der Planung zielt nicht auf den Detaillierungsgrad ab [69, S. 47]. Dieser muß unternehmungsspezifisch festgelegt werden, wobei die Wirtschaftlichkeit Kompromisse erzwingt. Nicht jede Detaillierung, die aus der Sicht der Planung noch wünschenswert wäre, kann noch mit vernünftigem Aufwand dargestellt werden. Dieser Aufwand für die Ermittlung von Plandaten ist einer der Begrenzungsfaktoren für die Planung.

2.3.4 Zur Übereinstimmung von Organisations- und Planungssystem

Die auf die individuellen technischen und marktspezifischen Belange ausgerichtete Aufbauorganisation bildet die Grundstruktur für das bereichsspezifische Planungssystem. Aus der Geschlossenheit der Planung folgt, daß alle Organisationseinheiten und Objekte durch Teilpläne repräsentiert sein müssen. Nur wenn das sichergestellt ist, kann durch die Menschen in der Organisation der geplante Vollzug auch wirklich erfolgen. Die bereits geschilderten Wirkungen der gegenseitigen Anpassung von Organisations- und Planungssystem kommen dabei voll zur Geltung. Die Pläne der Organisationseinheiten und Objekte sind Teilpläne des Gesamtsystems und sind durch einen definierten funktionalen Zusammenhang horizontal und vertikal miteinander verbunden. Daraus entsteht eine Planungspyramide, deren Gliederung sich unter Berücksichtigung der genannten Einschränkungen weitgehend mit der Organisationspyramide decken muß (vgl. auch Hahn [75, S. 47], W. Kern [315, S. 706 ff.] und Wild [194, S. 165 und S. 188]). Der komplizierte Zusammenhang zwischen Organisationspyramide und Planpyramide wird in Abbildung 14 am praktischen Beispiel dargestellt. Dieser Gegenüberstellung liegen das Organisationsschema aus Abbildung 10 und das Planungssystem aus Abbildung 13 zugrunde. Es sind jeder der Grundfunktionen die relevanten Teilpläne bzw. Plandaten gegenübergestellt, wobei neben den Daten der Formalplanung (Umsatz, Kosten, Ergebnis etc.) auch die wesentlichen zu behandelnden Planungsthemen der Sachplanung (z. B. Technologie, Markt) ausgewiesen wurden. Der kaufmännische Bereich (kaufmännische Verwaltung) wurde in Anbetracht seiner funktionalen Zuordnung zu Forschung und Entwicklung, Fertigung und Vertrieb (vgl. Abb. 10) im Plansystem nicht gesondert aufgeführt. Die ihn betreffenden Teilpläne sind also in den entsprechenden Teilplänen der übrigen Funktionsbereiche enthalten oder sind in eigenen Kostenstellen- oder Investitionsplänen niedergelegt. Im übrigen

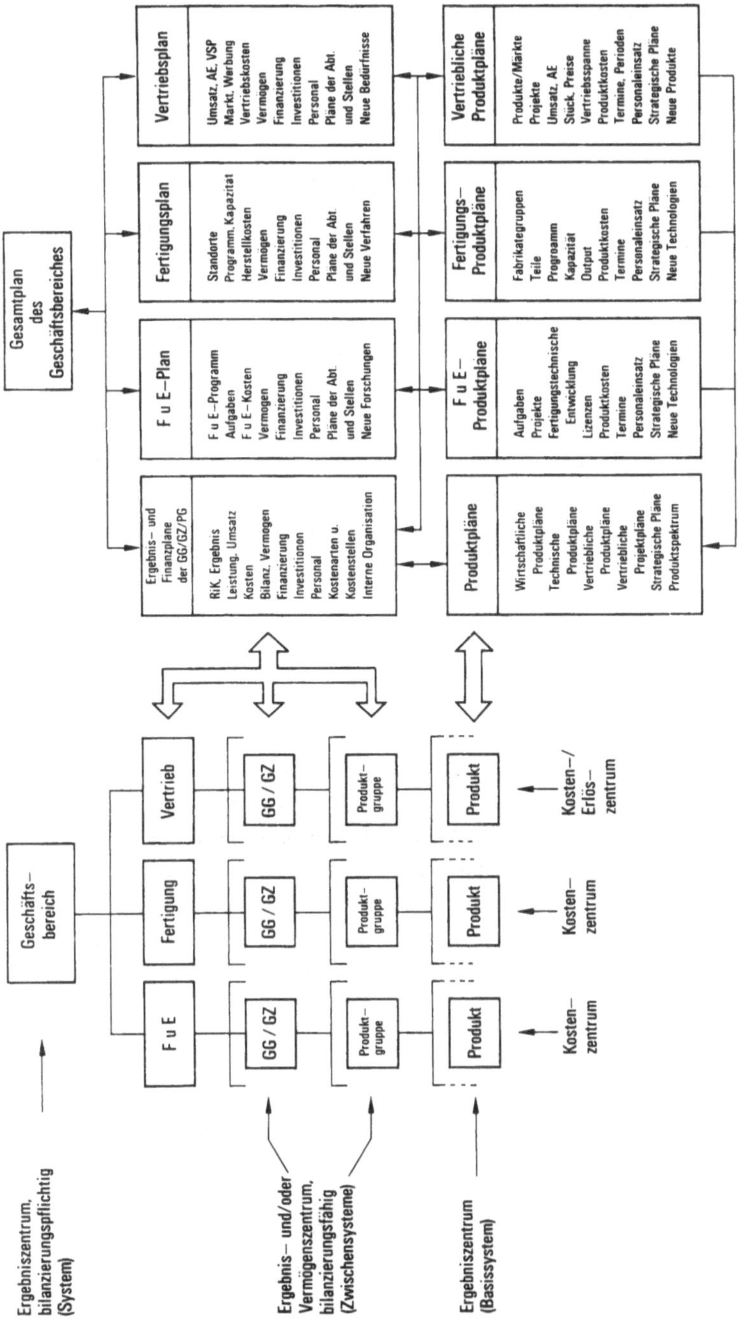

Abb. 14 Gegenüberstellung von Organisations- und Plansystem in einem Geschäftsbereich

repräsentiert sich der Verwaltungsbereich in den integrierten Ergebnis- und Finanzplänen. Die Erstellung dieser Pläne wird vom Controller an eine zentrale Planungsstelle delegiert, die diese in Zusammenarbeit mit den korrespondierenden Stellen aller Funktionsbereiche erarbeitet.

Bei der Gegenüberstellung von Organisations- und Planpyramide sind jeweils drei Dimensionen anzusprechen: Die Hierarchie, die Funktion und das Objekt. Alle Einzelpläne und Plandaten müssen mindestens durch diese Dimensionen bestimmt sein, wenn sie eindeutig sein sollen. Die Dimensionen Funktion und Objekt führen immer – gleichgültig welche Organisationsform primär dominiert – zu einer entsprechenden Gliederung des Plansystems. Dieser Sachverhalt wird im Zusammenhang mit der Aufbauorganisation für die Produktplanung noch detailliert behandelt.

Eine derartig tiefgegliederte rentabilitätsorientierte Planungs- und Kontrollrechnung über sechs Stufen (Unternehmung – Unternehmensbereich – Geschäftsbereich – Geschäftsgebiet – Geschäftszweig und Produktgruppe) hinweg erfordert ein hochentwickeltes, leistungsfähiges und flexibles Rechnungswesen. Planung, Geschäfts- und Finanzbuchhaltung sowie die Kostenrechnung müssen zu einem aufeinander abgestimmten Informationssystem verknüpft werden, dessen Aussagekraft wesentlich durch die Anforderungen bestimmt werden, die von der Führung selbst gestellt werden. Organisations-, Planungs-, Informations- und Führungssystem bilden eine Einheit, die nicht von selbst gegeben ist. Es sind permanente Anstrengungen nötig, um diese Teilsysteme der Unternehmung den laufenden Veränderungen anzupassen und immer wieder neu aufeinander abzustimmen. Dabei steht die Herstellung der Identität von Organisations- und Planungsstruktur im Mittelpunkt systematischer Planungsüberlegungen wenn es darum geht, das umfangreiche und aufwendige System von Planung, Steuerung und Kontrolle unter wirtschaftlichen Gesichtspunkten zum schlagkräftigen Instrument für eine dynamische Führung der Unternehmung und seiner geschäftsführenden Einheiten zu machen.

3 Charakterisierung des Planungssystems eines Geschäftsbereiches

Aus den einzelnen Planungsfunktionen läßt sich das Anforderungsprofil eines Planungssystems ableiten. Die Realisierung dieser Anforderungen führt zu einer individuellen, zweckorientierten Ausgestaltung von Planungssystemen, die bestimmte Voraussetzungen erfüllen müssen und für die unterschiedliche Charakterisierungsmerkmale festgestellt werden können. Zunächst sind einige grundsätzliche Charakteristika von Planungssystemen festzuhalten, die auch für den Aufbau einer Planungstypologie herangezogen werden könnten. Hier dienen sie als Richtschnur für die anschließende Charakterisierung des vorliegenden (Produkt-)Planungssystems.

3.1 Dimensionen der Planung

Zur Charakterisierung von Planungssystemen sollen die verschiedenen Dimensionen der Planung herangezogen werden. Um eine gewisse Ordnung zu erzielen, bieten sich in Anlehnung an Steiner [166, S. 36 f.] und unter Zugrundelegung der Systemgestaltung (vgl. auch Hahn [75, S. 45 ff.], Wild [194, S. 153] und Hellmich [87, S. 95 ff.]) folgende Dimensionen des Planungssystems an: Ziele, Potentiale, Objekte, Struktur, Prozeß, Zeit, Kommunikation und Information und Flexibilität. Diese Dimensionen wurden so gewählt, daß durch sie jeweils ein das Wesen der Planung maßgeblich bestimmender Faktor hervorgehoben wird.

(1) Die Dimension „Ziele" bezieht sich auf die primären und sekundären Ziele der Planung. Primär ist die Planung – wie bereits dargestellt – auf die Ziele der Unternehmung auszurichten und als Instrument für eine systematische Zielsetzung und Zielerreichung einzusetzen. Damit Ziele in konkrete Maßnahmen umgesetzt werden können, müssen diese operational [84, S. 115 f.], d. h. eindeutig bestimmbar und in wesentlichen Ausprägungen auch meßbar sein. Zu den sekundären Zielen der Planung gehört nicht nur die Erfüllung der oben vorgestellten Funktionen, sondern auch die Beachtung der Wirtschaftlichkeit der Planerstellung. Die Forderung, daß der Aufwand für die Planung den daraus gewonnenen Nutzen nicht übersteigen darf, ist

selbstverständlich. Aufwand und Nutzen der Unternehmungsplanung lassen sich durch kein Wirtschaftlichkeitsmaß darstellen. Die Unternehmungsführung bestimmt die Zielsetzung und die Aufgabenstellung der Planung, woraus sich schließlich der Planungsaufwand ableitet. Es ist allerdings auch die Verpflichtung aller beteiligten Mitarbeiter, nicht nur ihre konkreten Anforderungen zu stellen und ihren individuellen Beitrag zu leisten, sondern auch dafür zu sorgen, daß die vorhandenen Möglichkeiten bestmöglichst und rationell ausgeschöpft werden können.

(2) Die Dimension „Potentiale" betrifft die Charakterisierung der Planungsträger. Das sind einmal die Führungskräfte, also alle verantwortlich planenden Personen (oder Gruppen von Personen) sowie deren Hilfskräfte, die z. B. für die Beschaffung und Bereitstellung von Daten und Informationen sorgen. Zum anderen sind die maschinellen Hilfsmittel (z. B. Computer) als Planungsträger zu nennen, denen unter bestimmten Voraussetzungen wesentliche Planungsaufgaben übertragen werden können.

Aus der Art der Aufgabenzuordnung durch die Aktivierung von Verteilungsbeziehungen ergeben sich drei Grundformen für die Anordnung der Potentiale. Einmal können reine Linieninstanzen als Planungsträger auftreten, wobei die Zusammenfassung der Pläne durch Stabsstellen erfolgen kann. Zum zweiten ist die Zusammenfassung der zuständigen Linienmanager in Planungskomitees denkbar und drittens müssen in der Praxis Mischformen aus beiden angenommen werden.

Bei der Gestaltung des Potentialsystems spielt auch die als Funktion der Planung angesprochene Motivation eine Rolle. Planungssysteme tendieren dazu, ein Eigenleben zu entfalten, wenn sie von der Führung nicht als wesentlicher Bestandteil ihres Tuns betrachtet und entsprechend eingesetzt werden. Eine systematische Planung muß von der Geschäftsleitung für notwendig erkannt, gefordert, entwickelt, eingeführt, unterstützt, organisiert und durchgeführt werden, selbstverständlich mit Unterstützung entsprechender Stabsabteilungen oder Koordinierungsstellen, in denen die für die Organisation der Planung notwendigen Fachkräfte sitzen. Das schließt nicht aus, daß die Planung entsprechend einem auf demokratischen Spielregeln beruhenden kooperativen Führungsstil dezentral organisiert wird, wodurch für eine große Beteiligung an der Planerstellung gesorgt wird. Dieser Aspekt und die damit verbundenen Anforderungen an die Planungsträger werden uns noch näher beschäftigen. Hier sei lediglich nach dem Grad der Delegation der Verantwortung in zentral orientierte und dezentral orientierte Planungssysteme unterschieden.

(3) Die Dimension „Objekte" ist auf die Gegenstände der Planung gerichtet, wie sie in Abbildung 7 im Systemzusammenhang dargestellt wurden. Der funktions- und objektorientierten Einteilung der Pläne soll noch die grundsätzliche Trennung in quantifizierbare und nichtquantifizierbare Pläne hinzugefügt werden.

(4) Die Dimension „Struktur" umfaßt den inneren Aufbau der Planungsorganisation. Hier sind einige spezielle strukturelle Aspekte zu behandeln, die neben den getrennt behandelten Objekten wichtig sind. Die horizontale und vertikale Integration der Sach- und Formalpläne führt zu einzelnen Konsolidierungsstufen, aus denen sich eine „Datenhierarchie" ableiten läßt. Nach dem jeweiligen Detaillierungsgrad wird sich eine Umriß- oder Detailplanung (Grob- oder Feinplanung) [75, S. 46; 194, S. 166 f.] ergeben. Über die Qualität der Planung ist damit noch nichts gesagt. Die hängt unmittelbar mit der objektbezogenen Übereinstimmung zwischen Organisation und Planung, mit der Qualität der Aussagen und mit dem Umfang der Planung zusammen. Dabei ist die Detaillierung allein „. . . nicht unbedingt ein Zeichen für hohes Planniveau. Es wird vielmehr von der Vollständigkeit oder Unvollständigkeit der Planung bestimmt [70, S. 151]." Die Planung muß sich grundsätzlich auf alle wesentlichen Tatbestände beziehen. Das gilt auch dann, wenn nur globale Planzahlen, also gewissermaßen ein Rahmen, für einen Bereich oder eine Abteilung vorgegeben werden. Entscheidend ist nicht die Aufgliederung bis zu jeder möglichen Einheit, sondern lediglich die Geschlossenheit der Planung.

Mit der Detaillierung sind auch Aussagen über die Transparenz und die Beherrschbarkeit von Planungssystemen verbunden. Detaillierte, verzweigte Planungssysteme bedürfen eines höheren Aufwandes an organisatorischer Durchdringung, um sie noch vernünftig handhaben zu können. Es empfiehlt sich, mit zunehmender Detaillierung eine stärkere Formalisierung der Planung durchzuführen. Dadurch erst ist jenes Maß an Transparenz erreichbar, das zum Verständnis auch stark gegliederter Sachverhalte nötig ist. Darin ist auch ein wesentlicher Vorteil computergestützer Planungssysteme zu sehen, da der Einsatz der Elektronischen Datenverarbeitung (EDV) von vornherein zu einer exakten und umfassenden Formalisierung zwingt.

Dort, wo aus detaillierteren Plandarstellungen keine Konsequenzen gezogen werden können, ist die Grenze der Nützlichkeit überschritten. Diese detaillierte Planung ist wertlos und trägt höchstens zur Verwirrung bei. Auch deshalb ist die Beteiligung aller verantwortlichen Mitarbeiter unerläßlich, denn nur im Dialog mit ihnen kann eine vernünftige Abgrenzung der

Detaillierung der Planung erzielt werden. In dem Maße, wie die Einsicht in größere Zusammenhänge wächst, wird dann auch andererseits das Verständnis für jene Details wachsen, denen man vorher keine oder eine falsche Bedeutung beimaß. Der Grad der Formalisierung und die Transparenz sind also wesentliche Aspekte zur Charakterisierung von Planungssystemen.

(5) Die Dimension „Prozeß" befaßt sich mit dem dynamischen Aspekt der Planung, mit dem Prozeß der Planerstellung. Die einzelnen Phasen des Planungsprozesses werden gedanklich immer durchlaufen. Eine Charakterisierung muß sich auf die Besonderheiten beschränken, die sich aus einzelnen unterschiedlichen Vorgehensweisen bei der Planerstellung ergeben.

Grundsätzlich kann die Planung periodisch oder aperiodisch erfolgen [75, S. 48]. Die primär problemorientierte strategische Planung ist ein konkretes Beispiel für die aperiodische Planung, ebenso die Projektplanung, die analog zum Geschäftsverlauf entsteht. Diese aperiodischen Planungen müssen in die jährliche periodische, also regelmäßig wiederkehrende Planung, umgesetzt werden.

Nach dem Rhythmus der Anpassung der Pläne an aktuelle Gegebenheiten läßt sich die Unterscheidung in rollende (gleitende) Planung und in Anschlußplanung treffen [75, S. 48; 194, S. 177 ff.]. Die Anschlußplanung hat für die moderne Unternehmungsführung nur noch theoretische Bedeutung, da wegen der umfangreichen und häufigen Änderungen der Umwelt die Pläne laufenden Anpassungen unterzogen werden müssen. Die rollende Planung in Verbindung mit einer laufenden Überprüfung der ursprünglich gesetzten Prämissen und mit einer aktuellen Fortschrittskontrolle ist allein geeignet, den heutigen Anforderungen gerecht zu werden. Sie wird zweckmäßigerweise mit einem Plan-Plan-Vergleich gekoppelt, aus dem heraus die Kontinuität der Planvorstellungen über mehrere Jahre hinweg abgelesen werden kann. Dies ist wegen des damit verbundenen Lerneffektes wichtig, da man im nachhinein eine Analyse der revidierten Pläne zur Verfügung hat und daraus eine größere Sicherheit für die Beurteilung der Zukunft gewinnt. Je rascher und je häufiger die Pläne überholt werden müssen, um so stärker nähert man sich der permanenten Planung. Die jährliche periodische Planung bestünde dann lediglich in einer ‚Abfrage' des aktuellen Erkenntisstandes über die Zukunft.

Die sachliche und zeitliche Abstimmung der Pläne kann sukzessive oder simultan erfolgen [75, S. 48; 194, S. 78 f.]. In der Praxis herrscht die sukzessive Planung vor, da wegen der zeitlichen, räumlichen und auch sachlichen Diskrepanz eine gleichzeitige Entscheidung über alle relevanten

Sachverhalte nicht denkbar ist. Höchstens über Simultationsmodelle können mit Hilfe der EDV für einige begrenzte Planungsaufgaben „Simultanentscheidungen" erarbeitet werden. In der Praxis behilft man sich durch den zwangsläufig notwendigen Rückkoppelungseffekt mit der iterativen Annäherung an eine „bestmögliche" Lösung: man bricht die Planung ab, wenn ein entsprechendes (subjektives) Zufriedenheitsniveau erreicht ist.

Die Prozeßgestaltung innerhalb der Organisationshierarchie wird von Wild als „Hierarchiedynamik" bezeichnet und besteht aus drei Ansätzen: der retrograden Planung (Top-down-Ansatz), der progressiven Planung (Bottom-up-Ansatz) und der Kombination von beiden in einem Gegenstromverfahren [194, S. 189 f.; 415, S. 220 ff.; 341]. Bei der retrograden Methode werden die Pläne der einzelnen Hierarchiestufen aus der jeweils übergeordneten Ebene abgeleitet und gelten als „Vorgaben" für nachgeordnete Ebenen. Dadurch ist eine starke Zentralisierungstendenz gegeben, da alle Pläne von oben her bestimmt sind. Das Hauptargument gegen diese Methode besteht neben der mangelnden Beteiligung nachgeordneter Planungsträger in der Schwierigkeit der Konkretisierung globaler Zielvorstellungen, wenn nicht vorher die Realisierungsmöglichkeiten an der Basis geprüft worden sind. (Darin zeigt sich übrigens auch das grundsätzliche Dilemma der Simultanplanung.) Den umgekehrten Weg verfolgt die progressive Methode, bei der der Gesamtplan schrittweise von unten nach oben erarbeitet und verdichtet wird. Hier ist zwar ein hohes Maß an Beteiligung der verantwortlichen Personen gegeben, doch besteht das Hauptproblem in der mangelnden Übereinstimmung von gesamtunternehmerischer und aus den Detailplänen aggregierter Zielsetzung. Es kann in der Regel nicht davon ausgegangen werden, daß die Addition der Suboptima automatisch ein Gesamtoptimum ergibt. Auf eine erste Addition der Pläne muß also eine weitere retrograde Phase folgen usf. Der Ausweg aus dem Dilemma ist demnach ein kombiniertes retrograd-progressives Verfahren [75, S. 48 f.] (Gegenstromverfahren), bei dem die Planvorstellungen zwischen den verschiedenen Führungsebenen in mehreren Planungsrunden abgestimmt werden.

Aus der stufenweisen Integration und Konsolidierung von Teilplänen ergibt sich die Abgrenzung zwischen Primär- und Sekundärplänen [75, S. 49]. Dabei sind zwei Fälle möglich: Einmal kann der Primärplan ein Grob- oder Rahmenplan sein, aus dem Sekundärpläne abgeleitet werden. Ein Beispiel für einen Primärplan ist der Zielplan der Unternehmung oder einer Unternehmungseinheit. Zum anderen kann sich ein Primärplan aus der Dominanz in einer bestimmten Situation ergeben. Typisch dafür ist die Dominanz des Minimumsektors, d. h. des schwächsten Teilbereiches, dem das Ausgleichsgesetz der Planung zugrunde liegt [70, S. 163 ff.]. Dieses Gesetz besagt, daß der jeweilige Minimumsektor die Planung auf sich einreguliert. Dabei werden zwei Tendenzen wirksam: Kurzfristig besteht die Notwendigkeit der Anpassung der übrigen Teilbereiche an den jeweiligen Engpaßsektor, langfristig besteht die Tendenz, diesen Engpaßbereich an das Niveau der übrigen Teilbereiche anzupassen bzw. ein ausgeglichenes Verhältnis aller Teilbereiche untereinander zu erzielen.

(6) Die Dimension „Zeit" ist eng mit der Dimension Prozeß verbunden. Während beim Prozeß mehr die sachlogische Verknüpfung der Planungsschritte im Vordergrund stand, sollen hier die Probleme der zeitlichen Reichweite und der Aktualität der Planung angesprochen werden.

Die Anzahl der Jahre, die ein Plan in der Zukunft umfaßt, kann als Reichweite oder Fristigkeit der Planung bezeichnet werden. Welche Zeiträume jeweils zugrunde gelegt werden müssen, hängt von der Branche und dem Planungshorizont ab. Es hat sich eine Dreiteilung in kurzfristige (bis maximal 2 Jahre), mittelfristige (etwa 3–5 Jahre) und langfristige Planung (etwa 5 Jahre und darüber, teilweise auch mehr als 10 Jahre) als zweckmäßig erwiesen. Wie weit im speziellen Fall geplant wird, hängt von allgemeinen technischen, wirtschaftlichen und politischen Entwicklungen und von der Kalkulierbarkeit künftiger Ereignisse ab. „Der relevante Planungshorizont ist durch denjenigen Zeitpunkt gekennzeichnet, ab dem pagatorische Konsequenzen der im Kalkül berücksichtigten Alternativen sowie später eventuell auftretende Entscheidungsmöglichkeiten die augenblickliche Entscheidung nicht mehr beeinflussen [83, S. 103]." Als z. T. weitere Determinanten des Planungshorizontes sind die zeitliche Reichweite der gesetzten Ziele und Maßnahmen sowie die Reaktionszeit zur Anpassung an geänderte Bedingungen zu nennen.

Die Aktualität der Planinformationen ist eine unabdingbare Forderung, wenn das Planungs- und Informationssystem eine wirkungsvolle Stütze zur Führung der Unternehmung sein soll. Das gilt für die externe und interne Informationsbeschaffung in gleichem Maße. Ein schnell und zuverlässig funktionierendes Markt-Informations-System in Verbindung mit einer systemgerechten Planungs- und Kontrollrechnung müssen zeitnah wirksam werden und im Sinne eines Frühwarnsystems die Aufmerksamkeit auf jene wesentlichen Ereignisse lenken, die eine rasche Reaktion verlangen.

(7) Die Dimension „Kommunikation und Information" ist unmittelbar mit der prozessualen und zeitlichen Gestaltung der Planung verbunden. In ihr kommt die konkrete Ausprägung der Arbeitsbeziehungen im Planungssy-

stem – also die Verarbeitung von Daten und Informationen – zum Ausdruck. Als spezielle Kennzeichen dieser Dimension sind folgende drei Aspekte zu nennen: Die kybernetische Verknüpfung der Planungsvorgänge, das Phänomen der Ungewißheit und das Verhalten der Menschen im Kommunikationssystem.

Die Planung als Managementaufgabe ist ihrem Wesen nach Informationsverarbeitung und damit Bestandteil des Management-Informations-Systems (MIS). Das MIS kann ganz allgemein als die Gesamtheit aller informationellen Beziehungen verstanden werden, in die das Management eingebettet ist. Die Diskussion der Planungsprobleme im Beziehungsgefüge des MIS generell und im Zusammenhang mit dem Einsatz der EDV speziell hat zur Systematisierung von Planungssystemen beigetragen. Dabei wurden jedoch die rein informationellen Probleme der Kommunikation zwischen den Menschen zwangsläufig in den Hintergrund gedrängt. So fehlt bis heute nicht nur eine einheitlich anerkannte Terminologie bezüglich der Begriffe Datum, Nachricht und Information, sondern auch eine konsequente interdisziplinäre Auseinandersetzung im Rahmen einer systemorientierten Planungstheorie über das Informationsverhalten der Menschen. Insbesondere aus der Sicht der Praxis muß auf die notwendige Weiterentwicklung der Informationstheorie bezüglich der Bedeutung der Information für Planungs- und Führungsprozesse hingewiesen werden. (Vgl. hierzu die Abschnitte 4.2.1.1.2 und 4.2.2.4.1). Einige wesentliche Probleme der Praxis können durch folgende Aussagen umrissen werden:

- Der Informationsbegriff ist unklar und wird uneinheitlich benutzt;
- die Bedeutung der Information für Kommunikationsprozesse ist den Kommunikationspartnern häufig nicht bewußt;
- das Verständnis für die Information als Produktivfaktor ist noch wenig ausgeprägt;
- der Kommunikations- und Informationsprozeß ist komplex und in seinen Grundstrukturen zu wenig transparent;
- die Abgrenzung der Managementinformationen von der Gesamtheit der Informationen ist – wenn überhaupt möglich – sehr schwierig;
- der objektive und/oder subjektive Informationsbedarf des Managers ist nicht oder nur unzureichend bekannt;
- es sind zuviele Informationen potentiell vorhanden, welche die Informationsauswahl und -beschaffung erschweren;
- die Gesetze von Angebot und Nachfrage nach Informationen sind noch weitgehend unbekannt;

- der Einsatz des Computers zur Unterstützung eines MIS gestaltet sich deshalb so schwierig, weil Daten (Datenverarbeitung) und Informationen (Informationsverarbeitung) kaum voneinander unterschieden werden und weil es wegen der allgemeinen Unsicherheit über die Nützlichkeit eines formalisierten MIS an der notwendigen Akzeptanz von Computermodellen mangelt.

Dieser Katalog ließe sich weiterführen und kann keineswegs den Anspruch auf Vollständigkeit erheben. Er kann die Situation der Praxis nur skizzenhaft erhellen, da sich das Informationsproblem in seiner soziologischen und psychologischen Vielfalt einer oberflächlichen Betrachtung entzieht.

(8) Die Dimension „Flexibilität" wurde bereits als spezielle Funktion der Planung angesprochen. Entsprechend den genannten Kriterien kann von einer flexiblen (elastischen) oder unflexiblen (starren) Planung gesprochen werden [75, S. 50 f.]. Flexibilität kann nach Wild [194, S. 77] auf zwei Wegen erreicht werden: erstens durch die nachträgliche Anpassung eines Planes an veränderte Ausgangssituationen und zweitens durch die vorherige Berücksichtigung möglicher Planungsanpassungen durch Einbeziehung von Alternativen, über deren Auswahl erst zu einem späteren Zeitpunkt entschieden wird. In der Praxis kommen beide Möglichkeiten zum Zuge, da einerseits die Rückkopplung zu einer Planänderung zwingt und andererseits die vorausschauende planerische Verarbeitung künftig möglicher Abweichungen (die durch Vorkopplung [194, S. 181] oder Abweichungsprognose gewonnen wurden) das wesentliche Element strategischer und taktischer Überlegungen ist.

Ein anderer Aspekt der Dimension Flexibilität betrifft die Freizügigkeit bei der individuellen Ausgestaltung von Plänen einzelner Bereiche oder Abteilungen. Diese nimmt mit zunehmender Reglementierung durch die Unternehmungsspitze ab. Richtschnur hierfür ist auch das Substitutionsprinzip der Organisation, das besagt, daß die Tendenz zur generellen Regelung mit abnehmender Variabilität betrieblicher Tatbestände zunimmt [70, S. 240]. Daraus folgt, daß die Planung um so straffer organisiert werden kann, je einheitlicher die Planungsaufgaben in den planenden Bereichen sind. Das wird jedoch nur selten der Fall sein (z. B. in einer funktional organisierten Unternehmung mit nur einem oder wenigen Produkten und homogenen Marktverhältnissen). Schon der Planungshorizont zwingt zu Kompromissen. Aus der Sicht der Unternehmung als Ganzes erscheinen z. B. 5 Jahre als angemessen, während für einen bestimmten Produktbereich maximal 3 Jahre, für einen anderen mindestens 7 Jahre vernünftig erscheinen. Ähnliches läßt sich für die Differenzierung der Marktplanung nach Kunden und Vertriebsgebieten oder für die Aufgliederung der Personal- und Investitionsplanung anführen. Insbesondere in stark divisionalisierten Unternehmungen mit einer breiten Produktpalette und unterschiedlicher Marktstruktur muß Flexibilität gefordert werden. Andererseits muß trotz aller berechtigter Forderungen nach Individualität jederzeit die Durchsetzung einer einheitlichen Geschäftspolitik bis auf die unternehmerisch relevanten Vorgänge in den einzelnen Bereichen sichergestellt sein. Es ist ein Kompromiß zu finden, der es gestattet, daß die Erfordernisse aus der Sicht der Gesamtunternehmung mit den berechtigten Interessen der Teilbereiche in Einklang gebracht werden können.

Eine klare Planungsorganisation vermag den Blick nach allen Seiten zu schärfen und erleichtert den gemeinsamen Dialog zwischen den einzelnen Führungsebenen und den verschiedenen horizontalen Aufgabenbereichen. Welche individuelle praktische Ausgestaltung das vorliegende Planungssystem hat, soll in den nachfolgenden Abschnitten vorgestellt werden.

3.2 Struktur, Inhalt und Verknüpfung der Produktpläne

3.2.1 Hierarchische Gliederung der Pläne

3.2.1.1 Der Produktbegriff

Eine allgemeingültige Produktdefinition als Ausdruck für die verschiedenen Ergebnisse in den einzelnen Stadien der Leistungserstellung und -verwertung ist nicht generell möglich. Die Leistung in Form von Gütern und Diensten kennt die unterschiedlichsten Ausprägungen. Typisch für Produkte in der Kommunikations- und Datentechnik ist die Kombination aus technischem Gerät (Hardware), Anweisung für den Betrieb dieses Gerätes (z. B. Programme oder Software) sowie Wartung und sonstige Dienste, die für den Einsatz dieses Erzeugnisses notwendig sind. Jede dieser Leistungen kann auch für sich als ein Produkt zur Deckung eines bestimmten Bedarfs verstanden werden. Grundsätzlich kann man alles das als Produkt bezeichnen, was am Markt zum Zweck der Bedarfsdeckung abgesetzt werden kann. Diese Feststellung reicht jedoch noch nicht aus, da sich eine Reihe sehr unterschiedlicher Betrachtungsmöglichkeiten ergibt, die eine zweckorientierte, klare und übereinstimmende Produktbestimmung notwendig erscheinen lassen. Die

Geschäftsleitung (was ist mein Geschäft?), die Forschung und Entwicklung (wie lautet das Problem/die Aufgabe?), die Fertigung (wie sollen die Teile aussehen?), der Vertrieb (was braucht der Kunde?) und die kaufmännische Verwaltung (wo sind die Quellen des Verlustes/Gewinnes?) haben zwangsläufig ganz unterschiedliche Vorstellungen von einem Produkt und stellen unterschiedliche Anforderungen an die Produktdefinition. Deshalb soll hier unter einem Produkt ganz allgemein der Gegenstand des Geschäftes verstanden werden. Das kann je nach Standpunkt ein Gerät, eine technische Einrichtung (bestehend aus Hardware und Software), ein Auftrag, ein Projekt (Vorhaben) oder einfach eine Studie sein. Der Umfang des Produktes wird durch den Entwurf einer marktgerechten Konzeption bestimmt, d. h. Management-Services, Wartung, Pflege, Schulung und Information müssen als Elemente des Produktes betrachtet werden, da der Kunde ausschließlich an einer funktionsfähigen Leistungseinheit interessiert ist, die ihm einen weitgehend problemfreien Konsum bzw. Gebrauch sichert. Diese verschiedenen Ausprägungen müssen auf einen Nenner gebracht werden, d. h. die Vielfalt der Produkte bedarf in organisatorischer und technischer Hinsicht einer klaren Abgrenzung der Produktinhalte für den Markt (vermittelt durch den Vertrieb), für die Forschung und Entwicklung, für die Fertigung, für die kaufmännische Verwaltung und für die Leitung. Nur wenn gemeinsam der auf die marktgerechte Funktion ausgerichtete technische Inhalt festgelegt wird, ist sichergestellt, daß alle beteiligten Stellen immer dieselbe Sprache sprechen.

Betrachten wir als Beispiel die technische Struktur der Elektrotechnik, speziell der elektronischen Technik, etwas näher (Abb. 3). Auf der untersten Stufe stehen Grundstoffe und Mineralien und auf der nächsten Stufe die Bauelemente als Grundbaustein für die elektronische Technik. Durch zunehmende Integration entstehen aus einzelnen Teilen und Bauelementen die Baugruppen, aus diesen Subsystemen, diese werden zu Geräten zusammengeführt und Geräte werden zu Anlagen oder ganzen Systemen (z. B. Fernsprechnetz in einem Land) integriert. In dem hier betrachteten Beispiel werden in der Fertigung mehr als 300 000 verschiedene Teile zu komplizierten Geräten verarbeitet. Etwa 25 000 verschiedene Erzeugnisse verlassen die Fabrik und werden durch Montage beim Kunden oder durch Systemintegration zu insgesamt etwa 500 verschiedene Produkten zusammengefaßt, mit denen mehr als 60 verschiedene Länder (in unterschiedlicher Spektrumsbreite) bedient werden. Diese 500 Produkte vereinigen auf sich das gesamte Geschäft dieses Bereiches, das von verschiedenen Geschäftszweigen und Geschäftsgebieten wahrgenommen wird. Die Fertigung bedingt eine Zerlegung des einzelnen Produktes in seine Bestandteile unter fertigungstechnischen Gesichtspunkten. Die damit verbundenen Probleme sind dispositiver Art und werden hier nicht näher behandelt. (Einzelheiten dazu sind zu finden bei Pedell [141, S. 17 ff.]).

Da sowohl das einzelne Bauelement als auch eine komplizierte Anlage, ein System, als „Produkt" im Sinne einer marktfähigen Verkaufseinheit betrachtet werden kann, müssen zwei Vereinbarungen getroffen werden, nämlich

a) darüber, was als marktfähige Leistung angesprochen werden soll und
b) wie die entsprechende hierarchische, technische und organisatorische Gliederung vom einzelnen Teil bis zum komplexen System zu definieren ist. Das schließt auch die unterschiedliche technische Detaillierung in den einzelnen Funktionsbereichen mit ein.

Grundsätzlich muß ein mehrstufiges Produkt so definiert werden, daß es als Verkaufseinheit für den Vertrieb (z. B. eine Richtfunkstrecke von A nach B als Übertragungseinrichtung für einen bestimmten Markt), als Gegenstand einer Entwicklungsentscheidung (z. B. ein Richtfunkgerät mit Sender, Empfänger, Antenne, Stromversorgung etc.) oder als Gesamtheit von Einzelteilen für die Fertigung und Montage verstanden werden kann. Darüber hinaus ist das Produkt so zu bestimmen, daß mindestens der Umsatzerlös, die Herstellkosten und die Forschungs- und Entwicklungskosten für dieses Produkt ermittelt werden können. Für die Leitung ergibt sich das Problem, das Geschäft als Gegenstand strategischer Überlegungen zu definieren. Aus der Kombination von Produkt und Markt entstehen sogenannte Geschäftsfelder (Abschnitt 3.2.3.1), auf deren Abgrenzungsmöglichkeit bei der Produktdefinition auch Rücksicht genommen werden muß. Aus mehreren Geschäftsfeldern und/oder Produktgruppen ergeben sich durch geschäftsorientierte Zusammenfassung sogenannte ›Strategische Geschäftseinheiten (SGE)‹, die für die langfristige Steuerung der Unternehmung und ihrer Bereiche von Bedeutung sind.

Die Anforderungen an den Produktbegriff und die sich daraus ergebenden Abgrenzungen zwischen den Funktionsbereichen sind in Abbildung 15 dargestellt. Verschiedene Erzeugnisse mit gleichartiger Funktion haben oft eine unterschiedliche technische Ausstattung, die auf den spezifischen Anwendungszweck zugeschnitten ist. Trotzdem müssen diese Erzeugnisse unter demselben Produktbegriff zusammengefaßt werden, da es sich um dieselbe Grundfunktion handelt. Um diesem Sachverhalt in der Planung Rechnung zu tragen, wurde der Begriff des „Produktmodells" als Planungseinheit eingeführt. Darunter ist eine standardisierte Grundgesamtheit mit definierter

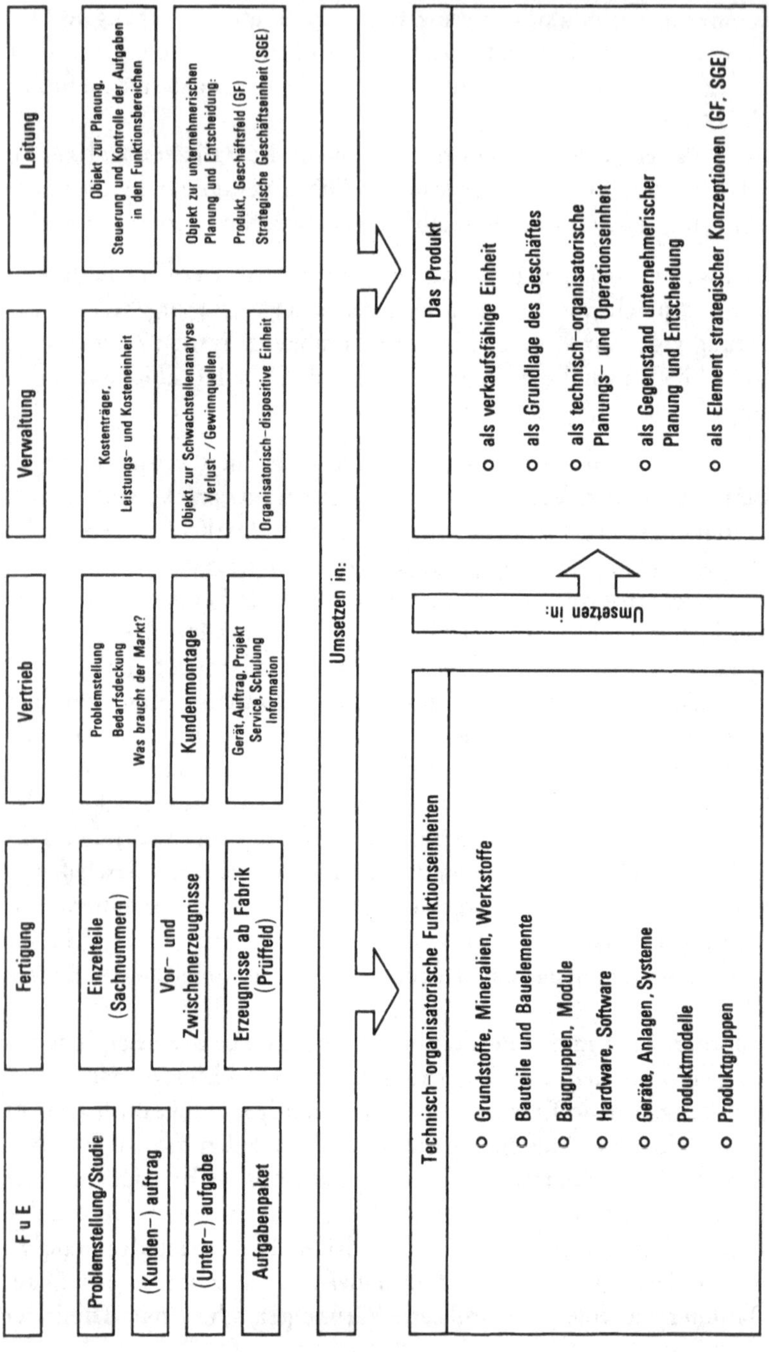

Abb. 15 Produktdefinition aus der Sicht der Funktionsbereiche

technischer (Sub-)Funktion zu verstehen, die als durchschnittliche Verkaufseinheit Bestandteil eines Produktes oder selbst ein Produkt sein kann. Man geht dabei von der Annahme aus, daß in der Zukunft der Durchschnitt aller Produktmodelle ein repräsentatives Bild der gesamten technischen Struktur dieses Produktgebietes widerspiegelt.

Die Produktbezeichnung und der jeweilige technische Inhalt (Produktmodelle bzw. Auflösung bis zu einzelnen mit Sachnummern versehenen Teilen) sind in einem detaillierten Produktraster niedergelegt. Diese Dokumentation ist zwangsläufig das Ergebnis einer gemeinsamen Diskussion aller Beteiligten und gewinnt im Zusammenhang mit einem stetigen technologischen Wandel strategische Bedeutung. Grundlegende technische Änderungen wie z. B. die mit der Entwicklung von der Röhre über den Transistor bis zur integrierten Schaltung eingetretene Miniaturisierung bei gleichzeitig steigendem Leistungsumfang führen zu einer permanenten Veränderung der bestehenden Produkte. Mittels einer prognosehaften Fortschreibung des technischen Inhalts zukünftiger Produkte wird der bevorstehende Strukturwandel begreifbar und es können jene Probleme aufgezeigt werden, die besonderer organisatorischer, technischer und finanzieller Anstrengungen bedürfen. Die Definition der Strategischen Geschäftseinheit (SGE) als Objekt zukünftiger Betätigung der Unternehmung nimmt hier bereits erste konkrete Formen an.

Der Produktbegriff bedarf noch einer Abgrenzung zum Begriff des Projektes. Unter Projekt versteht man ganz allgemein eine zielorientierte, zeitlich begrenzte Gesamtheit von komplexen Aktionsfolgen, die entsprechend ihrer logischen Abfolge miteinander verknüpft sind. Dabei ist grundsätzlich die Einmaligkeit hervorzuheben, wenn auch gewisse gleichartige Grundstrukturen in verschiedenen Projekten feststellbar sind, die zu einer begrenzten Standardisierung der Durchführung führen können. Projekte beziehen sich auf unternehmensinterne und -externe Vorhaben, wie z. B. die Entwicklung eines neuen Produktes oder die Errichtung einer komplexen technischen Anlage beim Kunden. Komplexe Anlagen oder Systeme werden häufig im Rahmen sogenannter „Turn Key Projects“ (= schlüsselfertige Projekte) durchgeführt, wobei der Hauptauftragnehmer als Generalunternehmer auftritt und zusätzlich zur Lieferung und Montage seiner elektronischen Geräte auch den Aufbau sonstiger für den Betrieb des gesamten Systems notwendiger Einrichtungen (z. B. Gebäude, Straßen und Wege) in eigener Regie übernimmt. Derartige oder ähnliche Projekte sind also ebenfalls Gegenstand marktorientierter Aktionen und Entscheidungen: Die Projekte bestehen aus einer Anzahl definierter Produkte, die durch zusätzliche Leistungen (z. B. Montage- und Aufbauleistung) zu Funktionseinheiten höherer Ordnung

(Anlagen oder Systeme) zusammengefügt werden. Die Projektplanung und das Projektmanagement werden hier als Sonderform des Produktmanagements verstanden und damit nicht gesondert behandelt. (Vgl. speziell zum Projektmanagement Cleland und King [34], Archibald und Villoria [7] sowie Dullien [255].) Abbildung 16 zeigt die strukturelle Gliederung eines Verantwortungsbereiches (Ertragszentrums) in Produktgruppen, Produkte, Produktmodelle, Projekte und Geschäftsfelder. Letztlich müssen alle Bestandteile von Produkten und Projekten in den festgelegten Begriffen zusammengeführt werden können.

3.2.1.2 Hierarchie der Plandaten

Aus der horizontalen und vertikalen Verknüpfung der Pläne der Unternehmungseinheiten ergibt sich eine „Hierarchie der Plandaten" (Abb. 17), innerhalb der die Wertschöpfung der einzelnen Bereiche stufenweise konsoli-

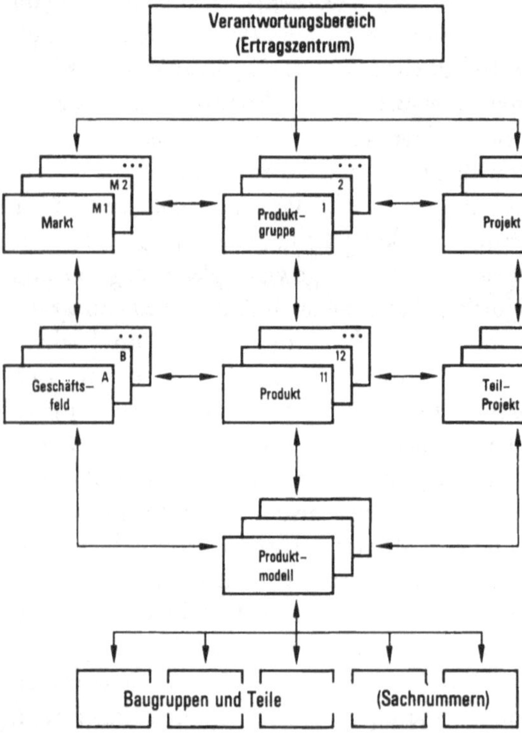

Abb. 16 Gliederung eines Verantwortungsbereiches nach Kriterien der Geschäftsführung

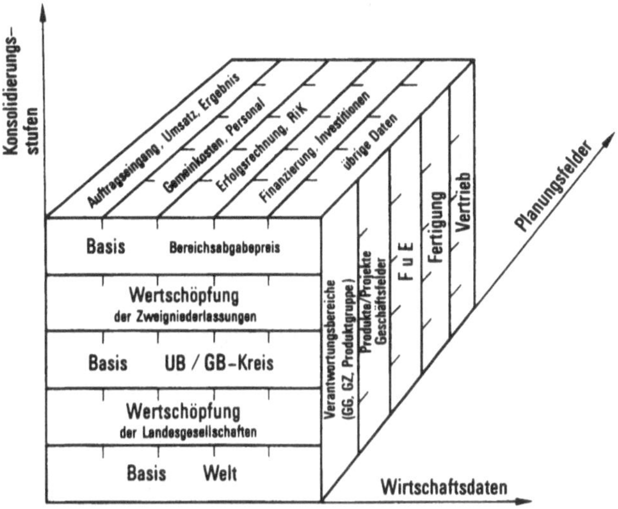

Abb. 17 Hierarchie der Plandaten

diert wird. Durch die Bezeichnung Basis „BAP“ (= Bereichsabgabepreis) bzw. Basis „UB-Kreis“ und Basis „Welt“ wird jeweils ausgesagt, welche Stufe der Wertschöpfung angesprochen ist. Insgesamt lassen sich drei Stufen unterscheiden: Auf der untersten Stufe erfolgt die Erfassung und Konsolidierung der Wertschöpfung der Betriebe (Fertigungsstätten), des Forschungs- und Entwicklungsbereiches und der Vertriebe. Auf einer zweiten Stufe wird die Wertschöpfung der Zweigniederlassungen konsolidiert und auf einer dritten Stufe die der Landesgesellschaften. In welcher Detaillierung die Konsolidierung mit den ZN und LG jeweils erfolgt, bleibt jedem einzelnen Geschäftsbereich überlassen. Grundsätzlich soll das Produkt oder die Produktgruppe Gegenstand der rechnerischen Erfassung sein, doch muß hierbei pragmatisch verfahren werden, da oft Aufwand und Nutzen nicht in einem vernünftigen Verhältnis zueinander stehen. Bei ertragsmäßig kritischen Produkten muß in jedem Fall eine Durchrechnung bis zur Basis Welt vorgenommen werden. Auf die besonderen Probleme der Konsolidierung mit Fertigungen im Ausland sei hier nicht näher eingegangen. (Vgl. hierzu den Aufsatz von Günther [282, S. 232 f.]).

Die Konsolidierung der Plandaten wird von drei Dimensionen geprägt: von den funktional miteinander verknüpften Wirtschaftsdaten der Wirtschaftsrechnung (Planungs- und Kontrollrechnung), von den Planungsfeldern bzw. Planungseinheiten (Funktionsbereiche bzw. Produkte und/oder Projekte) und von den Konsolidierungsstufen. (Die matrixartig miteinander verbundenen Funktions- und Objektbereiche wurden in einer Dimension

‚Planungsfeld' zusammengefaßt, um die Wirtschaftsdaten und Konsolidierungsstufen getrennt darstellen zu können). Daraus wird ersichtlich, daß jedes einzelne Datum (z. B. Umsatz) eine mehrfache Bedeutung erhalten kann. Eine klare und eindeutige Strukturierung und verbale Erläuterung der Wirtschaftsdaten ist die Grundvoraussetzung für die auf verschiedenen Stufen stattfindenden horizontalen und vertikalen Kommunikations- und Informationsprozesse.

3.2.2 Der Planrahmen: Gesamtplan und Teilpläne

3.2.2.1 Produktpläne mit Formal- und Sachcharakter

Der Planrahmen leitet sich aus dem Planungssystem (Abb. 13) ab und dient als Grundschema für die sachliche und formale Gliederung des Gesamtplanes und der Teilpläne. Außerdem lassen sich aus ihm die Planungsaufgaben ableiten, die für die Planerstellung anfallen. Bei sorgfältiger Strukturierung des Planrahmens ergibt sich damit auch gleichzeitig eine systematische Ordnung für die Planungsaufgaben.

Es gibt verschiedene Ansätze für die Gestaltung eines Planrahmens. Ein möglicher Ausgangspunkt ist die Zielsetzung der Gesamtunternehmung, die schrittweise in Unterziele und in die zur Zielerreichung notwendigen Durchführungspläne aufgespalten werden kann. Man wählt zweckmäßigerweise eine komplexe, hoch verdichtete Kennzahl, wie z. B. die Rentabilität des investierten Kapitals (RiK). Diese Kennzahl geht auf die erstmals von Du Pont in größerem Umfang in der Praxis eingeführte Kennzahl „ROI – Return on Investment" zurück. Die mit der praktischen Verwendung dieser Kennzahl als Führungsgröße verbundene Problematik soll hier nicht diskutiert werden. Daß diese Kennzahl gerade für divisionalisierte Unternehmungen als Führungsinstrument gut geeignet ist, wird nicht mehr bestritten. (Zur Interpretation des ROI-Konzeptes vgl. Steiner [166, S. 460 ff.]. Zur Bedeutung des ROI-Konzeptes für die Planungs- und Kontrollrechnung in divisionalisierten Unternehmungen vgl. Hahn [284, S. 180 ff.]). In Abbildung 18 sind die wesentlichen Determinanten der RiK aufgezeigt. Bei entsprechender Auflösung dieser Determinanten in die einzelnen Komponenten lassen sich neben den quantifizierbaren Daten der Planungs- und Kontrollrechnung auch nicht quantifizierbare, also verbal darzustellende Aussagen der Planung einordnen. Soziale Beziehungen, Unabhängigkeit, Macht, Prestige etc. sind

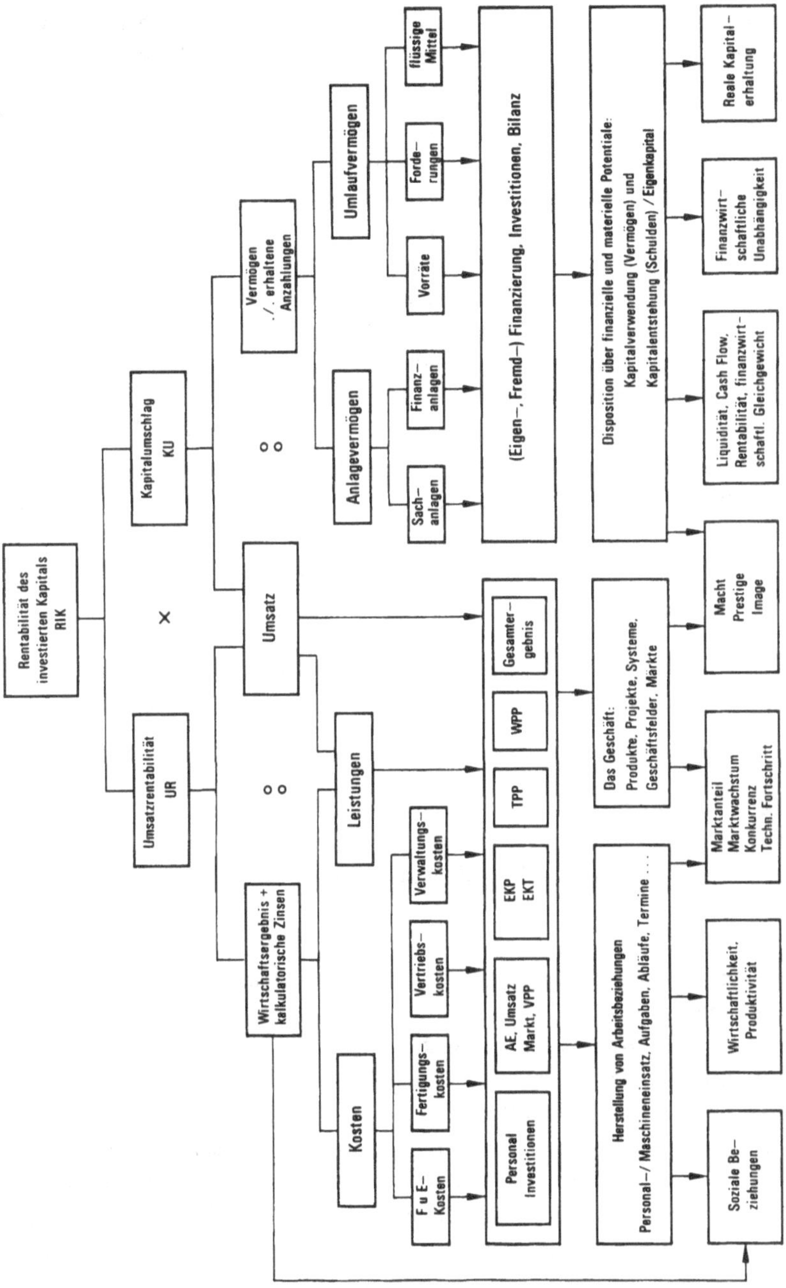

Abb. 18 Determinanten der Rentabilität des investierten Kapitals (RIK) (in Anlehnung an E. Heinen)

Faktoren, die sich einer exakten Beurteilung hinsichtlich Ausmaß und Wirkung entziehen, die aber dennoch wesentlich den Planinhalt beeinflussen.

Aus der Unterscheidung in Formalziele und Sachziele ergibt sich eine Gliederung der Planung in Formalplanung und Sachplanung. Dadurch wird zweierlei erreicht: Einerseits kann eine Differenzierung zwischen dem konkreten Handlungsprogramm der Sachplanung und der Bewertung dieses Programms durch die Formalplanung herbeigeführt werden. Dies ist für das Umsetzen von Formalzielen in Aktionsprogramme eine wesentliche Hilfe. Andererseits wird eine objektbezogene Einordnung zusammengehöriger Aspekte der Formal- und der Sachplanung erleichtert. Ein Beispiel soll das verdeutlichen. Eine Plan-Erfolgsrechnung für ein Produkt A zeigt eine Umsatzrendite (Ergebnis in % vom Umsatz) von 10% (vor Steuern). Dieses Plandatum ist das Ergebnis einer Planungsrechnung und Bestandteil des Formalplanes. Die damit verbundene Aussage (ein Werturteil über die Güte dieser Größe sei hier nicht gefällt) ist für sich gesehen nutzlos, wenn sie nicht mit konkreten Aussagen über Art, Menge, Zeitpunkt und besondere Maßnahmen über die Leistungserstellung und -verwertung verbunden ist. Das gilt sowohl für den einen Fall, daß dieses Datum die Resultierende aus der vorausgehenden Sach- und Formalplanung ist, als auch für den anderen Fall, daß dieses Datum eine anzustrebende Zielgröße darstellt.

Eine detaillierte Darstellung und Erläuterung des Planrahmens kann hier nicht vorgenommen werden. Hierzu sei auf die einschlägige Literatur verwiesen, der brauchbare Vorschläge für die individuelle Ausgestaltung des Planrahmens entnommen werden können [233, S. 284 ff.; 75, S. 126 ff., S. 449 ff.; 177]. Der Planrahmen der Siemens AG orientiert sich an der im Zusammenhang mit dem System der Planung vorgestellten Gliederung in Teilpläne. Danach richtet sich die in den Unternehmens- und Geschäftsbereichen individuell zu gestaltende Wirtschafts- und Produktplanung, wie mit den Abbildungen 13 und 14 erläutert. Entsprechend dem Schwerpunkt dieser Arbeit soll hier nur kurz der wesentliche Inhalt der einzelnen Produktpläne erläutert werden. Die produktbezogenen Planungen der Funktionsbereiche konzentrieren sich in einem marktorientierten Vertrieblichen Produktplan (VPP), in einem Technischen Produktplan (TPP) und in einem Wirtschaftlichen Produktplan (WPP). Diese drei Teilpläne umfassen wiederum eine Vielzahl detaillierter Planunterlagen, in denen sachliche und formale Aspekte der einzelnen geplanten Aktionen niedergelegt sind. Zur besseren Übersicht wird der Wirkungszusammenhang der Teilpläne untereinander in Abbildung 19 aufgezeigt. Man erkennt die Interdependenz der Teilpläne, die einen intensiven Dialog über die voneinander abhängigen Daten und Informatio-

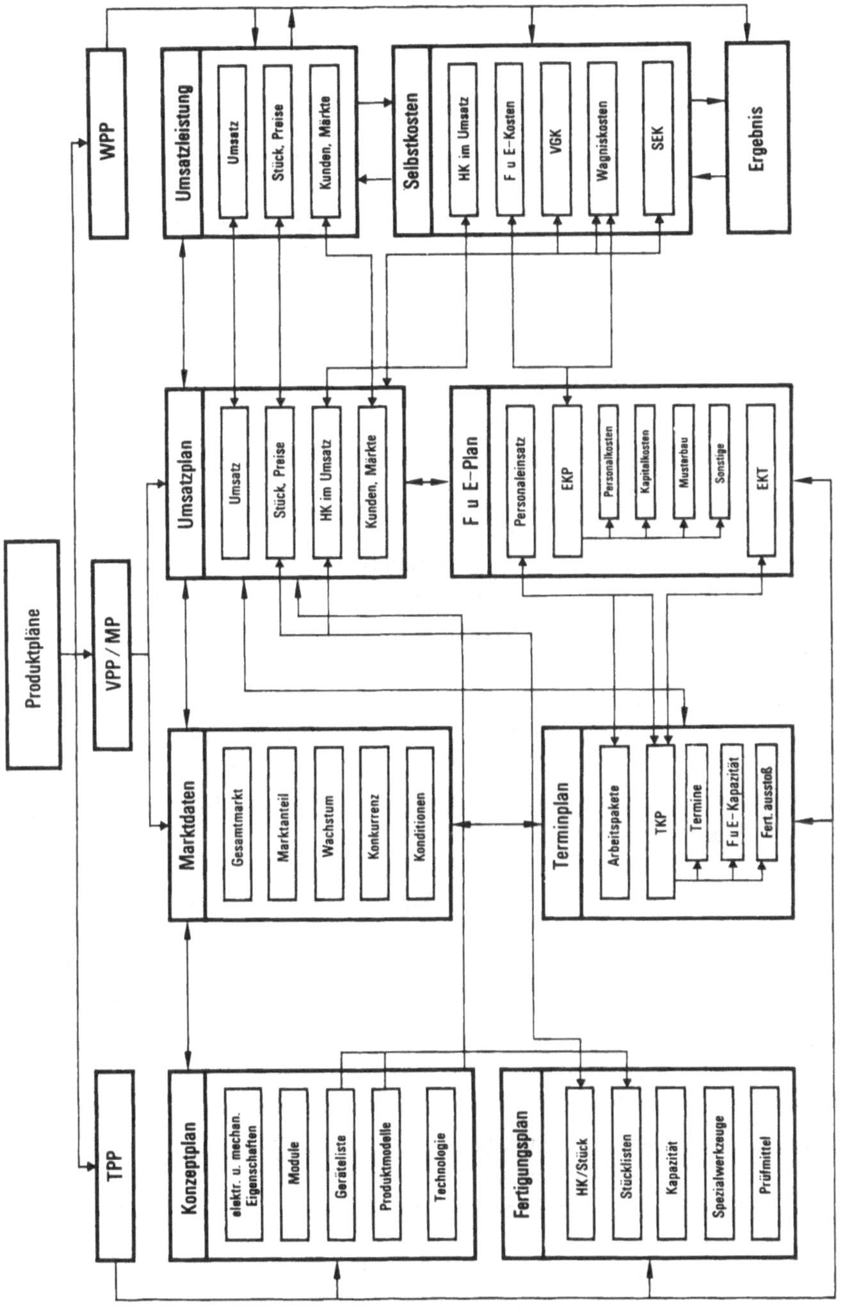

Abb. 19 Wirkungszusammenhang der wesentlichen Grunddaten der Produktpläne

nen erzwingt. Dies ist eine vertiefte Darstellung zu dem mit Abbildung 13 erläuterten Gesamtsystem der Wirtschafts- und Produktplanung.

3.2.2.2 Der Vertriebliche Produktplan (VPP)

Voraussetzung einer fundierten Produktplanung ist das Marketing. Bisher ist es in der Elektroindustrie noch nicht gelungen, die existierenden Marketing-Aktivitäten zu einem einheitlichen Konzept zusammenzuführen oder gar praktikable „Standard-Methoden" für das Marketing zu entwickeln. Zwei Gründe können dafür angeführt werden. Einmal hat sich der Markt der Elektroindustrie in den letzten Jahren von einem Käufer- zu einem Verkäufermarkt gewandelt, es wurden also in der Vergangenheit nur in Ausnahmefällen spezielle Marketing-Aktivitäten gefordert. Mit zunehmendem Konkurrenzdruck auf weltweiten Märkten und mit steigender Aufgeschlossenheit der Käufer gegenüber modernen Techniken verstärkt sich der Ruf nach unterstützenden Methoden, um in dem härter werdenden Geschäft bestehen zu können. Zum anderen können von der Konsumgüterindustrie, der Wiege und der Domäne des klassischen Marketing, nur in Richtung Breitengeschäft (z. B. für Bauelemente auf dem Sektor Unterhaltungselektronik) Anregungen für den Aufbau eines Marketingsystems übernommen werden. Für das komplexe Geräte- und Anlagengeschäft müssen neue Wege gegangen werden, um das notwendige Marketinginstrumentarium zu erarbeiten. Marketing ist weder die Installation einer einzelnen Dienststelle noch die Betätigung eines dafür eingesetzten Referenten in einer Vertriebsabteilung. Marketing muß vielmehr zur Aufgabe aller Mitarbeiter gemacht werden, die mittelbar oder unmittelbar auf den Markt einwirken können. Dabei muß selbstverständlich der individuelle Beitrag jedes Einzelnen definiert und mit einem Gesamtkonzept abgestimmt werden. In dieser umfassenden Bedeutung verstehen wir unter Marketing den Inbegriff aller Maßnahmen, die darauf gerichtet sind, den bestmöglichen Erfolg der Produkte am Markt zu erzielen. Daraus darf zu Recht gefolgert werden, daß sich nicht nur der Vertrieb als der unmittelbare Partner zum Markt hin mit dem Marketing-Gedankengut auseinandersetzen muß, sondern daß auch die Mitarbeiter aus dem FuE-Bereich und aus der Fertigung in bestimmtem Umfang eine aktive Rolle im Marketing-Geschehen übernehmen müssen. Welche Beiträge insbesondere aus strategischer Sicht zu leisten sind, wird später noch (Abschnitt 3.2.3) diskutiert. Das Marketing, insbesondere in der Investitionsgüterindustrie, bedarf noch der konkreten inhaltlichen Ausgestaltung für individuelle

GG/GZ	Vertriebs-/ Marktplan	Blatt Ausgabe
Bearbeiter/PAG Datum	Produktgruppe Markt/Region	Produkt Geschäftsfeld

Plan:	Jahre							
Gesamtmarkt (nom.) Veränderung p.a. (Gesamtmarkt real) Wichtigste Konkurrenten Übrige Eigener Anteil Marktanteil in %								
AE von Fremden von ZN von LG Gesamt								
Umsatz Gesamt Index Stück Index Preise Preisveränderung p.a.(PV)								
Umsatzgliederung Direkte Kunden Inland ZN (incl.Eigenleistung) Inland Gesamt Direkte Kunden Ausland LG (incl.Eigenleistung) Ausland Gesamt Verbund Extern und Verbund								

Für Entwicklungsentscheidung

Anlass: ☐ Eigeninitiative ☐ Kunde ☐ Konkurrenz

Entwicklungsziel: ☐ Spektrumserweiterung ☐ Produktverbesserung

Wettbewerbsfähigkeit 1)

		☐ Wartung/Service
☐ Technik/Funktion	☐ Preis	☐ Vertriebsnetz
☐ Technologie	☐ Sonst.Konditionen	☐ Leistungsnachweis
☐ Qualität/Design	☐ Lieferzeit	☐ Sonstige

1) + im Vorteil, = gleichwertig, – im Nachteil zur Konkurrenz

Abb. 20 Vertrieblicher Produktplan (VPP) und Marktplan

Ansprüche. Hier sei auf die neueren Diskussionsbeiträge verwiesen [3, S. 179 ff.; 23, S. 21 ff.; 63, S. 43 ff. sowie z. B. 89, 112, 166, 205, 218, 225, 264, 332, 339, 340 und 345].

Abbildung 20 zeigt die wesentlichen Bestandteile des vertrieblichen Produktplanes. Dieser enthält neben den allgemeinen Marktdaten auch alle periodenbezogenen Angaben wie Menge, Preis, Preiserhöhung, Kunde (Kundengruppe), Land und auf Zusatzblättern die Aufteilung in Geschäftsarten (Eigenfertigung oder Fremdhandelsware) sowie die Bewertung mit den aktuellen Herstellkosten. Zum Vertriebs-/Marktplan gehören auch weitere Elemente des umfassenderen Marketingplanes, z. B. die Daten und Informationen der Marktforschung. Diese entziehen sich weitgehend einer standardisierten Formalisierung und müssen auf den Einzelfall zugeschnitten werden. Welche Aspekte dabei vorrangig zum Tragen kommen, kann der Abbildung 21 [218, S. 35] entnommen werden, in der die Elemente der Marktforschung für ein Teilgebiet der Fernsprechtechnik aufgezeigt werden. Der VPP/Marktplan muß alle Grunddaten enthalten, die für die weiterführenden Rechenschritte im Rahmen der Planungs- und Kontrollrechnung zur Verfügung gestellt werden müssen. Dazu gehören u. a. auch alle Angaben wie z. B. die für den geplanten Umsatz notwendigen Fertigungsstunden, um einen

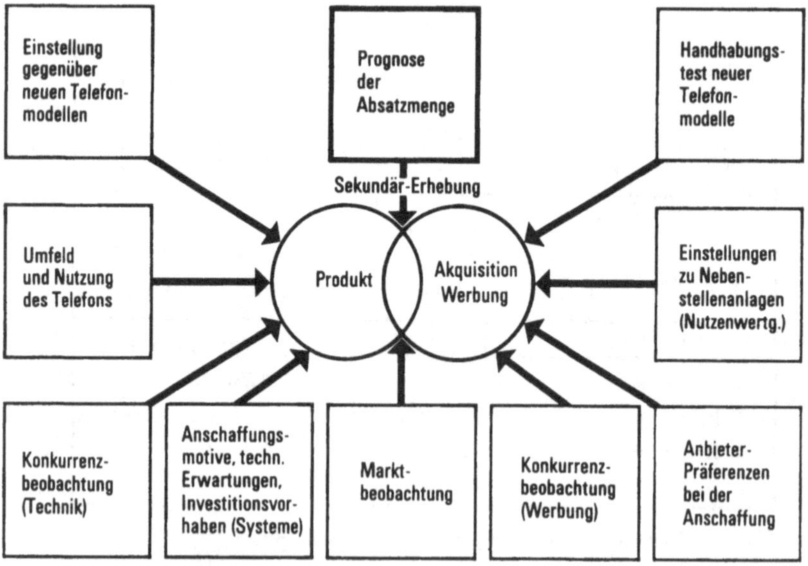

Abb. 21 Elemente der Marktforschung, dargestellt am Beispiel für Nebenstellenanlagen und Endgeräte der Fernsprechtechnik (nach H. Baur)

abgestimmten Kapazitätsabgleich mit der Fertigung herbeiführen zu können. Der Vertriebliche Produktplan (VPP) muß inhaltlich und formal voll kompatibel mit dem Wirtschaftlichen Vertriebsprojektplan (WVP) gestaltet werden, da die Vertriebsprojekte auf die externe Abwicklung und systemtechnische Integration der einzelnen Produkte ausgerichtet sind.

3.2.2.3 Der Technische Produktplan (TPP)

Es ist die Aufgabe der Technischen Produktplanung, das einzelne Produkt (oder eine Produktgruppe) „... beginnend mit der ersten Idee bis zur endgültigen fabrikationsreifen Ausführung, in den konstruktiven, elektrischen und sonstigen wesentlichen Eigenschaften so zu planen, daß es dem eigenen technischen Können und dem voraussichtlichen Kundenbedarf qualitativ und terminlich entspricht und sich möglichst harmonisch in das Spektrum verwandter Produkte einordnet [354, S. 1].“ Der Technische Produktplan enthält im wesentlichen drei Komplexe: das technische Konzept, einen Terminplan und den FuE-Plan, bestehend aus Personaleinsatz- und Kostenplan. Im technischen Konzept werden die aus der Funktion abgeleiteten elektrischen, konstruktiven und mechanischen Eigenschaften des Produktes festgelegt. Dazu gehören Angaben über spezifische Einsatzbedingungen, die Verwendung von Bausteinen (Modultechnik) bzw. der Einsatz besonderer technologischer Verfahren (wie z. B. der Schichtschaltungstechnologie) ebenso wie Hinweise auf die Einsatzmöglichkeiten bestimmter Fertigungs- und Prüfautomaten und die Beschaffung notwendiger Spezialwerkzeuge. Je ausgewogener und je vollständiger dieses technische Konzept zu Beginn einer Produktentwicklung gestaltet werden kann, desto geringer sind später auftretende Störungen zu veranschlagen, die sich erfahrungsgemäß immer einstellen müssen, da neue Erkenntnisse gerade zu Beginn einer Innovationsphase nicht nur unvermeidbar, sondern für die Entwicklung eines ausgereiften Produktes auch erwünscht sind. Problematisch wird es, wenn sich Änderungen oder neue Anforderungen deswegen ergeben, weil zu Beginn der Produktentwicklung nicht intensiv und sorgfältig genug über die verschiedenen Anforderungen und Bedingungen nachgedacht wurde. Ähnliches gilt für den Terminplan und den Personaleinsatzplan. Diese beiden Komplexe umfassen die sehr detaillierte Ablauf- und Terminplanung im FuE- und im Fertigungsbereich. Eine unmittelbare Verknüpfung mit der gesamten Terminplanung, die den Vertriebsbereich einschließt, muß sichergestellt sein.

Für den Technischen Produktplan sind keine standardisierten Formblätter nötig. Es genügt, wenn die Unterlagen neben den Ausführungen zum technischen Konzept in vier Punkten einheitlich aufgebaut sind, nämlich in der Erfassung der Zeit für die einzelnen Arbeitspakete und Aufgaben des FuE-Vorhabens im Termin- und Kapazitätsplan (TKP), in der Erfassung und Verfolgung des Personaleinsatzes und der Kosten der FuE-Stellen nach Arbeitspaketen und Aufgaben im Entwicklungskosten- und Terminplan (EKT), in der Erfassung und Kontrolle der FuE-Kosten (nach Kostenarten, Kostenstellen und Kostenträgern) in einem Entwicklungskostenplan (EKP) und in der Ableitung vorläufiger Herstellkosten aus dem technischen Konzept im Rahmen der Entwicklungskalkulation. Darüber hinaus sind Angaben über die zukünftige quantitative und qualitative Fertigungskapazität zu machen.

3.2.2.4 Der Wirtschaftliche Produktplan (WPP)

Im WPP (Muster siehe Abb. 22) wird das Produktergebnis durch Gegenüberstellung von Umsatzerlösen und Produktkosten ermittelt. In dem hier praktizierten Beispiel werden die Kosten nach dem Prinzip der Vollkostenrechnung und im Wege der Zuschlagskalkulation den Produkten zugeordnet. Die Konzerngliederung gestattet auch die Anwendung einer stufenweisen Deckungsbeitragsrechnung, bei der die Unternehmungs-, Bereichs- und Produktgruppenfixkosten stufenweise subtrahiert werden. Diese Methode ist lediglich als Ergänzung zu der hier angewandten Vollkostenrechnung zu sehen. Grundsätzlich sind auch andere Rentabilitätsbetrachtungen denkbar wie z. B. Geldflußrechnungen, bei denen dem Finanzmitteleinsatz für Produkte die Einnahmeüberschüsse gegenübergestellt werden. Die Rendite-Kennzahl wird nach der Methode des internen Zinsfußes (Marginal-Rendite) ermittelt. Beide Methoden finden im Hause Anwendung [143, S. 18 ff.].Die hier angewandte Zuschlagskalkulation bedeutet, daß alle Kosten auf die Produkte verteilt werden und nicht nur die variablen (= beschäftigungsabhängigen) Kosten zur Ermittlung des Deckungsbeitrages. Auf die Auswirkungen der Voll- bzw. Teilkostenrechnung (Deckungsbeitragsrechnung) kann hier nicht eingegangen werden [vgl. z. B. 29, S. 126 ff.]. Um der Gefahr der Fehlsteuerung bei Vollkostenrechnung zu entgehen, werden die beschäftigungsabhängigen Kosten einer möglichen Mehr- oder Minderauslastung der Kapazität nur bei der Produktgruppe gezeigt, aber nicht auf einzelne Produkte geschlüsselt. Für die Produkte werden normalisierte Herstellkosten

GG/GZ	Bearbeiter/PAG Datum	Wirtschaftlicher Produktplan											Produkt Nr /Geschaftsfeld Produktbezeichnung			Blatt Ausgabe	
Plan	Ist-Jahre	Ist kum.	0	1	2	3	4	5	6	7	8	9	10	11 ff.	Gesamt-plan	Produkt-leben	
Umsatz Stuck Index																	
Herstellkosten F u E-Kosten in % v Umsatz F u E-Kosten + HK																	
Vertriebsgemeinkosten darin Sonderkosten Wagnisgemeinkosten Allgemeine Verwaltung Sondereinzelkosten Se.Kosten fur Vertrieb																	
Selbstkosten																	
Ergebnis in % v Umsatz																	
Umsatz kumuliert Ergebnis kumuliert																	

Abb. 22 Wirtschaftlicher Produktplan – WPP

(bezogen auf eine als normal vorgegebene Auslastung) angesetzt, um vergleichbare Selbstkosten zu gewinnen. Dort, wo Fehlinterpretationen im Hinblick auf die Ergebniswirksamkeit einzelner Produkte zu vermuten sind, müssen ohnehin Sonderrechnungen durchgeführt werden. Die Deckungsbeitragsrechnung wird als wirkungsvolle Ergänzung der Vollkostenrechnung angesehen. Zur Kostenrechnung speziell in der Produktplanung vgl. z. B. Henke [300], Grigo [63], Kiwitz [103], Wild [195], Ernst [262] und Unterguggenberger [410].

Bei der Entscheidung über die Kostenspaltung spielen neben dem dafür notwendigen Aufwand (die „Machbarkeit" muß im Einzelfall überprüft werden) auch psychologische Gesichtspunkte eine Rolle. Die Aufteilung aller Kosten auf Produkte kann nur zum Teil nach dem Verursachungsprinzip erfolgen. Für eine Reihe von Gemeinkostenarten müssen Schlüsselkriterien festgelegt werden, was naturgemäß nicht ohne Kompromisse geht. Die Zuordnung der Kosten einer Produktgruppe auf alle Produkte dieser Grundgesamtheit erleichtert diesen Prozeß, da hinsichtlich der Kostenarten und Kostenvolumina völlige Transparenz herrscht. Durch die vollständige Kostenzuordnung entsteht ein homogenes Bild aller Produkte, da Ungereimtheiten und individuelle Betrachtungen bei dem einen Produkt zu Korrekturen bei anderen Produkten führen. Das Gesamtkostenvolumen ist für die Produktgruppe vorgegeben und kann nicht ohne Konsequenzen für einzelne Produkte verändert werden. Werden nur einige wenige Produkte aus einem Teilspektrum (z. B. Produktgruppe) getrennt betrachtet, dann besteht die Gefahr, daß nur diejenigen Kosten diesen Produkten zugeordnet werden, die problemlos akzeptiert werden. Das sind in der Regel verständlicherweise weniger, als sich bei einer Gesamtaufteilung ergeben würde. Die nicht zugeordneten Kosten bleiben dann in einem „anonymen" Rest hängen, der nicht weiter detailliert wird. Die kostenrechnerischen Nachteile der Vollkostenrechnung werden bewußt in Kauf genommen, um einmal die Übereinstimmung zwischen dem Gesamtplan und der Summe der Produktpläne zu erzielen, vor allem aber, weil in einer periodenbezogenen Langfristbetrachtung für Produkte, Produktgruppen und Geschäftsfelder das Vollkostenprinzip gilt. Dies ist erforderlich, da die Ergebnisbeurteilung eines Produktes hier mehr auf die Gesamtlebensdauer (also integral über die Jahre des Produktlebens) gerichtet ist als auf die Ergebnisse in den einzelnen Perioden.

Die wesentlichen Positionen des WPP werden nachfolgend kurz erläutert.

(1) Der Umsatz wird dem Vertrieblichen Produktplan (VPP) entnommen. Er kann auch gegliedert nach Märkten, Kundengruppen und einzelnen

Ländern gezeigt werden. Die jeweilige Detaillierung ist lediglich eine Frage des Informationsbedarfes (z. B. für Produkt-, Markt- oder Geschäftsfeldbetrachtungen) und der Praktikabilität. Stückzahlen, Preise, Preisveränderungsraten und Preisindicies können ebenfalls dem VPP entnommen werden und bedürfen hier keiner weiteren Erläuterung.

(2) Die Herstellkosten (HK) umfassen die HK im Umsatz, da es sich um das Umsatzkostenverfahren handelt. Sie entstammen einer auf Produktgruppen und Sachnummern ausgerichteten tagesnahen Zuschlagskalkulation und bestehen im wesentlichen aus den Elementen Lohn, Material und Gemeinkosten. Diese werden im Frühstadium der Produktentwicklung aus dem technischen Konzept unter Berücksichtigung technologischer Veränderungen (z. B. durch zunehmenden Einsatz integrierter Schaltungen und normierter Grundbausteine) abgeleitet und als Schätzwert vorgegeben. Mit Fertigstellung der Fertigungsunterlagen erfolgt eine genauere Kalkulation der HK, wobei die höheren Kosten während des Anlaufs der Fertigung nicht unbedingt durchschlagen sollen, damit sich dann im eingeschwungenen Zustand keine größeren Abweichungen mehr ergeben. Die Herstellkosten werden jährlich überholt und an das aktuelle Kostenniveau (auf der Basis konstanter Preise) angepaßt. Das dabei bewegte Datenvolumen kann nur noch unter Einsatz der EDV bewältigt werden.

(3) Die FuE-Kosten bestehen im wesentlichen aus dem mit Kosten bewerteten Personaleinsatz in den Forschungs- und Entwicklungsstellen (Labor, Konstruktion) und werden dem EKP entnommen. Dazu gehören auch die Kosten für Aufgaben, die von zentralen Forschungs- und Entwicklungsstellen wahrgenommen werden.

Daneben sind z. B. weitere Kosten zu berücksichtigen für Musterbau, Erprobung und Fremdleistungen. Wegen der unmittelbaren Ableitung der FuE-Kosten aus dem Personaleinsatz pro Periode (der mit Kostensätzen pro Periode bewertet wird) und wegen der Notwendigkeit einer detaillierten Personaleinsatzplanung muß eine umfassende Kapazitätsplanung für das FuE-Personal erfolgen. Diese wiederum kann nur in Absprache mit den Vertriebsvorstellungen geschehen und muß zwangsläufig für das gesamte Teilspektrum, also für alle Produkte vorgenommen werden, da ansonsten ein detaillierter Kapazitätsabgleich nicht möglich ist. Dies ist ein weiterer Grund für die Aufsplitterung der Pläne eines Verantwortungsbereiches bis auf die einzelnen Produkte. Außerdem ist der Entwicklungsverlauf zeitlich und sachlich so zu koordinieren, daß sich Fertigungsbeginn und Auslieferung möglichst reibungslos anschließen können.

(4) Die Vertriebsgemeinkosten (VGK) entstammen der Kostenstellen- und Kostenträgerrechnung der Verantwortungsbereiche bzw. Produktgruppen für das jeweilige Vertriebsgebiet. Diese VGK können nur in begrenztem Umfang produkt- und/oder projektspezifisch geplant und erfaßt weden. Das gilt z. B. für einige projektspezifische Finanzierungskosten, die im Rahmen der Wirtschaftlichen Vertriebsprojektplanung (WVP) als „Sonderkosten" erfaßt und den betroffenen Produkten zugeordnet werden können sowie für bestimmte Mehraufwendungen wegen Nacharbeiten etc. Die nicht direkt zuordenbaren (Grund-)Vertriebsgemeinkosten (das sind insbesondere die Personalkosten und die übrigen Sachkosten) können den Produkten mittels der Zuschlagskalkulation nach den verschiedensten Gesichtspunkten zugerechnet werden, z. B. nach den Herstellkosten oder auch über einen Prozentschlüssel. Letzterer ist nötig, damit auch in den Jahren Vertriebsgemeinkosten angesetzt werden können, in denen noch keine Herstellkosten auftreten, aber bereits Vorleistungen für bestimmte Produkte oder Projekte erbracht werden. Nach dem Umsatzkostenverfahren wäre das nicht möglich, da hier erst in den Jahren Herstellkosten auftreten, in denen auch der Umsatz abgerechnet und als Erlös eingestellt werden kann.

(5) Die Wagniskosten sind kalkulatorische Kosten (in % von den Herstellkosten) und dienen der vorsorglichen Abdeckung von Risiken wie z. B. von Gewährleistungswagnissen oder Bestandsrisiken.

(6) Die Kosten für allgemeine Verwaltung umfassen die Gemeinkosten von Leitungsstellen, Zentralstellen und sonstigen allgemeinen Dienststellen. Diese werden ebenfalls aus dem Verantwortungsbereich abgeleitet und über den Umsatz abgedeckt.

(7) Zu den Sondereinzelkosten (SEK) für Vertrieb gehören z. B. die Kosten für Fracht, Verpackung, Kreditsicherung u. a. m. Hier sind auch gelegentlich projekt- und damit indirekt wieder produktspezifische Kostenansätze gegeben. Ansonsten werden diese über den Umsatz zugeordnet, da sie meistens auch nach dem Auftragswert berechnet werden.

(8) Das Ergebnis entspricht dem Fertigungs-/Vertriebsergebnis der Produktgruppe, wobei in einer Überleitung die Lizenzeinnahmen und die übrigen Erlöse und Erlösschmälerungen gesondert zu betrachten sind. Lizenzeinnahmen sind in Einzelfällen produktspezifisch zurechenbar, sie werden im Rahmen einer sogenannten „Leistungsbilanz für den FuE-Berich" ohnehin berücksichtigt.

Halten wir fest: Umsatz, Herstellkosten und FuE-Kosten entstehen bei der Planung von unten nach oben, d. h. beginnend beim einzelnen Produkt, beim Teil oder auch bei der Aufgabe und werden von unten nach oben verdichtet: Aus Teilen bzw. Aufgaben entstehen Produkte, aus diesen Produktgruppen, diese werden zu Geschäftszweigen und weiter zu Geschäftsgebieten, Geschäftsbereichen und zum Unternehmensbereich zusammengefaßt. Planungseinheit für die Vertriebsgemeinkosten (VGK) einschließlich der Wagniskosten und der Kosten für Allgemeine Verwaltung ist der Verantwortungsbereich, bzw. die Produktgruppe des Geschäftszweiges. Mit diesen Kosten werden die Produkte beaufschlagt. Eine konzentrierte und fundierte Diskussion über die Produkte ist sichergestellt, da die wesentlichen Elemente: Umsatz (Stück, Preis, Kunde, Markt etc.), Herstellkosten und Entwicklungskosten quantifiziert und produktspezifisch ermittelt werden können.

3.2.2.5 Aspekte der Wertanalyse

Die Produktplanung, insbesondere die technische Produktplanung, ist ohne Wertanalyse nicht denkbar. (Zu diesen Ausführungen vgl. speziell Demmer [37], Kourim [111], Hahn [289], Siemens AG [190] und Speiser [389]). Die ebenso notwendigen wie anspruchsvollen Anforderungen an das technische Konzept zeigen, wie unmittelbar die technische Funktion mit dem Marketing verknüpft ist. Der Markt, also der Bedarf bestimmt die verschiedenen Funktionen eines Produktes, die mit vernünftigem Aufwand im Verhältnis zu dem erzielbaren Preis erstellt werden können. Hier müssen Wertanalyse und Wertgestaltung helfend eingreifen, damit unter Nutzbarmachung des gesamten greifbaren Wissens ein Konzept entstehen kann, das auch auf ein vernünftiges Preis-/Leistungs-Verhältnis ausgerichtet ist. Es müssen also in jedem einzelnen Fall nicht nur die Kosten für bestimmte Funktionen ermittelt werden (und dies wiederum setzt eine fundierte Analyse der wirklich gewünschten Funktionen voraus), sondern es muß auch die Frage beantwortet werden, für welche Funktion der Kunde zu zahlen bereit ist. Hier werden die spezifischen Anforderungen an ein technisches Marketing deutlich und man darf folgern, daß nur durch das Zusammenwirken technischer, vertrieblicher und kaufmännischer Kräfte eine zufriedenstellende Lösung erarbeitet werden kann.

Es ist die Aufgabe der Wertanalyse „. . . durch die teammäßige Zusammenarbeit der Abteilungen eines Unternehmens Kosten an einem Produkt, einem Produktionsverfahren oder einer administrativen Konzeption zu vermindern oder deren Wert bzw. deren Effizienz zu erhöhen. Dies wird durch ein systematisches Vorgehen nach einem Arbeitsplan erreicht, der auf eine funktionsgerechte Gestaltung des betrieblichen Leistungsträgers abzielt [190, S. 4]."

Wird die Wertanalyse auf ein bereits bestehendes Produkt angewandt, spricht man von Value Analysis (im Sinne von Wertverbesserung), konzentriert sich die Untersuchung auf ein neues Produkt, das erst entwickelt werden soll, so spricht man von Value Engineering (im Sinne von Wertgestaltung).

Die Vorgehensweise bei der Wertanalyse orientiert sich weitgehend an der der Planung generell, da sie unmittelbar mit dieser verknüpft ist. Sie greift in alle Teilpläne von FuE, Fertigung, Vertrieb und Verwaltung ein und erzwingt dadurch den gemeinsamen Dialog aller beteiligten Stellen: Funktion (Haupt- und Nebenfunktion), Kosten, Leistung, Wert, Preis usf. müssen im Systemzusammenhang betrachtet werden. Die Wertanalyse ist damit wesentlicher Bestandteil der Produktplanung, nicht aber diese selbst. Das zeigt auch die Stellung der Wertanalyse im System der Planung selbst: sie ist verbindendes Element zwischen Technik, Markt und Wirtschaftlichkeit und bietet Ansatzpunkte für eine systematische Vorgehensweise bei der Umsetzung neuer Ideen in verkaufsfähige Produkte: „Charakteristisch für die Methode der Wertanalyse . . . ist das systematische Vorgehen bei der Suche nach Problemlösungen [289, S. 1]."

3.2.2.6 Ein System von Checklisten

Es hat sich in der Praxis als zweckmäßig erwiesen, die guten und schlechten Erfahrungen mit der Produktplanung festzuhalten, um daraus zu lernen. So entstanden für die einzelnen Problemkreise wie: Organisation, Information, Kommunikation, Dokumentation, Konzept, Normen, Investitionen, Personal, Termine, Kunde, Konkurrenz, Markt, Vertriebswege u. a. m. Checklisten, in denen wichtige, immer wiederkehrende Fragen und Checkpunkte festgehalten sind. (Vgl. auch die Vorschläge von Wild [195, S. 142 ff.], Kiwitz [103, S. 74 ff.] und Geyer [271, S. 1258 ff.]). Diese müssen einerseits so allgemein gehalten sein, daß sie für die vielen möglichen Variationen eine Hilfe sein können, andererseits dürfen diese nicht zu umfangreich sein, um noch praktikabel eingesetzt werden zu können.

Es sei ausdrücklich darauf hingewiesen, daß Checklisten eine detaillierte und konzentrierte Auseinandersetzung mit den einzelnen Problemen nicht ersetzen können. Sie können aber ein Hilfsmittel dafür sein, daß einmal wesentliche Aspekte auch unter großem Druck nicht vergessen werden und zum anderen, daß eine Verbindung zwischen den zahlreichen einzelnen quantifizierbaren und nicht quantifizierbaren Daten und Informationen aus technischer, vertrieblicher und wirtschaftlicher Sicht hergestellt wird. Dadurch werden Plausibilitätsprüfungen erzwungen, die notwendig sind, damit der gesamte Plan für eine Produkt ein homogenes Ganzes wird. Das Grundgerüst für ein Beispiel, wie Checklisten strukturiert werden können, ist in Tabelle 2 zusammengestellt.

3.2.3 Strategische Planung und Pläne

3.2.3.1 Strategische Produktplanung

Gälweiler sieht – wie auch Steiner (vgl. Abschnitt 2.2.3.1.2) – die Schaffung und Erhaltung von Ertragspotentialen im Mittelpunkt strategischer Entscheidungen und bezieht diese gleich konkret auf Produkte, Märkte und Marktanteile: „Grundlage jeder strategischen Entscheidung sind . . . sehr eingehende Analysen aller, das gegenwärtige und künftige Ertragspotential, das heißt die aktuellen und potentiellen Produkte und Märkte positiv und negativ beeinflussenden Faktoren externer und interner Art. Solche Analysen stellen deshalb auch den Kern des Planungsprozesses in der Unternehmensplanung dar [52, S. 135]." Hahn faßt diese Aspekte in der Produktprogramm- und Potentialplanung zusammen: „Sie beinhaltet systematisch vorbereitete Führungsentscheidungen über das langfristig angestrebte markt- und eigenverbrauchsorientierte Produktprogramm je Produktionsstufe und die für seine Verwirklichung (langfristig) notwendigen Potentiale [75, S. 173]."

Um eine aktive Produktstrategie betreiben zu können, müssen Produkte und Märkte (Kunden, Länder, Marktsegmente) nach strategischen Gesichtspunkten geordnet werden. Dies geschieht durch die Definition sogenannter Geschäftsfelder, das sind Elemente von strategischen Geschäftseinheiten, für die unter Berücksichtigung unternehmensinterner und -externer Gesichtspunkte eine einheitliche Strategie formuliert werden kann. Bei den Geschäftsfeldern handelt es sich um einzelne Produkte (Produktgruppen, Systeme, Anlagen oder Dienstleistungen), die auf definierten Märkten im Wettbewerb mit bestimmten Konkurrenten vertrieben werden. Ausgangspunkt der strategischen Analyse und Synthese ist die Frage nach den Produkten und Märkten der Zukunft. Einen konkreten Ansatzpunkt zur Beantwortung dieser Frage bietet die Produkt-Markt-Matrix (Abb. 23 [3, S. 188]).

Tabelle 2 Beispiel für die wesentlichen Aspekte einer Checkliste für den Vertrieblichen Produktplan (VPP) und Technischen Produktplan (TPP)

Vertrieblicher Produktplan

1. *Märkte*
   Möglicher Gesamtmarkt
   Zielmärkte (Wirtschaftsräume, Länder, Landesteile)
2. *Kunden*
   Wirtschaftsbereiche und Branchen
   Zielkunden
   Geschäftliche Entwicklung dieser Kunden
3. *Wettbewerb*
   Mitbewerber
   Marktanteile der Mitbewerber
   Analysen der Mitbewerber nach
   - Schwerpunkt des Geschäftes
   - Stärken und Schwächen
   - Vertriebsorganisation, -konzept
   - Gesamt-/Produktstrategie
4. *Eigene Strategie*
   Eigene Stärken und Schwächen
   Gesamt-/Produktstrategie
   Vertriebskonzept
   Alternativen wie:
   - Fremdbezug
   - Lizenzerwerb
   - Lizenzvergabe
5. *Marktorientiertes Produktkonzept*
   Anwendungsgebiete
   Funktionen/Eigenschaften
   Kompatibilität
   Einsatzbedingungen
   Vorschriften (Sicherheit, Normen)
   Einführungspreis, Preisentwicklung
   Konditionen
   Vergleich zu Konkurrenzprodukten

Technischer Produktplan

1. *Entwicklungsrahmen*
   Entwicklungsanlaß und Ziele
   Entwicklungspartner
   Projektdefinition/Produktmodelle
   Technologische Prognosen
   - Know how
   - Vorhandene Bausteine
   - Patente/Lizenzen
   - Lebensdauer
   - Nachfolgetechniken
   - Produktfamilien
2. *Technisches Konzept*
   Leistungsmerkmale/Funktionen
   konstruktive Merkmale
   Einsatzbedingungen
   - Umwelt
   - Kompatibilität
   - Montage
   - Betriebsbedingungen
3. *Aufwand und Termine*
   Personalbedarf, Investitionen
   Fremdleistungen
   Musterbau
   EDV-Einsatz
   Entwicklungsphasen
   Netzplan/Terminplan
   Technische Risiken
4. *Fertigungsfragen*
   Fertigungsverfahren
   Know how
   Vorhandene/neue Anlagen
   Fertigungstechnische Entwicklung
   Kapazität qualitativ/quantitativ
   Materialeinsatz
   Fertigungsrisiken
   Lagerung und Transport

Vertrieblicher Produktplan

6. *Absatzpläne für Zielmärkte*
   Marktvolumina
   Eigene Marktanteile
   Risiken und Chancen

7. *Vertriebsaktivitäten*
   Vertriebswege/-organisation
   Kooperationen
   Personalstruktur
   Vertriebsförderung, Schulung
   Markteinführung
   Werbung, Kundendienst

8. *Besondere Investitionen und Kosten*
   Personal- und Sachkosten
   Kapitaleinsatz

Technischer Produktplan

5. *Beschaffungsfragen*
   Zulieferbedarf
   Preise und Konditionen
   Rohstoffbasis/-sicherung

6. *Erprobung und Prüfung*
   Personal und Einrichtungen
   Erprobung
   Prüfprogramme
   Qualitätssicherung

7. *Besondere Investitionen*
   Meßgeräte
   Spezialwerkzeuge, -werkzeugmaschinen, Automaten

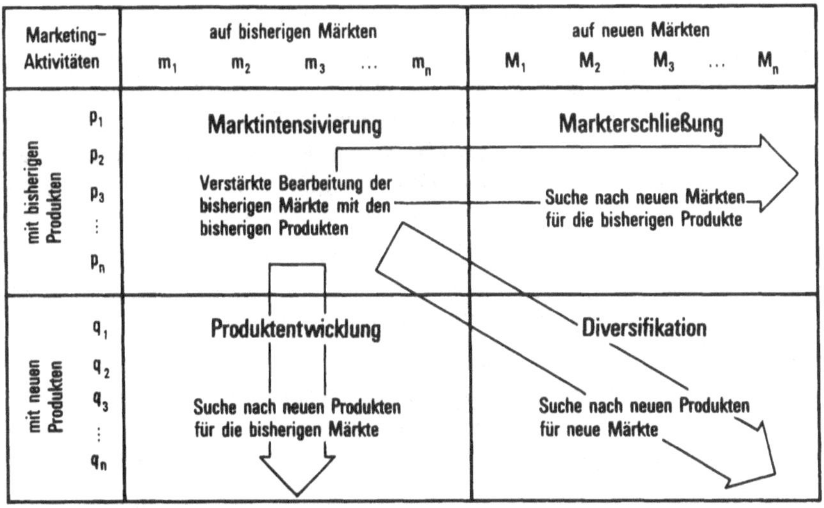

Abb. 23 Marketing – Strategien (nach H. I. Ansoff)

Diese Matrix geht auf Ansoff [212, S. 114] zurück und ermöglicht die Ableitung der grundlegenden Marketing-Strategien. Produkte müssen definiert werden und können dann mit Märkten (Anwendungsfällen) zu Geschäftsfeldern kombiniert werden. Die vier Hauptstrategien Marktintensivierung, Markterschließung, Produktentwicklung und Diversifikation weisen den Weg, der bei der Weiterentwicklung und Festlegung der einzelnen Strategien eingeschlagen werden kann. Es ist nicht die Aufgabe dieser Arbeit, die verschiedenen Wege zu erörtern, die methodisch und individuell eingeschlagen werden können. Dazu sei auf die einschlägige Literatur verwiesen. (Vgl. hierzu und zu den nachfolgenden Ausführungen die Literaturhinweise in Abschnitt 2.2.3.1.2 und auch [204, 214, 244, 247, 248, 250, 259, 298, 301, 322, 368, 378, 391, 400]). Um das Grundkonzept für das Auffinden, Formulieren und Umsetzen von Strategien aufzuzeigen, soll nachfolgend das sogenannte ‚Portfolio-Management-Konzept', das sich in der Praxis einer zunehmenden Beliebtheit erfreut, wegen seiner grundsätzlichen Bedeutung kurz skizziert werden.

3.2.3.2 Das Portfolio-Management-Konzept für strategische Planungen

Das Portfolio-Mangement-Konzept beruht auf der Übertragung der Portefeuille-Strategie auf die Unternehmung. In der Terminologie der institutionellen Vermögensverwaltung versteht man unter Portfolio-Management „... die Verwaltung von Aktien durch Kapitalsammelstellen (Investmentfonds u. a.), Banken und treuhänderische Vermögensverwaltungsgesellschaften ... [298, S. 1152]," wobei als Hauptziele Rentabilität, Liquidität und Sicherheit angestrebt werden. „Die Übertragung dieses Gedankens auf die Unternehmung bedeutet, daß die Unternehmensleitung die bestehenden Geschäftszweige, geographischen Regionen oder Beteiligungen einzeln auf ihre Möglichkeiten untersucht, um auf dieser Grundlage die konkreten Investitionsstrategien zu wählen [368, S. 376]." Die Affinität zur Produktprogramm- und Potentialplanung ist evident.

Um nun die alternativen Stoßrichtungen zu entwickeln, wird eine Produkt-Markt-Analyse durchgeführt. Dabei werden verschiedene quantifizierbare und nicht quantifizierbare Faktoren (Abb. 24) zur Beurteilung von Stärken und Schwächen der Unternehmung und zur Gewinnung von Aussagen über die Attraktivität des Marktes analysiert und diskutiert. Um eine zielgerichtete Diskussion sicherzustellen, müssen die einzelnen Schritte der Geschäftsfeldplanung, die aufeinander aufbauen, konsequent durchlaufen werden (Abb. 25).

Markt	Wettbewerb
Größe	Konzentration
Wachstum	Marktanteil
Marktanteil	Kapazitätsauslastung
Segment	Struktur-/ Positions-
Kunden	veränderung
Länder	Aquisitionsbedrohungen
Kaufmotive	Schlüsselfaktoren
Bedürfnisse	Strategien
Rentabilität	**Technologie**
Höhe und Tendenz	Reife und Stabilität
der Marktführer	Komplexität
Produktkosten	Produktpotential
Änderungen der	Diversifizierung
Schlüsselfaktoren	Patente
Eintrittsbarrieren	Methoden und Verfahren
Sonstige Faktoren	
Soziale Faktoren	Gewerkschaften
Umwelt	Politik

Abb. 24 Kriterien der Produkt-/Marktanalyse (nach R. Rytz und A. Seiler)

Ausgangspunkt ist die bereits erwähnte Produkt-/Marktsegmentierung (Schritt 1), aus der die einzelnen Geschäftsfelder (was sind meine Geschäfte? vgl. Schritt 2) abgeleitet werden können. Die Geschäftsfeldmatrix (Abb. 26 [368, S. 378]) bietet dann die Möglichkeit, die Geschäftsfelder nach Investitionsstrategien zu klassifizieren (Schritt 3). Dazu ist es nötig, die einzelnen Kriterien aus Abbildung 24 mit „Hoch – Mittel – Niedrig" zu bewerten, was wiederum eine vorherige Festlegung der Bewertungsspielräume bedingt. Diese Bewertungsmaßstäbe müssen situationsbedingt und getrennt für die Faktoren aus den Bereichen Markt, Wettbewerb, Rentabilität und Wirtschaftlichkeit sowie Technologie bestimmt werden. Sicher läßt sich ermitteln, ob ein Marktwachstum von 5% p. a. als ‚Hoch' oder ‚Niedrig' einzustufen ist. Dennoch liegt hier das Kernproblem, denn 5% Marktwachstum sind in einem Fall ‚Hoch' und in einem anderen Fall ‚Niedrig'. Neben der Notwendigkeit einer differenzierten Betrachtung zur Vermeidung von Fehlschlüssen muß auch der subjektive Charakter dieser Bewertungslogik, der zu besonderer Vorsicht mahnt, betont werden. Zur näheren Erläuterung dieser Bewertungsvorgänge sei auf die oben erwähnte Spezialliteratur zur strategischen Planung (3.2.3.1) hingewiesen.

Aus der Synthese der Kriterien in der Geschäftsfeldmatrix in Abhängigkeit von der Branchenattraktivität und der eigenen Stärke ergeben sich drei verschiedene Investitionskategorien: Ein Bereich ‚Wachsen' mit hohen Investitionen zur Sicherung eines langfristigen Wachstums, ein Bereich ‚Selektieren' mit selektiven Investitionen zur kurzfristigen Verbesserung der Ertrags-

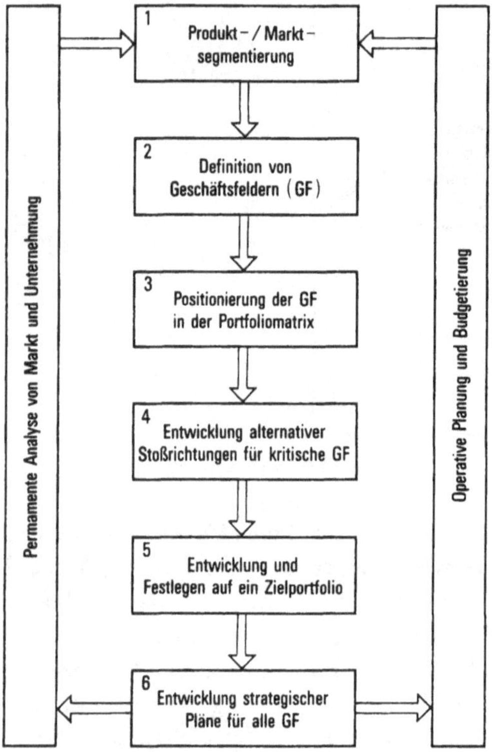

Abb. 25 Schritte der Geschäftsfeldplanung

lage und ein Bereich ‚Liquidieren' (oder auch ‚Ernten') mit einer kurzfristig anzustrebenden Freisetzung von Mitteln (Abb. 26). Zur Illustrierung wurden einige anonyme Geschäftsfelder (A–F) mit angenommenen Stoßrichtungen in Abbildung 27 eingezeichnet (Schritt 4). Die Fläche der als Kreis dargestellten Geschäftsfelder ist abhängig vom Umsatz im Betrachtungszeitraum. Die absolute und relative Positionierung der Geschäftsfelder erlaubt nun die Anwendung einer oder mehrerer Standardstrategien, die aus den verschiedenen Zielsetzungen abgeleitet werden können (Abb. 28 [368, S. 379]). Ge-

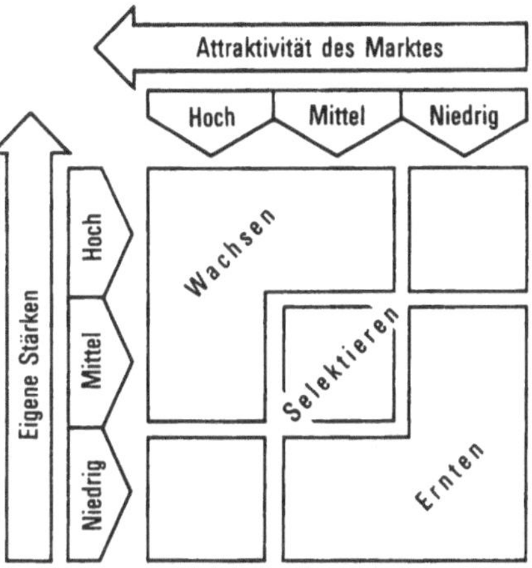

Abb. 26 Klassifizierung der Investitionsstrategien in der Geschäftsfeldmatrix (nach R. Rytz und A. Seiler)

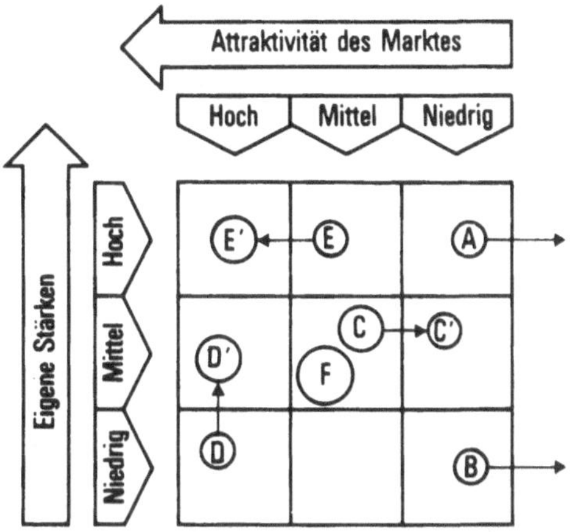

Abb. 27 Beispiel einer Geschäftsfeldmatrix

schäftsfeld A (in Abb. 27) ist in der typischen Situation eines Produktes (Geschäftes), das man schon lange im Spektrum hat (große Erfahrung!) für das es aber keinen Markt mehr gibt. Dieses Geschäft muß aufgegeben werden. Die Strategie für Geschäftsfeld B ist ebenso klar – hier scheint es sich ohnehin um ein ungeliebtes Kind zu handeln (keinerlei Stärken der Unternehmung), das schnellstens aus dem Portefeuille genommen werden sollte. Geschäftsfeld C befindet sich in einem Grenzbereich (Selektieren). Analysen lassen (rein hypothetisch) einen Rückgang der Marktattraktivität vermuten, deshalb ist eine Bewegung in Richtung C′ (Umsatzrückgang!) und damit in den Erntebereich zu erwarten. Geschäftsfeld D ist typisch für neue Geschäfte (aus der Sicht der Unternehmung), die bereits eine hohe Marktattraktivität (hohes Wachstum, geringe Eintrittsbarrieren) besitzen. D liegt zwar auch im Grenzbereich (Selektieren), kann aber (wenn es in die Gesamtstrategie paßt) in Richtung D′ (Wachsen) entwickelt werden. Geschäftsfeld E gehört zu den Geschäften, bei denen die Unternehmung viel Erfahrung aufzuweisen hat und die am Markt noch nicht ausgereizt sind. Sie gehören zu den zukünftigen Hauptumsatzträgern (E′), deren Position verteidigt werden muß. Geschäftsfeld F schließlich befindet sich ebenfalls im Selektieren – Bereich mit einem relativ hohen Umsatzanteil am Gesamtgeschäft. Gerade deshalb wird sehr sorgfältig zu analysieren sein, welcher Weg zu forcieren ist. Entscheidend ist hier wieder die Beachtung einer Gesamtstrategie und die Interdependenz der Geschäfte untereinander.

	Portfoliokategorien		
	Wachsen	Selektieren	Ernten
Hauptziele	Aufbau einer Marktposition mit Blick auf langfristigen Gewinn	Kurzfristig hohe Gewinne mittlerer Cash Flow	Maximaler Cash Flow
	Standard - Strategien		
Elemente			
Investitionen	Moglichst hoch (Investition > Abschreibung)	Selektiv mit Blick auf Ertrag (Inv.=Abschr.)	Minimal, eventuell Verkauf (Investition < Abschreibung)
Risiko	Akzeptieren, kontrollieren	Begrenzen	Vermeiden
Marktanteil	Aufbauen, Diversifizieren	Gezieltes Wachstum Position sichern	Aufgeben zu Gunsten von Gewinn
Preispolitik	Preisfuhrerschaft, Preis- / Kostenelastizitat nutzen	Stabiles Preisniveau Maximum an Ertrag	Vernachlassigen, auch zu Lasten des Volumens
Produkt- / Programmpolitik	Fuhrende Stellung, Sortiment ausbauen, Diversifizieren	Spezialisierung, Schwerpunktbildung	Bereinigung, gezielte Aussterbekontrolle
Kosten	Kostendegression, Lernkurve ausnutzen	Rationalisierung, Kostenreduktion	Radikale Reduktion
Marketing	Kreative Gestaltung, aktives Marketing-Mix	Gezielte Akquisition	Reduzierter Einsatz
Personal	Fordern vorhandener, Einstellen neuer Fuhrungskrafte	Motivieren und Fordern	Umsetzen von (Fuhrungs-) personal

Abb. 28 Standardstrategien der Geschäftsfeldplanung (nach R. Rytz und A. Seiler)

Mit Hilfe der in Abbildung 28 aufgeführten Standardstrategien können nun die einzelnen Wege erarbeitet werden, auf denen man von einem Ist-Portfolio zu einem Zielportfolio gelangt (Schritt 5). Selbstverständlich dürfen diese Standardstrategien nicht ohne sorgfältiges Abwägen von Für und Wider angewendet werden. Dieses Verfahren lebt von der Interpretation und individuellen Einschätzung zukünftiger Entwicklungstendenzen. Trotz aller Bedenken ist eine derartige Vorgehensweise zu begrüßen, da sie einmal die Wege zum Auffinden von Strategien aufzeigt und zum anderen einen gemeinsamen Dialog über Markt, Wettbewerb, Technologie, Rentabilität und sonstige Umweltfaktoren erzwingt. Wenn für alle Geschäftsfelder die strategischen Pläne entwickelt sind (Schritt 6) muß ein Gesamtabgleich stattfinden. Ein Gesamtportfolio ergibt sich nicht bloß durch Aggregation von einzelnen Geschäftsfeldern sondern auch auf höherer Ebene wieder durch qualitative Schwerpunktbildung. Der gesamte Prozeß der Geschäftsfeldplanung wird selbstverständlich begleitet von einer permanenten Beobachtung der Veränderungen am Markt und in der Unternehmung. Nur so ist die Aktualität der Aussagen gewahrt. Am Ende dieser Planungsüberlegungen müssen die notwendigen Maßnahmen und Konsequenzen ihren Niederschlag in der operativen Planung (und Budgetierung) finden, damit die gesteckten Ziele auch tatsächlich erreicht werden können.

Ein ähnliches Verfahren ist stärker auf die formale Bewertung einer Positionierung in einer Matrix ausgerichtet und ordnet die Geschäftsfelder entsprechend ihrem relativen Marktanteil (d. h. im Verhältnis zum stärksten Konkurrenten) und dem Marktwachstum ein. (Vgl. zu diesem Ansatz Schierz [372], Gälweiler [52, S. 288 ff.] und Nagtegaal [137, S. 65 ff.]). Diese Methode basiert u. a. auf den Erkenntnissen der Erfahrungskurve [372, S. 115]. (Zur Bedeutung der Erfahrungskurve vgl. auch Henderson [88] und Nagtegaal [137, S. 62 ff.]). Diese besagen, daß die in der Wertschöpfung von Produkten enthaltenen Kosten um 20–30% zu sinken scheinen bei Verdoppelung der kumulierten Produkterfahrung. Dies gilt sowohl dies für einen Industriezweig als Ganzes als auch für einzelne Anbieter. Diese Aussage ist durch Beispiele aus zahlreichen Industriezweigen belegt [137, S. 107 ff]. Ein wichtiger Schluß aus dieser Feststellung ist nun der, daß mit zunehmendem Marktanteil die Produktkosten sinken, da diese mit zunehmender Erfahrung (= Output) zurückgehen. Mit anderen Worten: Von mehreren Konkurrenten kann derjenige die niedrigsten Kosten erreichen, der den höchsten Marktanteil im Vergleich zu seinen Konkurrenten hat. Hinzu kommt die Erkenntnis, daß schnelles Wachstum erhebliche Investitionen verlangt, daß also schnell wachsende Produkte in hohem Umfang Mittel verzehren. Im

Endergebnis können aus dieser Vorgehensweise Strategien erarbeitet werden, die denen der vorher geschilderten Vorgehensweise vergleichbar sind: Geschäfte mit hohem relativem Marktanteil und hohem Marktwachstum bringen Wachstum und verlangen Investitionen und Geschäfte mit niedrigem relativem Marktanteil und niedrigem Marktwachstum werden abgeerntet. (Daß die Erfahrungskurve auch unerwünschte Effekte erzielen kann, darauf wird z. B. von Abernathy und Wayne hingewiesen [206, S. 109]. Die Autoren befürchten, daß abnehmende Flexibilität, verminderte Innovationsfähigkeit und mehr Verwaltungsaufwand die Folgen einer zu einseitigen Ausrichtung auf die Lernkurve sind). Die bei diesem Verfahren bevorzugte Argumentation besticht durch die Einfachheit der Darstellung, läßt allerdings zunächst Argumente über Technologie, Rentabilität und Umweltfaktoren vermissen.

Dennoch müssen auch diese Kriterien herangezogen werden, wenn alternative Strategien erarbeitet werden sollen. Schließlich ist nicht die einmalige Positionierung in einer quantifizierbaren Matrix (Ist-Portfolio) ausschlaggebend, sondern die Erarbeitung eines Zielportfolios. Dabei ist nach Wegen zu suchen, um unter Berücksichtigung aller wesentlichen Aspekte ein ausgewogenes Verhältnis zwischen wachsenden Geschäften, Finanzkraft und Rentabilität zu erzielen.

Die Erarbeitung und Verfolgung einer Strategie verlangt die Auseinandersetzung mit zahlreichen Fakten, Daten und Informationen. Mit der Zahl der Daten und mit zunehmender Ungewißheit über mögliche Gegenaktionen der Konkurrenten auf dem Markt steigt die Unsicherheit in bezug auf die Auswahl einer bestimmten Handlungsweise (Strategie). Eindeutige Lösungen im mathematischen Sinn sind ohnehin in der Regel nicht berechenbar, hier muß die computergestützte Simulation helfend eingreifen [vgl. 277, S. 165 f.].

Eine ähnliche Vielfalt an Daten und Informationen mit entsprechender Unsicherheit ist mit der systematischen Suche, Auswahl und Bewertung von neuen Produktideen verbunden. Vorgehensweise und Bewertungslogik dieses für die strategische Planung so wichtigen Teils der Produktplanung müssen harmonisch mit dem Gesamtplanungssystem abgestimmt werden, damit eine einheitliche Systematik der Erarbeitung und Durchführung von Strategien sichergestellt ist.

Auf die Bewertungslogik für die Auswahl neuer Produkte und zur Beurteilung von Innovationen kann hier nicht eingegangen werden. Diese muß für individuelle Zwecke entwickelt werden und ist in das jeweils existierende Bewertungssystem harmonisch einzufügen. Hier sei auf verschiedene Vorschläge in der Literatur verwiesen [z. B. 23, S. 113 ff.; 48, S. 87 ff.; 49, S. 87 ff.; 99, S. 63 ff. und S. 123 ff.; 103, S. 83 ff.; 112, S. 149 ff.; 156, S. 81 ff.;

159, S. 165 ff.; 166, S. 743 ff.; 170, S. 41 ff.; 195, S. 162 ff.; sowie 213, 216, 245, 271, 303, 305, 328, 342, 370, 373].

Diese Geschäftsfeldplanung ist eine Produktplanung, bei der das marktorientierte Denken durch eine systematische Erarbeitung strategischer Stoßrichtungen für diese Geschäftsfelder zur Durchsetzung der Produkt- und Unternehmungsziele erzwungen wird. Analyse und Synthese des Ertragspotentials stehen im Zentrum der Betrachtung und führen – bei richtiger Gewichtung der Daten – zu einem strategischen Konzept. Diese Aspekte dienen wiederum der langfristigen Geschäftssteuerung und müssen als Grundlage für die übergeordnete Bereichs- oder Unternehmungsstrategie verstanden werden. Die Einheit zwischen globaler und detaillierter Strategie muß jederzeit sichergestellt werden. Ist das nicht der Fall, dann besteht keine Aussicht, einer übergeorndeten Strategie nachhaltung zum Durchbruch zu verhelfen.

3.3 Planungshorizont und Anpassungsrhythmik

3.3.1 Der Planungshorizont

Die technischen, wirtschaftlichen, gesellschaftlichen und politischen Entwicklungen bestimmen den Planungshorizont ebenso wie die Unsicherheit zukünftiger Erwartungen. Darüber hinaus muß sich der ökonomische Horizont, der die Reichweite unternehmerischen Handelns bestimmt, grundsätzlich nach der zu erwartenden Lebensdauer des einzelnen Produktes richten. Produktentscheidungen und die durch diese mittelbar oder unmittelbar ausgelösten Investitionsentscheidungen können nur getroffen werden, wenn erkennbar ist, daß sämtliche Vorleistungen, die für ein bestimmtes Produkt erbracht werden müssen, auch vom Markt wieder eingespielt werden können und zwar unter Berücksichtigung einer angemessenen Rendite. Bei Produkten, die von der ersten Idee bis zur Einführung am Markt fünf Jahre und mehr benötigen, versteht es sich von selbst, daß bei einer Beschränkung auf nur fünf Jahre, wie sie für die mittelfristige Planung generell typisch ist, kein befriedigendes Produktergebnis entstehen kann, da die Hauptumsatzzeit nicht erfaßt wird.

Aus dem Planungshorizont ergibt sich die Festlegung der mittel- und kurzfristigen Pläne einer Unternehmung. Die Reichweite der Planung ist in Abbildung 29 im Zusammenhang mit der Fortschreibung der Pläne darge-

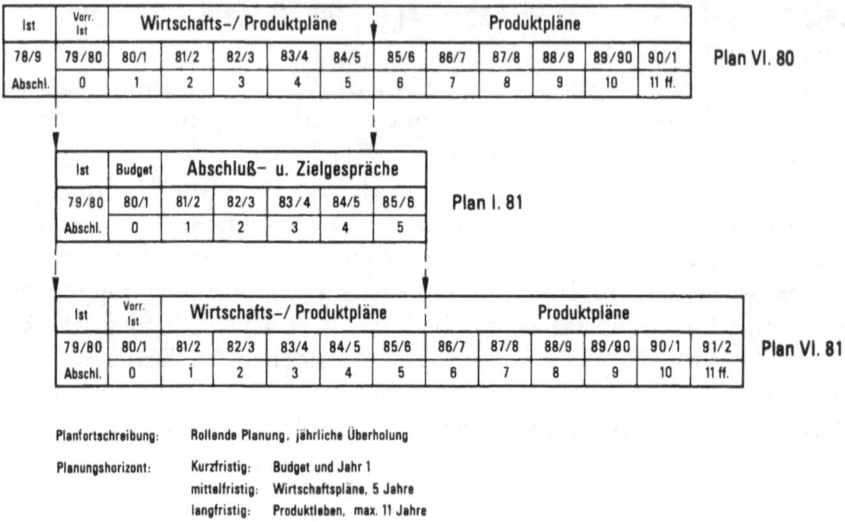

Abb. 29 Planungshorizont und Anpassungsrhythmik

stellt. Die kurzfristige Planung umfaßt bis zu zwei Jahre und enthält das Budget. Die gesamte Wirtschaftsplanung ist mittelfristig auf 5 Jahre ausgerichtet. Diejenigen Produkte, die während dieser Zeit zu „leben" beginnen, für die also bereits entsprechende Vorleistungen im FuE-Bereich geplant werden müssen, wird der Planungshorizont so weit gesteckt, wie unter den aktuellen Gegebenheiten sinnvoll erscheint. Dies kann – muß aber nicht – bis an das zu erwartende Ende des Produktlebens erfolgen. Dies ist auch nötig, um den Übergang auf eine neue Technik vollziehen zu können und um Vorstellungen über zukünftige Entwicklungstendenzen zu gewinnen. Über elf Planungsperioden wird aber keinesfalls hinausgegangen, da die damit verbundenen Unsicherheiten zu groß werden. Hier können ohnehin nur langfristige Trends diskutiert werden, die durch eine große Unschärfe gekennzeichnet sind. Je früher man sich jedoch systematisch mit den allgemeinen Entwicklungstendenzen auseinandersetzt, desto tiefer wird das Verständnis für die zahlreichen Wirkungszusammenhänge technischer und nichttechnischer Art und um so weniger problematisch gestaltet sich dann die Erarbeitung einer fundierten Strategie. Diese ist unerläßlich wenn es darum geht, aktiv und zum Nutzen der gesamten Unternehmen neue technische, wirtschaftliche und organisatorische Entwicklungsschritte einzuleiten.

3.3.2 Die Fortschreibung bei der rollenden Planung

Die Pläne werden nach dem Prinzip der rollenden Planung (vgl. die vereinfachte Darstellung in Abb. 29) fortgeschrieben. D. h., daß jedes Jahr der gesamte Plan überarbeitet und auf den neuesten Stand gebracht wird, wobei jeweils ein weiteres Jahr hinzugefügt wird. Der Plan VI.80 (das ist der im Juni durch den Vorstand zu verabschiedende Plan) wird z. B. in den Monaten September 1979 bis Juni 1980 erstellt. Während der Planerstellung wird das laufende Jahr 0 (Geschäftsjahr 1979/80) verfolgt und es entsteht aus der Planungs- und Kontrollrechnung ein Voraussichtliches Ist. Das Planjahr 1 gilt als Budget für das Geschäftsjahr 1980/81. Die kurzfristige Planung umfaßt das Jahr 1 (einschließlich der aktuellen Fortschreibung des laufenden Jahres 0), die mittelfristige Planung reicht bis zum Jahr 5 (Geschäftsjahr 1984/85) und darüber hinaus werden einzelne Produkte im Rahmen einer langfristigen Planung bis maximal 1990/91 geplant (vgl. auch Abschnitt 2.3.3.1).

Die Abschluß- und Zielgespräche I.81 werden, wie im Zusammenhang mit Abbildung 12 erläutert, in den Monaten Oktober bis Januar durchgearbeitet und besprochen. Dieser Plan enthält in der Regel eine geringere Detaillierung, und zwar insbesondere in den späteren Jahren, da er als Überholung der alten Wirtschaftspläne VI.80 gilt. Inzwischen ist ein Jahr vergangen und das Jahr 1 des Planes VI.80 wird nun zum Budget für das laufende Geschäftsjahr 1980/81 (Jahr 0). Wegen des großen Zeitabstandes und wegen neuerer Erkenntnisse – auch aus dem vorliegenden Jahresabschluß – kann eine Überarbeitung des alten Budgets (Jahr 1 im Plan VI.80) notwendig geworden sein, so daß die Zahlen nicht unverändert übernommen werden können. Es wäre jedoch unrealistisch und schädlich, wesentliche Einflüsse zu ignorieren und an dem einmal geschaffenen Budget festzuhalten.

Bereits im September 1980 beginnen die Vorarbeiten für die Planung VI.81. Das Budget wird nun sukzessive zum Voraussichtlichen Ist und die Wirtschafts- und Produktpläne werden für die entsprechenden Zeiträume erstellt. Der Kreislauf ist geschlossen.

3.4 Vertikale und horizontale Verknüpfung der Planung

3.4.1 Das System der Zielvereinbarung

Die Auseinandersetzung mit Planvorschlägen, die Diskussion über Zielvereinbarungen und die Erläuterungen von Berichten stehen im Brennpunkt vertikaler und horizontaler Kommunikations- und Informationsbeziehungen. Vorschläge und Vereinbarungen werden, wie in Abbildung 30 erläutert, auf allen Ebenen der Unternehmung zwischen den Trägern der Produktverantwortung und der Leitung auf der nächsthöheren Führungsebene aufeinander abgestimmt [282, S. 234 f]. Die aus der regionalen Verantwortung der Zweigniederlassungen und Landesgesellschaften sowie die aus der funktionalen Verantwortung der Zentralbereiche stammenden Beiträge sind Bestandteil der Plandurchsprachen. Diese stufenweise Erarbeitung von Vorschlägen und Vereinbarung von Zielen entspricht dem geschilderten Gegenstromverfahren, also einer Kombination aus progressiver und retrograder Vorgehensweise. Daraus ergibt sich u. a. der Vorteil, daß die Vorschläge bereits zielorientiert und aufgestellt werden und daß Zielprojektionen unmittelbar auf die Realisierungsmöglichkeiten hin überprüft werden können.

Die Plandurchsprache und Planverabschiedung im Wege der Vereinbarung

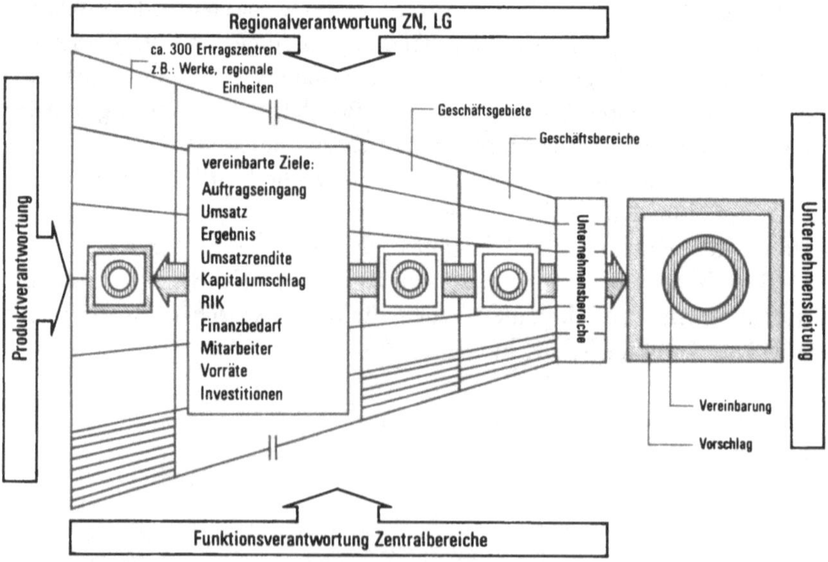

Abb. 30 Das System der Zielvereinbarung Siemens (Quelle: Siemens)

wurde bewußt gewählt, um im Sinne des dezentral orientierten kooperativen Führungsstils jene breite Basis der Beteiligung zu erreichen, die für die Steuerung dieser verzweigten und weltweit operierenden Unternehmung nötig ist. „Der ganze Prozeß der Vorschläge, der Vereinbarung und der Berichte spielt sich im Zuge des laufenden Gesprächs zwischen vor- und nachgeordneter Einheit viel weniger hierarchisch ab, als es diese schematische Darstellung vermuten läßt. Und der Weg der Diskussion und Vereinbarung ist nur scheinbar aufwendiger; überdies bringt es einen zusätzlichen Einsatz und Leistungswillen, der nicht hoch genug veranschlagt werden kann. Der verantwortliche Mitarbeiter kann an der Formulierung der Ziele des Bereiches mitwirken, und das motiviert natürlich [282, S. 234].“

3.4.2 Die Abgrenzung von Kommunikations- und Informationskreisen

Das geschilderte Planungssystem besteht aus einer Vielzahl mehrdimensionaler Kommunikations- und Informationsbeziehungen. Aus dem Führungs- und Organisationssystem lassen sich drei grundsätzliche Subsysteme des formellen Informationssystems für einen Unternehmens- bzw. Geschäftsbereich ableiten. Um den Systemzusammenhang hervorzuheben, wurden die einzelnen Subsysteme nach dem Regelkreisprinzip dargestellt (Abb. 31).

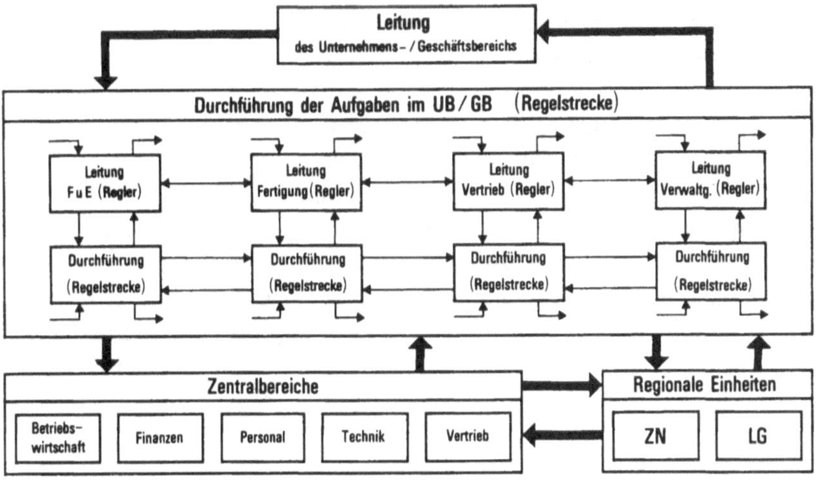

Abb. 31 System der KuI-Kreise (Regelschema)

Danach kann die Leitung des Unternehmens-/Geschäftsbereiches (= Führung) als Regler und die Durchführungsebene als Regelstrecke verstanden werden. Die Leitung des Funktionsbereiches (z. B. FuE) operiert sowohl als Regelstrecke für die UB/GB-Leitung als auch als Regler für die Durchführung der Aufgaben (Reglerstrecke) im FuE-Bereich. Dieses Prinzip kann über alle hierarchischen Stufen hinweg verfolgt werden. Insgesamt sollen drei Subsysteme des Kommunikations- und Informationssystems (KuI-System) voneinander abgegrenzt werden:

(1) Das KuI-System „Leitung" umfaßt den Leitungskreis eines Unternehmens-/Geschäftsbereiches. Dazu gehören neben der UB/GB-Leitung auch die Leiter der Funktionsbereiche. Entsprechend der Delegation der Verantwortung auf nachgeordnete Geschäftsgebiete und Geschäftszweige ist der Leitungskreis auch für diese Unternehmenseinheiten zu definieren.

(2) Das KuI-System „Fachunternehmer" besteht aus dem UB/GB und den regionalen Einheiten. Darin zeigt sich die produktorientierte, weltweite fachunternehmerische Verantwortung der geschäftsführenden Einheiten.

(3) Das KuI-System „Funktion" orientiert sich an der funktionsorientierten Steuerung der Unternehmenseinheiten. Es verbindet die Funktionsbereiche der Unternehmens- und Geschäftsbereiche mit den einzelnen Zentralbereichen.

Durch diese Darstellung sollen drei Aspekte hervorgehoben werden: erstens die ausgeprägte und stark vermaschte horizontale und vertikale Verknüpfung der Kommunikations- und Informationsbeziehungen, zweitens die weltweite Kooperation zwischen Zentralbereichen, Unternehmensbereichen und regionalen Einheiten und drittens die damit verbundenen Probleme der Daten- und Informationsverarbeitung. Diese verlangt eine flexible Planungsorganistion, die einen geschäftsbezogenen Gedanken- und Meinungsaustausch nicht nur gestattet, sondern auch fordert, sowie eine detaillierte Ablauforganisation zur Koordinierung aller Teilbereiche im Hinblick auf eine horizontale und vertikale Abstimmung und Zusammenfassung der Teilpläne. Darüber hinaus ist eine umfassende Daten- und Informationsverarbeitung mit klarer Definition der Schnittstellen einzurichten, die in ihrem formalisierbaren Bereich schwerpunktmäßig durch den Einsatz der EDV unterstützt werden kann. Diese organisatorischen Zusammenhänge bilden das Grundgerüst für die Systemarchitektur eines (Produkt-)Planungssystems.

4 Die Strukturgestaltung des Systems der Produktplanung

4.1 Bestimmung der Planungsträger und Zuordnung der Planungsaufgaben

4.1.1 Einige Grundsätze für die Verteilung der Planungsaufgaben

Die Zuordnung der Planungsaufgaben auf Planungsträger verlangt die Beachtung einiger Grundsätze, die vor allem im Wesen der Planung als Führungsaufgabe begründet sind. Mit der Übernahme von Planungsfunktionen ist auch die Übernahme von Rechten und Pflichten durch die beteiligten Menschen oder Gruppen von Menschen verbunden. Drei Komplexe bedürfen einer gesonderten Betrachtung, wenn die genannten Funktionen der Planung erfüllt werden sollen: erstens die Herbeiführung der Übereinstimmung von Planung und Verantwortung, zweitens der Ausgleich zwischen Zentralisierungs- und Dezentralisierungstendenzen und drittens die organisatorische Durchsetzung der Führungsgrundsätze durch die Schaffung adäquater Verantwortungsbereiche.

4.1.1.1 Zur Übereinstimmung von Planung und Verantwortung

Die Übernahme von Verantwortung ist für die Willensbildung und Willensdurchsetzung unabdingbar. Verantwortung kann nur dann wirkungsvoll ausgeübt werden, wenn sie auf einer disziplinarischen und fachlichen Kompetenz beruht, die mit einer persönlichen Autorität gepaart ist. Die disziplinarische Kompetenz beruht auf einer definierten Entscheidungs- und Weisungsbefugnis, die fachlich Kompetenz auf der zur Ausübung dieser Befugnisse notwendigen Sachkenntnis einschließlich dem Verständnis für über diesen Fachbereich hinausgehende Zusammenhänge. Letzteres dient auch dazu, die Reibungsverluste zwischen benachbarten Zuständigkeitsbereichen auf ein Minimum zu beschränken. Die persönliche Autorität ergibt sich im wesentlichen aus der Anerkennung durch die Umwelt (z. B. als Fachmann, als Vorgesetzter). Sie ist eine Voraussetzung dafür, daß sich zwischen den verschiedenen „Verantwortlichen" eine Art Vertrauensverhältnis entwickeln kann. Die Erkenntnis, aufeinander angewiesen zu sein, führt schließlich dazu, daß die Führung sich nicht nur auf die Weisungsbefugnis abstützen muß [vgl. auch 131, S. 178 f.].

Nach dem Kongruenzprinzip müssen sich Aufgaben, Kompetenzen und Verantwortung decken [109, S. 71]. Nun orientiert sich das Kompetenzsystem in aller Regel an dem hierarchisch orientierten System von Über- und Unterordnung (z. B. nach dem Stab-Linien-Prinzip), während der horizontale Arbeitszusammenhang durch zusätzliche Anweisungen und Vereinbarungen geregelt werden muß. Dabei stehen Funktionsdenken und Produktdenken zunächst im Gegensatz zueinander und es muß ein Ausgleich zwischen den verschiedenen berechtigten Interessen herbeigeführt werden. Hinzu kommt, daß eine eindeutige und dauerhafte Abgrenzung zwischen eng miteinander verflochtenen Arbeitsbereichen ohnehin nur sehr schwer durchführbar ist. Um dieses Problem zu lösen, muß die Zielsetzung für die betroffenen Bereiche so bestimmt werden, daß auch der übergreifende Teil der Aufgabenstellung sachgerecht und bestmöglich erfüllt werden kann. Die aus führungs- und arbeitstechnischen Gründen geschaffenen Ressortgrenzen dürfen nicht zum Hindernis werden, wenn ein kompetenzübergreifendes Denken und Handeln nicht nur geduldet, sondern geradezu gefordert werden muß. Hier werden hohe Anforderungen an das Verantwortungsbewußtsein der betroffenen Mitarbeiter gestellt, wenn im Sinne einer pragmatischen Vorgehensweise verlangt wird, daß die Zuständigkeit nicht zur Starrheit in der Aufgabenerfüllung führt. Eine flexible Organisation zeichnet sich nicht zuletzt auch dadurch aus, daß die einzelnen Ressorts des Potentialsystems sich von selbst den wechselnden Anforderungen einer gemeinsamen Aufgabe verpflichten.

Verantwortungsübernahme und Kompetenz sind von grundlegender Bedeutung für die Verteilung der Planungsaufgaben. Die Planung muß in Übereinstimmung mit den gegebenen Zuständigkeiten erfolgen und hat den zwischen- und überbereichlichen Erfordernissen Rechnung zu tragen. Zielplanung und Durchführungsplanung müssen von den für das zu planende Sachgebiet verantwortlichen Stellen wahrgenommen werden. Das gilt für jedes Ressort, für jeden Funktionsbereich, für jedes einzelne Ertragszentrum und für die Unternehmung als Ganzes.

Dabei ist zwischen Planaufstellung und Planentscheidung zu differenzieren. Die Planaufstellung erfolgt zweckmäßigerweise durch die für die Realisierung zuständige Stelle, während die Planentscheidung von einer übergeordneten Instanz wahrgenommen werden muß, die einen Überblick hat über die Tragweite der zu treffenden Entscheidungen. Planaufstellung und Planverwirklichung können auch getrennt werden. Der Plan wird dann zur

Vorgabe für die durchführende Stelle. Wenn eine bestmögliche Erfüllung der Ziele erreicht werden soll, dann darf die Verantwortung für die Planaufstellung und für die Planrealisierung nicht getrennt werden. Nicht nur die Beteiligung der Mitarbeiter an der Führung entsprechend einem kooperativen, auf Delegation der Verantwortung beruhenden Führungssystem verbietet diese Trennung, sondern auch die Forderung nach einer hohen Qualität der Pläne im Hinblick auf deren Realisierbarkeit. Die Kenntnisse und die Erfahrungen der für die Realisierung verantwortlichen Mitarbeiter sind unerläßliche Beiträge für die Planung. Allerdings ist dabei auch die Gefahr einer tendenziellen Beeinflussung der Planung gegeben, wenn ausschließlich oder in zu starkem Umfang die Meinung der ausführenden Stellen zur Geltung käme. Um dennoch eine sachlich-neutrale Beurteilung zukünftiger Entwicklungstendenzen sicherzustellen, muß in enger Zusammenarbeit mit über- und nebengeordneten Stellen und Bereichen jene breite Basis für die Planung gefunden werden, die einen Ausgleich aller konkurrierenden Ideen und Beurteilungen ermöglicht. Das fördert nicht nur den Zielbildungsprozeß, sondern schafft die notwendige Distanz zwischen Planungssubjekt und Planungsobjekt und führt zu einem breiteren Verständnis für gesamtunternehmerische Belange. (Zum Grundsatz der optimalen Distanz zwischen Planungssubjekt und -objekt vgl. [64, S. 69]).

Des weiteren trägt die Planung dazu bei, daß durch die vorausschauende Gestaltung und Koordinierung von Handlungen eine Stabilisierung der Verhaltensweisen erreicht wird. Das zeigt sich u. a. in der Reduktion der Konfliktmöglichkeiten und in der rechtzeitigen Entspannung unvermeidbarer Gegensätze, wenn diese im Rahmen der Konzeption und Abstimmung der Teilpläne bereits erkannt und diskutiert werden können. Dadurch kann eine Atmosphäre geschaffen werden, die es allen Parteien ermöglicht, die ihnen übertragene Verantwortung zu begreifen und auch auszuüben.

4.1.1.2 Dezentralisierung und Zentralisierung in der Planung

Die Aufstellung von Führungsprinzipien und die Bestimmung der Organisationsstruktur beinhalten gleichzeitig die Entscheidung über das Ausmaß der Zentralisierung und Dezentralisierung von Führung und Durchführung, das jede Unternehmung für sich entscheiden muß. (Die Begriffe Zentralisierung und Dezentralisierung werden hier für die Zusammenfassung bzw. Trennung von Aufgaben gebraucht, die hinsichtlich eines oder mehrerer Merkmale gleichartig sind). Beide Bestrebungen existieren nebeneinander und greifen ineinander. Welche Aspekte dabei schwerpunktartig zum Tragen kommen, wird nachfolgend kurz dargestellt.

4.1.1.2.1 Dezentralisierungstendenzen

Die geforderte Übereinstimmung der Verantwortung für Planung und Realisierung führt in einem divisionalisierten Unternehmen zwangsläufig zur Dezentralisierung der Planung. Funktionale Schwerpunkte, technische Differenzierungen des Produktspektrums und geographische Ausdehnung führen zu einem dezentralen, multidimensionalen Planungssystem, in dem die individuellen Belange der Teilbereiche neben denen der Gesamtunternehmung zu vereinen sind. Nicht nur die technische, ökonomische, organisatorische und soziale Vielfalt führt zu einer dezentralen Planung, auch die begrenzte quantitative und qualitative Kapazität der Leitungsstellen würde häufig nicht ausreichen, um die umfangreichen Planungsaufgaben wahrzunehmen [vgl. auch 84, S. 190].

Zu den Dezentralisierungstendenzen gehört auch die Forderung nach Zusammenführung von Planung und Informationsschwerpunkt [233, S. 297 f.]. Das Wissen, die Erfahrung und das Urteilsvermögen derjenigen Mitarbeiter, die unmittelbar mit den zu behandelnden Problemen vertraut sind, muß in die Planung eingebracht werden. Dies gilt ganz besonders für die Beurteilung detaillierter Daten und Informationen, die die Veränderungen von Technik und Markt betreffen.

Bleicher weist in diesem Zusammenhang darauf hin, daß der verstärkte Einsatz der EDV zu einer Loslösung der Informationsschwerpunkte von den Verantwortungsbereichen führen könnte [233, S. 298]. Welche Wirkung dominant bleibt – die Zentralisierung mittels EDV oder die Dezentralisierung wegen der verschiedenen Informationsschwerpunkte – wird in einem späteren Kapitel (4.1.2.6) zu zeigen sein. Es sei hier lediglich darauf hingewiesen, daß sich der Einsatz der EDV auf die Verarbeitung formalisierbarer und quantifizierbarer Daten und Informationen beschränken muß. Der nicht quantifizierbare Teil, der vornehmlich auf die Interpretation des Zahlenmaterials gerichtet ist und der verbalen Erläuterung des Geschäftes dient, bleibt nach wie vor den dezentral organisierten Verantwortungsbereichen vorbehalten.

4.1.1.2.2 Zentralisierungstendenzen

Es wurde gezeigt, daß in einem multidivisionalen Industriebetrieb der dezentralen Planung der Vorzug zu geben ist. Dennoch gibt es Aufgaben, die wegen ihrer besonderen Bedeutung nur zentral, d. h. einheitlich für alle Unternehmensteile, wahrgenommen werden können.

Soll die Planung als gestaltendes Element für die Zukunft zur Geltung kommen, dann muß jenes Maß an Einheitlichkeit durch sie verwirklicht werden, das notwendig ist, um die Unternehmung als Ganzes im Gleichgewicht zu halten. Was darunter konkret zu verstehen ist, wird durch den Hinweis auf das Ausgleichsgesetz der Planung deutlich. Die Koordinierung der einzelnen Teilbereiche der Unternehmung, also insbesondere die kurzfristige Ausrichtung auf den Minimumsektor und die langfristig anzustrebende Harmonisierung aller Teilbereiche kann nur von zentraler Stelle erfolgen. Diese Planabstimmung erfolgt stufenweise bis hin zur Gesamtunternehmung. Dabei ist es unerheblich, ob dieser Abstimmungsprozeß von einem ständigen zentralen Planungsstab wahrgenommen wird oder ob dafür ein zeitlich begrenzt operierendes Planungskomitee eingesetzt wird, in dem die betroffenen Teilbereiche vertreten sind.

Der Zwiespalt zwischen Zentralisierung und Dezentralisierung zeigt sich auch im Substitutionsprinzip der Organisation. Dieses besagt, daß die Tendenz von der fallweisen zur generellen Regelung mit abnehmender Variabilität betrieblicher Tatbestände zunimmt [70, S. 240]. Das bedeutet, daß die Gleichartigkeit von Planungsaufgaben nach genereller Regelung und damit nach Zentralisierung drängt. Auch muß auf die Versuchung hingewiesen werden, die darin besteht, daß aus einem globalen Planungsmodell gravierende Eingriffe in die Planung einzelner Bereiche abgeleitet werden. Dem steht nun die Selbständigkeit der Verantwortungsbereiche entgegen, die ihre eigene Planung entwerfen und verantworten sollen. Der Konflikt ist lösbar, wenn es gelingt, die individuelle Ausgestaltung der Planung durch die Verantwortungsbereiche zu ermöglichen und diese am Entwurf für das übergeordnete Planungsmodell zu beteiligen. Es muß jenes Maß an Ausgewogenheit zwischen Über- und Unterorganisation, also zwischen einer zu starken und einer zu provisorischen Strukturierung gefunden werden, das den Freiheitsraum der beteiligten Bereiche und Mitarbeiter nicht unnötig einschränkt und dennoch eine bestmögliche Erfüllung der gemeinsamen Aufgaben gestattet. (Zum Phänomen der Über- und Unterorganisation vgl. [109, S. 57]).

Einige Planungsaufgaben, die mit echten, also nicht delegierbaren Führungsunterscheidungen verbunden sind, werden zentral wahrgenommen. Dies gilt z. B. für die generelle Zielplanung, für die strategischen Planungen sowie für auf die Gesamtunternehmung bezogenen Planungen wie z. B. die Planung eines Beteiligungserwerbs oder die Planung von Kooperationen.

4.1.1.3 Strukturierung der Planung nach Verantwortungsbereichen (Ertragszentren)

4.1.1.3.1 Abgrenzung der Verantwortungsbereiche

Ansatzpunkt für die objektbezogene Zuordnung und Zusammenfassung von Planungsaufgaben ist die Konzentration der Verantwortung auf produkt- und/oder marktorientierte Ertragszentren. Die Entstehung der ertragsorientierten Verantwortungsbereiche (Ertragszentren) aus den Funktionsbereichen ist aus Abbildung 32 ersichtlich. (Dies ist das matrixartig dargestellte Organisationssystem aus Abb. 10. Zur Definition und Abgrenzung der Verantwortungsbereiche vgl. auch Abschnitt 2.3.3.2). Neben den Vertriebsgebieten (das sind primär produkt- und sekundär marktorientierte Geschäftsgebiete – GG bzw. Geschäftszweige – GZ) sind die Funktionen Forschung und Entwicklung, Fertigung und kaufmännische Verwaltung aufgeführt. Diese sechs Bereiche haben den Charakter von Hauptabteilungen und sind dem Geschäftsbereichsleiter direkt unterstellt. Die vier Grundfunktionen folgen in sich wiederum weitgehend der Gliederung der Vertriebsgebiete.

Aus der Kombination von produkt-, markt- und funktionsorientierter Verantwortung entstehen die Ertragszentren. Die gemeinsame Verantwor-

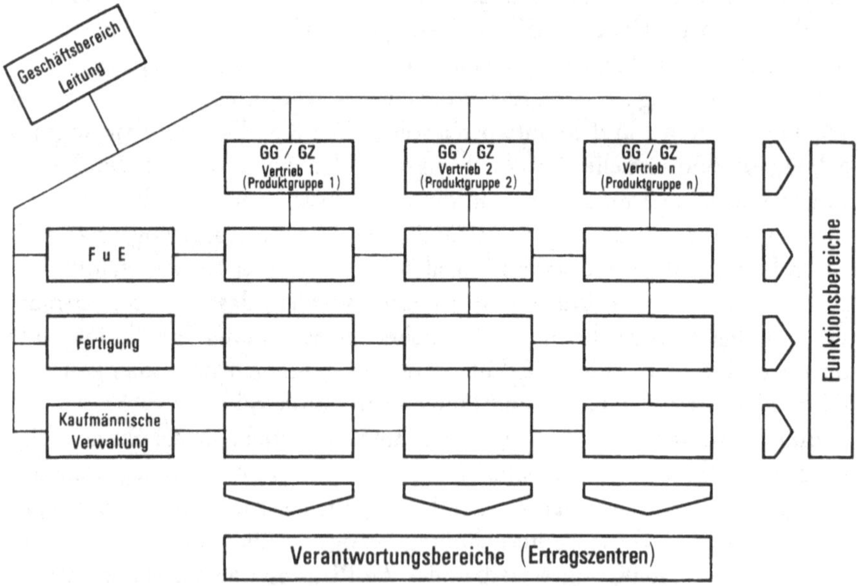

Abb. 32 Schema der Verantwortungsbereiche (Matrixorganisation)

tung für die Verfolgung einer einheitlichen Geschäftspolitik dokumentiert sich in einer gemeinsamen und einheitlichen Planung, Steuerung und Kontrolle der Aufgaben jedes einzelnen Ertragszentrums. Dabei stehen entsprechend der Aufgabenstellung abwechselnd marktbezogene, produktorientierte, technologische oder organisatorische Aspekte im Vordergrund.

Die Ertragszentren setzen sich aus Kosten- und Erlöszentren zusammen (vgl. Abb. 14). Alle Funktionsbereiche sind als „Kostenzentren" zu betrachten, während der Vertriebsbereich auch als Erlöszentrum zu sehen ist. Erst in der Verknüpfung aller Elemente der Leistungserstellung und Leistungsverwertung kann von einem Ertragszentrum gesprochen werden. Der Gesamtertrag der Unternehmung beruht auf dem Erfolg der einzelnen Produkte und dieser wiederum kann nur im konzentrierten Zusammenwirken aller Funktionsbereiche erzielt werden. Es müssen also auch die organisatorischen Vorkehrungen geschaffen werden, damit eine produktbezogene Führung und Durchführung praktisch durchsetzbar wird. So sind die Verantwortungsbereiche als integrativer Bestandteil der Linienorganisation zu verstehen. Die Leiter der jeweiligen Linienstellen werden in einem Gremium zusammengefaßt, das die Führung und das Ergebnis dieses Ertragszentrums gemeinsam verantwortet. Der Geschäftszweigleiter (als Leiter des Ertragszentrums) agiert als primus inter pares und ist zusammen mit seinen Kollegen in hohem Maße auf Kooperation angewiesen. Wenn die Selbständigkeit der Funktionen Forschung und Entwicklung, Fertigung, Vertrieb und kaufmännische Verwaltung innerhalb eines Geschäftsbereiches erhalten bleiben muß, dann bleibt keine andere Möglichkeit für die Zusammenarbeit innerhalb eines Geschäftszweiges. Im übrigen zeigt sich hier bereits das Grundmodell der produktorientierten Kooperation und Führung, das prinzipiell in allen Geschäftsbereichen vertreten wird.

4.1.1.3.2 Konzentration der Planung auf Ertragszentren

Auf diese Geschäftseinheiten (Ertragszentren, Verantwortungsbereiche) ist die Planung, Steuerung und Kontrolle gerichtet. Sie verkörpern das Potential- und Aktionssystem, das aus den entsprechenden Verteilungs- und Arbeitsbeziehungen entsteht. Wenn es gelingt, diese Geschäftszweige (ertragsorientierte Verantwortungsbereiche, Ertragszentren) zur Drehscheibe der Geschäftsführung zu machen und die problemorientierte Zusammenarbeit zwischen den Funktionsbereichen zu forcieren, dann sind auch die besten Voraussetzungen für die Identifikation der Mitarbeiter mit ihrer Aufgabe gegeben. Motivation darf nicht nur gefordert werden, sondern muß durch die Schaffung entsprechender Freiheitsräume wachsen können. Für die Konkretisierung der Führungsgrundsätze ist die Verteilung und Verknüpfung der Planungsaufgaben von herausragender Bedeutung. Wenn es gelingt, ein ausgewogenes Verhältnis zwischen den speziellen Aufgaben und Problemen einzelner Bereiche und den Erfordernissen der allgemeinen Geschäftspolitik herzustellen, dann besteht auch eine Chance, die individuellen Bedürfnisse der Menschen in der Unternehmung mit den Belangen der Unternehmung als Ganzes in Einklang zu bringen. Zentrale und dezentrale Tendenzen in der Führung und Organisation entspringen einem gleichberechtigten Interesse. Nicht die Konfrontation, sondern die gegenseitige Ergänzung zur Erreichung eines gemeinsamen Zieles muß permanent angestrebt werden.

Für die Verteilung und Systematisierung der Planungsaufgaben unter den geschilderten Verhältnissen können folgende Bedingungen festgehalten werden:

Erstens kann die Unterteilung des Geschäftsbereiches in Verantwortungsbereiche als Spiegelbild der Gesamtunternehmung gesehen werden. Funktions- und Produkt-Verantwortung sind nach den Kriterien der Matrixorganisation in einer Weise verknüpft, daß die Einheitlichkeit der Geschäftsführung jederzeit sichergestellt ist.

Zweitens gestattet die klare funktionale und objektbezogene Organisation des Geschäftsbereiches die bestmögliche Wahrnehmung der fachunternehmerischen Verantwortung durch die Geschäftszweige. Dazu gehört ebenso die Betreuung des Produktes bis hin zum Kunden wie auch die Unterstützung der regionalen Einheiten bei der Verfolgung einer kunden- und marktbezogenen Strategie.

Drittens wird solchermaßen demonstriert, daß die Verantwortung für das Produkt innerhalb eines definierten Ertragszentrums nur von allen Funktionen gemeinsam getragen werden kann.

Viertens können die Rechte und Pflichten der diese Verantwortungsbereiche tragenden Mitarbeiter sachbezogen bestimmt werden. Das erleichtert die Formulierung einer klaren Aufgabenstellung durch die Leitung und untermauert die Kompetenz der Träger dieser Aufgaben, auch über den unmittelbar zugeordneten Arbeitsbereich hinaus.

Diese mehrdimensionale Organisationsform wird überlagert von einem Netz dezentraler und zentraler Planungsaufgaben. Der Geschäftszweig als geschäftsführender Verantwortungsbereich ist zuständig für Planaufstellung und Planverwirklichung. Die Planverabschiedung erfolgt zusammen mit der Geschäftsbereichsleitung. Damit ist auch die Identität von Informationsschwerpunkt und Planaufstellung sichergestellt. Dieser Aspekt gewinnt an zusätzlichem Gewicht durch die produktbezogene Information und Koordination innerhalb der Verantwortungsbereiche, u. z. quer über alle Funktionen hinweg.

Neben diesen dezentralen Gesichtspunkten kommen zentrale Aspekte zum Tragen. Planabstimmung und Planverabschiedung bedürfen der Koordinierung. Die Erstellung eines Gesamtplanes für die Unternehmung erfolgt über die stufenweise Verdichtung und Konsolidierung der verschiedenen Teilpläne. Welche Aufgaben von den einzelnen Stellen wahrgenommen werden müssen, wird im nächsten Abschnitt dargelegt.

4.1.2 Die Träger der Planung und deren Aufgabenschwerpunkte

Als Träger der Planungsaufgabe kommen grundsätzlich die Potentialelemente Personen und sachliche Hilfsmittel (z. B. Computer) oder Kombinationen von beiden in Frage. Hier soll ein kurzer Üderblick über die Aufgabenverteilung im Potentialsystem gegeben werde. Eine Vertiefung dieser Aufgaben erfolgt in Kapitel 5 im Zusammenhang mit der Erläuterung der Arbeitsbeziehungen im Aktionssystem.

4.1.2.1 Aufgaben der Leitungsstellen

Unter Leitungsstellen sind ganz allgemein alle mit Führungsaufgaben beauftragten Stellen zu verstehen. Aus dem mehrstufigen Organisations- und Führungssystem ergeben sich im Hinblick auf die als Anwendungsbeispiel gewählte Unternehmung folgende Leitungsstellen: Vorstand, Leitung des Unternehmens- oder Zentralbereiches, Geschäftsbereichsleitung, Leitung der Funktionsbereiche, Geschäftsgebietsleitung und Geschäftszweigleitung (= Leitung der Ertragszentren). Jede Leitungsstelle kann aus einer Einzelperson, dem Leiter und/oder einem Leitungskreis bestehen, wenn man die unmittelbar neben- oder nachgeordneten Stelleninhaber mit einbezieht (z. B. Geschäftsbereichsleitung).

Die wesentliche Aufgabe der Leitung ist die Herbeiführung einer Planentscheidung. Das betrifft sowohl die Entscheidungsvorbereitung als auch die Entscheidung selbst. (Zur Rolle der Unternehmensleitung vgl. auch Steiner [166, S. 127 ff.], insbesondere auch die Aufgabe und Bedeutung des Top Management bei der Planung [S. 148]). Bei der Entscheidungsvorbereitung, also bei der Planaufstellung, wirkt die zuständige Leitung mehr anregend, koordinierend und informierend, während der Entscheidungsakt, also die Festlegung und Verabschiedung eines Planes, nur durch sie selbst erfolgen kann. Außerdem muß die Leitung immer dann vermittelnd und entscheidend eingreifen, wenn es Konfliktsituationen zu bereinigen gilt, wenn also z. B. Engpaßprobleme in einzelnen Ressorts zu überbrücken sind.

Darüber hinaus ist es die Aufgabe der Leitung, Planungskomitees einzusetzen, wenn dies zur besseren sachlichen und zeitlichen Koordinierung notwendig erscheint. Aufgaben, Kompetenz und Verantwortung dieser Komitees müssen durch die Leitung exakt bestimmt werden. Solche Planungskomitees können auf Zeit oder auf Dauer ins Leben gerufen werden.

Zur allgemeinen Unterstützung der Planung in einer weitverzweigten Organisation müssen Planungsstellen eingerichtet werden. Die Leitung muß entscheiden, welchen Aufgabenumfang diese Stellen haben sollen und wo diese anzusiedeln sind. Grundsätzlich bieten sich zwei Möglichkeiten an: entweder wird eine Stabsstelle eingerichtet, die direkt dem Leiter eines Unternehmens- oder Geschäftsbereiches unterstellt ist, oder sie wird unter die Verantwortung des kaufmännischen Leiters gestellt. In jedem Fall ist die unmittelbare Nähe zum Controller und zum Treasurer herzustellen, da diese Aufgabenbereiche eng miteinander verknüpft sind.

Die Leitung hat auch die Aufgabe, das Planungssystem in seiner Grundkonzeption zu bestimmen und dafür zu sorgen, daß dabei den individuellen Belangen der geschäftsführenden Bereiche ebenso Rechnung getragen wird wie denen der Gesamtunternehmung. Dazu gehört auch der Abbau des Konfliktes, der den Leitungsstellen in einem mehrstufigen Führungssystem aus ihrer Doppelrolle erwächst: sie sind Führer und Geführte zugleich. Das bedeutet, daß die Entscheidungen dieser Stellen immer Restriktionen unterworfen sind, die zu einer ständigen vertikalen Kommunikation und Information führen, wie im Zusammenhang mit der Darstellung des Systems der Zielvereinbarung (vgl. Abb. 30) demonstriert wurde.

4.1.2.2 Aufgaben der Funktionsbereiche

In Ergänzung zu den aus dem Planrahmen (vgl. Abschnitt 3.2.2) ableitbaren Planungsaufgaben sollen hier kurz die Schwerpunkte in den einzelnen Funktionsbereichen erläutert werden, wobei die funktionsüberschreitenden Aspekte besonders zu betonen sind.

4.1.2.2.1 Schwerpunkte in der Forschung und Entwicklung (FuE)

In der Forschungs- und Entwicklungsplanung (zur Stellung der Forschung und Entwicklung im Hause Siemens vgl. Abb. 33) liegt der Schwerpunkt in der Förderung und Umsetzung der schöpferischen Idee in konkrete Produkte. Materiell betrifft dies die Planung des Personaleinsatzes in Entwicklung und Konstruktion. Daneben gewinnt die Planung des Kapitaleinsatzes zunehmend an Bedeutung, da die Arbeiten im FuE-Bereich immer mehr durch Meß- und Prüfgeräte, durch eine hoch technisierte Erprobung und durch den Einsatz umfangreicher EDV-Programme unterstützt werden. Die besonderen Probleme der FuE-Planung sind in der schwer definierbaren Aufgabe der Forschung und Entwicklung generell begründet. Es ist ihre Aufgabe, neue technologische Möglichkeiten zu erforschen und zu entwickeln sowie für neue Bedürfnisse Problemlösungsmöglichkeiten anzubieten. Grundlagenforschung und Produktentwicklung sind die Basis für eine permanente Innovation, die von der Umwelt gefordert wird und die für das Überleben der Unternehmung notwendig ist. Das Problem dabei ist nicht die Existenz des technischen Fortschrittes an sich, sondern vielmehr die Erarbeitung einer Zielprojektion, die einen Gewinn für die Umwelt und die Unternehmung erwarten läßt. Je früher und je konsequenter die Diskussion mit den zukünftigen Anwendern und Betroffenen geführt werden kann, desto intensiver und umfassender ist der spätere gemeinsame Nutzen.

4.1.2.2.2 Schwerpunkte in der Fertigung

Auf die spezifischen Probleme der Fertigungsplanung kann hier nicht eingegangen werden (vgl. dazu [286, S. 6 f.]). Um jedoch das Planungssystem in sich abzurunden und um die unmittelbaren Berührungspunkte mit der Produktplanung aufzuzeigen, werden nachfolgende die wesentlichen Elemente des Subsystems Fertigungsplanung kurz vorgestellt.

Die Fertigungsplanung ist im wesentlichen Fertigungsvollzugsplanung [70, S. 147 ff.]. Ausgangspunkt dafür ist die Produktprogrammplanung, aus der über die Vertriebsplanung und die Vertriebsdisposition der betriebliche Output nach Art, Menge und zeitlicher Abfolge ermittelt wird. (Vgl. dazu auch [141, S. 13 ff.]. Bei Pedell erfolgt eine detailliertere Darstellung der hier vorgetragenen Teilplanungen. Außerdem kann die hier verwendete Terminologie dort vertiefend nachgelesen werden). Die Fertigungsvollzugsplanung setzt sich zusammen aus der Bereitstellungsplanung für Arbeitskräfte, Betriebsmittel, Werkstoffe und Verbrauchsgüter (Roh-, Hilfs-, Betriebsstoffe) sowie der Ablaufplanung für die dispositiv-organisatorische Fertigungssteue-

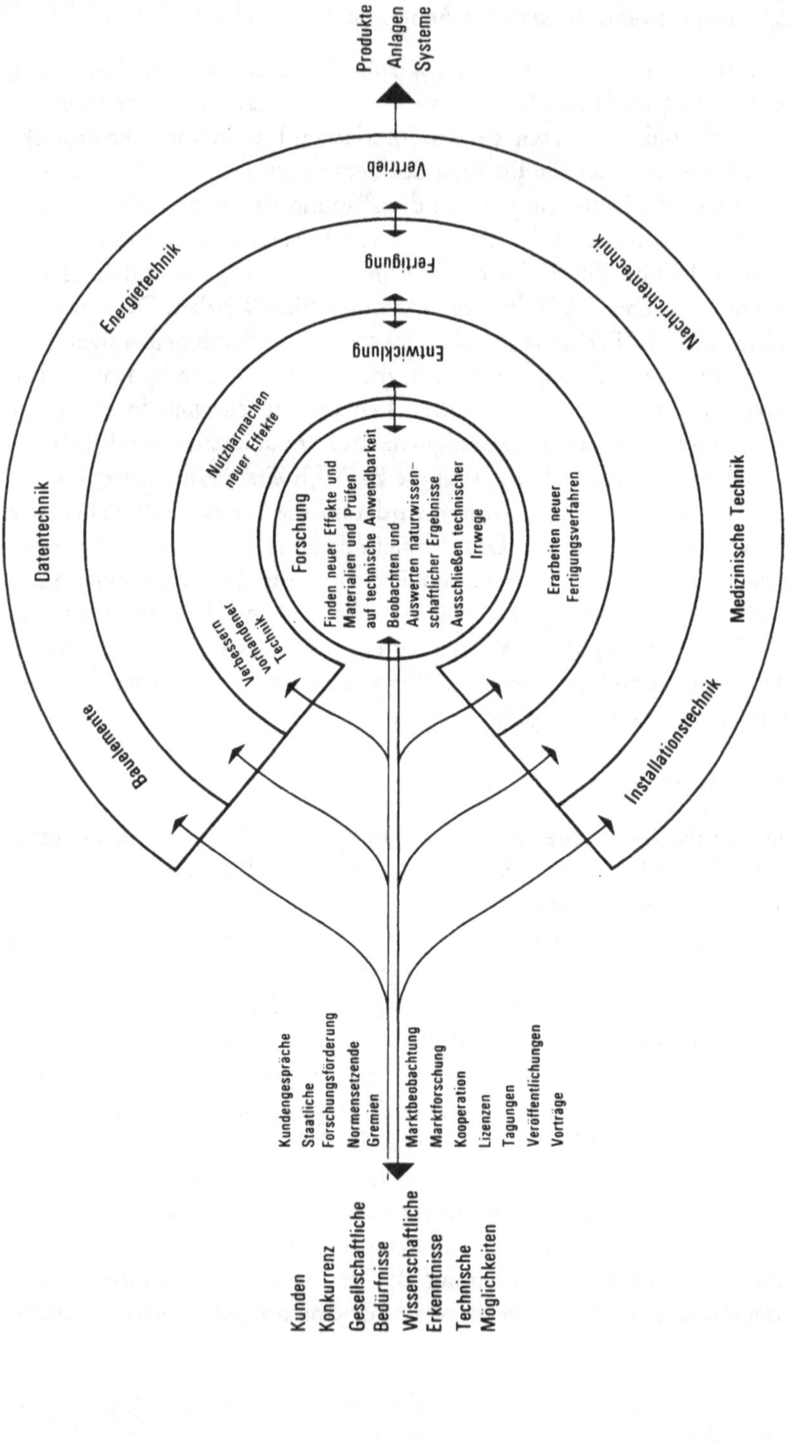

Abb. 33 Stellung von Forschung und Entwicklung in der Unternehmung, Beispiel Siemens (Quelle: Siemens)

rung und den verfahrenstechnischen Arbeitsablauf. Fertigungsplan und Arbeitsplan orientieren sich grundsätzlich am technischen Konzept für ein bestimmtes Produkt bzw. für bestimmte Teile davon. Konzeptänderungen führen unmittelbar zu Änderungen der Fertigungsunterlagen und wirken damit auch auf die Verfahrensgestaltung ein.

Der Schwerpunkt der Fertigungsplanung lag bisher auf der Vollzugsplanung. Die Programmplanung galt als etwas vom Vertriebsbereich Vorgegebenes, der Kapazitätsabgleich zwischen Fertigung und Vertrieb beschränkte sich auf das Umsetzen der aktuellen Vertriebswünsche in ein Fertigungsprogramm. Es dominierte neben der allgemeinen ökonomisch-rationalen Optimierung der Produktion die technische Beherrschung eines vielschichtigen, mehrstufigen Fertigungsprozesses, eine Beteiligung der Fertigung an der Konzeption des Vertriebsprogrammes unterblieb weitgehend. Demgegenüber zeichnet sich heute – insbesondere auf dem Gebiet der Kommunikations- und Datentechnik – eine Neuorientierung ab: die technologischen Fortschritte wie z. B. auf dem Gebiet der Hochintegration oder die Auswirkungen der Schichtschaltungstechnologie erzwingen eine aktive Beteiligung der Fertigung bereits bei der Konzeption des Produktprogrammes. Die Fertigung ist nicht mehr nur ausführendes Organ bei der Realisierung der von Vertrieb und Entwicklung erarbeiteten Produktkonzepte. Verfahrensinnovation und Produktinnovation befruchten einander gegenseitig und lösen umfangreiche technische, wirtschaftliche und soziale Gestaltungs- und Anpassungsprozesse aus. Das bedingt die Aktivierung nicht nur der Fertigungsleitung selbst, sondern auch aller anderen mit Planungsaufgaben betrauten Stellen. Die Abteilungen für Fertigungsplanung (im engeren technischen Sinne einschließlich der Arbeitsplanung) und für Fertigungssteuerung müssen in den Meinungsbildungsprozeß einbezogen werden. Die Erarbeitung des technischen Konzeptes für ein neues Verfahren oder Produkt bedingt die frühzeitige Berücksichtigung aller Erkenntnisse und Entwicklungstendenzen: des Marktes (der Umwelt), der Forschung und Entwicklung *und* der Fertigung.

4.1.2.2.3 Schwerpunkte im Vertrieb

Die Vertriebsplanung (oder auch Absatzplanung) ist auf die Beurteilung der Marktmöglichkeiten und auf die zukünftige Versorgung der Wirtschaft mit Gütern und Diensten gerichtet. Der unternehmerische Aspekt der Vertriebsplanung liegt darin, daß die Bedürfnisse des Marktes in quantitativer und qualitativer Hinsicht mit dem gegenwärtigen und zukünftigen Leistungspotential der Unternehmung in Einklang gebracht werden müssen.

Daneben ist die koordinierende und steuernde Komponente zu erwähnen, die auf die interne Abstimmung der Planungen mit den übrigen Funktionsbereichen gerichtet ist. Der Vertrieb mit allen seinen Außenstellen fungiert als Katalysator für neue Produktideen des Marktes und sorgt für die notwendigen Anstöße in Forschung und Entwicklung und Fertigung. Er hat auch die Aufgabe, während der Problemstellungsphase die notwendigen Beiträge der übrigen Funktionsbereiche zu aktivieren. Gegenüber der Fertigung tritt der Vertrieb als Nachfrager nach Produktionskapazität auf. Die Vertriebsdisposition bedingt umfangreiche organisatorische und koordinierende Vorkehrungen, damit ein homogenes Gebilde aus Fertigungsausstoß, Kapazitätsauslastung, Bevorratung (Lagerplanung für Fertigerzeugnisse) und Auslieferung entstehen kann.

Extern orientiert ist der Aufbau und der Einsatz einer flexiblen Vertriebsorganisation, die nicht nur imstande ist, das Vertriebsprogramm möglichst schnell, rationell und unkonventionell abzuwickeln, sondern die ihre Schlagkraft auch durch das Eröffnen immer neuer Absatzwege ständig unter Beweis stellen muß. An die Vertriebsorganisation werden insbesondere dann hohe Anforderungen gestellt, wenn – wie z. B. im Anlagengeschäft – mit dem Verkauf von nachrichtentechnischen Systemen auch umfangreiche Aufbau- und Montageleistungen verbunden sind. Damit werden die Aufgaben der Projektplanung Bestandteil der Planung im Vertriebsbereich. Produkte werden häufig zu Systemen zusammengeführt (Systemführung) und im Anlagengeschäft im Rahmen von Großvorhaben (Projektführung) vertrieben. Daraus haben sich die Begriffe wie System-Management in der Luftfahrtindustrie oder Projekt-Management im Anlagenbau eingebürgert. Um die Eingliederung von Projekten in die interne Linien- und Projektorganisation vornehmen zu können, müssen die Ziele des Projektes, die Aufgaben, die beteiligten Personen und die notwendigen Sachmittel bestimmt werden. Außerdem ist der Beziehungszusammenhang zwischen diesen Elementen herzustellen, indem aus den Verteilungsbeziehungen die Projektaufbauorganisation und aus den Arbeitsbeziehungen die Ablauforganisation, also der Arbeitszusammenhang, hergestellt werden. Die Abstimmung zwischen Produkt- und Projektplanung hat zum Ziel, daß Sachplanung und Formalplanung für Produkte und Projekte voll kompatibel sind. Das ist nötig, damit das Geschäft in allen seinen Ausprägungen beherrscht werden kann. Für das System der Planungs- und Kontrollrechnung bedeutet das, daß Wirtschaftlicher Produktplan (WPP), Wirtschaftlicher Vertriebsprojektplan (WVP) und Ergebnisplan des Verantwortungsbereiches (Wirtschaftsplan-WIPLA) inhaltlich und formal übereinstimmen. Träger der Vertriebsplanung sind die einzelnen Vertriebsabteilungen, die in unmittelbarer Zusammenarbeit mit den Marketingstellen und mit der Peripherie (Zweigniederlassungen, Landesgesellschaften), häufig auch zusammen mit dem Kunden, die Erarbeitung der Vertriebspläne vornehmen. Die Planverabschiedung erfolgt durch die Vertriebsleitung für den Geschäftszweig bzw. das Geschäftsgebiet entsprechend der mehrstufigen Gliederung der Verantwortungsbereiche. Auch hier ist darauf hinzuweisen, daß die Sachplanung (z. B. der Absatz der Produkte nach Art, Menge und zeitlicher Abfolge über eine bestehende oder neu zu schaffende Vertriebsorganisation) durch eine auf die Bewertung dieser Vorgänge gerichtete Formalplanung ergänzt werden muß. Durch diese muß sichergestellt werden, daß Leistungserstellung und Leistungsverwertung den Gesetzen von Wirtschaftlichkeit und Rentabilität folgen.

4.1.2.2.4 Schwerpunkte in der Verwaltung

Die Aufgaben des Controllers und des Treasurers sind von zentraler Bedeutung innerhalb des Systems der Unternehmungsplanung. Für die Gesamtunternehmung werden diese Aufgaben von zwei Zentralbereichen wahrgenommen: dem Zentralbereich Betriebswirtschaft für die Funktion des Controllers und dem Zentralbereich Finanzen für die Funktion des Treasurers.

In den Unternehmens- und Geschäftsbereichen werden diese Funktionen von der jeweiligen kaufmännischen Leitung wahrgenommen, wie in Abbildung 10 dargestellt. Der kaufmännische Leiter vereinigt in seiner Person die Funktionen des Controllers und des Treasurers für seinen geschäftsführenden Bereich. Nun steht die Ertrags- und Finanzplanung im Zentrum der ergebnis- und liquiditätsorientierten Planungs- und Kontrollrechnung. Diese Formalplanung umfaßt alle Teilbereiche der Unternehmung. Daraus leitet sich eine zentrale Rolle der kaufmännischen Verwaltung bei der Gestaltung und Durchführung der Unternehmungsplanung ab. Die innere Struktur der Planungs- und Kontrollrechnung orientiert sich an der Aufbauorganisation, ist also auf die divisionalisierten Verantwortungsbereiche gerichtet. Aus der kaufmännischen Betreuung der einzelnen Funktionsbereiche (Abb. 10) ergibt sich die Verantwortung für die ergebnis- und liquiditätsorientierte Formalplanung in Forschung und Entwicklung, Fertigung und Vertrieb. Neben dieser auf die Sicherung von Ertrag und Liquidität gerichteten Planungen muß die kaufmännische Verwaltung darauf achten, daß Einigkeit über die Bewertungsgrundsätze in den Funktionsbereichen herrscht. Dazu ist ein permanenter Meinungsaustausch nötig, denn nur die sachliche und formale Übereinstimmung der Teilpläne gestattet eine einheitliche Beurteilung des

Gesamtplanes. Des weiteren obliegt der kaufmännischen Verwaltung die Organisation und Koordinierung der Planung, insbesondere der sachlichen und zeitlichen Verknüpfung von Wirtschafts- und Produktplanung. Dazu gehört auch die Organisation des Computereinsatzes zur Unterstützung der Planungs- und Kontrollrechnung (vgl. Abschnitt 4.1.2.6.4 über das Betriebszentrum für den Computereinsatz). Für die Gesamtunternehmung geschieht dies durch den Zentralbereich Betriebswirtschaft, in den übrigen Zentralbereichen sowie in den Unternehmens- und Geschäftsbereichen durch korrespondierende Stellen (vgl. Abschnitt 4.1.2.5).

4.1.2.3 Die Einbeziehung peripherer Planungseinheiten

Die Zweigniederlassungen und Landesgesellschaften sind Bestandteil einer weltweiten Unternehmungsorganisation und damit in das Planungsgeschehen einzubeziehen. Aus der fachunternehmerischen Verantwortung der Unternehmens- und Zentralbereiche und aus der regionalen Verantwortung der peripheren Unternehmenseinheiten ergeben sich die individuell zu leistenden Beiträge der einzelnen Planungsträger, welche im System von Kommunikation und Information abgestimmt und zusammengefügt werden. Eine Zweigniederlassung oder Landesgesellschaft vertritt in der Regel die Interessen mehrerer Unternehmensbereiche. Daneben muß sie die Planung und Kontrolle der eigenen Geschäftsentwicklung in der ihr zugewiesenen Region wahrnehmen, was naturgemäß zu Kollisionen mit den unterschiedlichen Interessen der Unternehmensbereiche führen kann. Speziell die Kommunikation mit den Landesgesellschaften wird durch die unterschiedlichen wirtschaftlichen, politischen und gesellschaftlichen Verhältnisse in den einzelnen Ländern erschwert. Das erfordert neben den eigentlichen materiellen Beiträgen im Rahmen der Wirtschafts- und Produktplanung einen hohen Aufwand an Organisation und Koordinierung, nicht nur während des jährlichen Planungsprozesses, sondern entsprechend der Auftragslage permanent über das ganze Geschäftsjahr hinweg. Das Hauptproblem besteht darin, die Planung der Unternehmensbereiche in die Planung der regionalen Einheiten in formeller, sachlicher und zeitlicher Hinsicht zu integrieren und umgekehrt. Umfangreiche Regelungen und Vereinbarungen sind nötig, wenn ein System weltweiter Produktkoordinierung entstehen soll.

4.1.2.4 Der Einsatz von Planungs- und Entscheidungskomitees

Planungskomitees können ad hoc für die Bearbeitung definierter Planungsaufgaben (z. B. Anfertigen einer Marktstudie) gebildet werden oder sind ein ständig operierendes Koordinations- unf Entscheidungsorgan wie z. B. ein Investitionsausschuß. Entsprechend der Aufgabenstellung entstehen ständige oder unständige Koordinationskollegien mit horizontaler und/oder vertikaler Bildungsrichtung.

Die Arbeit der Planungskomitees vollzieht sich in Konferenzen. (Zur Zusammensetzung und Aufgabenverteilung in Planungskomitees vgl. Agthe [3, S. 230 f.], Hahn [75, S. 546 f.] und Grochla [280, S. 276 ff.]. Zur Konferenztechnik vgl. z. B. Bleicher [231]). Die Planungskonferenzen sind die entscheidenden Knotenpunkte im Planungsprozeß. Entsprechend der Aufgabenstellung bei der jährlichen Planung und in Anlehnung an Bleicher [231, Sp. 857 f.] können folgende Gruppen und Arten unterschieden werden:

Gruppe 1: Informations- und Beratungskonferenzen
- (1) Diskussion und Beratung über Inhalt, Aufbau und Ablauf der jährlichen Planung jeweils zu deren Beginn,
- (2) Information und Beratung zur Analyse der Ausgangsssituation ebenfalls zu Beginn der Planung,

Gruppe 2: Entscheidungskonferenzen
- (3) Durchführung von Abstimmgesprächen zur Erarbeitung von Prämissen und zur Herbeiführung von Teilentscheidungen während der Planung und
- (4) Plandurchsprachen zur Diskussion und Verabschiedung von Teilplänen und des Gesamtplanes während und am Ende der Planung.

Bei Beratungs- und Abstimmgesprächen werden sich primär horizontale Planungskonferenzen ergeben, da es gilt, gleichberechtigte Interessen über mehrere Funktionen hinweg zu diskutieren und auf einen gemeinsamen Nenner zu bringen. Bei der Erarbeitung von Prämissen und bei der Verabschiedung von Plänen werden vertikale Planungskonferenzen dominieren. Dabei werden Planvorschläge vorgetragen und von der übergeordneten Instanz begutachtet, genehmigt oder verworfen bzw. zur Überholung zurückgewiesen. Zu dieser Kategorie gehört auch das geschilderte System der Zielvereinbarung, in dem über alle hierarchische Stufen hinweg der Zielvereinbarungsprozeß stattfindet.

4.1.2.5 Die Unterstützung der Planung durch zentrale Planungsstellen

Zentrale Planungsstellen sind nötig, um die Einheitlichkeit der Planung zu sichern und um den Planungsprozeß zu steuern und zu koordinieren. Darüber hinaus muß eine zentrale Planungsstelle als Katalysator zwischen der Leitung und nachgeordneten Stellen sowie zwischen verschiedenen Funktionsbereichen agieren.

Hier ist von folgendem Sachverhalt (Abb. 34) auszugehen: Für die Gesamtunternehmung existiert eine zentrale Planungsstelle im Zentralbereich Betriebswirtschaft, die den formalen Aufbau der Planung verbindlich vorschreibt und in der die Teilpläne der Bereiche zusammengefaßt werden. Außerdem regelt diese Stelle den Ablauf der jährlichen Unternehmungsplanung und sorgt auch für die Anpassung des Planungssystems an veränderte organisatorische Verhältnisse. So fungiert diese Stelle auch als Stabsstelle für die oberste Führung und steht für Sonderaufgaben, die die gesamte Unternehmung betreffen, zur Verfügung. Die Arbeit dieser zentralen Planungsstelle erfolgt in enger Zusammenarbeit mit den korrespondierenden Planungsstellen der geschäftsführenden Bereiche.

Die Planungsstellen der geschäftsführenden Bereiche sind dem jeweiligen

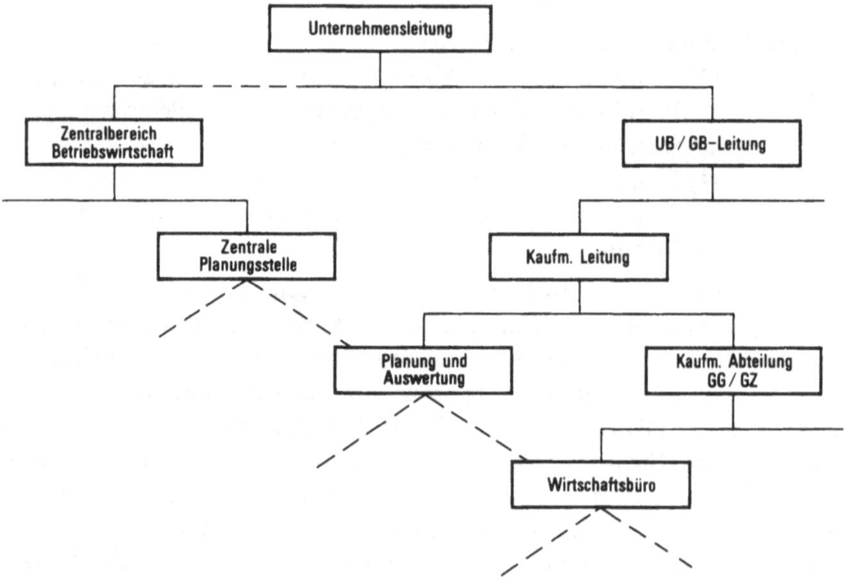

Abb. 34 Informationsbeziehungen zwischen den Planungsstellen

kaufmännischen Leiter unterstellt (Abb. 10). Ein unmittelbar dem Bereichsleiter unterstellter Planungsstab, wie er aus Gründen der Neutralität oft gefordert wird, ist nicht nötig, da, wie noch zu zeigen sein wird, die auftretenden Konflikte zwischen den Funktions- und/oder Verantwortungsbereichen (Ertragszentren) auf andere Art und Weise beigelegt werden können (Abschnitt 4.2.2). Außerdem ist eine gewisse Neutralität durch die enge Zusammenarbeit mit der zentralen Planungsabteilung für das ganze Haus sichergestellt.

Das Grundprinzip der Aufbauorganisation der zentralen Planungsstellen ist in Abbildung 34 skizziert. Man erkennt, daß entsprechend der mehrstufigen Divisionalisierung jeder Unternehmens- und Geschäftsbereich eine eigene zentrale Planungsstelle hat. Die enge Zusammenarbeit aller dieser Stellen dient der Sicherstellung des Gesamtinteresses der Unternehmung und der Einzelinteressen der Bereiche. Da diese zentralen Planungsstellen dem kaufmännischen Leiter unterstellt sind ist auch – entsprechend der inneren Gliederung der kaufmännischen Verwaltung – eine unmittelbare Einwirkung auf die Planung in den einzelnen Funktionsbereichen gegeben.

Die Planungsabteilungen der Bereiche haben neben dem Umsetzen der von der zentralen Planungsabteilung der Unternehmung erarbeiteten Grundsätze auch die Aufgabe, die Planung in den einzelnen Funktions- und Verantwortungsbereichen aktiv zu unterstützen. So muß der durch den allgemeinen Planrahmen vorgegebene Spielraum für die individuelle Ausgestaltung des Planungssystems des Bereiches sinnvoll genutzt werden. Die Planungsabteilung hat maßgeblichen Anteil am Aufbau, der Einführung und dem praktischen Einsatz eines umfassenden, bereichsspezifischen Planungssystems einschließlich der Festlegung bestimmter Planungstechniken. Selbstverständlich müssen Wissen, Erfahrung und Anforderungen der planenden Bereiche in diese Systemgestaltung einfließen.

Die Planungsabteilung unterstützt die Leitung bei der Erarbeitung der Planprämissen und überprüft die Homogenität der Pläne durch die Beachtung bestimmter Plausibilitäten. Grundsätzlich bietet sich dieser zentralen Planungsstelle wenig Spielraum für eine aktive Beteiligung an der materiellen Planung. Lediglich die Beratung und Information der Geschäftsleitung im Zusammenhang mit der Planerstellung, Planverabschiedung und Plankontrolle beinhaltet einige Aspekte einer aktiven Mitwirkung. So bleiben Weisungsbefugnis und Richtlinienkompetenz auf organisatorische Aspekte beschränkt.

Gegenüber den Funktions- und Verantwortungsbereichen (Ertragszentren) ist die zentrale Planungsabteilung als Dienstleistungsstelle zu verstehen.

Neben der allgemeinen formalen, sachlichen, zeitlichen und räumlichen Organisation der Wirtschafts- und Produktplanung zeichnet sie für die zusammenführende Planungs- und Kontrollrechnung verantwortlich. Dazu gehört auch der Einsatz der EDV zur Unterstützung von umfangreichen Rechenoperationen. Die Durchführung der Planungs- und Kontrollrechnung schließt auch die Verknüpfung mit dem Rechnungswesen (einschließlich der damit verbundenen Daten- und Informationsgewinnung) und der korrespondierenden Berichterstattung ein.

Bezugnehmend auf die verschiedenen Aufgaben aus der Sicht der Funktionsbereiche und der Unternehmung als Ganzes kann die Produktplanung als „interdisziplinäre Unternehmensfunktion auf der Basis methodischer Kooperation [49, S. 140]" verstanden werden, die in einem zu definierenden Umfang institutionalisiert weden muß.

4.1.2.6 Der Computer als realtechnischer Planungsträger

4.1.2.6.1 Die Ausgangssituation

Planungssysteme können heute nicht mehr diskutiert werden, ohne den Computer als realtechnisches Hilfsmittel (Abb. 4) zur Unterstützung der Planung in Betracht zu ziehen. Gerade die Produktplanung ist wegen der umfangreichen Rechenoperationen ohne Computerhilfe nicht mehr denkbar. Bei der Organisation der Produktplanung muß also auch der der EDV zugängliche Teil der Planung entsprechend berücksichtigt werden. Dies betrifft in erster Linie die Planungs- und Kontrollrechnung, die naturgemäß einen hohen Formalisierungsgrad aufweist. Eine eingehende Behandlung dieses Problemkreises verbietet sich im Rahmen dieser Untersuchung. Dennoch sollen – wegen der wachsenden Bedeutung einer modell- und computergestützten Planung und Berichterstattung und weil eine systematische und umfassende Produktplanung ohne Computerhilfe nicht denkbar ist – einige Bemerkungen zur Zielsetzung, Aufgabenstellung und zum praktischen Einsatz der EDV auf diesem Gebiet gemacht werden.

Die systemorientierte Organisation der (Produkt-)Planung verlangt eine computer- und benutzergerechte Analyse und Synthese der Planung, Steuerung und Kontrolle nach wirtschaftlichen Gesichtspunkten [243, 280]. Der Systemansatz, also die ganzheitliche Betrachtung von komplexen Gebilden, hat dabei zum Ziel, eine sachgerechte Transformation von Planungsaufgaben in Anwenderprogramme zu ermöglichen.

Tabelle 3 Planungsbausteine für die produktorientierte Planungs- und Kontrollrechnung

Gruppe 1 Spezielle Bausteine der Planungs– und Kontrollrechnung	Gruppe 2 Spezielle Bausteine fur Analysen, Berichte und Auswertungen.	Gruppe 3 Bausteine fur benachbarte (vor– und/oder nach–gelagerte Planungsverfahren und –methoden)
(1) Umsatzplanung (UMS). Einschließlich AE, Preisindex und Spannen–rechnung (Spanne = Umsatz ./. HK im Umsatz) (2) Herstellkosten (HK). HK–Berechnung und Kalkulation (Ubernahme aus Wertedatei). (3) F u E–Personal und –Kosten. Personaleinsatz– und Kostenplanung. (4) Vertriebskosten. VGK (DGK, MW, Sonstige KGK), Kalkulatorische Wagnisse, AV, SEK fur Vertrieb. (5) Erfolgsrechnung. Verknüpfung der Bausteine (1) – (4) zur Errechnung des Ergebnisses nach: – Ertragszentren – Produkten / Projekten – Geschäftsfeldern – Ländern – Geschäftsarten	(6) Soll – Ist – Vergleich. Abweichungsanalyse, absolut und relativ; qualifizierte Auswertungen getrennt nach Mengen– und Preis–/ Kostenkomponenten. (7) Auskunft und Bericht. Standardausgaben (Listen) und Ausgaben für die ad–hoc–Anfragen. (8) Plandurchsprache und Alternierung. Baustein für schnelle Durchrechnung alternativer Plandaten/ Plane auf unterschiedlichen Verdichtungsstufen. Plan–Plan–Vergleiche	(9) Marktplanung und Statistik. Marktdaten (Gesamtmarkt, Marktanteil ...) sowie Prognose– und Trendverfahren zur Unterstutzung der Umsatz– und Geschaftsfeld–planung. Die individuellen Bausteine hangen von der Art des Geschäftes (Breitengeschäft oder Anlagengeschäft) ab. (10) Fertigungsplanung und Kapazitatsabgleich. Verfahren zur Kapazitätsbelegung und –opti–mierung; Bedarfsvorausbild (= abgestimmter Kapazitatsvergleich). (11) F u E–Projektplanung und Fortschrittskontrolle. Aufgaben–/ projektbezogene Personaleinsatz– und Kapazitatsplanung in Verbindung mit der Netzplantechnik (SINET). (12) Wirtschaftliche Vertriebsprojektplanung (WVP). Zur Erfolgsbeurteilung von Vertriebs–projekten in Verbindung mit der externen Projektsteuerung.

Das System der Wirtschafts- und Produktplanung basiert auf einem umfassenden Modell für die Planungs- und Kontrollrechnung (vgl. Tabelle 3 und Abb. 46), das ohne maschinelle Unterstützung nicht zu bewältigen wäre. Zur Illustration: Etwa fünfhundert z. T. sehr komplexe Produkte verteilen sich im Inland auf ca. sieben Hauptabnehmer und im Ausland auf mehr als sechzig bedeutende Länder. Das Spektrum wird von 25 Verantwortungsbereichen geschäftlich verwaltet, in denen wiederum jeweils die Grundfunktionen zusammengefaßt sind. Der Planungshorizont beträgt maximal 12 Jahre (0, 1, ..., 11 ff.) und einzelne Pläne werden im Rahmen der jährlichen Wirtschafts- und Produktplanung mehrmals durchgerechnet. (Vgl. dazu die näheren Erläuterungen in Abschnitt 5.1.)

Der Computer hat sich in den vergangenen Jahren zum unentbehrlichen Hilfsmittel für die Abrechnung, Berichterstattung und Planung entwickelt. Die ersten Impulse gingen von der Abrechnung (Betriebsabrechnung, Auftragsstatistik ...) aus, woraus sich einzelne Planungsmodelle z. B. für die Umsatz- oder Personalplanung entwickelten. Erst im jüngster Zeit werden integrierte, computergestützte Modelle für die Planung, Steuerung und Kontrolle diskutiert und entwickelt, mit deren Hilfe die programmierbaren Planungsaufgaben maschinell vollzogen werden können. Voraussetzung ist die Existenz eines formalen Planungssystems mit einem Programmierungsgrad, der ein Umsetzen in ein Anwendungsprogrammsystem ermöglicht. (Einen Überblick über den aktuellen Stand des Computereinsatzes vermittelt Plötzeneder [35]).

4.1.2.6.2 Die Zielsetzung

Der Einsatz der EDV in der Planung, Steuerung und Kontrolle verlangt nach einer klaren, allen Beteiligten bekannten Zielsetzung, damit die Erwartungen der zukünftigen Benutzer mit den Möglichkeiten des Computermodells übereinstimmen. Ausschlaggebend für den Erfolg des Computereinsatzes ist die Herbeiführung einer weitgehenden Übereinstimmung zwischen dem Anspruchsniveau des Benutzers (das ist der für die Planung verantwortliche personelle Planungsträger) und dem Leistungsvermögen des Computers. Der Planer (Person), die Planung (Aufgabe) und der Computer (maschinelles Sachmittel) müssen zielorientiert im System von Planung, Steuerung und Kontrolle integriert werden. Benutzer und Computer sind zu einem soziotechnischen System zu integrieren. Dieses ist wiederum als Teilsystem des computergestützten Planungssystems (CPS) zu verstehen (vgl. Abb. 35).

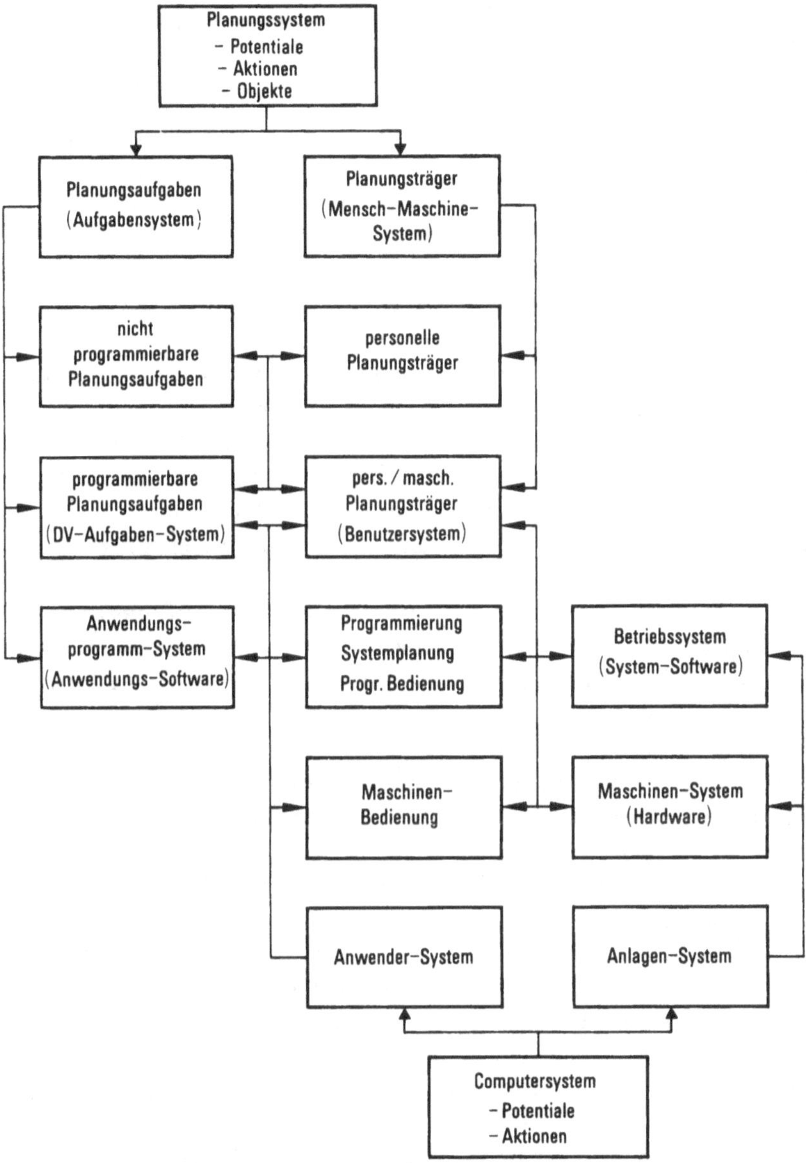

Abb. 35 Das computergestützte Planungssystem (CPS) als Subsystem von Planungs- und Computersystem

Aus der Fülle von denkbaren Zielsetzungen seien nachfolgend die wichtigsten herausgegriffen, die bei der Einführung der EDV in der Wirtschafts- und Produktplanung eines Geschäftsbereiches im Vordergrund stehen:

1. Es ist ein Computergestütztes System für die Planung, Steuerung und Kontrolle (CPS) aufzubauen, das sowohl den allgemeinverbindlichen Erfordernissen der Unternehmung und des Bereiches als auch den individuellen Anforderungen der Funktionsbereiche und Geschäftsgebiete und -zweige genügt.
2. Dieses CPS soll den Verantwortungsbereichen eine gezielte und umfassende Planung, Steuerung und Kontrolle ermöglichen.
3. Das Modell des CPS umfaßt die maschinelle Bewältigung von Massendaten (erfassen, speichern, rechnen, sortieren, zuordnen, schlüsseln, verdichten, drucken ...) und die qualifizierte Analyse und Auswertung von Daten nach vorgegebenen Spielregeln. Dazu bedarf es auch der dv-technischen Verknüpfung der Planung mit der Ist-Berichterstattung, so daß die Kontrolle der Planung durch einen aktuellen Soll-Ist-Vergleich ermöglicht wird.
4. Beim praktischen Einsatz des CPS ist sicherzustellen, daß umfangreiche Planungsrechnungen und Auswertungen schnell und zuverlässig durchgeführt werden können. Planalternierungen und andere variierbare Eingriffe müssen kurzfristig und auf allen Verdichtungsstufen möglich sein. Dies ist nicht nur nötig, um die funktionalen Zusammenhänge der Planung in einem geschlossenen Modell jederzeit durchspielen zu können, sondern auch um die Aktualität der Planung trotz weltweiter Abstimmprozesse aufrechtzuerhalten.
5. Das CPS muß so gestaltet werden, daß es flexibel in der Handhabung (d. h. jederzeit verfügbar und auch neuen Fragestellungen zugänglich) und bezüglich organisatorischer Veränderungen (z. B. neue Organisationseinheiten, neue Produkte und Verantwortungsbereiche oder auch Umstellungen im funktionalen Zusammenhang der Planungs- und Kontrollrechnungen) ist.
6. Das CPS ist so zu formalisieren und darzustellen, daß durch seinen Einsatz die Transparenz des Planungsgeschehens für alle Beteiligte in den Funktionsbereichen und Ertragszentren verbessert wird. Dabei ist eine unmittelbare und unkomplizierte Kommunikation zwischen Mensch und Maschine anzustreben.

Um falsche oder zu hohe Erwartungen und die daraus resultierenden Enttäuschungen zu vermeiden, sollte auch immer gesagt werden, was vom

Computer nicht erwartet werden kann: nämlich dem Planer die Entscheidung für eine Planalternative abzunehmen. Der Planer hat immer, auch im Zusammenhang mit der Anwendung formalisierter Entscheidungsregeln, die Wahlfreiheit, eine mit Hilfe des Computermodells ermittelte Planalternative zu akzeptieren, durch neue Erkenntnisse zu modifizieren (z. B. im Wege einer neuen Plandurchrechnung) oder ganz zu verwerfen. Der Computer kann nur eine Hilfe zur Entscheidungsfindung sein, er ersetzt nicht das unternehmerische Gespür. Die maschinelle Produktion unzähliger „Plandaten" allein bringt noch nicht die erwünschte Verbesserung der Planung. Vor der Euphorie einer umfangreichen maschinellen Planungsrechnung, die allzuleicht in „Planbuchhaltung" ausarten kann, sei nachdrücklich gewarnt. Entscheidend ist, daß lesbare (= konsumierbare) Unterlagen geschaffen werden, mit deren Hilfe das Management die einzelnen Pläne diskutieren kann. Erst wenn der Planer selbst zum bestimmenden Faktor wird und den Computer als Werkzeug für seine Zwecke nutzt, dann ist die Erfüllung der angestrebten Ziele möglich.

4.1.2.6.3 Subsysteme des computergestützten Planungssystems (CPS)

Das CPS ist ein Teilsystem des Planungssystems. Aus Abbildung 7 wurden die Subsysteme des Planungssystems unter besonderer Berücksichtigung des Einsatzes der EDV abgeleitet und in Abbildung 35 zusammengefügt. Dabei werden Planungs- und Computersystem in der gegenseitigen Verzahnung gezeigt. Insgesamt soll das CPS in folgende vier Subsysteme gegliedert werden: das Benutzersystem, das Anwendersystem, das DV-Aufgaben- und Programmsystem und das Anlagensystem. (Die hier benutzten Begriffe werden verwendet in Anlehnung an Grochla [64, S. 92 ff.] sowie Grochla und Meller [66, S. 27 ff.]). Um eine klare Gliederung der verschiedenen beteiligten Aufgabenträger zu erzielen, wird eine Unterscheidung in „Benutzer" und „Anwender" vorgenommen. Im Benutzersystem werden alle personellen Planungsträger zusammengefaßt, die sowohl mit dem Computer als auch untereinander in Beziehung stehen. Die Beziehungen zum Computer zeigen sich u. a. darin, daß die Benutzer „. . . bei der Erfüllung ihrer Aufgaben direkt oder indirekt mit diesen Sachmitteln agieren, indem sie den maschinell erstellten Output verwenden und/oder den Input für die Sachmittel bereitstellen [64, S. 92]."

Durch diese Beziehungen wird das integrativ verknüpfte Mensch–Maschine-System hergestellt. Dabei lassen sich zwei Grundformen unterscheiden: die direkte Beziehung, bei der der Benutzer zur Aufgabenerfüllung direkt mit dem Computer in Verbindung steht (z. B. über einen Terminal) und die indirekte Beziehung, bei der der Benutzer nur durch andere zwischengeschaltete personelle Aktionsträger mit dem Computer kooperiert (z. B. im Closed-Shop-Betrieb).

Diese Gruppe von zwischengeschalteten personellen Aktionsträgern, die aus dem Bedienungsperonal für die Maschine einerseits und aus den Programmierern, den Systemplanern und dem Personal zur Unterstützung des praktischen Einsatzes andererseits besteht, sollen als Anwender von den eigentlichen Benutzern unterschieden werden. Die Anwender sind somit als die eigentlichen EDV-Experten bestimmt, die wegen ihrer primär auf den Computer ausgerichteten Aufgabenstellung eine vom Benutzer abweichende Interessenlage entwickeln [228]. Zur Überbrückung dieses Konfliktes bedarf es des gemeinsamen Dialoges zwischen beiden Parteien. Dieser Dialog muß darauf gerichtet sein, den fachlich versierten EDV-Spezialisten und den mündiger werdenden Benutzer in einem gemeinsam erarbeiteten System zu verbinden.

Im DV-Aufgaben- und Programmsystem sind zwei Teilsysteme zusammengefaßt: das System der programmierbaren Planungsaufgaben (DV-Aufgabensystem) und das Anwendungsprogrammsystem (System der Anwendungssoftware). Das DV-Aufgabensystem ist Bestandteil des Systems der Planungsaufgaben und ist der Ausgangspunkt für alle Überlegungen, die die Ausgestaltung der übrigen Systeme betreffen. Werden DV-Aufgaben programmiert und auf die EDVA übertragen, dann entsteht das Anwendungsprogrammsystem. Diese Anwendungsprogramme als Bindeglied zwischen Benutzer- und Anwendersystem stehen im Mittelpunkt der Betrachtung, wenn eine benutzer- und computer- bzw. anwenderorientierte Systemgestaltung diskutiert wird.

Abschließend sei noch erwähnt, daß das Anlagensystem als weiterer Baustein des CPS aus den Subsystemen Maschinensystem (Hardware) und Betriebssystem (System-Software) besteht, die hier nicht näher erläutert werden sollen [vgl. z. B. 66, S. 128 ff. und 64, S. 100 ff.].

4.1.2.6.4 Das Betriebszentrum für den Computereinsatz

Das computergestützte Modell für die Wirtschafts- und Produktplanung besteht aus verschiedenen individuellen und standardisierten Anwenderprogrammen (vgl. Tab. 3 und Abb. 42), die in einem Anwenderprogrammsystem zusammengefaßt sind. Auf die Ausgestaltung des Anwendungsprogrammsystems kann hier nicht näher eingegangen werden. In dem hier geschilderten

System der Wirtschafts- und Produktplanung wird u. a. eine im Hause entwickelte Standardsoftware eingesetzt, die unter dem Begriff BERSIGAN (= *Be*richte, *Si*gnale und *An*alysen) bekannt ist. Diese Softwarefamilie ist inzwischen der Öffentlichkeit zugänglich gemacht worden. Für den praktischen Betrieb müssen Anweisungen festgelegt werden, in denen der Einsatz des Computers für die individuellen Belange der Benutzer geregelt wird. Dies gilt insbesondere für die indirekte Kommunikation über zwischengeschaltete Aktionsträger, da der Benutzer bei der direkten Kommunikation – z. B. über den Bildschirm – völlige Wahlfreiheit im Zugriff auf das Anwendungsprogramm haben kann.

Für die Organisation und Durchführung des praktischen Einsatzes der EDV wurde eine Arbeitsgruppe „Betriebszentrum" gegründet, in der Benutzer, Anwender und DV-Experten gleichberechtigt vertreten sind. Diese Arbeitsgruppe besteht aus einer ständig tätigen Kernmannschaft (in erster Linie Anwender und DV-Experten), die bei besonderen Problemen durch potentielle Benutzer verstärkt werden kann.

Diese Arbeitsgruppe „Betriebszentrum" hat die Aufgabe, die Datenerfassung, die Datenverarbeitung und die Datenbereitstellung im Rahmen der Wirtschafts- und Produktplanung bis hin zum aktuellen Soll-Ist-Vergleich zu steuern, zu koordinieren und zum Teil auch durchzuführen. Neben diesem „Datenmanagement" hat sie die Wartung und Pflege des CPS – dazu gehört auch die Anpassung an organisatorische und andere Veränderungen – sowie die Weiterentwicklung und den Ausbau entsprechend den geschäftlichen Erfordernissen durchzuführen. Diese Gruppe arbeitet eng mit der Geschäftsleitung, den Produkt- und den Linieninstanzen zusammen, damit deren Anforderungen und Vorstellungen unmittelbar in das CPS einfließen können. Wegen der notwendigen Integration der maschinellen Planung und Kontrolle in die formale Planung und Kontrolle ist es zweckmäßig, dem Leiter dieses Betriebszentrums – in der Regel ein Mitglied der zentralen Planungsstelle – auch die gesamte Ablauforganisation für die Planung zu übertragen. Dadurch kann die harmonische Eingliederung des Computers als Hilfsmittel zur Unterstützung der Planung erreicht werden.

Die weiteren Hauptaufgaben dieses Betriebszentrums können wie folgt umrissen werden:

1. Sachliche und zeitliche Vorbereitung des Computereinsatzes für die jährliche Planung;
2. Erarbeitung eines Netzplanes für die jährliche Planung in Zusammenarbeit mit allen an der Planung beteiligten Bereichen und Abteilungen;

3. Erstellung eines Kapazitätsplanes für die Belegung der Maschinenkapazität im Rechenzentrum;
4. Steuerung und Koordinierung der Datenerfassung in sachlicher, formeller und zeitlicher Sicht;
5. Festlegung und Durchführung einer einheitlichen Formulargestaltung für Input und Output;
6. Veranlassung der einzelnen DV-Läufe und direkter Eingriff z. B. bei Programmstörungen (das bedeutet eine direkte Zugangsmöglichkeit zur Rechenanlage, sofern die Programmsteuerung nicht peripher über einen Terminal erfolgen kann);
7. Schnelle Eingriffe zur Korrektur falscher Teilpläne oder zur Änderung von Teilmodellen auf Grund aktueller Anforderungen;
8. Unterstützung der Plandurchsprachen durch Aufbereitung der Unterlagen;
9. Verteilung der ausgedruckten Listen und Assitenz bei der Klärung komplizierter oder unklarer Zusammenhänge;
10. Organisation und Durchführung der DV-Läufe im Rahmen der permanenten Planung bzw. Planfortschreibung;
11. Organisation und Durchführung des monatlichen maschinellen Soll-Ist-Vergleiches in Zusammenarbeit mit den korrespondierenden Stellen des Rechnungswesens (Buchhaltung und Abrechnung).

Neben diesen Aufgaben, die den laufenden Betrieb betreffen, sind auch Arbeiten durchzuführen, die der Aufrechterhaltung des Betriebes (Wartung und Pflege) und der Weiterentwicklung (Anpassung des Planungsmodells an laufende Veränderungen) dienen:

12. Wartung und Pflege des bestehenden Anwendungsprogrammsystems wegen betriebswirtschaftlich-organisatorischer oder dv-technischer Änderungen;
13. Weiter- und Neuentwicklungen zum Ausbau des Planungsmodells entsprechend den geschäftlichen Erfordernissen (z. B. Integration zusätzlicher Prognosemodelle);
14. Verknüpfung von Teilsystemen mit benachbarten DV-Systemen (z. B. mit der maschinellen Planungs- und Kontrollrechnung für die Zweigniederlassungen und Landesgesellschaften);
15. Information und Schulung aller mit Planungsaufgaben beschäftigten Mitarbeiter.

Arbeitsinstrument zur Erfüllung dieser Aufgaben ist neben der Netzplantechnik das in einer möglichst einfachen und verständlichen Weise dokumentierte Planungsmodell. Organisations- und Planungssystem stehen in Wechselbeziehung zueinander, das Planungsmodell ist jeweils Abbild der gegenwärtigen und zukünftigen Umwelt, also auch Abbild der jeweiligen Organisation. Eine benutzerorientierte Darstellungsweise, die weitgehend auf spezielle Zeichen, Symbole und Formalia verzichtet, sowie der module Charakter des Planungsmodells erleichtern den unmittelbaren Dialog zwischen Benutzer, Anwender und DV-Experten und ermöglichen eine rasche und unkomplizierte Anpassung des CPS an neue Anforderungen.

4.2 Der Aufbau einer produktorientierten Organisationsstruktur

Die formale und inhaltliche Übereinstimmung von Organisations- und Planungssystem sowie die damit verbundene Identifizierung von Planung und Verantwortung sind wesentliche Grundbedingungen für die Gestaltung eines Planungssystems. Betrachtet man die Produktplanung als die Basis der Unternehmungsplanung, dann müssen die Ziele, die Aufgaben und die Menschen so zueinander in Beziehung gesetzt werden, daß das Potential- und Aktionssystem den sich aus dieser Verknüpfung ergebenden Anforderkungen genügen kann.

Produktplanung erfordert die Lösung von Konflikten. (Zur vertieften Behandlung von Konfliktsituationen in der Unternehmung vgl. z. B. [72, S. 68 ff.; 84, S. 223 ff.; 114, insbes. S. 105 ff.; 127, S. 112 ff.; 155, S. 99 ff.; 166, S. 135 ff.; 195, S. 96 ff. sowie 223 und 238]). Unter Konflikt soll hier mit Scheuch verstanden werden die „. . . Verhaltensweise von Personen oder Gruppen innerhalb eines Systems, das der von anderen Mitgliedern dieser gleichen Organisation gewünschten Verhaltensweise auf erkennbare Weise widerspricht [371, Sp. 862].“ Es müssen Möglichkeiten der Konfliktlösung geschaffen werden, damit die Produktplanung ihre zentrale Aufgabe, nämlich die nachhaltige Sicherung der technischen, wirtschaftlichen und sozialen Leistungsfähigkeit der Unternehmung, erfüllen kann. Das stellt besondere Anforderungen an die Träger der Produktplanung, und zwar sowohl aus der Aufgabe der Planung generell als auch aus der notwendigen Zusammenarbeit zur Bewältigung der Konflikte. Aus dieser Erkenntnis ergeben sich Folgerungen allgemeiner Art für die Unternehmungsführung. Nur wenn die

Menschen rechtzeitig auf ihre Rolle in Konfliktsituationen vorbereitet werden, ist zu erwarten, daß die notwendige Auseinandersetzung in kritischen Situationen die Unternehmung weiterführt und nicht hemmt.

4.2.1 Zur Konfliktsituation in der Produktplanung

4.2.1.1 Einige Konflikte im Rahmen der Planung

4.2.1.1.1 Die Ausgangssituation

Um die Konfliktsituation in der Produktplanung zu charakterisieren erscheint es zweckmäßig, die Konfliktfelder in der Planung generell abzustekken. Konflikte sind systemimmanent, da die aus den Oberzielen abgeleiteten Unterziele häufig mit einander konkurrieren. Gleiches gilt für die aus der Gesamtaufgabe abgeleiteten Unteraufgaben. Dieser Effekt wird noch verstärkt durch das Autonomiebestreben der Subsysteme der Unternehmung. Außerdem ergibt sich das Gesamtoptimum nicht notwendigerweise aus der Aggregation der einzelnen Suboptima. Es ist immer ein Interessenausgleich nötig, der nur durch den Dialog zwischen den beteiligten Stellen herbeigeführt werden kann. Daneben ist ein starkes Zunehmen der multipersonalen Entscheidungstatbestände zu beobachten: „Die Vielzahl der Entscheidungen übersteigt das Leistungsvermögen eines einzelnen. Die Zahl der Entscheidungstatbestände, die zu beobachtenden heterogenen Gesichtspunkte im Ziel- und Informationssystem bewirken, daß ein einzelnes Individuum bei der Aufgabe, sämtliche Entscheidungen rational zu fällen, überfordert ist [84, S. 24 f.]." Aufgabenvielfalt und Komplexität der betrieblichen Zusammenhänge erzwingen einen ständigen Informationsaustausch zwischen den beteiligten Aktionseinheiten. Kommunikation, also der Austausch von Informationen, ist auch nötig, um den Arbeitszusammenhang in einem dezentral orientierten Organisations- und Planungssystem herzustellen. „Die Verteilung der Entscheidungsbefugnis auf untere Entscheidungsträger in der Unternehmung erfordert zur Koordination der interdependenten, aber weitgehend autonom gefällten Einzelentscheidungen einen kontinuierlichen Informationsaustausch zwischen den Entscheidungseinheiten [65, S. 78 f.]."

Schwerpunkt dieser Betrachtung ist der sachliche Konflikt, der sich aus der unterschiedlichen Zielsetzung und Aufgabenstellung der Subsysteme der Unternehmung ergibt. Sicher wirkt hier auch der persönliche Konflikt zwischen den Diskussionspartnern mit hinein, doch kann darauf nicht näher eingegangen werden. Es muß aber eine andere Wirkung mit in die Betrachtung einbezogen werden: die psychologisch-soziologische Komponente des sachlichen Konfliktes als besondere Ausprägung des Informationsproblemes. Um die bei der Produktplanung auftretenden Konflikte besser verstehen zu können, werden nachfolgend diese zwei herausragenden Komplexe nacheinander näher erläutert: das allgemeine Problem der Kommunikation und Information und das spezielle Problem der Abstimmung zwischen den Aufgaben der Funktionsbereiche.

4.2.1.1.2 Allgemeine Probleme der Verständigung im Kommunikationssystem

Die Kommunikation im Zusammenhang mit den Aufgaben von Planung und Entscheidung wird in erster Linie von Menschen vollzogen. Diese bestimmen Art und Inhalt des jeweiligen Kommunikationsprozesses. Damit wird die Dimension „Kommunikation und Information" in der Planung angesprochen (vgl. Abschnitt 31). Der Kommunikationsprozeß bezieht sich hauptsächlich auf die sachliche, zeitliche und räumliche Abstimmung der Aufgaben der verschiedenen Aktionsträger. Der Inhalt einzelner Aufgaben und deren zeitliche Präferenz werden aus einer Zielsetzung abgeleitet und hinsichtlich ihrer Bedeutung für die Zielerreichung von Menschen bewertet. Nun muß nicht jede einzelne Aktion oder jedes Aktionsbündel von verschiedenen Menschen – z. B. innerhalb einer hierarchischen Linie oder über mehrere Funktionen hinweg – gleich beurteilt bzw. bewertet werden. Die allgemeinen Wertvorstellungen des Menschen, seine spezifische Bedürfnisstruktur sowie die individuelle Betrachtung seiner Umwelt verleihen einer Sache erst den in der jeweiligen Situation ‚relevanten' Wert. Die Bedeutung, also der Wert, der z. B. einer einzelnen Aktion im System eines komplexen Aufgabenbündels beizumessen ist, wird primär durch die Zielsetzung, aus der diese Aktion abgeleitet wurde, und sekundär durch den individuellen Wertmaßstab der beteiligten Menschen bestimmt. Um die notwendige Übereinstimmung in der Beurteilung von Zielen und Maßnahmen zu erreichen, müssen Bewertungskriterien gefunden werden, die allgemein akzeptiert werden können. Dazu dienen generell das (formalisierte) Planungssystem, bestehend aus dem Planungsmodell mit allen verbindlichen Unterlagen (Abschnitt 3.2.2.) sowie die Modelle und Methoden, die als Hilfssysteme der Planung (Abschnitt 2.2.3.3.2) eine einheitliche Nomenklatur und auch Interpretationsmöglichkeit sicherstellen sollen. Damit ist zwar auch eine Versachlichung von unterschiedlichen persönlichen Auffassungen erzielbar, doch bleiben zahlreiche

Störungen unbeachtet, die im Kommunikationsprozeß an sich begründet sind.

Um diesen Sachverhalt zu veranschaulichen, wurde in Abbildung 36 das Kommunikationssystem zwischen einem Vertriebsingenieur (als Sender) und einem Entwickler (als Empfänger) skizziert. Dabei wurde auf ein Schema von Steinbuch zurückgegriffen [165, S. 223], bei dem das Wesentliche eindrucksvoll hervorgehoben wird. Sollen Informationen übertragen werden, dann müssen Sender und Empfänger über einen gemeinsamen Zeichenvorrat verfügen. Darüber hinaus wird die Information auch von den Wertsystemen des Senders und Empfängers bestimmt, die wiederum auch von der jeweiligen Umwelt geprägt werden [165, S. 223 f.]. Für den Informationsaustausch zwischen den Diskussionspartnern reicht der Austausch von Nachrichten über Sachverhalte nicht aus. Der Tatbestand der Information kann erst dann als gegeben angenommen werden, wenn sich die Auffassungen über die Bedeutung einer Nachricht bei Sender und Empfänger entsprechen, wenn also der Empfänger verstanden hat, was der Sender wirklich mitteilen wollte.

Nun ist diese Erkenntnis (scheinbar) trivial und entzieht sich demnach einer oberflächlichen Beurteilung, da der Kommunikationsprozeß ein komplexes, immaterielles und schwer vorstellbares Gebilde darstellt, bei dem Störmöglichkeiten auf verschiedenen Stufen (oder besser: in verschiedenen Dimensionen) möglich sind. So sind Analyse und Synthese des Kommunika-

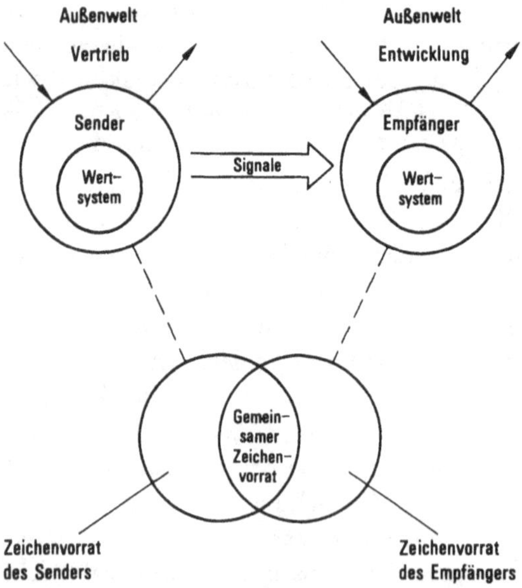

Abb. 36 Das Grundprinzip der Informationsübertragung (nach K. Steinbuch)

tionsprozesses unter Zuhilfenahme der Erkenntnisse des Semiotik nötig, um die Kommunikation, also den Austausch von Informationen, als Quelle von Störungen und damit von Konflikten begreifen zu können.

Wegen der grundsätzlichen Bedeutung der Semiotik für das Verständnis von Kommunikation und Information wurde dieser Problemkreis in einem Anhang gesondert behandelt. Hier sei lediglich die Quintessenz vorweggenommen: Beim Kommunikationsprozeß sind verschiedene Störarten (Abb. 52), die häufig sogar gleichzeitig auftreten können, denkbar (zur Erläuterung von verschiedenen Störfaktoren vgl. z. B. Ackoff und Emery [1, S. 191 f.] und Heinen [84, S. 231]):

- technisch-physikalische Störungen, wenn z. B. der Übertragungskanal gestört ist (Beispiel: Rauschen im Telefon)
- syntaktische Störungen (Beispiel: Zeichen werden falsch zusammengesetzt oder können nicht identifiziert werden, weil z. B. Abkürzungen oder Formeln nicht bekannt sind)
- semantische Störungen (Beispiel: Sender und Empfänger kommunizieren in verschiedenen Sprachen – Englisch/Deutsch; vgl. auch das Problem der homonymen, d. h. gleichlautenden Wörter mit unterschiedlicher Bedeutung wie z. B. Bauer für Landmann und Vogelkäfig) und schließlich
- pragmatische Störungen, wenn der Empfänger aufgrund seines individuellen Verhaltensrepertoires eine ihm übermittelte Nachricht – bewußt oder unbewußt – mißdeutet (Beispiel: Diskussionen über die soziale Zielsetzung einer Unternehmung – oder auch nur „Mißverständnisse" bei der Interpretation der Zukunft im Rahmen der Planung, die oft genug als unterschiedliche Auffassungen zur Sache interpretiert werden; dabei redet man nur aneinander vorbei).

Welche Verwirrung bei der Kommunikation zwischen Menschen entstehen kann, wird auch deutlich, wenn wir uns die Unterscheidung zwischen den Begriffen „Datum" und „Information" vor Augen halten. Beide Begriffe werden in der Praxis und in der Literatur häufig synonym verwendet, obwohl sie – wie die semiotische Analyse zeigt – ein sich gegenseitig bedingendes Begriffspaar darstellen, das durch bestimmte Transformationsprozesse miteinander verbunden ist: Daten sind numerische und alphanumerische Angaben für Sachverhalte [66, S. 33], beschreiben also Realitäten [185, S. 15]. Unter Information dagegen kann mit Wittmann „zweckorientiertes Wissen" verstanden werden [201, S. 14]. Dazu bedarf es aber eines Übereinkommens zwischen Sender und Empfänger bezüglich ihrer individuellen Wertsysteme – selbstverständlich bezogen auf den zu übermittelnden Sachverhalt.

Damit nun dieses Einvernehmen auf der pragmatischen Ebene auch tatsächlich erzielt werden kann, sind Vereinbarungen über Absicht und Inhalt („Bedeutung") einer Information – im pragmatischen Sinne – zwischen Sender und Empfänger nötig. Wie bedeutend derartige Vereinbarungen sind, zeigt z. B. die Auseinandersetzung über den Produktbegriff (Abschnitt 3.2.1.1). Wie unterschiedlich, ja geradezu konträr die Umwelt das Denken von Entwickler und Vertriebsingenieur beeinflußt, muß jeder erleben, der an gemeinsamen Diskussionen teilnimmt. Darauf wird im nächsten Abschnitt (4.2.1.1.3) noch näher einzugehen sein.

Entscheidend ist, daß den Kommunikationspartnern bewußt wird, daß jede Information die Veränderung von Systemen bewirkt, d. h. ein Systemzustand A wird durch den Empfang einer Information in einen Systemzustand B (der von A verschieden ist) übergeführt. Oder mit anderen Worten: Jede Information bewirkt eine Verhaltensänderung eines oder mehrerer Systemelemente und damit des ganzen Systems.

Soll dies zielbewußt geschehen, dann ist – wie oben dargestellt – eine abgestimmte Vorgehensweise (Verhaltensweise) nötig, wobei die Störungen auf allen semiotischen Ebenen minimiert werden müssen. Gelingt dies nicht, dann tritt der Konfliktfall ein und es stellt sich die Frage, wer die Verantwortung dafür hat, daß eine Information „richtig" abgegeben wird und „richtig" ankommt. Hier muß an die Verantwortung von Sender *und* Empfänger erinnert werden. Information ist nicht nur eine Holschuld für denjenigen, der ein Informationsbedürfnis hat, sondern auch eine Bringschuld für den Besitzer einer Information. Nur dieser ist oftmals in der Lage, die Bedeutung einer Information und die Notwendigkeit der Weitergabe an einen oder mehrere Empfänger zu erkennen. Seine Verpflichtung zur Weitergabe von Wissen ergibt sich aus seiner Aufgabenstellung. Darüber hinaus muß durch die praktische Handhabung der Kommunikation ein Gespür dafür entwickelt werden, welche Informationen in Ausnahmesituationen wo benötigt werden, damit neuen Problemstellungen rechtzeitig begegnet werden kann. Die Information wird somit selbst Gegenstand der Planung (vgl. dazu auch H. Kraus [330, S. 183 ff.]). Dieser Aspekt – nämlich die Planung von Daten und Informationen – wird in einem späteren Abschnitt (4.2.2.4) noch näher behandelt.

4.2.1.1.3 Aufgabenorientierte Konflikte zwischen den beteiligten Grundfunktionen

Am Produktgeschehen sind insgesamt fünf Grundfunktionen beteiligt: extern der Markt (z. B. Kunden, Wettbewerb) und unternehmungsintern die Forschung und Entwicklung, die Fertigung, der Vertrieb und die kaufmännische Verwaltung. Die solchermaßen festgelegte Verantwortung wird unter einer Unternehmungs- bzw. Bereichsleitung zu einer geschäftsführenden Einheit zusammengefaßt. Insofern muß die Leitung als weitere, selbständige Funktion verstanden werden. Jedem dieser Funktionsbereiche ist eine definierte Aufgabe zugeordnet und er hat diese in Abstimmung mit seinen Partnern zu erfüllen. Die Aufgabe ist zweifach: sie besteht in der Erledigung der dieser Funktion zugeordneten Aufgaben und in der Anpassung an die Umwelt. Eine ständige Kommunikation über die gemeinsam interessierenden Sachverhalte wird zum belebenden Instrument der Gestaltungs- und Anpassungsprozesse. Damit die arbeitsteilige Gliederung der Unternehmung in funktionsorientierte Subsysteme nicht zu Störungen des Gesamtsystems führt, bedarf es der Besinnung auf das gemeinsame Objekt: das Produkt als das tragende Element des Geschäftes.

Richtschnur für die vielfältigen Aktivitäten ist die Steuerung und Koordinierung des Produktgeschehens. In dieser Doppelfunktion – Optimierung des Funktionsbereiches einerseits und Optimierung des Produkterfolges andererseits – ist potentiell eine Konfliktsituation begründet. Einige Beispiele mögen dies erläutern:

Der Markt stellt das unerschöpfliche Reservoir dar, aus dem Bedürfnisse entstehen und dem Anregungen angeboten werden müssen. Der Markt fordert Produkte (Güter und Dienste) zur Befriedigung seiner Bedürfnisse. Dabei entwickelt er besondere Vorstellungen hinsichtlich Preis (möglichst billig, aber ohne die Individualität des Besonderen zu verlieren), Menge (das Produkt muß jederzeit verfügbar sein), Qualität (das Produkt muß dauerhaft und den individuellen Wünschen des Abnehmers angepaßt sein) u. a. m.

In der Forschung und Entwicklung müssen neue Herausforderungen, die von innen und außen an sie herangetragen werden, aufgegriffen und praktikablen Lösungen zugeführt werden. Die Menschen in ihr erwarten z. B. eine klare, sich nicht dauernd ändernde Aufgabenstellung, möglichst lange Entwicklungszeiten, damit neue Probleme nach allen Richtungen abgetastet werden können sowie grundsätzlich die freie Entfaltungsmöglichkeit auf einer „Spielwiese".

Die Fertigung muß sich in zunehmendem Maße mit technologischen Veränderungen auseinandersetzen. Die betroffenen Menschen verlangen z. B. neben einer Ausstattung nach dem neuesten Stand der Technik klare und möglichst unkomplizierte Fertigungsunterlagen, sie wünschen sich wenige Änderungen des technischen Konzeptes, möglichst lange Beorderungszeiten im voraus, grobe Toleranzen, wenige Standardausführungen anstatt vieler Varianten, die zu geringen Losgrößen führen, sowie grundsätzlich ein einheitliches Produktspektrum, das nach den Kriterien der Standardisierung und Rationalisierung zu einer Vereinfachung und Entflechtung des Fertigungsprozesses führt.

Der Vertrieb muß sich, abgestützt auf eine aggressive Vertriebspolitik, mit dem Gedankengut des Marketing beschäftigen und Marktstrategien entwikkeln. Außerdem ist er z. B. an variablen Ordermöglichkeiten hinsichtlich Menge, Zeit und Qualität der Produkte, vielen Varianten zur Befriedigung unterschiedlicher Kundenwünsche, hohem technischen Standard gegenüber der Konkurrenz, niedrigen FuE- und Fertigungskosten und damit niedrigen Preisen, kürzesten Innovationszeiten u. a. m. interessiert.

Der kaufmännische Bereich muß sich neben der betriebswirtschaftlichen und organisatorischen Betreuung der Funktionsbereiche vornehmlich der Aufwands- und Ertragsentwicklung annehmen. Finanzielles Gleichgewicht und eine angemessene Rendite zur nachhaltigen Sicherung der Ertragskraft müssen geplant, disponiert und kontrolliert werden.

Sicher dürfen alle diese Beispiele nicht aus dem Zusammenhang gerissen werden, auch gelten sie nicht generell und ohne jede Einschränkung. Dennoch sind sie symptomatisch für die Probleme innerhalb und zwischen den Funktionsbereichen. Denn schon diese wenigen Aussagen zeigen, daß innerhalb jeder dieser Grundfunktionen Konflikte entstehen, daß aber erst recht die Interessen zwischen den Grundfunktionen zwangsläufig kollidieren. Dies gilt nicht nur für jeden Zeitpunkt im Produktgeschehen, sondern auch für alle hierarchischen Ebenen der Unternehmung. Alle internen Funktionen stehen in Wechselwirkung untereinander und jede dieser Funktionen steht auch in direkter oder indirekter Wechselwirkung mit dem Markt. Es kommt nun darauf an, diese zunächst divergierenden Interessen in einem strategisch orientierten Konzept zusammenzufassen und daraus aufeinander abgestimmte Einzeloperationen abzuleiten.

Da sich während des Produktlebens immer wieder neue Erkenntnisse ergeben, findet der angedeutete Prozeß des laufenden Gespräches über Detailfragen von der Produktidee über den Einsatz beim Kunden bis hin zur Aussterbekontrolle ständig statt. Gegenstand der Koordinierung sind insbesondere die übergreifenden Daten und Informationen, wie z. B. Kundenproblem, technisches Konzept, Menge, Qualität, Kosten, Kapazität, Termine und Betreuung. Die Summe all dieser Informationen ergibt in ihrem unterschiedlichen Verdichtungsgrad die Produktpläne für alle Stufen der Hierarchie. Diese Pläne müssen fortgeschrieben werden und gestatten somit die laufende Verfolgung und Kontrolle des Produktgeschehens jedem Betroffenen gleichermaßen.

Als Fazit kann festgestellt werden: Der klassische Produktweg von der ersten Idee über Forschung und Entwicklung, Fertigung und Vertrieb bis hin zum Markt läuft in dieser sequentiellen Form nicht ab. Wir haben es vielmehr mit einem sehr komplizierten Geschehen zu tun, das ein gleichzeitiges, koordiniertes und auf ein gemeinsames Ziel ausgerichtetes Handeln aller Beteiligten verlangt. Dieses Zusammenwirken darf nicht dem Zufall überlassen bleiben. Es verlangt die Bildung eingespielter Arbeitsgruppen, wenn so komplexe Gebilde wie z. B. eine Geschäftsfeldmatrix erstellt, begutachtet und für strategische Entscheidungen herangezogen werden soll. Damit das realisiert werden kann, müssen Potential- und Aktionssystem bestimmten Anforderungen genügen. Die produkt- und aufgabenorientierte Zusammenarbeit muß nicht nur gefordert, sondern durch eine entsprechende Institutionalisierung von Verantwortung und Durchführung erzwungen werden.

4.2.1.2 Strategien der Konfliktlösung und Konfliktfelder in der Unternehmung

Um Ansatzpunkte für die Verbesserung von Konfliktlösungsmöglichkeiten zu gewinnen, werden nachfolgend grundlegende mögliche Verhaltensweisen in Konflikten angesprochen und die wesentlichen Konfliktfelder des Aktions- und Potentialsystems abgegrenzt.

Als denkbare Reaktion auf Konflikte in Organisationen geben March und Simon [127, S. 129 f.] vier mögliche Verhaltensweisen an: (1) Problemlösung (problemsolving), (2) Überzeugung (persuasion), (3) Aushandeln (bargaining) und (4) Politik (politics), u. z. in Abhängigkeit von der jeweiligen Grundkonstellation. Die einzelnen Strategien haben folgenden Inhalt:

(1) Die Problemlösung setzt Einigkeit über die Zielsetzung voraus und ist darauf gerichtet, eine Lösung zu erarbeiten, die diesen Ansprüchen genügt.

(2) Die Überzeugung geht von unterschiedlichen Zielen in der Organisation aus, die aber nicht als unabänderlich hingenommen werden müssen. Divergierende Unterziele werden auf Konsistenz mit einem gemeinsamen Oberziel überprüft.

(3) Das Aushandeln wird eingesetzt, wenn unterschiedliche Ziele als unabänderlich angesehen werden und Zustimmung ohne Überzeugung angestrebt wird. Der Interessenkonflikt wird in der Regel mit Mitteln des Taktierens (gamemanship) bekämpft.

(4) Die Politik basiert auf derselben Ausgangssituation wie das Aushandeln, jedoch handelt es sich hier um Interessenkonflikte zwischen Gruppen, die sich zur Lösung des Konfliktes wechselseitig verbünden können.

In der Praxis muß die Existenz aller vier Verhaltensweisen gleichzeitig unterstellt werden. Durch Analyse der jeweiligen Konfliktsituation kann man Hinweise gewinnen, welche Strategien für die Erzielung eines Kompromisses sinnvoll sind und welche schädlichen Auswirkungen für die Unternehmung und den Menschen vermieden werden können. Die vorhandene Organisationsform muß so ausgelegt sein, daß der jeweiligen Konfliktsituation bestmöglich begegnet werden kann.

Einen Anhaltspunkt für den grundsätzlichen einzuschlagenden Weg bietet möglicherweise die Zuordnung von Konfliktsituationen zu Konfliktfeldern. Um die Konfliktsituationen grob zu strukturieren ist es zweckmäßig, das Potential- und Aktionssystem in drei Konfliktfelder zu unterteilen: (1) das vertikal orientierte hierarchische Konfliktfeld, (2) das horizontal orientierte funktionale Konfliktfeld und (3) das überbereichliche interdivisionale Konfliktfeld.

(1) Das hierarchische Konfliktfeld wird durch das auf der Befehlsgewalt beruhende Verhältnis zwischen Leitungs- und nachgeordneten Linienstellen bestimmt. Führung und Durchführung sind, wie am Beispiel der Zielvereinbarung demonstriert, in einem mehrstufigen Regelkreis miteinander verbunden. In den hierarchischen Konfliktfeldern dominiert die Auseinandersetzung zwischen über- und untergeordneten Verantwortungsbereichen. Der vertikal orientierte Konflikt wird geprägt von der Weisungsbefugnis der Leitungsstellen gegenüber den Linienstellen und dem daraus abzuleitenden Rollenverständnis der Menschen in diesem Hierarchie-System. Bemerkenswert ist in diesem Zusammenhang die Doppelrolle aller Stelleninhaber auf der mittleren Führungsebene: sie sind Geführte und Führer zugleich. (Vgl. Abschnitt 2.2.1). Der geradezu klassische Konflikt zeigt sich in der Doppelrolle der Ressortchefs, die zugleich Mitglieder der Leitung sind [vgl. auch 72, S. 68 f.]. Alle diese Mitglieder des Führungskreises im weitesten Sinne sind Zwangssituationen ausgesetzt, die zu einer permanenten Auseinandersetzung mit Konflikten führen. Dieses Problem zeigt sich ganz besonders in einer Unternehmung, die wegen ihrer Größe und technischen Vielfalt eine ausgeprägte mehrstufige Divisionalisierung (in Unternehmens- und Geschäftsbereiche sowie Geschäftsgebiete und -zweige) vornehmen mußte.

(2) Horizontale Konfliktfelder entstehen aus der nach dem Verrichtungsprinzip vorgenommenen Arbeitsteilung zwischen den Funktionsbereichen.

Hier dominiert die Auseinandersetzung zwischen grundverschiedenen Aufgaben in Forschung und Entwicklung, Fertigung, Vertrieb und Verwaltung im Hinblick auf eine gemeinsame, zielorientierte Aufgabenerfüllung unter Berücksichtigung unterschiedlicher und wechselnder Prioritäten. Dies gilt – horizontal gesehen – für alle korrespondierenden Stufen der Hierarchie in den einzelnen Funktionsbereichen. Aus der Überlagerung von Produkt- und Regionalverantwortung können ebenfalls Konflikte entstehen, „. . . denn das gleiche Problem wird jeweils unter verschiedenen Blickwinkeln gesehen. Das hat jedoch den Vorteil, daß man die Probleme nie einseitig sieht; es können und müssen Lösungen gefunden werden, die beiden Anforderungen entsprechen [282, S. 232]."

(3) Überbereichliche Konfliktfelder (zwischen den Unternehmens- und Geschäftsbereichen) entstehen durch die Verbundwirtschaft innerhalb einer Unternehmung und durch den Zwang zu einer weltweiten Produktkoordinierung. Die Verbundwirtschaft besteht aus einem Netz gegenseitiger Zulieferungen, die grundsätzlich nach denselben Bedingungen abgewickelt werden, wie sie im Verkehr mit dem externen Absatzmarkt gelten. Selbstverständlich ist es wünschenswert, daß – unter den geschilderten Bedingungen – der Bedarf der Unternehmensbereiche primär auf dem internen Markt gedeckt wird. Die daraus entstehenden Konflikte müssen durch ständige Kontakte zwischen den Lieferanten und den Beziehern bereinigt werden. Der Lieferverkehr im Verbund wird durch entsprechende Vereinbarungen geregelt [381].

Neben der Verbundwirtschaft muß die zunehmende Verflechtung der Produkte zu Systemen für verschiedene Anwendungszwecke erwähnt werden. Fernsprechtechnik und Datenverkehr, Nachrichtenkabel und Übertragungstechnik sowie das Eindringen der Hochintegration in zahlreiche Produktgebiete sind Beispiele für eine starke technische und wirtschaftliche Verflechtung von Problemlösungen für den Markt über die bestehenden Unternehmens- und Geschäftsbereiche hinweg. Die interdivisionale Kooperation wird zum Dreh- und Angelpunkt einer weltweiten Produkt- und Systemkoordinierung.

4.2.2 Produktkommissionen und Produktarbeitsgruppen als Träger der Produktplanung, -steuerung und -kontrolle

Die geschilderten Probleme von Kommunikation und Information einerseits und die von verschiedenen Menschen gemeinsam zu erfüllenden Planungsaufgaben andererseits erfordern bestimmte organisatorische Maßnahmen, damit die auftretenden Konflikte erkannt und weitgehend behoben werden können.

Was getan werden kann, um die Voraussetzungen für eine methodisch fundierte und systematisch betriebene Produktplanung zu schaffen und was getan werden muß, um die Grenzen jeglicher formalen Planung nicht zum Nachteil für die Unternehmung geraten zu lassen, soll nachfolgend dargestellt werden: die grundsätzlichen Möglichkeiten der Konfliktlösung durch das Produktmangement und die speziellen Ansatzpunkte bei der Gestaltung einer produktorientierten Querorganisation. Dabei ist darauf zu achten, daß die unterschiedlichen Verhaltensweisen, die beim Lösen von Konflikten im hierarchischen, funktionalen und überbereichlichen Konfliktfeld möglich und nötig sind, frei entfaltet werden können.

4.2.2.1 Konfliktausgleich durch das Produktmanagement

4.2.2.1.1 Generelle Ziele und Aufgaben des Produktmanagements

Produktmanagement bedeutet ganz allgemein produktbezogene Unernehmungsführung. Oder genauer: Produktmanagement ist die Organisation, Planung, Steuerung, Durchführung und Kontrolle durch den oder die Produktverantwortlichen. Ziel ist die Optimierung des Produkterfolges zur nachhaltigen Sicherung der technischen, wirtschaftlichen und sozialen Leistungsfähigkeit der Unternehmung. Das Produktmanagement basiert auf einem System von Instrumenten, Methoden und organisatorischen Maßnahmen, die allesamt auf eine schlagkräftige, marktorientierte Unternehmensführung gerichtet sind. Der Zwang zur Koordinierung der Teilaktivitäten ist unbestritten. Dazu bedarf es der engen Zusammenarbeit aller planenden Instanzen. Dies gilt z. B. ganz besonders für die Konzeptplanung im Rahmen der Technischen Produktplanung. Peisl führt dazu aus: „Die technische Produktplanung ist eine *gemeinsame* Aufgabe der Entwicklungsstellen (Labors, Konstruktionsbüros, technische Abteilungen) und des Vertriebes [354, S. 1].“ Dies gilt, wie bereits geschildert, auch in zunehmendem Maße für die Fertigung. Peisl fährt fort: „In der Praxis der technischen Produktplanung tritt häufig die Frage auf, ob das Entwicklungskonzept, die Spezifikation, tatsächlich in *jedem* Zeitpunkt dem gemeinsamen Wollen aller beteiligten Entwicklungs- und Vertriebsstellen entspricht. Wenn diese Frage mit „Nein“ beantwortet werden muß, d. h. wenn die technische Produktplanung nicht so organisiert ist, daß ein gemeinsamer Beschluß unverzüglich erzwungen wird, ist eine Reform des praktischen Planungsablaufes unumgänglich. Es ist angesichts der Verschärfung der Wettbewerbssituation auf vielen Gebieten und angesichts der Höhe der Entwicklungskosten nicht vertretbar, daß Produkte ohne erschöpfende Berücksichtigung der wohlüberlegten Vertriebswünsche entwickelt werden oder daß der Vertrieb, um dem Risiko der frühzeitigen Festlegung auf ein Konzept zu entgehen, den eigengesetzlichen Ablauf der Entwicklung abwartet und dann am Ende vielleicht feststellt, daß das Produkt eigentlich ganz andere Eigenschaften haben müßte, wenn die geplanten Verkaufsstückzahlen erreicht werden sollen [354, S. 2]." Peisl stellt damit ganz unmißverständlich fest, daß Produktplanung und damit letztlich Produktarbeit eine gemeinsame Aufgabe aller beteiligten Stellen ist. Es müssen also entsprechende organisatorische Maßnahmen ergriffen werden, wenn das informelle Kommunikations- und Informationssystem nicht mehr in der Lage ist, einen unorganisierten Konfliktausgleich herbeizuführen. Der organisierte Konfliktausgleich wird zum Gegenstand planerischer Überlegungen (vgl. zu diesen Überlegungen auch Dullien [255]).

Die insgesamt anzustrebende Zielsetzung kann durch folgende Teilaspekte umrissen werden:

- Schaffung einer funktionalen Führung bei gleichzeitiger produkt- und/oder marktorientierter Optimierung des Geschäftes;
- Institutionalisierung eines Konfliktmanagements;
- Schaffung jener Atmosphäre und Umweltbedingungen, unter denen Innovationen nicht nur angeregt, sondern auch in fruchtbarer Zusammenarbeit im Team systematisch erarbeitet werden können und
- Organisation von Planerstellung und Planabstimmung mit den Zielvereinbarungen unter weitgehender Beteiligung der betroffenen Mitarbeiter auf der Basis eines kooperativen Führungsstils.

Sollen die dargestellten Konflikte und die hier entworfene Zielsetzung einer praktikablen Lösung zugeführt werden, dann müssen – unter Bezugnahme auf die einzelnen Planungsfunktionen – die dafür notwendigen Voraussetzungen geschaffen werden:

- es muß die gemeinsame Zielsetzung und Aufgabenstellung formuliert werden;
- die betroffenen Mitarbeiter sind an „einen Tisch" zu bringen;
- es muß ein gemeinsame Sprache geschaffen werden (abgestimmte Begriffsinhalte und auch vergleichbare Unterlagen);

- es ist ein möglichst gleichmäßiges Niveau der gegenseitigen Informaton in bezug auf gemeinsame Berührungspunkte herzustellen;
- die Verknüpfung benachbarter Bereiche muß transparent gemacht werden;
- es muß für die Kontrolle der Durchführung gesorgt werden und
- es ist das Bewußtsein einer gemeinsamen Verantwortung aller am Produktgeschehen Beteiligten zu schaffen.

In der Vergangenheit wurde generell die Strategie verfolgt, Konflike entweder zu unterdrücken oder deren Entstehen zu verhindern. Allerdings hat sich diese mehr passive Einstellung gewandelt und es beginnt sich die Erkenntnis durchzusetzen, daß Konflikte auch aus berechtigten Interessen heraus entstehen und im Interesse der Gesamtunternehmung nicht unterdrückt werden dürfen. Es muß durch entsprechende Maßnahmen dafür gesorgt werden, daß die Konflikte offen dargelegt werden und daß jene Atmosphäre geschaffen wird, in der ohne Hektik ein möglichst sachlicher Interessenausgleich herbeigeführt werden kann.

4.2.2.1.2 Alternative Organisationsformen des Produktmanagements

Das Führungskonzept des Produktmanagements bietet verschiedene Ansatzpunkte, um die geforderten Voraussetzungen für eine institutionalisierte Zusammenarbeit zwischen den Funktionsbereichen zu erzielen. Grundsätzlich muß festgestellt werden, daß es ebensoviele Varianten der produktorientierten Führung gibt wie spezielle Anwendungsfälle. Alle diese unterschiedlichen Varianten lassen sich in folgende vier Grundformen zusammenfassen:

1. Das Produkt-Marketing-Management (Abb. 37-1);
2. das Produkt-Management als Stabsfunktion (Abb. 37-2) und
3. das Produkt-Management als selbständige Linienfunktion (Abb. 37-3).

Ad 1. Der klassische „Produkt Manager" entstammt der Konsumgüterindustrie und ist eigentlich ein „Produkt Marketing Manager", da seine Kompetenzen in der Regel nicht auch den technischen Bereich wie Entwicklung, Konstruktion und Fertigung einbeziehen. So ist die Bezeichnung „Produktmanager" oft irreführend, da sein Management primär auf den Marketingbereich beschränkt bleibt. Im angloamerikanischen Sprachgebrauch wird dieser Produktmanager auch oft als „Brand Manager" (etwa „Markenmanager") bezeichnet. Steiner trifft hier ebenfalls eine klare Abgrenzung und führt aus: „Gewöhnlich wird ihnen" (den Brand Managern, Anm. des Verfassers) „volle Autorität über die Funktionen gewährt, die sie zur Überwachung des

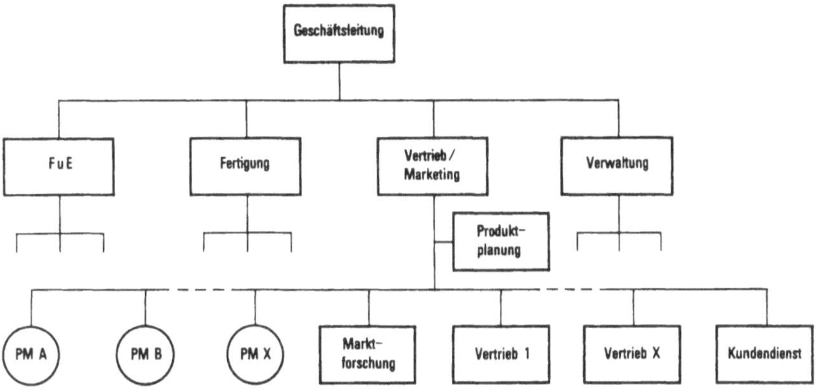

Abb. 37-1 Der Produkt-Marketing-Manager

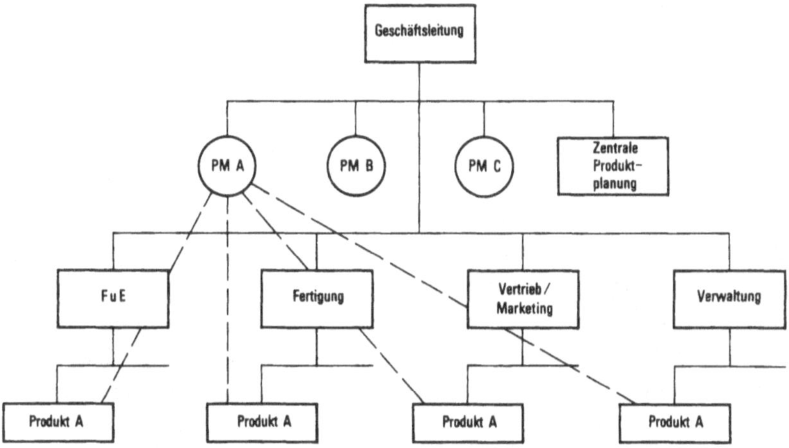

Abb. 37-2 Der Produktmanager (PM) als Stabs- oder Zentralabteilungsfunktion

Abb. 37-3 Der Produktmanager als Linienfunktion

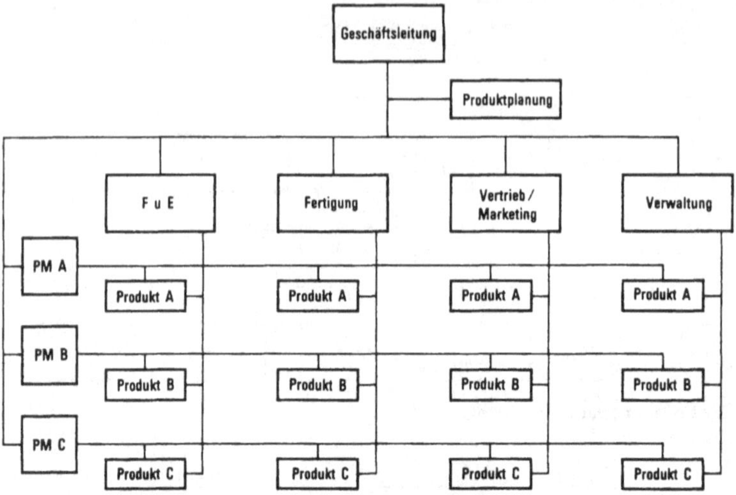

Abb. 37-4 Das Produkt-Matrix-Management als besondere Ausprägung der Linienfunktion

Lebenszyklus ‚ihres' Markenproduktes benötigen. Aber wenn sie zur Einleitung von Maßnahmen nur in einem Bereich – zum Beispiel Marketing – berechtigt sind und sich sonst mit anderen über die Durchführung ihrer Aufgaben auseinandersetzen müssen, haben sie nicht die Entscheidungsbefugnisse eines Managers und sollten nicht als Manager, sondern, wie Fulmer vorschlägt ... vielleicht als Produktspezialist bezeichnet werden [166, S. 736]." (Steiner bezieht sich dabei auf Fulmer [267, S. 72]). Das führt schließlich zu einer Organisationsform, bei der die Produktmanager dem Funktionsbereich Marketing/Vertrieb unterstellt sind (Abb. 37-1) [166, S. 685, 732 ff.]. Zu den verschiedenen Varianten vgl. auch Wild [195, S. 194 ff.]. Diese Produktmanager haben primär die Aufgabe, alle marktorientierten Aktivitäten eigenverantwortlich durchzuführen und koordinierend und steuernd mit den Aufgaben der übrigen Funktionen zu verbinden. Der eigentliche Vertrieb operiert lediglich als Distributor und folgt den Weisungen des Produktmanagers. Konflikte im Marketing-/Vertriebsbereich können schnell und kompromißlos gelöst werden, da alle übrigen Stellen wie z. B. Marktforschung, Vertrieb und Kundendienst in einer Funktion zusammengefaßt sind. Im Verhältnis zu den übrigen Funktionen ist der Produktmanager auf deren good will angewiesen und muß die ihn betreffenden Belange im Wege der Verhandlung durchsetzen.

Die Organisation und die formale Zusammenfassung der Produktplanung kann in diesem Fall von einer zentralen Stelle im Marketing/Vertrieb wahrgenommen werden.

Die Betonung liegt hier eindeutig auf der Marketingfunktion und es ist sicher richtig, speziell in der Konsumgüterindustrie im Produktmanager mehr den „Pusher" am Markt zu sehen, der die Vertriebsorganisation, das Marketing-Mix und das übrige Instrumentarium virtuos beherrscht. Verkaufsförderung (Sales Promotion) und eine aggressive Marktstrategie stehen im Mittelpunkt seiner Bestrebungen. Die Institution des Produktmanagers geht eigentlich auf die Firma Procter & Gamble zurück, die dieses System „... seit 1930 in der heute noch gültigen Form ausbaute und anwandte als sachbezogene Verantwortungsdelegation von der Produktidee bis hin zur Gewinnrechnung [211, S. 1204]."

Der Grundgedanke einer konzentrierten Produktunterstützung ist allerdings bereits etwa um das Jahr 1895 in den amerikanischen Elektrokonzern General Electric zu finden. Dort wurden Sachbearbeiter eingesetzt, „... um die Vielzahl seiner Artikel hinsichtlich einer optimalen Verkaufsunterstützung überschaubar zu machen [211, S. 1204]." Die weiteste Verbreitung fand das Produkt-Marketing-Management in der Folgezeit auf dem Sektor der kurz- und langfristigen Konsumgüter, also speziell in der Nahrungsmittel-, in der kosmetischen und in der chemisch-pharmazeutischen Industrie. (Zur historischen Entwicklung vgl. auch Wild [195, S. 41 f.]).

In Abweichung zu Abb. 37-1 sind – entsprechend dem individuellen Einsatzfall – verschiedene Varianten dieser Organisationsform denkbar. So können z. B. die einzelnen Produktmanager unter einer gemeinsamen Stelle „Produktmanagement" (= Produktdirektor) zusammengefaßt werden, wodurch ein mehrstufiges Produktmanagement entsteht. Oder die Produktmanager werden als Stäbe im Marketingbereich installiert, wodurch ihnen die Linienkompetenz entzogen wird und auch innerhalb der Marketingabteilung die bloße Koordinierung und Steuerung stärker betont wird. Diese Lösung bewirkt zwar eine Minimierung der Konfliktmöglichkeiten, bedeutet aber grundsätzlich einen Verzicht auf die volle Durchschlagskraft der Produktmanager. Schließlich sei noch auf die Möglichkeit hingewiesen, den Marketing-/Vertriebsbereich primär nach Produkten zu gliedern und dann erst nach den übrigen Funktionen. Das läuft bereits auf eine beginnende Divisonalisierung nach Produkten hinaus, die – historisch gesehen – ohnehin aus dem Vertrieb heraus entstanden ist. Diese Organisationsform war auch häufig der Ansatzpunkt für die Verbreitung des Produktmanagement-Konzeptes in der Investitionsgüterindustrie und auf dem Dienstleistungssektor. Daß hier die Entwicklung weniger stürmisch verlief als auf dem Konsumgütersektor liegt sicher an der komplexen Aufgabenstellung und an der Notwendigkeit, das Produktmanagement als übergreifende Aufgabe aller Funktionen zu verstehen – selbstverständlich auch hier orientiert an den Erfordernissen des Marktes.

Ad 2. Eine gleichmäßige Bedeutung aller Funktionen ist bei der Stabslösung gegeben (Abb. 37-2) [194, S. 206]. Die Produktmanager sind der Geschäftsleitung direkt unterstellt, woraus sich die unmittelbare Koordinierung aller produktbezogenen Aufgaben ergibt. Hier gilt die Kritik, wie sie oben bei den Stabsstellen im Marketingbereich bereits vorgebracht wurde. Außerdem weist Wild zu Recht darauf hin, daß in diesem Modell die gesamte Führungsarbeit der Geschäftsleitung verbleibt, die dadurch natürlich unzulässig überlastet wird.

Ad 3. Um diesem Dilemma zu entgehen, bietet sich die dritte Grundform an, nämlich das Produktmanagement als selbständige und gleichberechtigte Linienfunktion zu organisieren (Abb. 37-3) [195, S. 207; 166, S. 734 Abb. E]. Dabei hängt es von der Zahl der Produkte ab, ob jeder Produktmanager als eigene Linienstelle oder unter einem „Produkt Direktor" eingeordnet werden soll. Entscheidend ist die Kompetenz, mit der der Produktmanager jetzt ausgestattet ist. Der Konflikt mit den Funktionen bleibt allerdings erhalten, wenn man auch erwarten darf, daß die Produktoptimierung durch die Offenlegung der Differenzen und durch die Einigungspflicht aller Linienmanager (kommt keine Einigung zustande, muß die Geschäftsleitung eingreifen) konsequenter verfolgt werden kann als bisher. Die Produktplanung wird in diesem Fall zweckmäßigerweise von einem zentralen Stab unterstützt.

Wenn Funktions- und Produktorientierung gleichberechtigt nebeneinander existieren, dann ist zwangsläufig das Problem der sachbezogenen Mehrfachunterstellung gegeben – wenn man nicht auf den Produktmanager verzichten will. Das wird in der Matrix-Organisation deutlich, in der das Prinzip der Einheitlichkeit der Auftragserteilung bewußt durchbrochen wird, indem Funktions- und Objektverantwortung zweidimensional miteinander gekoppelt werden (Abbildung 37-4) [195, S. 22, 210; 75, S. 224 f.; 65, S. 205 ff.]. Im Grunde genommen handelt es sich nur um eine andere Darstellung von Abb. 37-3. (Die Untergliederung der Funktion „Verwaltung" erfolgt in der Regel nicht primär nach Objekten sondern nach kaufmännischen Verwaltungsfunktionen. Hier soll die Wahrnehmung produktorientierter Aufgaben verdeutlicht werden, wie sie sich z. B. in den produktorientierten kaufmännischen Vertriebsabteilungen und generell im Rechnungswesen widerspiegelt). Allerdings wird hier die bewußt herbeigeführte aufgabenorientierte Mehrfachunterstellung optisch deutlicher: Der Produktmanager hat die Aufgabe und das Bestreben, alle Aktivitäten bezüglich eines („seines") Produktes zu forcieren, damit dieses unter Berücksichtigung aller technischen und wirtschaftlichen Aspekte rasch auf den Markt kommt. Die Funktionsmanager sind in erster Linie an der Optimierung ihrer Gesamtaufgabe interessiert, was sich häufig auch gegen einzelne Produktinteressen richten kann. Letztlich werden jedoch die Funktionsbereiche von den Produktmanagern ausgesteuert, die Prioritäten müssen ausgehandelt oder von der Geschäftsleitung entschieden werden. Das Grundprinzip der Kongruenz von Verantwortung und Kompetenz wird durchbrochen. Die Situation erscheint erst recht verworren, wenn man sich an die eigentliche Aufgabe des Produktmanagers erinnert: er soll als sogenannter „Querschnittsregler" die „. . . Managementaktivitäten in erster Linie auf die produktmäßige Steuerung der Managementprozeßphasen anderer Linienzüge des Führungssystems . . . [195, S. 37]" ausrichten.

In bezug auf die Anweisungen des Produktmanagers an die Mitarbeiter in den Funktionsbereichen ist hier von „Fremdsteuerung" zu sprechen, die grundsätzlich problematisch ist. Kein Mitarbeiter kann auf die Dauer mehr als einem Vorgesetzten zuarbeiten, ohne daß zu den sachlichen Differenzen auch noch persönliche Konflikte hinzukommen, die in einer unzumutbaren physischen und psychischen Belastung des betroffenen Mitarbeiters gipfeln. Wenn diese Führungsform heute dennoch gelegentlich mit Erfolg praktiziert wird, so darf daraus nicht der Schluß der Allgemeingültigkeit dieses Prinzips gezogen werden. Dies ist vielmehr ein Indiz dafür, daß sich bei gut funktionierender mehrdimensionaler Zusammenarbeit eine Institutionalisierung des Produktmanagements erübrigt. Der sachbezogene Konfliktausgleich zur Optimierung des Produkterfolges findet zwischen den Funktionen statt, was ja im Prinzip gerade durch das System der Matrix-Organisation erreicht werden soll. Nur dort, wo dies nicht sichergestellt ist, muß der organisierte Konfliktausgleich zwischen Funktions- und Produktinteressen konsequent herbeigeführt werden. Der Produktmanager ist also nicht Ursache dieses Konfliktes, wie man angesichts seiner schwierigen Rolle vermuten könnte, sondern er ist Indikator für die potentiell vorhandenen Konflikte und Katalysator für einen möglichst viele Differenzen bereinigenden Konfliktausgleich. Im übrigen erscheint es problematisch, immer dann schon nach „dem" Produktmanager (oder Projektmanager) zu rufen, wenn es gilt, prozeßorientierte Arbeitszusammenhänge in den Vordergrund zu stellen und deren bestmögliche Erledigung durch besondere organisatorische Maßnahmen zu unterstützen. Eine im vollen Bewußtsein ihrer Verantwortung operierende Linienfunktion hat auch die Aufgabe (und die Mittel), die prozeßorientierte Optimierung von Teilaufgaben herbeizuführen.

Um die Situation zu verdeutlichen, seien nachfolgend die wesentlichen Nachteile aus der Kompetenzüberschneidung bei Mehrfachunterstellung angeführt:

„- Unklarheiten in der Kompetenz- und Verantwortungsbegrenzung bezüglich einzelner Rechte
- schwierige Kanalisierung der Konfliktlösungsprozesse
- zeitliche Inanspruchnahme knapper Führungskapazitäten des Top Managements für die Ausregelung solcher Konflikte
- Aushöhlung der Verantwortung
- Informationsfilterung
- Schwierigkeit der Prioritätenregelung
- Gefahr des gegenseitigen Ausspielens der PM (= Produktmanager – Anm. des Verfassers) durch die Abteilungen
- Schwerfälligkeit der Entscheidungsprozesse
- Rivalitäten persönlicher Art, die durch sachliche Konflikte erzeugt werden [195, S. 95].“

Diese Aussagen werden noch durch die Ergebnisse einer Untersuchung von Poth unterstützt, wonach der Produktmanager in der Regel kein direktes Weisungsrecht besitzt und sich dieses in den wenigen Ausnahmen auf Abteilungen des Marketingbereiches beschränkt (vgl. dazu Wild [195, S. 95].

Damit stellt sich die Frage, was getan werden kann, um einerseits dem Produktmanagement zu dem gewünschten Erfolg zu verhelfen und um andererseits das System des Produktmanagements nicht selber zur Quelle permanenter Konflikte und ständiger Störungen im Managementprozeß werden zu lassen. Das Problem würde nicht gelöst, wenn man das Weisungsrecht des Funktions- oder das des Produktmanagers bevorrechtigen würde. Im ersten Fall wäre die Position des Produktmanagers auf die schwache Stellung wie bei der Stabslösung reduziert, im zweiten Fall wäre ein Unterlaufen der Linienorganisation zu erwarten. Das hätte wiederum ein Kippen der Organisation zur Folge, d. h. man müßte schließlich den Produktmanager als Linienvorgesetzten für alle Funktionen akzeptieren. Das würde aber eine Aufgabe der Funktionsgliederung bedeuten und wäre der Ansatzpunkt für eine produktorientierte Divisionalisierung. Diese Überlegungen sind demnach nicht relevant, wenn die Verantwortung für Objekt und Funktion nicht geteilt werden kann. Nur wenn die Funktion auch einer eigenständigen Optimierung bedarf und wenn sich das Produkt als komplexes Gebilde zeigt, das – wie z. B. im Anlagenbau – zu Systemen höhrer Ordnung integriert wird, dann ist jenes Maß an Kooperation zwischen allen Funktionen nötig, das besonderer organisatorischer Unterstützung bedarf.

So bietet sich das System des Matrix-Managements als Ansatzpunkt für eine systematische Lösung von Konflikten und Bewältigung von Krisen an; allerdings in besonderer Ausprägung, wie noch zu zeigen sein wird. Dies gilt insbesondere dann, wenn in den systemimmanenten Konflikten ein Stimulans für kreative und innovative Prozesse gesehen wird (vgl. z. B. [195, S. 96 f.]). Kreativität bedarf u. a. der freien Entfaltung der Persönlichkeit in einer wenig geregelten Umwelt. Sie wird durch institutionell etablierte Machtstrukturen grundsätzlich gehemmt. Zusammenarbeit im Team – auch über alle Funktionen hinweg – ist nicht bloß aus psychologisch-soziologischen Erwägungen zur Freilegung innovativer Kräfte zu fordern sondern ist auch nötig, um die vorhandenen Probleme vor ihrem realen Hintergrund und im kybernetischen Wirkungszusammenhang aus der Sicht aller Wissens- und Erfahrungsgebiete erkennen und lösen zu können. Es verbleibt die Frage, ob alle diese Zielsetzungen einschließlich der dazu notwendigen Voraussetzungen in einem einzigen Organisations- und Führungssystem untergebracht werden können.

Wenn man in der mehrfachen Weisungsbefugnis der Produkt- und Funktionsmanager die Hauptursache für Störungen im klassischen Produktmanagement-System sieht, dann liegt die Frage nahe, ob nicht auf den Produktmanager als eigene Stelle verzichtet werden kann und ob nicht dennoch die angestrebten Vorteile sichergestellt werden können. Oder konkreter: Ist ein Produktmanagement-System ohne den Produktmanager denkbar? Und wenn ja, wie kann dieses System praktisch realisiert werden? Diese Frage soll im nächsten Abschnitt näher untersucht werden.

4.2.2.2 Eine Neuorientierung produktorientierter Führung

4.2.2.2.1 Das Konzept der produktorientierten Querorganisation (Produkt-Team-Management)

Akzeptiert man das Produkt als die Grundlage des Geschäftes, dann läßt sich daraus der Schluß ableiten, daß die Funktionsmanager neben der Optimierung ihres Funktionsbereiches auch die Optimierung des Produkterfolges als Ziel haben müssen. Letztlich bestimmt der Produkterfolg das Handeln der Funktionsmanager, da von ihm auch deren Überleben abhängt. Der Funktionsmanager hat also de facto die beste Motivation für die Verfolgung eines gut funktionierenden Produktmanagements, er ist quasi „Produktmanager in eigener Sache". Da er aber nur für einen Verrichtungskomplex verantwortlich ist, muß die Leitung dafür sorgen, daß die Verantwortung, das Wissen und das Engagement aller Funktionsmanager so zusammengefaßt werden, daß neben den Zielen der Funktionsbereiche auch die Produktziele nachhaltig durchgesetzt werden: nämlich in einem „Produkt-Team-Management", in dem alle Funktionsmanager gleichberechtigt vertreten sind und einem gemeinsamen Produktziel verpflichtet werden. Die Ziele der Funktionsbereiche sind ohnehin aus den Zielen des Gesamtgeschäftes und damit aus einzelnen Produktzielen abgeleitet – der konkrete Bezug auf einzelne Produktziele versteht sich somit von selbst. Soll nun dieses „Produkt-Team-Management" begründet werden, dann bestimmt man in jedem Funktionsbereich diejenigen Mitarbeiter, die für einzelne Produkte verantwortlich sind (wenn diese nicht ohne Schwierigkeiten zu bestimmen sind, dann ist dies ein Indiz dafür, daß die Produktführung ohnehin schwach ausgeprägt ist und ein Neuüberdenken zu empfehlen wäre) und führt diese Menschen zu einem Produktteam zusammen.

Dieses Team ist eine Alternative zum „echten" Produktmanager, der die gesamte Verantwortung und auch das uneingeschränkte Weisungsrecht für ein Produkt besitzt, also über alle Funktionen hinweg. (Zu dieser Version vgl. Bernhard [220, S. 343]). Eigentlich müßte man hier von einem „Produkt-General-Manager" sprechen, um eine sprachlich einwandfreie Abgrenzung zum „Produkt-Marketing-Manager" zu erhalten. Dieses System ist jedoch nur in Ausnahmefällen durchführbar (z. B. bei wenigen Produkten oder im Einzelfall bei komplexen Spezialprodukten wie z. B. in der chemischen Industrie). Hier kann auch eine Parallele zum Projekt-Manager gezogen werden, der allerdings nur zeitlich begrenzt tätig wird. Beide Führungsmodelle scheiden jedoch aus, wenn es, wie z. B. in der Daten- oder Nachrichtentechnik um Produktgebiete mit einer großen Tiefengliederung und einer komplizierten Systemtechnik geht. Hier haben die Funktionsbereiche eine eigenständige Bedeutung und können nicht bis auf die einzelnen Produktelemente aufgesplittert werden. Außerdem sind die – produktbezogenen – Aufgaben so komplex, daß die technische, vertriebliche und kaufmännische Vielfalt nicht in einem einzelnen Produktmanager vereinigt werden kann.

Deshalb hat sich die Leitung in dem hier vorgetragenen Beispiel für das Konzept des „Produkt-Team-Managements" entschieden [218, S. 35]. Dort, wo der Einzelne nicht mehr allein die Verantwortung tragen und kompetent sein kann, müssen die Voraussetzungen dafür geschaffen werden, daß das

Wissen und die Arbeitskraft aller am Produktgeschehen beteiligten Mitarbeiter aktiviert und zur Geltung gebracht werden können. Um das Gesagte zu veranschaulichen, wurde das Modell einer Organisationspyramide gewählt (Abb. 38), in der die drei Dimensionen des Organisationssystems miteinander verknüpft sind: die hierarchische Stufung in Unternehmensbereiche, Geschäftsbereiche, Geschäftsgebiete, Geschäftszweige, Produktgruppen und Produkte, die Gliederung in die Grundfunktionen Forschung und Entwicklung, Fertigung, Vertrieb und kaufmännische Verwaltung und die Zusammenfassung der Produktverantwortung und -kompetenz in Produktmanagement-Teams. Zur Vereinfachung sind nicht alle Ebenen der Aufbauorganisation berücksichtigt. Die weiteren Zwischenebenen sind über die Linienorganisation voll integriert. Dieses Modell ist inhaltlich identisch mit dem Organisationssystem der Abbildungen 10 und 32 und wurde aus diesen entwikkelt.

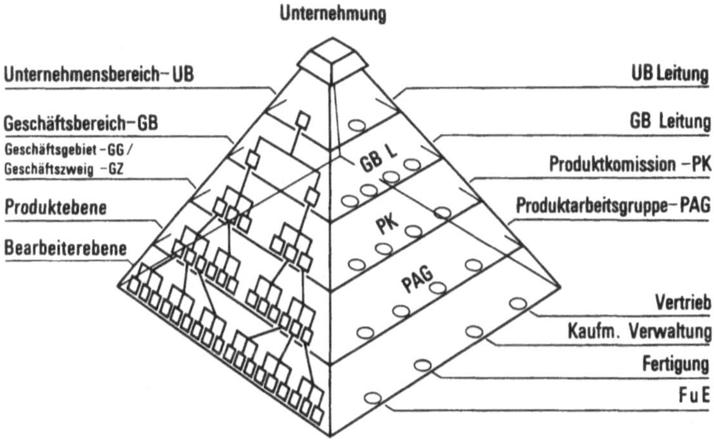

Abb. 38 Modell der produktorientierten Querorganisation

Die unterste Ebene der Pyramide ist als Bearbeiterebene zu verstehen. Seitlich ist ein Organisationsplan skizziert, der auf alle Funktionsbereiche übertragen werden muß. Analysiert man die Produktaktivitäten, dann kann davon ausgegangen werden, daß in jedem Funktionsbereich Mitarbeiter für bestimmte Teilaufgaben des Produktgeschehens zuständig sind. Faßt man nun die Produktverantwortlichen der jeweiligen Linienfunktion in einer Arbeitsgruppe zusammen, dann entsteht die sogenannte „produktorientierte Querorganisation". Selbstverständlich ist davon auszugehen, daß in diesen Teams oder Arbeitsgruppen Mitarbeiter sitzen müssen, die einen größeren

Überblick über Teilaktivitäten eines Produktvorhabens besitzen und die auch über die Entscheidungsbefugnisse für ihren Aufgabenbereich verfügen.

Auf diese Art und Weise wird für jedes Produkt ein Produktteam bzw. eine Produktarbeitsgruppe (PAG) gebildet, in der alle Grundfunktionen vertreten sein müssen und die in diesem Modell oberhalb der Bearbeiterebene angesiedelt ist. Die Mitglieder werden namentlich aufgeführt und einem von ihnen wird die Rolle eines „Sprechers" der Arbeitsgruppe übertragen. Einen ähnlichen Vorschlag unterbreitet Freudenmann [48, S. 219]. Likert [120, S. 214] berichtet von einem ähnlichen Beispiel, wo in einer Unternehmung – mit teilweise gutem Erfolg – zur Koordination der Herstellung und Markteinführung von neuen Produkten horizontale Produktausschüsse gegründet wurden.

Die übergeordnete Führung erfolgt durch die Zusammenfassung von Produkten zu Produktgruppen. Eine Produktgruppe ist ein Teilspektrum des Geschäftsbereiches und wird in die Verantwortung einer sogenannten Produktkommission (PK) gestellt, an deren Spitze ebenfalls ein „Sprecher" steht. In dieser sind ebenfalls alle Funktionen vertreten, also in konsequenter Verfolgung des Prinzips der Zuständigkeit die Linienvorgesetzten der Produktarbeitsgruppen. Dadurch und auch durch die Zusammenfassung von Produktgruppen zu Geschäftszweigen ist die Einheitlichkeit der Geschäftsführung wieder sichergestellt: in der Regel ist die Produktkommission auf der Ebene des Geschäftszweiges angesiedelt und der Geschäftszweigleiter – ohnedies primus inter pares – übernimmt dann auch die Sprecherrolle in der Produktkommission.

Von einem ähnlichen Führungsmodell bei der Fa. F. Hoffmann-La Roche & Co. AG, Basel, berichtet Faesch [263, S. 329 ff.]. Dabei handelt es sich um ein mehrstufiges Modell, bestehend aus einem Koordinationsgremium, aus verschiedenen Kommissionen und aus Entwicklungs- und Einführungsarbeitsgruppen, deren Mitglieder gleichzeitig Mitarbeiter eines Funktionsbereiches sind. Ein anderes Beispiel, das eine gewisse Parallele zu dem hier vorgestellten Modell zeigt, wird vorgestellt in einem Artikel von Goggin [273]. Hier werden Business Boards eingesetzt, in denen die Funktionsmanager unter der fachlichen Leitung eines full-time tätigen Business Managers zusammengefaßt sind. Das Business Board wird unterstützt durch product management groups mit wechselnder Besetzung, denen die volle Ergebnis- und Ressourcenverantwortung für die ihnen anvertrauten Produkte übertragen ist. Ein wesentlicher Unterschied zu dem hier vorgestellten System besteht darin, daß der Business Manager – im Gegensatz zum Geschäftszweigleiter als Produktkommissions-Sprecher, dem mindestens der Vertrieb untersteht – überhaupt keine disziplinarische Gewalt über einen oder mehrere Funktionsmanager ausübt. Diese sind dem Leiter ihres Funktionsbereiches direkt unterstellt. Entscheidend ist jedoch die Aussage, daß das System trotz dieser zweifachen Bindung (zum Board und zur Funktion) gut funktioniert hat.

Nun wäre es sicher nicht zu vertreten, für alle 500 einzelnen Produkte Arbeitsgruppen zu bestimmen; das wäre vom Aufwand und von der Steuerung her nicht machbar. Hinzu kommt noch, daß viele Mitarbeiter (z. B. Laborgruppenleiter) in ihrem Funktionsbereich für mehrere einzelne Produktvorhaben verantwortlich sind und daher in mehreren Arbeitsgruppen präsent sein müssen. Durch vernünftige Abgrenzung und Beschränkung entstehen schließlich 120 Produktarbeitsgruppen, wobei mehrere eng miteinander verbundene Produkte und/oder Teilsysteme von einer Produktarbeitsgruppe betreut werden können. Außerdem existiert eine Reihe „unkritischer" Produkte, die nicht dieser konzentrierten Teambetreuung bedürfen. Die Bearbeitung in der Linie genügt, um die anstehenden Aufgaben zu erfüllen. Das Team kann ja notfalls sofort zusammengerufen werden.

Durch diese flexible Handhabung geht keine Produktverantwortung verloren, da das gesamte Produktspektrum durch die Führung über 10 Produktkommissionen abgedeckt ist. Auch auf den darüberliegenden Ebenen (Geschäftsbereich, Unternehmensbereich, Unternehmung) ist die Verantwortung für die vier Grundfunktionen sichtbar.

4.2.2.2.2 Gedankliche Entwicklung der Querorganisation

Für die gedankliche Entwicklung und praktische Einführung der produktorientierten Querorganisation können vier grundlegende Ansatzpunkte genannt werden:

1. Die stufenweise Einführung von Ertragszentren unter Beibehaltung der funktionalen Gliederung,
2. die Notwendigkeit der permanenten Abstimmung funktionsübergreifender Daten und Informationen,
3. die Schaffung einer Teamstruktur für die Anwendung des Instrumentariums der Wertanalyse und
4. die Schaffung einer Teamstruktur zur Förderung und Verfolgung von Innovationsprozessen.

Ad 1. Das ausführlich geschilderte System der Führung nach Verantwortungsbereichen entstand in drei Schritten. In einem ersten Schritt wurde das

Gesamtspektrum in Produktgruppen gegliedert. Konkreter Anlaß dafür war die Bildung von Kostenträgergruppen mit relativ homogener Fertigung, um eine differenzierte Zuschlagsbasis für die Fertigungsgemeinkosten zu erhalten. Schon bald darauf folgte in einem zweiten Schritt eine weitere Differenzierung innerhalb dieser Produktgruppen nach Vertrieben, woraus die Ertragszentren entstanden. Bezeichnend für diesen Schritt war die Ausrichtung am Markt, ohne daß die integrative Betrachtung der Produktgruppe aufgegeben wurde. Gleichzeitig erfolgte eine Strukturierung der FuE-Aufgaben nach Produkttiteln und eine klare Zuordnung der Einzelteile der Fertigung (die mit Sachnummern gekennzeichnet sind und zu Fabrikategruppen zusammengefügt sind) zu Produkten. Dadurch wurde eine einheitliche Festlegung von FuE, Fertigung und Vertrieb auf einen gemeinsamen Produktbegriff (vgl. Abschnitt 3.2.1.1 und Abb. 15) herbeigeführt. Die Notwendigkeit eines gemeinsamen, einheitlich verwendeten Produktbegriffs, der eine Einordnung der einzelnen Beiträge der Funktionen gestattet, kann nicht nachdrücklich genug hervorgehoben werden. Nachdem die Institutionalisierung eines „Produkt-General-Managers" aus den geschilderten Gründen nicht in Frage kam, mußte diese Produkt-Team-Organisation geschaffen werden. In diesem Zusammenhang sei noch darauf hingewiesen, daß eine vorhandene „Profit-Center-Organisation" zwar die Implementierung einer produktorientierten Querorganisation in einem Geschäftsbereich erleichtert, aber nicht zwangsläufig Voraussetzung dafür ist. Auch bei ausschließlich funktionaler Organisationsstruktur ist diese Teamgliederung ohne größere Eingriffe organisierbar. Es ist lediglich nötig, das Gesamtspektrum in Produkt- und Marktsegmente zu gliedern, die die Konzeption und Verfolgung einer in sich geschlossenen Strategie gestatten.

Ad 2. Betrachtet man die Determinanten des Produktergebnisses und stellt man die Frage nach der Verantwortung für diese Einflußgrößen, dann wird sehr schnell klar, daß nur ein ‚Kollektiv', geführt von einer zentralen Autorität, in Betracht gezogen werden kann: Alle Stellen, Abteilungen und Bereiche, die unmittelbar oder mittelbar zum Erfolg eines Produktes beigetragen haben, sind zur Verantwortung heranzuziehen. Es kommt nun darauf an, die einzelnen Beiträge in ihrer Bedeutung sichtbar zu machen. Einen Anhaltspunkt dafür bietet die Zerlegung des wirtschaftlichen Produktplanes (WPP) in seine wesentlichen Parameter (vgl. Abb. 19). Darüber hinaus wird verdeutlicht, daß eine Reihe weiterer Parameter wie z. B. Konzept, Kapazität und Termine nur gemeinsam vertreten werden können und einen sachlichen Dialog zwischen den beteiligten Stellen geradezu erzwingen. Jede unterlassene Abstimmung über übergreifende Daten und Informationen muß zu Störungen im Gesamtverlauf eines Produktvorhabens führen. Aus dieser Erkenntnis entstand das Modell der produktorientierten Zusammenarbeit, wie es hier vorgestellt wird. Der Produktplan selbst ist nicht nur das Dokument des gemeinsamen Interesses, sondern wird auch zum unentbehrlichen Führungsinstrument für alle Bereiche und Instanzen.

Ad 3. Wertanalyse setzt Temarbeit voraus. Sie „. . . erfordert zwingend ein koordiniertes, erfolgsrechnerisch fundiertes Vorgehen zwischen allen für das jeweilige Problem relevanten Unternehmungsbereichen – im Industriebetrieb vor allem zwischen Beschaffung, Fertigung, Forschung/Entwicklung und Vertrieb [289, S. 1].“ Der Erfolg der Wertanalyse hängt vom Engagement der Leitungsinstanzen und von der Schaffung der organisatorischen Voraussetzungen ab. Die Möglichkeiten der organisatorischen Eingliederung reichen von der Errichtung einer Stabsstelle bis zur Begründung dezentral operierender Teams. Hier wird letzterer Strukturierungsalternative der Vorzug gegeben, weil einmal eine zentrale Stelle in einem stark diversifizierten Geschäftsbereich von der Aufgabenvielfalt her überfordert wäre und weil zum anderen die Notwendigkeit der unmittelbaren Zusammenfassung mit der Produktplanung gesehen wird. Durch die Übertragung der Wertanalyse auf die Produktkommissionen und Produktarbeitsgruppen wird zwar die Neutralität einer zentralen Stelle aufgegeben, doch gewinnt man dadurch an Substanz durch die direkte Verbundenheit mit dem Problem selbst. Eine zwar begrenzte aber ausreichende Kontrollfunktion und eine fachliche Betreuung kann durch die zentrale Planungsstelle ausgeübt werden. So hat in der Tat der Zwang zur wertanalytischen Durchdringung der Produktplanung die Einführung der Produktarbeitsgruppen beschleunigt. (Der Vorgänger der Produktarbeitsgruppe hieß noch „AGPW – Arbeitsgruppe für Produktplanung und Wertanalyse“). Die Beherrschung der Wertanalyse als gedankliches Konzept und als praktische Orientierungshilfe wird heute von allen Mitgliedern der Querorganisation erwartet. Dazu bedarf es der Schulung und Information dieser Mitarbeiter, damit dieses Instrument wirkungsvoll eingesetzt werden kann. Entscheidend ist die praktische Adaption zur Erschließung jedes einzelnen technischen Gebietes.

Ad 4. Das Innovationsverhalten der Menschen setzt besondere Umweltbedingungen voraus. „Innovationen können erfahrungsgemäß nicht gefördert werden, wenn kreative Aufgaben organisatorisch eng mit repetitiven Aufgaben verbunden werden . . . [18, S. 135].“ Daraus muß gefolgert werden, daß für die verschiedenen Phasen des Innovationsprozesses die jeweils adäquate Organisationsform gefunden werden muß, um einen optimalen Erfolg der Innovation sicherzustellen. Der Innovationsprozeß kann in Analogie zum Führungsprozeß in den Akt der Innovationsbildung und den Akt der Innovationsdurchsetzung aufgespaltet werden. Nun zeigen Untersuchungen, daß Innovationsbildung und Innovationsdurchsetzung unterschiedlichen Anforderungsprofilen unterworfen sind, die wie folgt charakterisiert werden können: „Organisatorische Systeme fördern ... die Innovationsbildung, während mechanistische Systeme die Durchsetzung von Innovationen erleichtern [344, S. 82].“ Erstere „... stellen unter Beachtung der strukturellen Variablen Autoritätsstruktur, formale Entscheidungsregeln, Kommunikationsstruktur, Fähigkeitsstruktur und Anreizstruktur die extrem innovationsfähige Form der Aufbauorganisation dar. Sie entspricht den Bedürfnissen des kreativen Menschen. Demgegenüber werden in den mechanistischen Strukturen die Erfordernisse der hierarchischen Pyramide in strenger Weise erfüllt [344, S. 82].“ Nun haben sich mit der Frage der adäquaten Organisationsform verschiedene Autoren beschäftigt und entsprechende Lösungsvorschläge entwickelt, so z. B. Bleicher [18, S. 117 ff.], Kieser [317], Schmidt [155], Thom [172], Meffert [344], Trebesch [407] und Volkmann [183]. Tendenziell kann festgestellt werden, daß für die verschiedenen Innovationsphasen unterschiedliche Projekt- bzw. Produktmanagement-Typen empfohlen werden, indem z. B. Innovationsbildung und Innovationsdurchsetzung in unterschiedliche Verantwortung gelegt werden [155, S. 192 f.; 404, S. 124; 316, S. 17]. Sicher mag es für diese Vorgehensweise entsprechende Einsatzfälle geben, die auch erfolgreich durchgeführt werden können. Hier wird nicht die Auffassung vertreten, daß in der kreativen Phase andere Menschen in einem anderen organisatorischen Rahmen tätig sein sollen als in der anschließenden Durchsetzungsphase. Die Organisation der Produktentwicklung läßt sich nicht problemlos in einen mehr kreativ und in einen mehr pragmatisch orientierten Teil trennen. Hier wird die Ansicht vertreten, daß die Kontinuität des Wissens und der gesammelten Erfahrung von der kreativen Phase bis in die pragmatische Phase hin sichergestellt werden muß. Ein personeller Wechsel ist nicht reibungslos überbrückbar. Das bereits erworbene Wissen kann nur sehr schwer und mit erheblichem Informationsverlust auf die jeweiligen Nachfolger übertragen werden. Auch läßt es sich heute nicht mehr vertreten, das in sich homogene Gebiet der Produktentwicklung so zu spezialisieren, daß ein Teil von Mitarbeitern sich nur oder hauptamtlich mit kreativen Prozessen beschäftigt und ein anderer Teil schwerpunktmäßig die Einführung und Durchsetzung von Produkten betreibt. Damit wäre ein erheblicher Motivationsverlust verbunden. Gerade in der Verquickung von kreativem Denken und praktischem Tun wird jenes Maß an Motivation und Identifikation mit der Aufgabe gesehen, das mit dem Ausdruck „Job Enrichment" recht gut umschrieben wird. Außerdem ist in der Verknüpfung dieser unterschiedlichen Arbeitsinhalte in ein und derselben Person bzw. Gruppe von Personen eine gegenseitige Befruchtung gegeben, aus der heraus Anregungen und neue Erkenntnisse sowohl für die kreative als auch für die Durchsetzungsphase entstehen. Die Ursprünglichkeit von Ideen geht sehr schnell verloren, wenn sie der treibenden Kraft beraubt wird. Andererseits lassen sich neue Ideen um so schwerer realisieren, je weiter sie von einem realen Bezug entfernt sind.

Es soll hier nicht verkannt werden, daß es notwendig ist, im Rahmen einer allgemeinen Ideensuche die Mitarbeiter zeitweise von ihren laufenden Tagesaufgaben zu befreien und in einem frei operierenden Arbeitsteam zusammenzufassen. Diese Arbeitsweise wird auch für viele nicht produktspezifische FuE-Vorhaben (z. B. Einführung einer bestimmten Technologie) bevorzugt. Derartige Vorhaben erfordern die Gründung eines Teams von Spezialisten (Fachkommission), in dem auch die verschiedenen Produktgebiete durch die Fachleute aus den einzelnen Produktkommissionen vertreten sind. Dadurch sollen innovatorische Anreize induziert werden, indem Technologien für verschiedene Produktanwendungen entwickelt werden. Allgemeine Technologie und Produktentwicklung können so unmittelbar ineinander übergeführt werden. Die Durchsetzung der Innovationen in der Unternehmung muß im Wechselspiel zwischen Linienfunktion und Querschnittsregelung sichergestellt werden.

Das Dilemma kann dadurch überbrückt werden, daß die personelle Zusammensetzung einer Produktarbeitsgruppe von der Ideenfindungsphase bis hin zur Durchführungsphase in begrenztem Umfang wechselt. Die Kontinuität kann jedoch gewahrt werden, wenn man eine Kernmannschaft bestimmt, die mindestens aus einem Entwickler, einem Mitglied des Vertriebes und einem Kalkulator (auch zuständig für die Wertanalyse) besteht und die „ihr" Produkt von der ersten Idee bis zur Aussterbekontrolle verantwortet und betreut. Die jeweils notwendigen Experten aus anderen Fachbereichen können nach Bedarf hinzugezogen werden.

Eine allgemeingültige Organisationsform für das Management von Produkten kann es nicht geben. Es muß vielmehr von der gegebenen Organisation jene Flexibilität verlangt werden, die ein rasches Anpassen an die jeweilige Phase des Innovationsprozesses gestattet. Leitung und Produktkommission haben die Aufgabe, ein innovationsfreundliches Klima zu erzeugen und die optimalen Arbeitsbedingungen, angepaßt an die jeweilige Arbeitsphase, herbeizuführen. Während sich die Produktkommission um die Einzelheiten des betreffenden Produktspektrums kümmern muß, kann es die Aufgabe der Leitung nur sein, neue gedankliche Verbindungen anzuregen und organisatorische Querverbindungen zu erzeugen, die zu neuen Ideen führen.

Bei der Besetzung einer Produktarbeitsgruppe durch die Produktkommission sind die Bedingungen der Innovationsbildung besonders zu beachten. Besondere personelle Fähigkeiten (z. B. kreatives Denken und positives gruppendynamisches Verhalten) sowie spezielle Arbeitstechniken prägen diese Gruppenarbeit. Die Freilegung und Aktivierung der schöpferischen Kräfte, die für das Überleben des Systems Unternehmung so wichtig sind, bedarf in zunehmendem Maß auch der Unterstützung durch besondere Problemlösungstechniken, wie z. B. das Brainstorming, die Synektik oder auch die Methode der morphologischen Analyse [140, S. 279 ff.]. Derartige Problemlösungstechniken können unter sachkundiger Anleitung als Anreiz für die Aktivierung und Gestaltung kreativer Prozesse dienen. Die Erschließung neuer Denkkategorien in Verbindung mit einer kontinuierlichen, objektorientierten Zusammenarbeit sind Grundvoraussetzungen, wenn mehrdimensionale Wirkungszusammenhänge nicht nur bewußt gemacht, sondern wenn neue Beziehungen, neue Denkmodelle und neue Problemlösungsmöglichkeiten (und damit neue Verfahren und neue Produkte) erarbeitet werden sollen. Die Einführung solcher Hilfen alleine genügt nicht. Entscheidend ist, wie auch bei der Einführung der Wertanalyse, der unmittelbare sachliche Bezug, der nur durch eine klare Definition des Problems und die Auswahl der angemessenen Vorgehensweise hergestellt werden kann. Nicht jedes Problem, an dessen Lösung mehrere Menschen mitwirken müssen, verlangt deshalb schon die Gründung eines eigenen Teams. Die Formen der Zusammenarbeit sind vielfältiger Natur (vom einfachen Gespräch bis zur Mammuttagung) und erst deren variable Handhabung vermittelt einen Eindruck von der Flexibilität einer Organisation.

4.2.2.2.3 Das Grundprinzip der Zusammenarbeit

Das Grundprinzip der Zusammenarbeit zwischen den Mitgliedern einer Produktkommission oder Produktarbeitsgruppe ist in Abbildung 39 dargestellt [143]. Hier wird das Ineinandergreifen von Planung, Steuerung und Kontrolle eines Produktes verdeutlicht. Das „Nacheinander Tun" von Marketing über die Forschung und Entwicklung und die Fertigung bis hin zum

Markt wird unterstützt durch „Miteinander Denken" im Team. Weranalyse, Kalkulation und Planungsrechnung sind ständige Werkzeuge und Begleitrechnungen, mit deren Hilfe die Vorgänge in ihren kosten- und leistungsmäßigen Auswirkungen bewertet werden müssen.

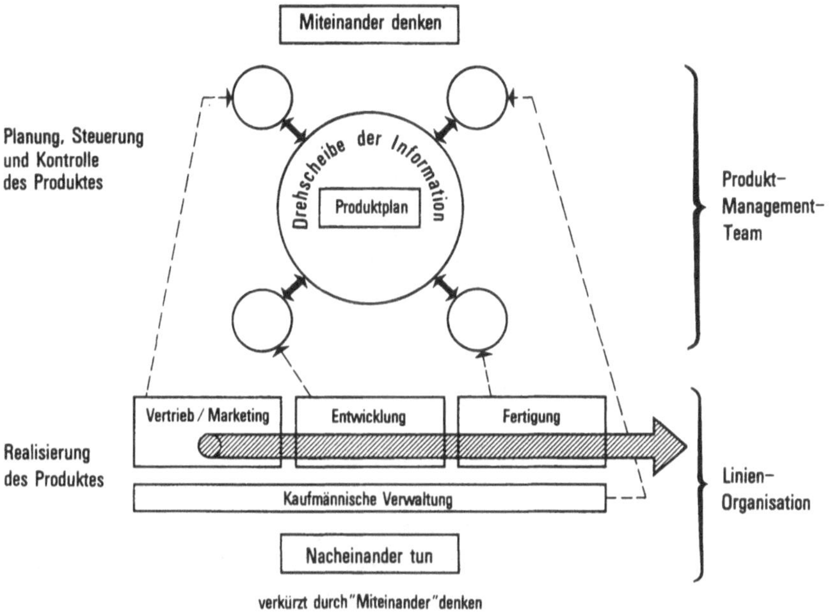

Abb. 39 Grundprinzip der Zusammenarbeit (Quelle: Siemens)

Produktkommission und Produktarbeitsgruppe operieren als Drehscheibe der Information. Die Beherrschung von Kommunikations- und Informationsprozessen zwischen Menschen aus verschiedenen Fachbereichen und mit unterschiedlichen Zielen und Interessen ist eine notwendige Voraussetzung für eine erfolgreiche Arbeit dieser Gremien. Das Beziehungsgefüge zwischen den einzelnen Informationsbenutzern leitet sich aus dem Wirkungszusammenhang zwischen den verschiedenen Teilplänen her. Ohne funktionsüberschreitende Kommunikation und Information kann der Planzusammenhang nicht hergestellt werden. Der Produktplan in allen seinen verschiedenen Ausprägungen und mit allen seinen Bestandteilen ist die Informationsbasis für die planende, steuernde und kontrollierende Tätigkeit dieser Produktinstanzen. Die Aktivitäten beider Gremien sind auf die Lösung von Konflikten in den genannten drei Konfliktfeldern gerichtet: im auf die Optimierung von Führung und Durchführung ausgerichteten hierarchischen Konfliktfeld, im auf die objektbezogene Verbindung der Funktionen gerichteten horizontalen Konfliktfeld und im auf die Koordinierung der Aktivitäten mit anderen Unternehmensbereichen und den Regionen gerichteten überbereichlichen Konfliktfeld. Die Produktkommission, die in ihrer personellen Zusammensetzung weitgehend identisch ist mit der Geschäftszweigleitung, agiert als geschäftsführende Einheit.

Diese Querschnittskoordinierung hat den Gesetzen der optimalen Informationsversorgung zu folgen und diese wiederum ist grundlegendes Gestaltungskriterium für ein produktorientiertes MIS. Der Einsatz des Computers hat ebenfalls diesen Kriterien zu folgen. Er ist ein Hilfsmittel zur Unterstützung eines MIS und nicht das MIS selbst. Dieses wird getragen von den Führungskräften, die durch ein aktives Informationsmanagement unterstützt werden. Die Probleme der Informationsbeschaffung, die Unsicherheit von Planinformationen und die Grenzen der Formalisierbarkeit eines MIS müssen bewußt gemacht werden. Entscheidend ist allein eine fundierte Diskussion über alle technischen, vertrieblichen und wirtschaftlichen Aspekte des Geschäftes – bezogen auf das einzelne Produkt ebenso wie auf die Unternehmung als Ganzes.

Für die arbeitsbezogene Effektivität und den geschäftlichen Erfolg dieser institutionalisierten Querorganisation sind einige besondere Bedingungen der Zusammenarbeit in den Teams bzw. Gruppen zu erfüllen, die wegen ihrer grundsätzlichen Bedeutung nachfolgend kurz skizziert werden sollen.

Das komplexe Produktgeschehen in der Nachrichtentechnik erfordert, wie oben dargelegt, eine interdisziplinäre Zusammenarbeit aller Fachrichtungen, die durch die genannten Grundfunktionen vertreten sind. Probleme, die durchdacht, diskutiert, analysiert und schließlich als begreifbare Ausschnitte eines komplexen Wirkungsgefüges präsentiert werden müssen, können in der Regel nur noch in der „. . . Wechselwirkung zwischen mehreren Hirnen, das heißt in der Teamarbeit [182, S. 112]," gelöst werden. Die Notwendigkeit der koordinierten Vorgehensweise und damit der Zwang zur Gruppenarbeit in Innovationsprozessen generell und bei der geschilderten Produktarbeit ist evident. Wird das verkannt, dann können schwerwiegende Nachteile daraus erwachsen [131, S. 257 f.]. Entgegen einigen Auffassungen [352, S. 201; 140, S. 46] wird hier unter Hinweis auf die treibende Kraft eines Promotors [425] und auf die potentielle Existenz einer informellen Führerschaft nicht davon ausgegangen, daß es sich um hierarchiefreie Teams handelt bzw. handeln kann.

Als anzustrebendes Ideal kann man sich ein Team vorstellen, dessen Arbeit und Erfolg von einer zentralen Persönlichkeit geprägt wird. Die Rolle des

Geschäftszweigleiters als Sprecher der Produktkommission (und eben als primus inter pares) ist dabei bezüglich ihrer unternehmerischen Verantwortung klarer definierbar und definiert als die des Sprechers der Produktarbeitsgruppe. Diese ist mehr auf die koordinierende und steuernde Tätigkeit ausgerichtet. Um die Zusammenarbeit nicht unnötig zu belasten, darf ein Team nicht zu groß sein. Es sollen nur die wichtigsten Funktionsverantwortlichen in der Gruppe Mitglied sein. Die übrigen Mitarbeiter müssen fallweise hinzugezogen werden.

Wenn Gruppenarbeit nötig ist, dann kann diese nur funktionieren, wenn auch bei allen Gruppenmitgliedern die Einsicht in die Notwendigkeit dieser Zusammenarbeit vorhanden ist. Entscheidend ist dabei ausschließlich das subjektive Empfinden, auf die Kollegen aus den anderen Fachbereichen angewiesen zu sein. Derjenige, der sich alleine für stark genug hält, ist grundsätzlich weniger kooperationsbereit. Ist jedoch einmal der Antrieb zur freiwilligen Zusammenarbeit in einer Gruppe vorhanden, dann ist auch die Voraussetzung dafür gegeben, einen Ausgleich zwischen der Zielsetzung des Individuums und der Unternehmung anzustreben. Der Einzelne muß eine Chance sehen, auch seine persönlichen Ziele und Bedürfnisse durchsetzen zu können, u. z. im Sinne eines positiven Egoismus. Über die Beweggründe, die uns antreiben, vermittelt uns Maslow einen Eindruck mit seinem Entwurf einer Bedürfnispyramide [129, S. 35 ff.]: auf der untersten Stufe stehen die physiologischen Bedürfnisse (physiological needs), danach folgen die Sicherheitsbedürfnisse (safety needs), dann die sozialen Bedürfnisse (belonginess and love needs), die Geltungsbedürfnisse (esteem needs) und schließlich die Bedürfnisse nach Selbstverwirklichung (need for self-actualization). Hier stehen nicht die inhaltliche Abgrenzung und die hierarchische Ordnung im Vordergrund, sondern lediglich die Existenz dieser Bedürfnisse und der Wunsch, diese zu befriedigen. (Zur Kritik am Maslow-Konzept vgl. Baumgarten [217]). Im Team treten neben den sozialen Bedürfnissen vorrangig Macht- und Geltungsbedürfnisse auf. Durch die im Kampf um die Befriedigung dieser Bedürfnisse rivalisierenden Teammitglieder entsteht ein Spannungsfeld, das abgebaut werden muß, wenn es eine zu starke persönliche Note erhält und den Arbeitsfortschritt hemmt.

Der kooperative Führungsstil, der für diese Organisationsform typisch ist, kann z. B. durch die Begriffe Kooperation, Partnerschaft, Erfüllung in der Arbeit, Handlungsfreiheit, Beteiligung, Auflockerung der Hierarchie und Delegation von Verantwortung gekennzeichnet werden [230, S. 32]. Wollte man die Attribute dieses Organisations- und Führungssystems in das Verhaltensgitter von Blake und Mouton (Abb. 40) einordnen, dann wären diese weitgehend mit dem 9.9 – Führungsverhalten identisch, das eine hohe Betonung des Menschen mit einer hohen Betonung der Produktion vereinigt. Dabei ist jedoch anzumerken, daß Zwangssituationen entstehen können, in denen das Individuum der Unternehmung unterliegt, was nicht ohne Auswirkungen auf die Führung ist. In der Krise muß der verantwortliche Manager ohne hemmende Koordinierungsprozesse führen können. Jetzt zeigt es sich, wie wertvoll ein eingespieltes Team für die Bewältigung einer Krise sein kann. Die Autorität des Leiters kann sich voll entfalten und wird bedingungslos akzeptiert, weil das Zusammenwirken früher erprobt wurde. Nicht das Team als Spitze einer (Teil-)Organisation sondern mit Spitze ist das Ziel [vgl. auch 308].

Schließlich ist noch auf einige wesentliche Nachteile bzw. Probleme der Gruppenarbeit in Planungs- und Entscheidungsgremien hinzuweisen, deren Kenntnis aber bereits dazu beitragen kann, diese zu überwinden. (Zu den Vor- und Nachteilen der Teamarbeit vgl. z. B. Faesch [263, S. 326], McGregor [131, S. 260 ff.] und Grochla [65, S. 226 ff.]): Gruppenentscheidungsprozesse dauern oft lange, sind kostspielig und arbeitstechnisch aufwendig. Häufig sind zu viele Personen beteiligt, die Probleme werden zerredet und es

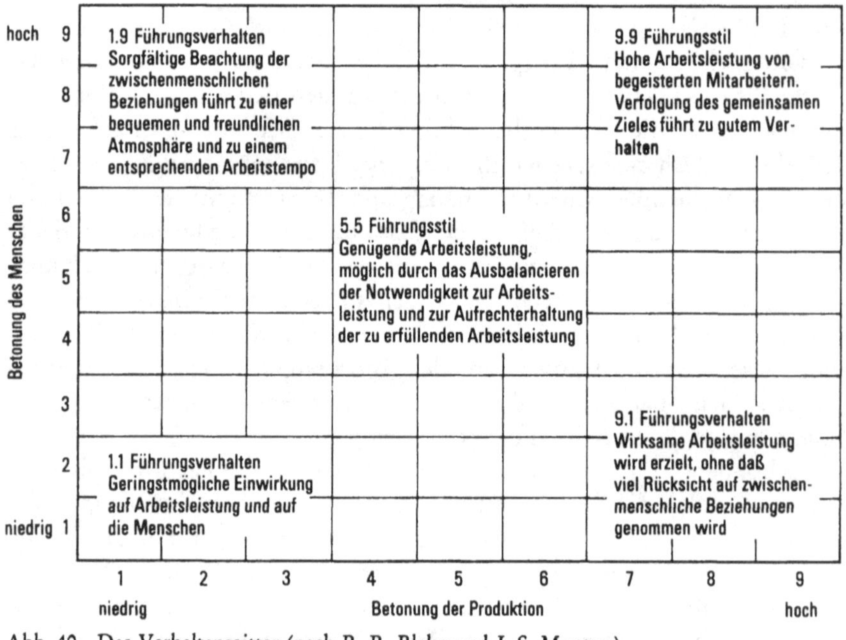

Abb. 40 Das Verhaltensgitter (nach R. R. Blake und J. S. Mouton)

entstehen Kompromisse, ohne konkret die Risiken und Gefahren aufzudekken, die mit der betroffenen Entscheidung verbunden sind. Kollektiventscheidungen sind nötig, wenn die Vielzahl und die Komplexität der Entscheidungen das Leistungsvermögen eines Einzelnen übersteigen. Jedoch nimmt die Elastizität des Systems mit zunehmender Anzahl der legitimierten Entscheidungsträger ab [84, S. 24 ff.]. Deshalb ist es nötig, Gruppenentscheidungen sorgfältig von Einzelentscheidungen abzugrenzen. Nicht jedes Problem muß in der Gruppe diskutiert werden, auch ist nicht immer die Beteiligung aller erzielbar. Einzelinitiativen werden in der Gruppe häufig gelähmt. Kompetenzüberschneidungen führen zu einer mangelhaften Abgrenzung der Verantwortung der Gruppenmitglieder. Darüber hinaus ist es schwierig, die Leistung sowie den individuellen Beitrag des Einzelnen festzustellen.

Um diese und andere Probleme bewußt zu machen und überwinden zu können, werden gelegentlich Spielregeln für die Zusammenarbeit in Teams festgelegt. In Tabelle 4 sind beispielhafte Teamspielregeln zusammengestellt [140, S. 144], wie sie speziell für diese produktorientierte Querorganisation gelten können.

Es ist anzunehmen, daß die zunehmende Institutionalisierung der Querschnittskoordinierung in Unternehmungen auch neue Impulse für die Erforschung des Gruppenverhaltens geben wird. Wir wissen noch zu wenig über die besonderen Probleme der Zusammenarbeit in und zwischen Gruppen und unseren Fähigkeiten auf diesem Gebiet sind noch mangelhaft ausgebildet [131, S. 258]. Die Führung ist in vielen Fällen noch auf den Einzelnen abgestellt und nicht so sehr darauf gerichtet, „. . . ein echtes Gruppenbewußtsein zu schaffen [131, S. 257].“ Wir haben häufig noch zu wenig Zeit, um über diese Probleme nachzudenken. Dennoch: die Notwendigkeit der interdisziplinären Zusammenarbeit wird inzwischen allseits anerkannt. Bezüglich der Realisierbarkeit einer aktiven und konstruktiven Querschnittsregelung ist davon auszugehen, „. . . daß Probleme von Gruppen, die organisiert sind, viel eher gelöst werden können als solche, deren Gruppen ohne jede Organisation sind [15, S. 290].“

Tabelle 4 Spielregeln für die Gruppenarbeit

- Jeder erkennt den anderen als gleichwertigen Partner an
- Die formelle bzw. informelle Führerrolle eines Fach- und/oder Machtpromotors wird als unvermeidbar bzw. nötig anerkannt
- Einzelne Rollen (z. B. die des Sprechers in der Produktarbeitsgruppe) können gelegentlich wechseln
- Meinungen sollen herausgefordert und geäußert werden, Schweigen bedeutet nicht Zustimmung
- Zuhören ist genauso wichtig wie reden
- Konflikte nicht unterdrücken sondern aufdecken, diskutieren und bereinigen
- Meinungsverschiedenheiten sollen als Informationsquelle und nicht als Störfaktor betrachtet werden
- Innerhalb der Gruppe soll kritisiert und nicht getadelt werden
- Lernbedarf muß deutlich gemacht werden
- Informationsgefälle ist weigehend abzubauen, es ist bezüglich der gemeinsamen Probleme eine einheitliche Informationsbasis zu schaffen
- Wesentliche Informationen sind freimütig auszutauschen
- Entscheidungen sind nicht durch Mehrheitsbeschluß sondern mit weitestgehender Übereinstimmung zu erzielen
- Die aufgabenübergreifenden Aktivitäten werden gemeinsam zwischen den jeweils Betroffenen abgestimmt (Vorgehensplan)
- Entscheidungen, Diskussionen und Arbeitsergebnisse sind schriftlich festzuhalten
- Neue Aspekte und Zielabweichungen sind sofort mitzuteilen und zu klären
- Die Spielregeln gelten für alle – sie sind notfalls zu überdenken und zu ändern

4.2.2.3 Verknüpfung der Querorganisation mit der Linienorganisation

4.2.2.3.1 Integration der Produkt-Team-Organisation in die Linienorganisation

Es wird häufig die Frage aufgeworfen, ob sich die Linienkompetenz und die Produktverantwortung der Querorganisation nicht zum Schaden des ganzen Bereiches gegenseitig stören. Darauf muß geantwortet werden, daß diese Querorganisation nicht neben die Linienorganisation gestellt werden darf. Produktkommissionen und Produktarbeitsgruppen sind vielmehr – wie in dem Modell gezeigt wurde – integrativer Bestandteil der Linienorganisation, wobei nur veranlaßt wurde, daß die ohnehin in der Linie für ein Teilspektrum oder ein Produkt verantwortlichen Menschen zusammengeführt wurden. Damit ist diese Teamorganisation nichts anderes, als der „who is who" im Produktgeschehen. Hier besteht also eine große Ähnlichkeit mit der Kollegienbildung, die als Sonderform der Zusammenarbeit innerhalb der Aufbauorganisation zu sehen ist: „Der ständig aufrechtzuerhaltende Arbeitskontakt zwischen einzelnen Stellen wird ergänzt durch einen zeitlich begrenzten, unständigen Arbeitsverkehr mehrerer Stellen im Rahmen besonderer Zusammenkünfte. Diese Organisationsform umschließt einzelne Stelleninhaber aus dem Gliederungssystem des Aufbaugefüges, denen meist Koordinierungsaufgaben übertragen werden, die über den Kompetenzbereich der einzelnen Gliederungseinheit hinausgehen. Es handelt sich also um die Schaffung von Koordinierungseinheiten, die der stärkeren Integrierung der einzelnen Stellen und Abteilungen dienen [109, S. 77]." In der Tat sind hier wesentliche Parallelen zur Zusammensetzung und Arbeit der Produktkommissionen und Produktarbeitsgruppen gegeben. Darauf deutet auch die Erläuterung von Kosiol hin, der den Begriff „Kollegium" mit den Bezeichnungen Kommissionen, Ausschüsse, Komitees, Tagungen, Konferenzen, Besprechungen oder Sitzungen gleichstellt [109, S. 77]. Allerdings unterscheidet sich die institutionalisierte Querorganisation in dreifacher Hinsicht von den relativ unständigen Kollegien: erstens ist sie fester Bestandteil der Aufbauorganisation und damit ein bestimmendes Element für das Organisations- und Führungssystem, zweitens ist die Zuständigkeit von Produktkommission und Produktarbeitsgruppe von vornherein zweifach definiert, nämlich funktions- und produktorientiert und drittens umfaßt die Zielsetzung von Produktkommission und Produktarbeitsgruppe alle Aspekte der Information, Beratung, Entscheidung und Ausführung für ein Produkt oder eine Produktgruppe.

Die Abgrenzung zwischen den Aufgaben der Linienstellen und denen der Produktinstanzen ist trotzdem nicht unproblematisch, da sie nicht generell festgelegt werden kann. Grundsätzlich haben Produktkommission und Produktarbeitsgruppe eine informierende, koordinierende und steuernde Aufgabe, während die Aufgabenerledigung, also insbesondere die Wahrnehmung der Routineaufgaben, in der Linie zu geschehen hat: Es kann häufig erst im Einzelfall entschieden werden, ob eine Produktkommissions- oder Produktarbeitsgruppen-Sitzung notwendig ist und außerdem ist es bequemer, zunächst einmal alle Mitglieder zusammenzurufen. Nachträglich wird man dann oft feststellen, daß diese Sitzung umsonst war. Reichen Kompetenz und Leistungsfähigkeit eines einzelnen Mitarbeiters oder eines Bereiches nicht aus, dann müssen in jedem Fall einzelne Mitarbeiter oder das ganze Team angesprochen werden. Notfalls hat die übergeordnete Stelle dafür zu sorgen, daß hier die unmittelbare Zusammenarbeit herbeigeführt wird. Das gilt z. B. für die Mitarbeit des Entwicklers bei der Außenmontage, für die Unterstützung der Fertigung beim Bau neuer Fertigungseinrichtungen (z. B. Spezialwerkzeuge oder Automaten) durch den Konstrukteur oder auch für die Mitarbeit des Vertriebsingenieurs bei der Aufstellung eines optimalen Fertigungsprogrammes. Hier ist ein Ansatzpunkt für die systematische Erweiterung der Aufgaben von Produktkommission und Produktarbeitsgruppe zu einem kompetenzübergreifenden Arbeitseinsatz, der nur dann den gewünschten Erfolg zeigt, wenn Zielsetzung und Aufgabenstellung gemeinsam vereinbart und geregelt sind.

4.2.2.3.2 Abgrenzung zu anderen Teamstrukturen

Arbeitsgruppen werden oft zur Durchführung zeitlich begrenzter Aufgaben mit Projektcharakter eingerichtet (z. B. Einführung der EDV in der Auftragsabwicklung oder Bau- und Einrichtungsplanung für ein neu zu beziehendes Gebäude). Dafür werden Mitarbeiter sachlich, zeitlich und räumlich zu einer Projektgruppe zusammengefaßt, bis das Aufgabenziel erfüllt ist. Die Zusammenarbeit dieser Gruppe mit der Linienorganisation kann – wenn der Aufwand dies rechtfertigt – durch zusätzliche Einrichtungen, wie z. B. einen Entscheidungs-, Beratungs- und Informationsausschuß, sichergestellt werden. Das Team steht außerhalb des normalen Geschehens und ist als ergänzende Kooperationsform zur Linienorganisation zu sehen [140, S. 44 ff.]. Kennzeichen dieser Arbeitsorganisation ist die hierarchiefreie, vom Tagesgeschehen losgelöste Betätigung der Mitarbeiter in einer Projektgruppe.

Eine Sonderform des Projektmanagements ist die Task Force [361, S. 61; 280, S. 274 f.; 433, S. 45 ff.]. Dies ist eine Projektgruppe, in der Spezialisten aus verschiedenen Bereichen, evtl. auch aus einer zentralen Service-Abteilung, zusammengefaßt werden mit totaler Verantwortung für eine bestimmte Aufgabe (z. B. Erschließung einer neuen Technologie). Die Mitglieder werden für die Dauer der Aufgabe entliehen und kehren dann an ihren angestammten Platz zurück. Ein Hauptunterschied zur reinen Projektgruppe wird hier darin gesehen, daß die Spezialisten (wie externer Berater [280, S. 275]) der Fachabteilung bzw. dem Bereich zugeordnet werden, in dem das Problem liegt, während die Mitglieder in einer Projektgruppe vorwiegend im Auftrag des entsendenden Bereiches arbeiten und dessen Interessen wahrnehmen.

Das innovationsfördernde Element dieser lose-strukturierten und zeitlich begrenzten Teamorganisationen wird nicht verkannt, doch kann dieses Prinzip nicht auf die Planung, Steuerung und Kontrolle des Produktgeschehens übertragen werden. Funktions- und Produktmanagement sind untrennbar miteinander verbunden und müssen – wenn auch mit unterschiedlicher Intensität – institutionell verankert sein.

In diesem Zusammenhang ist auf zwei bemerkenswerte Parallelen zwischen der produktorientierten Querorganisation und der Literatur hinzuweisen. Bei den Leitungssystemen werden zwei Grundformen unterschieden: das auf dem Grundsatz der Einheit der Auftragserteilung basierende Einliniensystem von Fayol und das auf das Funktionsmeisterprinzip von Taylor zurückgehende Mehrliniensystem [44, 171]. Durch das Einliniensystem „. . . wird eine eindeutige Abgrenzung der Kompetenzen und eine straffe Linienführung innerhalb des Instanzenaufbaus gewährleistet [109, S. 73], während das Mehrliniensystem eine Mehrfachunterstellung vorsieht, deren Vorteil in der Möglichkeit der weitgehenden Spezialisierung und Zuordnung von Instanzen zu sehen ist [109, S. 74]. Die Grenzen zwischen beiden sind fließend. Daß das strenge Einliniensystem den Erfordernissen von Kommunikation und Information nicht genügen würde, erkannte Fayol, der die Möglichkeit der horizontalen Kommunikation durch Einführung der sogenannten Fayol-Brücke unter der Bedingung einräumte, „. . . daß die vorgesetzten Instanzen der Kommunikationspartner nachträglich über Inhalt und Ergebnis der Kommunikation unterrichtet werden [65, S. 91]." Dadurch wird die Überforderung der Linieninstanzen vermieden und die Flexibilität der horizontalen und vertikalen Kommunikation und Information erhöht sich. Diesem Sachverhalt wird in der produktorientierten Querorganisation entsprochen, da auf mehreren Stufen des Instanzenaufbaus derartige Kommunikations- und Informationsbrücken gezielt hergestellt werden.

Eine zweite Parallele ergibt sich zu dem System der überlappenden Gruppen von Likert (Abb. 41) [121, S. 104]. In diesem Konzept wird die Unternehmung als System von Gruppen verstanden, die dadurch miteinander verbunden sind, daß einzelne Gruppenmitglieder mehreren Gruppen ange-

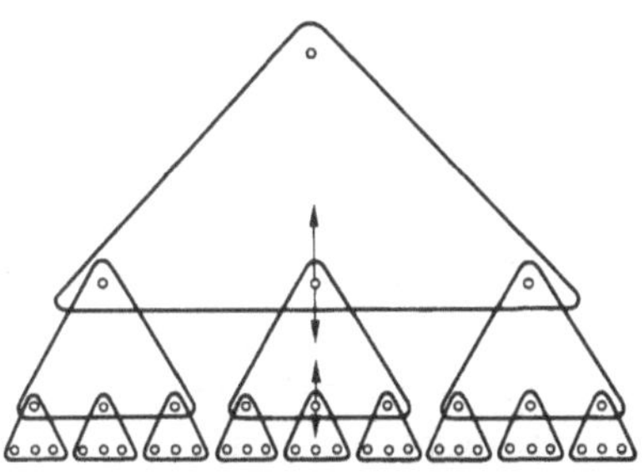

Abb. 41 Das Gruppensystem von Likert

hören. Dadurch soll die vertikale und horizontale Verknüpfung zwischen den verschiedenen Gruppen hergestellt werden. Ziel dieses Ansatzes ist die Herbeiführung einer aktiven Beteiligung der Gruppenmitglieder an Gruppenentscheidungsprozessen durch Betonung der Kommunikation und Information [121, S. 153 f.]. Der Schwerpunkt der Kritik an diesem Modell wird sich auf die Schwerfälligkeit der Steuerung einer ausschließlich nach Gruppen organisierten Unternehmung und auf den unvertretbar hohen Aufwand für die Gruppenarbeit richten. Dennoch erscheint dieser Ansatz äußerst interessant für eine Diskussion über die Möglichkeiten der Aktivierung gruppenbezogener Kooperation. Als eine auf die Schnittpunkte der Produktkoordinierung bezogene reduzierte Version dieses Modells kann die Querorganisation betrachtet werden. Danach kann ein Geschäftsbereich von der Führungsspitze bis zur Bearbeiterebene als System von hierarchisch aufeinander abgestimmten Produktteams gesehen werden. Hier kann auch eine Analogie zur Multisystemposition einzelner Personen, wie Bleicher sie darstellt, gesehen werden: Die Zuordnung der Aufgaben auf Personen geschieht so, daß jede Person möglichst vielen Subsystemen (hier dem Operations-, Innovations- und Politiksystem) der Unternehmung gleichzeitig angehört [18, S. 129]. Für den Vertreter des Vertriebes in einer Produktkommission bedeutet das z. B., daß er mindestens drei Subsystemen angehört: dem Produktsystem, dem Vertriebssystem und dem Führungssystem. Entsprechend komplex ist auch seine Weisungsbefugnis, die über die eigene Linienkompetenz gelegentlich hinausreicht. Der Konflikt beim Weisungsempfänger, also dem einzelnen Produktarbeitsgruppen-Mitglied, kommt nicht sonderlich zum Tragen, da der Betroffene die Möglichkeit hat, eine sofortige Klärung durch seinen Linienvorgesetzten in der Produktkommission herbeizuführen.

Dieses Prinzip des Produkt-Team-Managements bedeutet einen Gewinn für alle beteiligten Mitarbeiter: die Vorteile der klaren und ungeteilten Linienkompetenz des Einliniensystems bleiben gewahrt und dennoch gewinnen alle die Vorteile der objektorientiert-koordinierten Aufgabenerfüllung des Mehrliniensystems.

4.2.2.4 Daten und Informationen als Planungsobjekte

In Abschnitt 3.1 wurde die Kommunikation und Information als Dimension der Planung behandelt. In Abschnitt 4.2.1.1.2 wurde das grundsätzliche Problem der Verständigung im Kommunikationssystem angesprochen. Als Quintessenz daraus soll hier nun speziell die Planung und Disposition des

Produktivfaktors ‚Information' behandelt werden, wobei der sachliche Bezug zu den Instanzen der produktorientierten Querorganisation (Produktkommission und Produktarbeitsgruppe) und der Geschäftsleitung herzustellen ist.

4.2.2.4.1 Einige Aspekte von Informationsbedarf, -nachfrage und -angebot

Die Menschen sind die Kommunikationspartner beim Austausch von Planinformationen. Das Verhalten dieser (personellen) Planungsträger in Kommunikations- und Informationsprozessen bestimmt weitgehend den Nutzen und die Qualität einer Planung. Die Pläne als inhaltlich verknüpfte Informationskonzentrate [75, S. 48] sind nur dann als Koordinierungs- und Steuerungsinstrument für die Querorganisation und die Leitung brauchbar, wenn durch sie ein einheitlicher Informationsstand (Wissensstand) erreicht wird. Dies kann nur gelingen, wenn Vertrieb, Forschung und Entwicklung, Fertigung und Verwaltung im direkten Kontakt die Spielregeln für die Kommunikation und Information festlegen und den ständig wechselnden Anforderungen anpassen. Das hier vorgestellte Modell der Querorganisation kann diesen Prozeß unterstützen, muß aber deshalb nicht unbedingt institutionalisiert werden. Entscheidend ist allein, daß die Kommunikationspartner die notwendigen Informationen bestimmen und diese in sachlicher (= aufgabenorientierter), zeitlicher und räumlicher Sicht strukturieren.

Der sachlichen, zeitlichen und räumlichen Bewältigung des Produktivfaktors Information muß besondere Aufmerksamkeit gewidmet werden, soll eine optimale Informationsversorgung für die verschiedenen Zwecke auf Dauer sichergestellt werden. Die Betrachtung der Information als ein Gut, das produziert, transportiert, gelagert, verteilt, verarbeitet und genutzt werden kann, legt es nahe, das Gedankengut und das Instrumentarium der Logistik auch auf immaterielle Vorgänge zu übertragen. Dadurch ergeben sich neue Möglichkeiten zur theoretischen Durchdringung und zur praktischen Gestaltung auch von Informationssystemen [358]. Dies kann auch aus der Definition von Kirsch u. a. geschlossen werden: Logistik ist „. . . die Gestaltung, Steuerung, Regelung und Durchführung des gesamten Flusses an Energie, Informationen, Personen, insbesondere jedoch von Stoffen (Materie, Produkte) innerhalb und zwischen Systemen [102, S. 69]."

Mit der Logistik erschließt sich ein Aufgabenbereich, dem vor allem im Zusammenhang mit der Behandlung der Information als Einsatzfaktor heute noch zuwenig Aufmerksamkeit gewidmet wird. Die Information ist verbindendes Element zwischen den Menschen, den Aufgaben und den Objekten, auf die die Handlungen gerichtet sind. Die Information ist ein Faktor, der wesentlichen Einfluß auf Erfolg und Mißerfolg unternehmerischen Handelns hat. Dies wiederum verlangt u. a. eine Analyse und Synthese des Informationsbegriffes (z. B. mittels der Semiotik – vgl. Abschnitt 4.2.1.1.2 und den Anhang), um ein abgestimmtes Informationsverhalten der Menschen herbeizuführen.

Der Informationsbedarf des Managements einer Unternehmung stellt das dominierende Gestaltungskriterium für die Konzipierung eines MIS dar [106, S. 61 ff. und S. 178 sowie 363]. In allgemeiner Form kann der Informationsbedarf definiert werden als die Gesamtheit aller Informationen, die zur Erfüllung der Aufgaben in einer Unternehmung erforderlich sind. Übertragen auf das MIS heißt das, daß sich der Informationsbedarf aus der Summe aller Informationen ergibt, die die Führungskräfte zur Aufgabenerfüllung benötigen [106, S. 65]. Die Leistungsfähigkeit des Informationssystems ist so zu gestalten, daß möglichst viele der konkret beschaffbaren Informationen erreicht werden können, wobei die Wirtschaftlichkeit als Begrenzungsfaktor zu berücksichtigen ist. So trivial das klingen mag: die Bestimmung des Informationsbedarfes scheitert oft daran, daß die Betroffenen gar nicht wissen, welche Informationen sie eigentlich (gerade) benötigen.

Die wesentlichen Determinanten des Informationsbedarfes sind die spezielle Problemstellung (z. B. eine definierte Entscheidungssituation), aus der sich der objektive Informationsbedarf in personeller, sachlicher, zeitlicher und örtlicher Sicht ergibt sowie der Benutzer, dessen subjektive Wertschätzung und Nutzenbestimmung zur Informationsnachfrage führt [106, S. 65 f.]. „Zwischen subjektivem Informationsbedarf (Informationsnachfrage) und objektivem Informationsbedarf besteht ein Zusammenhang insofern, als ein Subjekt, das mit der Lösung eines Problems beschäftigt ist, sowohl subjektiv beeinflußte Informationsnachfrage äußert als auch bemüht sein wird, objektiv erkennbare Informationen zu bestimmen [106, S. 66].“ Aus der solchermaßen umrissenen Informationsnachfrage ist das Informationsangebot abzuleiten. Dies wird vor allem durch folgende Probleme erschwert: die Informationsnachfrage wird nicht nur weitgehend von subjektiven Wert- und Nutzenschätzungen bestimmt, sondern es konkurrieren auch häufig persönliche Interessen mit denen der Unternehmung. Komplexe Entscheidungssituationen sind nur unvollkommen determinierbar, weshalb der Informationsbedarf auch nur unvollständig bestimmt werden kann. Außerdem ist oft zwischen der Entstehung bzw. dem Bekanntwerden einer Problemsituation und dem eigentlichen Entscheidungszeitpunkt ein so geringer zeitlicher

Puffer vorhanden, daß selbst definierbare Informationen nicht mehr beschafft werden können. Hier müssen dann die Kriterien von Unsicherheit und Risiko zum Ansatz gebracht werden. Zukünftige Entscheidungssituationen können nur in ihrer grundsätzlichen Fragestellung vorausgesehen werden und sind dann einer standardisierten Gestaltung des Informationsangebotes – wie z. B. für das FuE-Antragsverfahren – zugänglich. Doch auch in diesen Fällen ist kaum eine Entscheidungssituation mit einer anderen identisch. Es treten immer wieder neue Parameter auf, die zu neuen Entscheidungssituationen führen und damit neue Informationsbedürfnisse nach sich ziehen.

Als Quintessenz kann festgestellt werden: Der Informationsstand ist dann am größten, wenn subjektive Informationsnachfrage, objektiver Informationsbedarf und tatsächliches Informationsangebot eine größtmögliche Überschneidung erzielen. Die Forderung nach Wirtschaftlichkeit und Effizienz erschwert diese Zielsetzung noch zusätzlich. Die Informationskosten werden zunehmend zu berücksichtigen sein, wenn zwischen den Wünschen des Managements und den an Wirtschaftlichkeitskriterien sich orientierenden Möglichkeiten der Informationsversorgung abzuwägen sein wird. (Zur Erfassung und Kalkulation der Informationskosten vgl. [254, 304, 312, 401, 403, 418, 420]).

4.2.2.4.2 Die Zuordnung von Daten und Informationen zu den Produktmanagement-Ebenen

Die Information als Produktivfaktor ist in rationell arbeitenden Kommunikations- und Informationskreisen so zu behandeln, daß sie rechtzeitig für die zu treffenden Entscheidungen zur Verfügung steht. Dies führt wiederum zu einer breiten Basis der Informationsverarbeitung in der Unternehmung und steht in vollem Einklang mit der geforderten Beteiligung aller verantwortlichen Mitarbeiter. Eine – nicht notwendigerweise institutionalisierte – Querorganisation erscheint geeignet, die notwendige Verbesserung der Informationsversorgung der Unternehmung zu bewirken. Die Determinanten von Informationsbedarf, -nachfrage und -angebot können gemeinsam diskutiert werden und man gewinnt konkrete Ansatzpunkte für die Verbesserung des Informationsmanagements.

Sinn und Zweck eines umfassenden Systems der produktorientierten Planung, Steuerung und Kontrolle kann jedoch nicht die ständige Diskussion aller Daten und Informationen auf allen hierarchischen Ebenen sein. Ziel muß es vielmehr sein, die Einheitlichkeit der Geschäftsführung auf allen

Stufen sicherzustellen und fallweise den Durchgriff auf die Basisinformationen zu ermöglichen. Um das zu veranschaulichen, wurde eine Matrix (Abb. 42) erstellt, in der Informationsart und Managementebene (der Produktqueorganisation) einander zugeordnet sind. Dabei soll zwischen bereichs- und produktorientierten Informationen bzw. zwischen ausführlicher Information (alle verfügbaren Informationen bezüglich eines Sachverhaltes werden benutzt) und partieller Information (nur ausgewählte Informationen aus dem vorhandenen Angebot werden benutzt) differenziert werden. Die Entwicklung einer derartigen Matrix – das hier vorgestellte Beispiel kann nur als Ansatzpunkt für eine tiefergehende Aufgliederung dienen – steht im Zentrum einer produkt- und managementorientierten Informationsanalyse und -synthese. Die Dimensionen dieser Analyse und Synthese ergeben sich aus der bereits erwähnten Fragestellung der Logistik: wer braucht welche Informationen, zu welchem Zweck, wann, wo und in welcher Form? Als einzeln zu betrachtende Dimensionen ergeben sich das Management (wer?), die Informationsarten (nach Zweck, Nutzen, Ziel und Objekt), die Zeit (wann?), der Ort (wo?) und die sachliche Aufbereitung (welche Form?). In der hier vorgestellten Matrix werden die Dimensionen Management (in der Rolle des Informationsempfängers) und Informationsart (in der Ausprägung als funktions- und objektorientierte Planinformation) miteinander verknüpft. In dieser Zusammensetzung ist diese Matrix eine Vertiefung der in Abbildung 14 dargestellten Zuordnung von Organisations- und Plansystem unter Zugrundelegung der wichtigsten Daten der produktorientierten Planung, Steuerung und Kontrolle.

Aus dieser Zuordnung lassen sich zwar die Informationen für die einzelnen Managementstufen ablesen, eine Bestimmung der Managementinformationen ist dadurch jedoch noch nicht gegeben. Geht man davon aus, daß ganz allgemein diejenigen Informationen als Managementinformationen bezeichnet werden können, die das Management zur Erfüllung seiner Aufgaben braucht, dann ergeben sich eine Fülle von sachlichen und persönlichen Kriterien für die Klassifizierung und Abgrenzung von Managementinformationen. Es ist also zweckmäßig, die vielfältigen Aspekte auf einige grundsätzliche Kriterien, wie z. B. die Verdichtung (= Zusammenfassung von Einzelinformationen) und die Verknüpfung (= Zusammenführung von Informationen nach bestimmten Algorithmen) [106, S. 52 f.] zurückzuführen. Da die Informationsnachfrage benutzerorientiert erfolgt, also der benutzerindividuellen Nutzenschätzung unterliegt, kann aus der sachlogischen Verknüpfung von Informationsart und Managementebene zwar eine potentielle Managementinformation hergeleitet werden. Tatsächlich liegt eine Managementin-

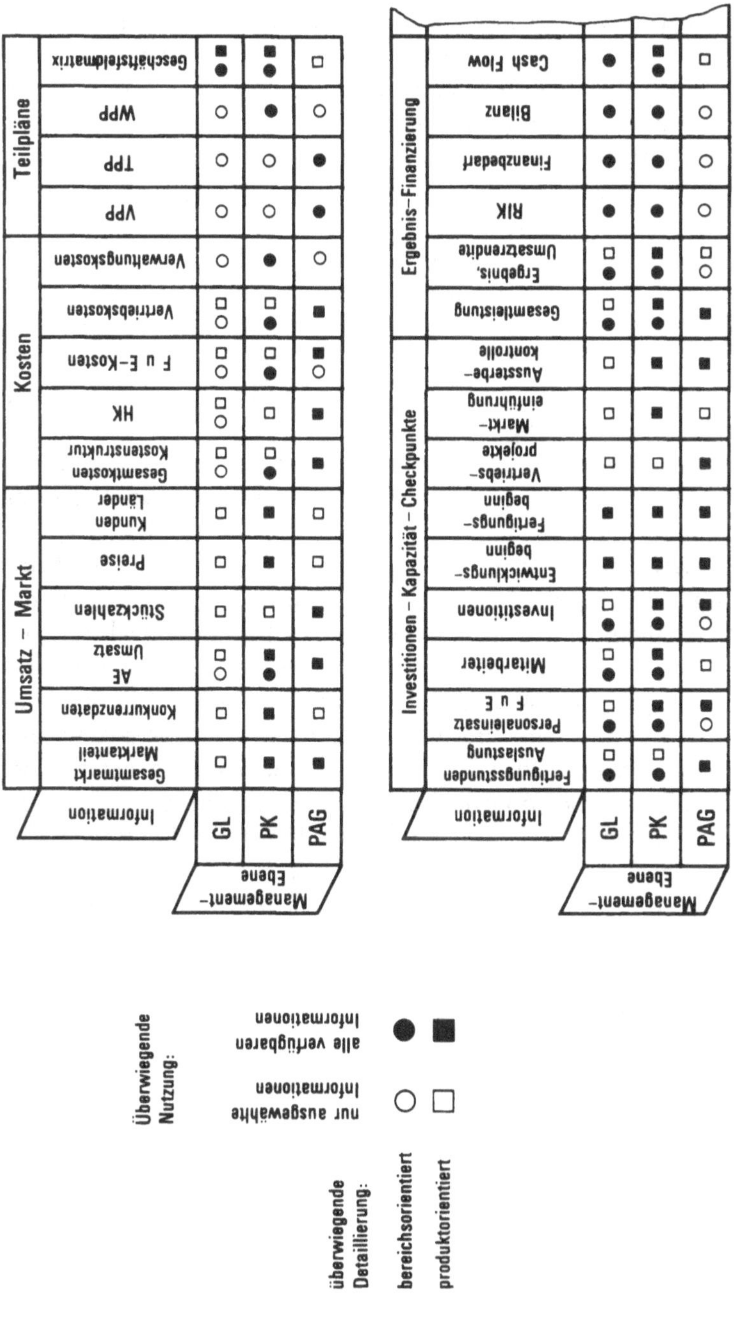

Abb. 42 Zuordnung ausgewählter Informationen und Informationskonzentrate zu den Produkt-Management-Ebenen

formation erst dann vor, wenn diese vom Management auch benutzt wird: „Die Verwendung (Akzeptanz, Benutzung) durch die betreffenden Führungskräfte ist eine notwendige Bedingung für das Vorliegen einer Management-Information [106, S. 53]." Diese Feststellung bedingt die Beteiligung aller Führungskräfte bei der Konzeption eines produktorientierten MIS. Nur im Wege der Vereinbarung können jene Informationen festgelegt werden, die das Management primär für die Erfüllung seiner Aufgaben braucht. Dabei ist über einen definierten Zeitraum hinweg eine gewisse Konstanz der Aussage anzustreben, damit die Kontinuität der Diskussion über unternehmerische Sachverhalte gewahrt bleibt. Ein Beispiel dafür ist der Planrahmen, durch den festgelegt wird, welche Informationen vom Mangement zur Führung der Gesamtunternehmung und seiner Teilbereiche bei der Planung, Steuerung und Kontrolle ständig benötigt werden.

Die institutionell erzwungene Zusammenarbeit in den Produktkommissionen und Produktarbeitsgruppen führte nach anfänglichen Widerständen zu einer größeren Transparenz und Akzeptanz des vorhandenen Informationsangebotes. Das ist auch darauf zurückzuführen, daß einzelne Mitarbeiter jetzt einen legitimen Zugriff auf Informationen aus dem benachbarten Funktionsbereich erhalten. Dieser Zugriff war ihnen vorher gelegentlich auch aus machtpolitischen Gründen versagt. Bemerkenswert ist in diesem Zusammenhang ein oft festgestellter Widerspruch: einerseits wird die Informations-(sprich Papier-)flut von den Informationsbenutzern pauschal beklagt und andererseits wird von denselben Benutzern kaum ein Spielraum gesehen, das standardisierte Informationsangebot zu reduzieren. Das ist ein Indiz für die bereits zitierte Unsicherheit über Umfang und Inhalt von Informationsbedarf, -angebot und -nachfrage. Diese Unsicherheit kann reduziert werden, indem Umfang, Inhalt und Darstellung der Plan- und Kontrollinformationen mit den Benutzern in Abständen überprüft werden. Dabei kann auch um Verständnis für das insgesamt notwendige Informationsangebot geworben werden, denn jeder Funktionsmanager sieht primär seinen individuellen Informationsbedarf, der zugleich Maßstab für seine Beurteilung des gesamten Informationsstandes ist.

4.2.3 Ziele, Aufgaben und Arbeitsweise der Produktinstanzen

4.2.3.1 Ziele und Aufgaben

Produktkommissionen und Produktarbeitsgruppen sind die Träger des Produktmanagements und als solche Subsysteme des Führungssystems. Demzufolge haben sie den Auftrag, die allgemeinen Ziele und Aufgaben des Produktmanagements zu verfolgen. Die Produktplanung wird damit zu ihrem zentralen Führungsinstrument und sie haben neben der Entlastung der Geschäftsleitung die spezielle Aufgabe, das Marketingdenken in allen Bereichen zu vertreten, indem die Entwicklung näher an den Markt und der Vertrieb (Markt) näher an die Entwicklung herangerückt wird. Gleichzeitig muß in diesem Wechselspiel ein Frühwarnsystem eingerichtet werden, das dazu beiträgt, daß Veränderungen der Umwelt und des Marktes schneller in die Organisation hineingetragen werden und somit das Risiko vermindert und die Reagibilität erhöht werden können.

Die primären Ziele der Produktinstanzen werden im System der Zielvereinbarung aus den Zielen der Unternehmung abgeleitet und in Führungsgrößen umgesetzt. Die sekundären Ziele orientierten sich an diesen primären Zielen und beziehen sich generell auf die optimale Durchführung der Produktvorhaben in der Quer- und Linienorganisation. Sie sind auf die Erfüllung der einzelnen Planungsfunktionen gerichtet.

4.2.3.1.1 Ziele und Aufgaben der Produktkommissionen (PK)

Die produktorientierte Teamorganisation kann nur unter bestimmten Voraussetzungen voll funktionsfähig arbeiten. Dazu gehören z. B. klare Kompetenzregeln, die sich mit der Linienorganisation vereinbaren lassen und ein Planungs-, Steuerungs- und Kontrollsystem, das dieser Führungsmethode angepaßt ist.

Die Produktkommissionen betreuen ein Teilspektrum eines Geschäftsbereiches und sind für dessen Planung, Steuerung und Kontrolle im Rahmen der mit der Geschäftsbereichsleitung vereinbarten Zielsetzung zuständig. Dies umfaßt im Rahmen der Spektrumsplanung nicht nur die Betreuung der existierenden Produkte bis zur Aussterbekontrolle, sondern auch eine systematische Nachfolgeplanung für auslaufende Produkte und die Förderung und Generierung neuer Ideen. Die Mitarbeiter in den Produktkommissionen tragen die Verantwortung für den optimalen Einsatz der ihnen anvertrauten

Ressourcen und für den damit erzielten technischen und wirtschaftlichen Erfolg. Wegen des mit dieser Verantwortung verbundenen Entscheidungsspielraumes muß die Produktkommission dem Leitungskreis im weitesten Sinne zugeordnet werden. Geschäftsbereichsleitung (bestehend aus dem Leiter und dem um die Funktionsmanager erweiterten Leitungskreis) und Produktionskommission bilden somit ein dreidimensionales Führungssystem, in dem Bereichs-, Funktions- und Produktinteressen gleichberechtigt miteinander verbunden sind. Zu den speziellen Aufgaben der Produktkommission im Rahmen ihrer Führungsfunktion gehören:

1. Ausarbeitung von Zielen, Strategien und Maßnahmen für das Produktspektrum, Bestimmung der Beiträge von Forschung und Entwicklung, Fertigung, Vertrieb und kaufmännischer Verwaltung, Abstimmung mit benachbarten Produktgebieten und allgemein anwendbaren technologischen Vorhaben sowie Verabschiedung der Ziele, Strategien und Maßnahmen zusammen mit der Geschäftsleitung.
2. Aufnahme neuer Produktideen, Einleitung, Organisation und Unterstützung von Innovationsprozessen (unter Einsatz der Wertanalyse und moderner Problemlösungstechniken), Ausarbeitung von Vorschlägen für die Aufnahme von Produktentwicklungen und Herbeiführung der Entscheidung der Geschäftsleitung an Hand eines begründeten Entwicklungsantrages.
3. Steuerung und Kontrolle des Entwicklungsprozesses, des Fertigungsdurchlaufes, des Fertigungsausstoßes, der Auslieferung und der Erstellung der kompletten Lieferleistung (einschließlich der Montage) beim Kunden. Bei diesem Komplex muß eine enge Verbindung zu den Linienstellen hergestellt werden. Die Produktkommission kann nur die übergeordnete Planung, Steuerung und Kontrolle übernehmen. Die detaillierte Ablaufplanung, -steuerung und -kontrolle muß von den zuständigen Linienstellen wahrgenommen werden.
4. Mitwirkung bei der Verlagerung der Fertigung zwischen verschiedenen Standorten im In- und Ausland, Vergabe von Entwicklungsaufträgen an Landesgesellschaften, Koordinierung der FuE-Vorhaben zwischen dem Zentralbereich Technik, dem Geschäftsbereich und den Landesgesellschaften.
5. Verfolgung des Produktlebenszyklus von der ersten Idee bis zur Aussterbekontrolle und Veranlassung einer konsequenten Spektrumsbereinigung.
6. Steuerung und Kontrolle der technischen, vertrieblichen und wirtschaftlichen Produktplanung, Herbeiführung der sachlichen Übereinstimmung

der Produktplanung mit der Wirtschaftsplanung, Umsetzen der Spektrumsplanung in die Einzelpläne der Funktionsbereiche, Diskussion der Produktpläne mit den Produktarbeitsgruppen und Verabschiedung der Pläne mit der Geschäftsleitung.

7. Vorbereitung und Durchführung von Abstimmgesprächen mit der Geschäftsleitung über Ziele, Strategien und Maßnahmen, gezielte Information der Geschäftsleitung über außergewöhnliche Ereignisse, die deren Engagement bedürfen, Herbeiführung von Abstimmgesprächen auf höherer Leitungsebene.
8. Einberufung, Betreuung und Auflösung von Produktarbeitsgruppen, Erarbeitung einer klaren, schriftlich niedergelegten Aufgabenstellung für die Produktarbeitsgruppe zu Beginn deren Tätigkeit, Modifizierung dieser Aufgabenstellung auf Grund von Änderungen.
9. Steuerung und Kontrolle der laufenden Produktarbeitsgruppen-Tätigkeit im Rahmen einer formalisierten und flexiblen Berichterstattung, Information der Produktarbeitsgruppe über wesentliche Randbedingungen, die deren Aufgabengebiet betreffen.

Alle diese Aktivitäten sind in ihrem Kern auf die Produktprogramm- und Potentialplanung ausgerichtet. Diese steht im Mittelpunkt strategischer Überlegungen und bedingt eine kontinuierliche Kommunikation und Information mit der Geschäftsleitung und den zuständigen Mitarbeitern in den Linienstellen und Arbeitsgruppen nach festen Spielregeln (Entwicklungsantragsverfahren, Berichterstattung, Plandurchsprachen). Dadurch wird sichergestellt, daß auch über die einzelnen Produkte und Teilspektren hinweg ein Interessenausgleich im Sinne einer einheitlichen Geschäftsführung jederzeit erfolgen kann. Die Prinzipien des Managements by Objectives, die im System der Zielvereinbarung weitgehend ihren Niederschlag finden, die des Managements by Exception zur Reduktion des Engagements der Leitung auf die wesentlichen Aufgaben und die des Managements by Delegation [419] sind Bestandteil dieses mehrstufigen und mehrdimensionalen Führungssystems.

4.2.3.1.2 Ziele und Aufgaben der Produktarbeitsgruppen (PAG)

Die Produktarbeitsgruppe ist Teil der produktorientierten Querorganisation. Ihr Ziel ist die Optimierung des Produkterfolges durch eine auf das Produkt ausgerichtete Zusammenarbeit und Koordinierung aller Funktionen.

Der Entscheidungsspielraum der Produktarbeitsgruppen beschränkt sich auf die Wahlmöglichkeiten innerhalb eines Produktvorhabens im Rahmen ihrer Linienkompetenzen. Prioritäten zwischen verschiedenen Produkten können nur von den übergeordneten Instanzen gesetzt werden, auch wenn eine Produktarbeitsgruppe mehrere Produkte eines (Teil-)Spektrums betreut. Die Hauptaktivitäten der Mitglieder einer Produktarbeitsgruppe sind auf die Einhaltung eines durch sie erarbeiteten und von der Produktkommission genehmigten Kapazitäts- und Terminplanes gerichtet. Ein größerer Aktionsradius ergibt sich für die Mitglieder einer Produktarbeitsgruppe während der Konzeptphase zu Beginn einer Produktentwicklung. Hier werden das Wissen, die Erfahrung sowie Kreativität und Innovationsvermögen jedes Einzelnen in der Gruppe gefordert. Jetzt erweist sich die Produktarbeitsgruppe als Brennpunkt für die funktions- und objektbezogenen Überlegungen: die Beiträge aller betroffenen Linienstellen müssen zu einem ausgewogenen Produktkonzept zusammengeführt werden.

Im einzelnen sind folgende Ziele und Aufgaben der Produktarbeitsgruppe (PAG) besonders hervorzuheben:

1. Die Produktarbeitsgruppe hat das Ziel dafür zu sorgen, daß das ihr anvertraute Produkt im Rahmen der mit der Produktkommission vereinbarten Zielsetzung nach einem marktgerechten Konzept unter Minimierung der Selbstkosten geplant, entwickelt, gefertigt und vertrieben wird. Das Gedankengut von Wertanalyse und Wertgestaltung sowie die Arbeitstechniken der Netzplantechnik und der Projektfortschrittskontrolle (bezüglich Personaleinsatz für die Entwicklung, Zeiten und Kosten sowie für den Gesamtablauf) sind dabei einzusetzen.
2. Die Produktarbeitsgruppe operiert als Drehscheibe der Information und Kommunikation für alle Belange, die funktionsüberschreitender Natur sind und die einer Abstimmung und Vereinbarung über weitere gemeinsame Schritte bedürfen. In diese Koordinierung sind auch diejenigen Beiträge von Stellen einzubringen, die nicht unmittelbar in der Produktarbeitsgruppe vertreten sind.
3. Die Produktarbeitsgruppe betreut ein Produkt von der ersten Idee bis zur Aussterbekontrolle. Dabei werden entsprechend dem Produktlebenszyklus (Abschnitt 5.1.1.1.2) die einzelnen Funktionen mit unterschiedlicher Intensität wirksam. Dennoch muß die Gemeinsamkeit des Denkens und Handelns jederzeit sichergestellt sein.
4. Die Produktarbeitsgruppe plant, steuert und überwacht das Produktgeschehen nach einem vorher festgelegten Phasenschema, das auf die Besonderheiten des Produktgebietes zugeschnitten werden muß. Zu den Schwerpunkten der Kontrolle gehören der Personaleinsatz im Entwick-

lungsbereich, Termine, Arbeitsfortschritt, Erstellung der Fertigungsunterlagen, Fertigungsdurchlauf einschließlich -ausstoß und die Auslieferung. Die Mitglieder der Produktarbeitsgruppe haben gemeinsam dafür zu sorgen, daß Störungen auf ein Minimum beschränkt und – notfalls unter Einschaltung der Produktkommission – sofort beseitigt werden.

5. Die Produktarbeitsgruppe informiert die Produktkommission mit Hilfe einer formalisierten und kurzgefaßten Berichterstattung laufend über wesentliche Meilensteine. Die Produktarbeitsgruppe muß auch von sich aus Linienstellen ansprechen, die im Einzelfall von einem Problem berührt sind oder von denen spezielle Beiträge erwartet werden.
6. Die Produktarbeitsgruppe hat die Abstimmgespräche mit den Linienstellen und mit der Produktkommission im Rahmen der jährlichen Planung vorzubereiten und durchzuführen. Dadurch wird einerseits der Aufbau der Planung von unten her im System der Zielvereinbarung ermöglicht und andererseits wird die Einheitlichkeit der Geschäftsführung von oben her bis zum Produkt sichergestellt.

Grundsätzlich hat jedes Mitglied primär die Aufgabe, den eigenen Funktionsbereich zu vertreten. Da die Rolle der Kaufmännischen Verwaltung bzw. die des Planungskalkulators oft schwierig zu bestimmen ist, soll diese näher erläutert werden. Die Produktkalkulation baut auf dem technischen Konzept auf. Grundlage für die Kalkulation der Herstellkosten sind kalkulationsfähige Unterlagen, die aus dem Konzept heraus entstehen und die zunehmend konkretisiert werden müssen. Das stellt im Frühstadium der Entwicklung hohe Anforderungen an das Einfühlungs- und Ahnungsvermögen des Kalkulators. „Damit den Erfordernissen der WPP bezüglich der HK-Abschätzung für noch nicht entwickelte oder in Entwicklung befindliche Produkte entsprochen werden kann, werden . . . Entwicklungs-Kalkulatoren herangebildet [354, S. 9].“ Mit dieser Aufgabenstellung ist auch die Wertanalyse eng verbunden. Deshalb kann dieser Entwicklungskalkulator auch als Spezialist für Wertanalyse aufgebaut werden, der in der Produktarbeitsgruppe für die Verbreitung dieser Spezialkenntnisse, insbesondere bei den zuständigen Technikern, sorgen kann. Aus diesen Spezialisten für Kalkulation und Wertanalyse kann der Typ des Ingenieurkalkulators heranwachsen, „. . . der auch die grundlegenden entwicklungstechnischen Zusammenhänge kennt und die Entwicklungsstellen in allen Kostenfragen schnell und kompetent beraten kann. Dieser Kostenberatung der Entwicklungsstellen, der Überwachung der HK-Entwicklung des Produkts im Entwicklungsstadium ist viel größere Aufmerksamkeit als bisher zu widmen. Durch den zunehmenden Kostenanteil der Bauelemente und der normierten Grundbausteine werden die HK von Nachrichtensystemen tendenziell weit überwiegend von den Entwicklungsstellen bestimmt und sind nur zu einem kleinen Teil von der Fabrik beeinflußbar; es ist daher angebracht, den Druck nach niedrigeren HK erst dann allein auf die Fabrik zu verlagern, wenn kontinuierlich während der Entwicklung des Produkts alle Anstrengungen unternommen und alle Möglichkeiten genutzt worden sind, die HK vom technischen Konzept her so niedrig wie möglich zu halten. Eine Aufgabe des Ingenieurkalkulators wäre es auch, das Minimum der Summe von Entwicklungskosten plus Herstellkosten der Gesamtstückzahlen eines Produktes zu finden, was dem wirtschaftlichen Optimum entspräche [354, S. 9 f)."

Arbeitet der Ingenieur-Kalkulator insbesondere mit dem Vertriebskaufmann, dem Fertigungskaufmann und der zentralen Planungsstelle eng zusammen, dann sind die bestmöglichen Voraussetzungen für die Durchführung der Planung im Team im Hinblick auf Darlegung der Kosten, der Leistung und der Ertragslage gegeben.

4.2.3.1.3 Die Rolle der Geschäftsleitung

Es ist nötig, hier auch kurz die besondere Rolle der Geschäftsleitung als oberste Produktinstanz eines Geschäftsbereiches zu betrachten. Die Geschäftsleitung muß eine globale Strategie entwerfen und diese in operationale Produktstrategien umwandeln. Hier erweist sich die Produktkommission als Transformator für das Umsetzen einer Bereichsstrategie in Strategien, die auf die einzelnen Geschäfte (Produkte auf Märkten) ausgerichtet sind. Das erfordert einen kontinuierlichen Dialog zwischen der Leitung und der Produktkommission, entweder generell bei routinemäßigen Aussprachen oder auch speziell über die Linieninstanzen. Wenn diese Führung, dieser Dialog – gleichgültig ob aus sachlichen, zeitlichen oder personellen Gründen – nur selten oder überhaupt nicht stattfinden kann, dann bleiben Strategie und Taktik dem Zufall überlassen. Um das Notwendige mit dem Möglichen zu verbinden, muß sich die Geschäftsleitung als Produktinstanz auf folgende drei Aufgaben konzentrieren:

1. Die Strategie eines Bereiches muß in ihren Grundzügen bekannt gemacht werden und ist in einer Aussprache mit den Produktkommissionen diesen darzulegen. Die Leitung muß dafür sorgen, daß die Globalvorstellungen ihren Niederschlag finden in den Zielen und Maßnahmen, die im Rahmen der jährlichen Wirtschafts- und Produktplanung erarbeitet werden.
2. Mindestens zweimal im Jahr – in Krisenzeiten öfter – muß ausgiebig und

in aller Ruhe das Teilspektrum einer Produktkommission mit dieser diskutiert werden. Mindestens einmal im Jahr muß das künftige FuE-Programm durchgesprochen werden, wozu auch die konsequente Verfolgung technologischer Trends und, daran anknüpfend, die rechtzeitige Einleitung geeigneter Innovationsprozesse gehört.

3. Für den laufenden Kontakt zum Geschäft ist eine flexible Kommunikation und Information zwischen dem Leitungskreis und der Produktkommission einzurichten. Dazu eignet sich eine kurzgefaßte Berichterstattung mit Checklistcharakter, die eine permanente Information über ausgewählte Problemkreise erlaubt. Darüber hinaus muß der persönliche Kontakt gepflegt werden, indem einzelne Produktionskommissionen routinemäßig zu einem Kurzbericht in die periodisch (z. B. wöchentlich) stattfindende Leitungssitzung eingeladen werden. Diese Zusammenkünfte dienen in erster Linie zur Diskussion aktueller Probleme, die ein unmittelbares Eingreifen der Leitung erfordern. Wenn der dazu notwendige Formalismus gering gehalten wird und wenn ein kontinuierlicher Gedankenaustausch zwischen der Leitung und der Querorganisation eingerichtet werden kann, dann bestehen berechtigte Aussichten auf eine fruchtbare produktorientierte Zusammenarbeit auf allen hierarchischen Ebenen. Die sachliche Notwendigkeit und der psychologische Nutzen dieser „Führung by Participation" können nicht nachdrücklich genug betont werden.

4.2.3.2 Die Arbeitsweise der Produktinstanzen

Die Aufgabenstellung von Produktkommission und Produktarbeitsgruppe – insbesondere in Abgrenzung zur Linie – verlangt die Berücksichtigung einiger Grundregeln der Zusammenarbeit innerhalb und zwischen den einzelnen Instanzen.

4.2.3.2.1 Die Arbeitsweise der Produktkommissionen (PK)

Die Produktkommission wird von der Geschäftsleitung einberufen. In ihr sind grundsltzlich die Linienverantwortlichen des jeweiligen Geschäftszweiges vertreten. Um die Zahl der Mitglieder auf ein vernünftiges Maß zu beschränken, müssen diese autorisiert werden, die Belange ihres Funktionsbereiches über ihr eigenes Arbeitsgebiet hinaus zu vertreten. Für die Steuerung und Koordinierung der Teamarbeit ist die Rolle eines ‚Sprechers' bzw. ‚Vorsitzenden' vorgesehen, der zu den Arbeitssitzungen einlädt, diese leitet und die Produktkommission auch gegenüber der Geschäftsleitung vertritt. Diese Rolle wird zweckmäßigerweise dem Geschäftszweigleiter übertragen, der ohnehin als primus inter pares wirkt, da von ihm wesentliche Impulse für die Führung dieses Verantwortungsbereiches (= Geschäftszweig) erwartet werden.

In der Produktkommission sind alle Mitglieder gleichberechtigt, bei Beschlüssen muß die Zustimmung aller erwirkt werden. Das gebietet schon die Interdependenz mit den Belangen benachbarter Produktgebiete. Es wäre undenkbar, daß der Vertreter der Fertigung überstimmt wird, wenn die Kapazitätsbelegung nur in Abstimmung mit den Interessen anderer Produktgebiete, die dieselbe Kapazität beanspruchen können, durchgeführt werden kann. Wenn Differenzen auftreten, deren Bereinigung die Produktkommission selbst nicht herbeiführen kann, dann muß der zuständige Funktionsmanager in der Geschäftsleitung oder der gesamte Leitungskreis angerufen werden. Die Einstimmigkeit der Beschlüsse in der Produktkommission impliziert nicht zwangsläufig die Einmütigkeit aller Mitglieder. Kompromisse bedeuten immer den Verzicht auf Teile eines angestrebten Ganzen. Entscheidend ist, daß ein Kompromiß auf ein gemeinsames Ziel hin geschlossen wird und daß diese Entscheidung von allen getragen wird, auch von denjenigen, deren Forderungen nicht voll entsprochen werden konnte. Eine Überbetonung von Einzelinteressen würde das gemeinsame Ziel in Frage stellen. Jeder Einzelne kann sich nur dann langfristig behaupten, wenn die ganze Produktgruppe und das einzelne Produkt technisch und wirtschaftlich die höchstmögliche Leistungsfähigkeit entfalten.

Zur Erledigung von Verwaltungs- und sonstigen organisatorischen Aufgaben kann in die Produktkommission ein sogenannter Produktreferent entsandt werden. Dieser ist als Mitarbeiter der zentralen Planungsstelle (Abschnitt 4.1.2.5) stimmberechtigtes Mitglied in der Produktkommission und in ausgewählten Produktarbeitsgruppen. Der Produktreferent hat die Aufgabe, die Produktkommission und Produktarbeitsgruppe bei der Planung, Steuerung und Kontrolle des Produktgeschehens zu unterstützen. Dazu gehören u. a. folgende Tätigkeiten:

- Abfassung der Protokolle für den Produktkommissions-Sprecher und Erledigung aller Formalia wie Einladung, Raumbeschaffung, Tagesordnung
- Redaktion der Entwicklungsanträge (Erstellung und Fortschreibung)
- Erfassung, Aufbereitung und Systematisierung der Produktdaten
- Betreuung der Produktkommissions-Sitzungen durch Erledigung aller

notwendigen Formalitäten sowie die Bereitstellung der Unterlagen und die Entgegennahme und Weiterverfolgung von Aufgaben
- Pflege, Anpassung und Weiterentwicklung der die Produktplanung unterstützenden Methoden und Verfahren
- Mitwirkung bei Vorgabe, Abstimmung und Verfolgung von Terminen für die laufende Produktarbeit
- Verbindung der Querorganisation (Produktkommission, Produktarbeitsgruppe) mit der Linie durch eine entsprechende Darstellung und Koordinierung des Informationsflusses
- Verbindung zu allen Verfahren der Planung, Steuerung und Kontrolle im Geschäftsbereich, damit eine sachbezogene und pragmatische Verknüpfung individueller Belange des Produktgebietes und allgemeiner Anforderungen des Bereiches erreicht werden kann
- Information und Schulung der in das Produktgeschehen hineinwachsenden Nachwuchskräfte aus allen Funktionsbereichen.

Die Wahrnehmung dieser Aufgaben bedingt fundierte technische Kenntnisse des betreffenden Produktgebietes ebenso wie die Beherrschung des betriebswirtschaftlichen Instrumentariums unter besonderer Berücksichtigung der Informationsbeschaffung aus dem Rechnungswesen.

In der Praxis der Referententätigkeit zeigt sich, daß diese eine wertvolle Hilfe darstellen kann, wenn bestimmte Aufgaben auf Anordnung der Produktkommission in der Produktarbeitsgruppe und in den Linienstellen durchgeführt werden sollen. Der Produktreferent kann hier informierend und vermittelnd eingreifen und trägt dazu bei, daß Informationsaustausch und Aufgabenerledigung zwischen Linien- und Querorganisation rasch und ohne hemmende Umwege erfolgen können. Seine Kompetenz leitet sich aus dem Auftrag der Produktkommission ab, woraus durchaus Konflikte mit den zuständigen Stellen entstehen können, da er gelegentlich auch als Übermittler von Weisungen auftritt, wenn auch nicht in eigener Sache. Er benötigt das uneingeschränkte Vertrauen aller Mitglieder der Produktkommission und muß durch sein Wirken in der Umwelt jenes Maß an Akzeptanz erreichen, das er braucht, um seine Rolle voll und ganz erfüllen zu können. Wenn das gelingt, dann kann er wesentlich zur Steigerung der Effizienz der Produktkommissions- und Produktarbeitsgruppen-Tätigkeit beitragen.

Zur Durchführung ihrer Aufgaben trifft sich die Produktkommission in bestimmten Abständen, die sich aus dem Geschäftsverlauf ergeben. Um die Flexibilität zu erhöhen und um dennoch den Nutzen der Teamarbeit voll zu gewinnen, sind auch Absprachen zwischen einzelnen Mitgliedern vorzusehen. Nicht jedes Problem zwischen Vertrieb und Fertigung muß in der Produktkommission diskutiert werden. Es genügt die Absprache zwischen den betroffenen Funktionen bei gleichzeitiger Sicherstellung der Querschnittskoordinierung durch entsprechende Information.

4.2.3.2.2 Die Arbeitsweise der Produktarbeitsgruppen (PAG)

Die für die Produktkommission genannten Regeln der Zusammenarbeit gelten für die Produktarbeitsgruppen sinngemäß. Die Produktarbeitsgruppe wird von der Produktkommission eingesetzt und aufgelöst. Sie erhält von dieser die Aufgaben und wird von ihr betreut. Die Mitglieder sind gleichberechtigt und werden von ihren Vorgesetzten benannt. Ein Wechsel sollte möglichst bis zum Beginn der Serienlieferung eines Produktes vermieden werden. Gegebenenfalls bestimmt der Vorgesetzte einen Nachfolger und unterrichtet die Produktarbeitsgruppe über ihren Sprecher. Dieser ist primär als Ansprechstelle für alle produktbezogenen Belange zu sehen. Er organisiert die Besprechungen, kümmert sich um einen vernünftigen Ablauf und vertritt die Gruppe gegenüber der Produktkommission. Er ist damit auch Ansprechpartner für die Produktkommission, wenn Probleme zu lösen sind, die das ganze Team betreffen. Der Sprecher lädt zu den Sitzungen ein, die von jedem Mitglied herbeigeführt werden können. Ort, Zeit und Tagesordnung müssen durch ihn so frühzeitig bekannt gegeben werden, daß jedes Mitglied verfügbar ist und vorbereitet erscheinen kann. Zweckmäßigerweise übernimmt er auch die Schriftführung. Bei der Leitung der Sitzungen muß der Sprecher als primus inter pares auch gelegentlich ein Machtwort sprechen, wenn die Diskussionen kein Ende nehmen oder wenn zuviele Menschen in die Besprechung drängen. Letzteres ist im Grunde genommen verständlich, wenn man bedenkt, daß die Arbeitsgruppentätigkeit auch als Prestigeangelegenheit angesehen wird. Der Sprecher ist – in seiner Eigenschaft als Moderator – dazu autorisiert, hier ordnend einzugreifen und die notwendigen Teilnehmer zu bestimmen. In dieser Funktion kann er auch als Team-Promotor verstanden werden, der mit Geschick und Umsicht die organisatorischen Belange der Gruppenarbeit wahrnimmt. Der Produktarbeitsgruppen-Sprecher wird von der Gruppe im Einvernehmen mit der Produktkommission eingesetzt, wobei seine persönliche Qualifikation entscheiden soll und nicht die Zugehörigkeit zu einer bestimmten Funktion. Bei Neugründung einer Produktarbeitsgruppe oder in kritischen Situationen empfiehlt sich eine gezielte Besetzung der Sprecherfunktion durch die Produktkommission, um dem fähigsten Mitarbeiter diese schwierige Aufgabe zu übertragen. Je stärker sich die Arbeitsgruppentätigkeit in der Organisation durchsetzt, um so häufiger kann die Wahl des Sprechers dem Team selber überlassen bleiben. Um eine gewisse Konstanz der Arbeitsgruppentätigkeit zu erzielen, sollte der Sprecher nicht allzu häufig wechseln (z. B. etwa zwei- bis dreimal während eines siebenjährigen Produktlebenszyklus), wobei auch zu berücksichtigen ist, daß mehrere Mitarbeiter Gelegenheit haben sollen, Erfahrungen mit dieser Aufgabe zu sammeln.

Eine geschäftsführende Rolle wie beim Produktkommissions-Sprecher wird vom Produktarbeitsgruppen-Sprecher nicht erwartet. Diese Rolle muß grundsätzlich auch hier vom Geschäftszweigleiter wahrgenommen werden. Dieser kann allerdings einen Teil seiner Weisungsbefugnis vorübergehend an den Produktarbeitsgruppen-Sprecher delegieren, doch muß dies die Ausnahme bleiben. Bei etwa 120 Produktarbeitsgruppen eines Geschäftsbereiches ist es unmöglich, jeder einzelnen Produktarbeitsgruppe Leitungsbefugnis zu übertragen. Die Kompetenz der Produktarbeitsgruppe muß auf die Koordinierung und Steuerung der Produktaktivitäten im Rahmen des von der Produktkommission gesetzten Spielraumes beschränkt bleiben. Anders ist eine straffe, objektbezogene Führung eines Geschäftszweiges bei gleichzeitiger weitgehender Beteiligung der verantwortlichen Mitarbeiter nicht durchsetzbar.

Eine Arbeitsgruppe soll nicht aus mehr als sechs bis sieben Mitgliedern bestehen, damit eine effektive Zusammenarbeit gewährleistet ist. Das bedeutet, daß die Mitglieder ihren Funktionsbereich über das eigene Arbeitsgebiet hinaus vertreten müssen (so muß sich z. B. der Vertreter der Fertigung als Produktbetreuer sowohl um die Probleme der Fertigungsplanung, -steuerung und Auslieferüberwachung kümmern) und daß grundsätzlich nur die für die Lösung eines Problems direkt notwendigen Mitarbeiter eingeladen werden. In der Praxis hat sich gezeigt, daß dies nach einiger Übung und mit entsprechendem Engagement des Sprechers so ausgesteuert werden kann. Diese Vorgehensweise ist auch deswegen praktikabel, weil die Mitarbeiter aus allen Bereichen und Abteilungen, die an diesem bestimmten Produktvorhaben beteiligt sind, namentlich bekannt sind und jederzeit hinzugezogen werden können. Dieser Sachverhalt wurde oben als „who is who im Produktgeschehen" bezeichnet. Durch die Festlegung und Bekanntgabe der Produktverantwortlichen wird nicht nur eine klare Zuständigkeit geschaffen, sondern werden auch die Ansprechpartner bekannt, die sich nun nicht mehr aus Unkenntnis oder Desinteresse einer Stellungnahme zu vorgetragenen Problemen entziehen können. Damit ist des weiteren eine rasche Gewöhnung an eingespielte Mitarbeiter gegeben und es entstehen kurze Wege, die einen schnelleren Informationsaustausch ermöglichen. Außerdem entsteht auf Sicht jene Atmosphäre der Vertrautheit und Zusammengehörigkeit, die umso stärker gefördert werden muß, je mehr die zunehmende Spezialisierung in der Unternehmung die Mitarbeiter arbeitsorganisatorisch voneinander entfernt.

Die Produktarbeitsgruppen treffen sich während kritischer Phasen häufiger. Das wird in der Regel an der Schnittstelle zwischen den Funktionsbereichen der Fall sein (z. B. am Übergang von der Entwicklung zur Fertigung bei der Freigabe der Fertigungsunterlagen). Bei einer unmittelbaren Berührung zweier benachbarter Aufgabenbereiche sollte statt einer Vielzahl von Produktionsarbeitsgruppen-Sitzungen z. B. der Entwickler vorübergehend in der Fertigung mitarbeiten. Das Wesen dieses kompetenzübergreifenden Arbeitseinsatzes besteht darin, daß durch eine unmittelbare Verkoppelung angrenzender Aufgabenbereiche Sachprobleme besser gelöst werden können als in häufigen Diskussionen (z. B. Mitarbeit der Konstruktion bei der Konzeption von Fertigungseinrichtungen).

Um trotz der flexiblen Gruppenarbeit die gemeinsame Steuerung und Koordination sicherzustellen wurde vereinbart, daß sich jede Produktarbeitsgruppe mindestens drei- bis viermal im Jahr zu einer intensiven Durchsprache ihres Produktvorhabens treffen muß. Wenn für spezielle Themen nicht die Anwesenheit aller Produktarbeitsgruppen-Mitglieder erforderlich ist, dann müssen die Zwischenergebnisse in ihrem wesentlichen Gehalt bei der nächsten Vollsitzung kurz vorgetragen werden.

Können sich die Arbeitsgruppen über wesentliche Punkte nicht einigen, dann muß die Produktkommission angesprochen werden. Dies gilt auch bei Abweichungen von der vorgegebenen Zielsetzung und bei Fragen, die nur im Zusammenhang mit anderen Produkten beantwortet werden können oder die eine Rücksichtnahme auf die Geschäftspolitik erfordern. Durch die regelmäßigen Tagungen der Produktkommission ist die Kontinuität in der Produktführung gewährleistet und auch die Geschäftsleitung hat einen unmittelbaren Zugriff auf die Schwerpunkte des Produktgeschehens. Da die Linienverantwortlichen in der Produktkommission vertreten sind, finden die Mitglieder der Produktarbeitsgruppen ihre Linienvorgesetzten – wenn auch über eine oder zwei Stufen hinweg – wieder. Dadurch werden, wie bereits ausgeführt, die Führungsprobleme aus der Überschneidung von Linienorganisation und Teamarbeit auf ein Minimum beschränkt.

Sicherlich entstehen dabei auch eine Reihe von Problemen, mit denen man sich auseinandersetzen muß. Die betroffenen Mitarbeiter werden gezwungen, Teamarbeit „on the job“ mit allen damit verbundenen Unannehmlichkeiten, die die Auseinandersetzungen im Detail mit sich bringen, zu lernen. Konflikte im Team austragen ist weniger bequem, als ihnen auszuweichen, indem man sie vor sich herschiebt, bis die Ereignisse diese überrollt haben. Aus der vorausschauenden Aktion wird dann – was eigentlich vermieden werden soll – eine nachträgliche Reaktion. Ein anderer Aspekt besteht darin, daß die Vorgesetzten lernen müssen, mit solchen Arbeitsteams umzugehen. Eine aktuelle Arbeitsfortschrittskontrolle, die Motivation der Mitarbeiter, die persönliche Einstellung zum Arbeitserfolg einer Gruppe, die individuelle Förderung und die Beurteilung von Gruppenerfolgen stellen neue Anforderungen an die Führung.

Den Menschen in der Organisation muß bewußt werden, daß sie gemeinsam bessere Produktergebnisse erzielen und daß sie auch persönlich mehr gewinnen. Jeder Mitarbeiter wird durch diese Zusammenarbeit auf seinem Gebiet kompetenter und erreicht einen größeren Aktionsradius. Dadurch wird er auf die Dauer stärker in seiner Linie wirken können: Er gewinnt durch die Behandlung seiner Probleme aus der Gesamtschau heraus. Als Fazit kann festgehalten werden: Die Querorganisation dient auch zur Stärkung der Linie.

Daß die Teamarbeit diese Bedeutung erlangen kann, zeigen Beobachtungen aus der Praxis. Es gibt einige Arbeitsgruppen, die den Machtzuwachs, der in ihrer Einigkeit liegt, begriffen haben. Von diesen Teammitgliedern geht ein entsprechender sachbezogener Druck auf die Umwelt aus – auch auf die eigenen Vorgesetzten und auf die Produktkommission. Diese Tendenz gilt es zu unterstützen und zum Erfolg für alle Beteiligte zu führen. Andere Gruppen haben deshalb schwerer mit sich zu kämpfen, weil ihnen eine integrierende Kraft (z. B. in der Person eines fähigen Sprechers) fehlt. Hier müssen die Vorgesetzten unterstützend eingreifen, um die Menschen aus der Reserve zu locken und sie für den kompetenzübergreifenden Arbeitseinsatz zu gewinnen. Nicht jeder qualifizierte Fachmann ist von vorneherein für Teamarbeit geeignet. Hier bietet sich nun die Chance, qualifizierte Mitarbeiter systematisch weiterzuentwickeln; und dies unter realen Bedingungen, die später eine breitere Wirkung in der Unternehmung erwarten lassen.

4.3 Anforderungen an die Planungsträger

Das Produkt-Team-Management kann nur dann zur vollen Wirkung kommen, wenn die Menschen willens und fähig sind, kooperative Führung nicht nur zu akzeptieren, sondern auch zu praktizieren. Um Ansatzpunkte für eine aktive Unterstützung der Gruppenarbeit zu gewinnen, müssen nicht nur die Bedürfnisse der Menschen generell, sondern auch die speziellen Beweggründe, die für oder gegen kooperatives Verhalten sprechen, analysiert werden. Darüber hinaus sind die Anforderungen zu definieren, die aus der Planungsaufgabe heraus an den Menschen gestellt werden (Für die Mitglieder der Produktteams gelten dieselben Anforderungen wie für einen Produktmanager. Vgl. hierzu z. B. Andresen [211, S. 1217 f.] und Wild [195, S. 238 ff.] und zur Qualifikation der Planer auch Steiner [166, S. 193 ff.]).

Zunächst werden einige Aspekte der Rationalität der Planung, speziell im Zusammenhang mit den in den Menschen begründeten Restriktionen der Planung, angesprochen.

4.3.1 Zur Humankomponente in der Planung

In Ergänzung zu den genannten Restriktionen und Hemmnissen in der Planung wie z. B. der Konfliktsituation zwischen den Funktionen, dem Dilemma der simultanen Planung und dem Ungewißheitsphänomen sind einige Anmerkungen zu machen, die speziell die Handhabung der Planung durch den Menschen betreffen.

Die Planung wird von Menschen vollzogen und ist damit allen Einflußgrößen ausgesetzt, die auch das menschliche Verhalten generell bestimmen. Diese Feststellung führt zur Frage nach der Rationalität planerischen Tuns, wodurch sich das ganze Gebiet der Entscheidungstheorie unter Berücksichtigung der verhaltenswissenschaftlichen Forschungsansätze erschließt. Steiner faßt die wichtigsten Charakteristika des Entscheidungsprozesses wie folgt zusammen: „Die Entscheidungsfindung im Unternehmen ist ein kontinuierlicher und äußerst komplexer Prozeß, schließt persönliche Werturteile ein und findet in einem institutionellen Rahmen statt [166, S. 435]." Die Produktentscheidung wird geprägt durch das Objekt der Entscheidung, also das Produkt selbst, durch die Menschen, die die Entscheidung zu fällen haben und durch die Hilfsmittel, die für die Unterstützung dieser Entscheidungsprozesse zur Verfügung stehen. Das Produkt wiederum kennt so verschiedene Ausprägungen wie Ziel oder Maßnahme, Technik, Gerät, System, Funktion, Markt, Bedürfnis, Information, Zeit u. a. m. Der Mensch wiederum wird geprägt durch seine ganze Persönlichkeit, durch seine Erziehung, seinen sozialen Status, seinen Rang in der Hierarchie, seine Verantwortung, durch seine Motivations- und Bedürfnisstruktur, durch seine Wertvorstellungen, durch die Umwelt etc. Die Hilfsmittel wiederum umfassen die ganze Bandbreite von einfachen Ablauf- oder Rechenmodellen bis zu komplizierten EDV-gestützten Simulationsmodellen, zu deren Handhabung wiederum Menschen mit bestimmter fachlicher Qualitikation hinzugezogen werden müssen: die Komplexität scheint sich zu multiplizieren. „Der Entscheidungsprozeß ist geprägt durch die verwickelten Interdependenzen zwischen Expertenurteil, beruflicher Verantwortung, Gruppendiskussion, Kommunikations- und Informationssystemen, Fragen der administrativen Durchführbarkeit und moralischen und ethischen Wertvorstellungen. Die Interdependenz dieser Elemente verändert sich im Laufe der Zeit. Und immer ist die Information unzureichend. Auch macht der Manager, der die Entscheidung treffen soll, häufig die Feststellung, daß gleichermaßen talentierte Stabs- und Linienführungskräfte zu entgegengesetzten Standpunkten kommen [166, S. 435 f.]."

Besonders optimistisch und besonders pessimistisch eingestellte Mitarbeiter können in einzelnen Fällen erheblich zur Entstehung heterogener oder gar verfälschter Planergebnisse beitragen. Wenn dieses Problem auch nie ganz ausgeschaltet werden kann, so muß man sich dieser Tatsache bewußt sein und evtl. bei der Formulierung von Vorgabewerten die psychologischen und soziologischen Reaktionen der Mitarbeiter berücksichtigen. „Die Vorgabewerte orientieren sich dann auch an der Motivationsstruktur der Aufgabenträger [279, Sp. 1308]."

In diesem Zusammenhang ist auf einige Mißverständnisse hinzuweisen, die in der Praxis häufig zu beobachten sind. Die Planung hat nicht die Aufgabe, Unvorhersehbares vorhersehbar zu machen. „Logischerweise kann das auch nicht Aufgabe der Planung sein, weil das ein Widerspruch in sich und deshalb unlösbar ist. Insofern ist das keine neuartige Erkenntnis. Aber dieser Sachverhalt wird oft übersehen. So, wenn z. B. gesagt wird, daß Planung deshalb sinnlos sei, weil man doch nicht alles vorhersehen könne und immer wieder Unerwartetes dazwischen komme . . . Der Ausgangspunkt für diese Aussage ist zwar unbestritten; denn die Zukunft wird immer ungewiß bleiben, aber die Schlußfolgerungen gehen in die falsche Richtung. Sie lenken vom eigentlichen Sinn der Planung ab, statt zu ihm hinzuführen [52, S. 29]." Sinn und Zweck der Planung ist es nicht, Unvorhersehbares vorhersehbar zu machen, sondern zukünftige Tatbestände und Entwicklungstendenzen in ihren Grundzügen zu erkennen, nach Möglichkeit zu beeinflussen und in steuerbare Ziele und Maßnahmen zu überführen. Es ist nicht entscheidend, einen „richtigen" Plan erstellen zu wollen, sondern vielmehr eine Richtschnur für zielorientiertes Handeln zu schaffen und aus den erfaßbaren Plandaten die richtigen Schlüsse zu ziehen. Deshalb ist die Interpretation von Planzahlen wie Umsatz, Ergebnis usw. so wichtig, da diese Daten nur Ziele und Tendenzen darstellen können, niemals oder nur äußerst selten in der Zukunft tatsächlich eintretende Ereignisse. Die Planungsrechnung ist keine „zukunftsorientierte Buchhaltung"; die Akribie, mit der ein Plan erstellt werden kann, täuscht oft nur eine Genauigkeit vor, die es gar nicht geben kann. Dennoch ist es nötig, z. B. einzelne Produktdaten bis zu einem definierten Planungshorizont zu planen, um eine Vorstellung von möglichen Entwicklungstendenzen zu gewinnen. „Wenn diese Daten nicht gründlich erarbeitet, kritisch überprüft und von zufälligen subjektiven Komponenten freigehalten werden, kann es in der Tat besser sein, nicht zu rechnen, sondern nur mit Intuition zu handeln. Nach den bisherigen Erfahrungen mit der WPP steht es jedoch fest, daß die Intuition, die Gefühle in der Produktplanung weniger strapaziert zu werden brauchen, als die Entwicklungs- und Vertriebsstellen zunächst glauben, sofern diese Stellen nur bereit sind, die für die WPP notwendige Vorarbeit quantitativ und qualitativ tatsächlich zu leisten. Da diese Vorarbeit im Prinzip nichts anderes ist, als die Erfüllung der primären unternehmerischen Aufgabe, nämlich zu überlegen und zu entscheiden, welche Produkte entwickelt, in welchen Mengen produziert, zu welchen Preisen bei welchen Kosten an welchen Kunden verkauft werden sollen, bedeutet eine Nicht-Bereitschaft, diese Daten zu erarbeiten und quantitativ zu fassen, daß im konkreten Fall entweder das echte Unternehmertum fehlt oder daß es ihm zumindest an einer wesentlichen Eigenschaft, der pfichtgemäßen Sorgfalt, mangelt [354, S. 5 f.]." Derjenige Unternehmer, der mögliche zukünftige Chancen und Risiken gegeneinander abwägt, gewinnt einen Vorteil demjenigen gegenüber, der dies – z. B. wegen seiner Zweifel an der Planbarkeit der Zukunft – nicht tut. „Ob eine Planung gut ist oder nicht, ist . . letzten Endes nicht an ihr selbst oder an den daraus hervorgehenden Plänen feststellbar, sondern am Erfolg, das heißt an der tatsächlich erreichten besseren Beherrschung der Ziele. Daran hat sich deshalb auch stets die innere Logik jeder Planung zu orientieren [52, S. 25]."

Eine gewisse Zurückhaltung gegenüber der Planung ist verständlich, wenn man bedenkt, daß Planung Zeit und Geld kostet, unangenehme Diskussionen herbeiführt und die Beherrschung von Verfahren und Methoden voraussetzt, die erlernt und praktisch genutzt werden müssen. Eine aufgeschlossene Planungsmentalität kann dort nicht erwartet werden, wo diese nicht gefordert und auch systematisch unterstützt wird. Zur Organisation der Planung gehört auch die fachliche Unterstützung durch den Planer dergestalt, daß die praktikablen Planungsmethoden und -verfahren für den jeweiligen Anwendungsfall erarbeitet und entsprechend publiziert werden. Durch Schulung,

Information und gemeinsame Erarbeitung von Planungssystemen kann jene aufgeschlossene Atmosphäre geschaffen werden, die ein Höchstmaß an Akzeptanz der Planung erwarten läßt.

In diesem Zusammenhang ist auch der spezielle Beitrag der Querorganisation zur rationalen Erfüllung der Planungsaufgaben zu sehen. Der gemeinsame, ziel- und aufgabenorientierte Dialog in der Produktkommission und auch in der Produktarbeitsgruppe trägt zur Reduktion der Ungewißheit bei, indem der Planungsgegenstand – oder auch nur ein einzelner Aspekt – von verschiedenen Seiten durchleuchtet und analysiert wird. Dadurch wird die Plausibilität der Planaussage erhöht und die Planung gewinnt an Ausgewogenheit und Konsistenz in sich. Gleichzeitig können der Formalisierungsgrad bzw. der Programmierungsgrad herabgesetzt und der Freiheitsgrad erhöht werden, da ein eingespieltes „Planungs-Team" weiß, worauf es ankommt und jeder einzelne die Notwendigkeit bestimmter Grundforderungen verstehen lernt. Dieser Lernprozeß führt wiederum zu einer Reduktion der Unterschiede zwischen den Werturteilen der beteiligten Mitarbeiter, da sich diese zunehmend besser kennenlernen. Das Unverständnis gegenüber konträren Auffassungen und Denkweisen kann dann einer differenzierteren Betrachtungsweise der Probleme des Partners weichen und es ist schließlich auch ein Ausgleich zwischen extrem optimistischen und pessimistischen Meinungen zu erwarten. Auch die Manipulation von Planentscheidungen durch einzelne starke Gruppenmitglieder wird durch das gemeinsame Ziel, durch den Mechanismus von Durchführung und Kontrolle und durch den Zwang zur gemeinsamen Meinungsbildung verringert oder zumindest erschwert. Das wachsende Vertrauen der Gruppenmitglieder untereinander stellt die Basis dar für eine vorurteilsfreie Diskussion der wirklichen Probleme.

In dem Maße, in dem das Verständnis für individuelle Bedürfnisse und Verhaltensweisen des Einzelnen und der Gruppe wächst, kann auch eine zunehmende rationale Gestaltung des Planungssystems beobachtet werden. In der Gruppenarbeit müssen unterschiedliche Standpunkte der Gruppenmitglieder im Hinblick auf das Ziel einer Gruppe, z. B. eine ausgewogene Ziel- und Maßnahmenplanung durchzuführen, ausgerichtet werden. Dabei geht Individualität verloren, jeder Einzelne muß Teile seines Standpunktes aufgeben. Deshalb ist die Orientierung an einem gemeinsam zu erreichenden Ziel sehr wichtig, damit sich die oft schmerzlich empfundenen Einschränkungen auf die Dauer nicht in totale Frustration umwandeln können. Diese Orientierung an einem gemeinsamen Ziel auf der Basis eines eng verknüpften Aufgabenzusammenhanges ist Bestandteil des organisierten Konfliktausgleiches, der in Produktkommission und Produktarbeitsgruppe dauerhaft erzielt werden soll.

An dieser Stelle ist noch eine Bemerkung zu dem Problem der formalisierten Produktentscheidung, anzubringen. Der Produktplan bietet eine Fülle von Zahlen, Daten und sonstigen Informationen, die sorgfältig erarbeitet und aufeinander abgestimmt wurden. Dennoch ist z. B. der Wirtschaftliche Produktplan (WPP) nur „. . . ein Entscheidungs-Hilfsmittel für den Unternehmer und keine Institution, die automatisch fordert, daß . . . ein Produkt nicht entwickelt wird, wenn das (momentane) Bild der WPP ungünstig ist [354, S. 12]", wenn also z. B. die ermittelte Rendite ungenügend erscheint (oder umgekehrt). Die formalisierte Planungsrechnung entbindet den Unternehmer nicht von seiner Verantwortung für eine alle Aspekte umfassende Produktentscheidung, bei der Risiko und Chance genügend berücksichtigt werden. Unternehmerisches Wagnis und unternehmerisches Gespür zeigen sich erst, wenn in Einzelfällen trotz zunächst wenig Erfolg versprechender Plankalkulationen der schöpferischen Idee und der Erfindungsgabe zum Durchbruch verholfen wird. Die ausschließliche Bindung der Innovation an eine formalisierte Planungsrechnung wäre eine unzulässige Einschränkung der unternehmerischen Freiheit. Eine derartige falsch verstandene Produktplanung kann innovationshemmend wirken, die innovatorischen Prozesse können durch sie im Keim erstickt werden. Die Daten des WPP dürfen daher nur einem Personenkreis bekanntgegeben werden, der die Gewähr für dessen sinnvolle Interpretation und vertrauliche Behandlung gewährleistet [354, S. 12].

Diese vielfältigen Aspekte zeigen die Grenzen der Organisierbarkeit von Planung und Entscheidung. Sie zwingen zur Besinnung auf eine rationale, d. h. vernünftige Gestaltung des Planungssystems ebenso wie auf eine vernünftige Handhabung und Interpretation von schriftlich niedergelegten Plandaten. Planentscheidungen dürfen sich nicht nur auf die im rein mechanistischen Zusammenhang entstandenen Ergebnisse einer formalisierbaren Planungsrechnung abstützen, sondern müssen vielmehr Risiko und Unsicherheit in Kauf nehmen und auch nicht quantifizierbare Imponderabilien mit berücksichtigen. „Rational ist eine Entscheidung dann, wenn sie die Erreichung von Zielen, für die die Mittel ausgewählt sind, mit Effektivität und Effizienz sichert [166, S. 443]." Damit wird die Praktikabilität des Tuns zur Maxime erhoben, zumal die Rationalität nicht objektivierbar ist. Was im Einzelfall rational ist, hängt letztlich vom Standpunkt des Betrachters ab und der ist in der Regel sehr unterschiedlich, wie z. B. die Beschreibung der Konfliktsituationen in der Unternehmung zeigt. Daraus muß geschlossen werden, daß die an einem Entscheidungsprozeß Beteiligten eine Vereinbarung darüber herbeiführen müssen, was im Einzelfall unter rational zu verstehen ist. Dies ist nötig, um die gemeinsamen Anstrengungen auf ein gemeinsames Ziel ausrichten zu können und ein Höchstmaß an Homogenität in der Vorgehensweise zu erzielen.

Abschließend sei noch darauf hingewiesen, daß diese Produktquerorganisation die Planungsmentalität insgesamt positiv beeinflußt und auch eine stärkere Verbreitung von Planungsmethoden und -verfahren fördert. Systematisches Vorgehen wird zur Selbstverständlichkeit, wenn eine gewisse Akzeptanz der Planung gegeben ist und auch die geplanten Maßnahmen mit Nachdruck verfolgt werden. Diese Einstellung zieht auch eine Selbständigkeit in der Planung nach sich, aus der heraus neue Kräfte und neue Ideen zur Verbesserung der Planung entstehen.

4.3.2 Generelle Anforderungen aus der Planungsaufgabe

Das Beziehungsgefüge zwischen den Planungsaufgaben und den Planungsträgern im Potentialsystem der Planung wird im wesentlichen durch die Tatsache bestimmt, daß es sich bei der Planung um eine geistige Tätigkeit handelt [233, S. 294]. Dies tritt angesichts der zahlreichen Hilfsmittel (z. B. Modelle, Netzpläne, Planungsrechnungen, EDV) oft in den Hintergrund. Eine gut funktionierende Mechanik der Planaufstellung täuscht allzuleicht über nicht ausgereifte und ausdiskutierte gedankliche Konzepte für die Zukunftsgestaltung hinweg. Darin liegen die hohen Anforderungen begründet, die an die Träger der Planung gestellt werden. Die Problematik wächst noch mit der Feststellung, daß eine fundierte Planung nicht von einzelnen Menschen allein getragen werden kann, sondern der Partizipation vieler bedarf, deren Beiträge in einem komplizierten Planungsprozeß zu einem homogenen Gesamtplan zusammengeführt werden müssen.

Eine grundsätzliche Voraussetzung für die Planung ist die Beherrschung der Sachaufgabe, die geplant werden soll. Die fundierten Kenntnisse der technischen, vertrieblichen und wirtschaftlichen Bedingungen des Produktgeschehens sind die Voraussetzung für die Produktplanung. Die integrative Verknüpfung der verschiedenen Aspekte der Produktplanung provoziert geradezu die Implementierung eines Gremiums wie z. B. die Produktkommission. Neben speziellen Produktkenntnissen (materielle Beschaffenheit, Funktion, Design, Produktionstechnik) sind allgemeine Kenntnisse der Methoden der Marktforschung, Marktbeobachtung und des Marketing generell nötig. Hinzu kommen detaillierte Kenntnisse der Organisation und deren Kommunikations- und Informationswege. Die Möglichkeiten der Informationsbeschaffung aus dem Rechnungswesen sind ein wesentliches Potential für die Gestaltung einer produktorientierten Planungs- und Kontrollrechnung.

Für die Spezialisten der Planung sind auch fundierte Kenntnisse der Planungstechniken und deren praktische Anwendungsmöglichkeiten nötig. Dabei ist darauf zu achten, daß Spezialkenntnisse wie z. B. des Operations Research oder die Denkweise der Wertanalyse und Wertgestaltung nicht auf wenige Mitarbeiter in einer zentralen Planungsstelle beschränkt bleiben sondern auch in den planenden Funktionsbereichen Verbreitung finden. Dazu bedarf es wiederum der intensiven Schulung und Information, wozu die Fähigkeit gehört, auch komplizierte Zusammenhänge anschaulich und leicht verständlich erläutern zu können. Beispielhaft für die Anforderungen, die in aller Regel an die Mitglieder speziell der Produktkommissionen und Produktarbeitsgruppen gestellt werden müssen, sind die Anforderungen an die Produktreferenten, die nachfolgend zusammengefaßt werden sollen. Neben den technischen Kenntnissen des Produktgebietes werden folgende persönliche Eigenschaften verlangt:

- hohe geistige Beweglichkeit
- kreative, pragmatische Denkweise
- einwandfreier sprachlicher Ausdruck, um komplizierte Sachverhalte klar und verständlich darzustellen
- Initiative bezüglich des Angehens neuer Probleme
- ausgeprägtes Stehvermögen in Konfliktsituationen
- kooperatives Führungsverhalten und
- ein gesundes Maß an Selbstmotivation, gepaart mit der Fähigkeit, andere Mitarbeiter gelegentlich für bestimmte Neuerungen zu begeistern.

Sicher kann nicht davon ausgegangen werden, daß alle Mitarbeiter in der Planung diese Anforderungen voll und ganz erfüllen. Dennoch sind diese Kriterien als Richtschnur für Entwicklungstendenzen zu verstehen, die verstärkt zu fördern sind.

Die Planung verlangt nicht nur Kenntnisse der Zusammenhänge innerhalb eines abgrenzbaren Aufgabenbereiches eines Stelleninhabers, sondern auch darüber hinaus. Das Denken in Zusammenhängen ist notwendig, um der Interdependenz der Beziehungen im Planungssystem gerecht zu werden. Um das Verständnis für die Zusammenhänge im Führungssystem der Unternehmung zu schulen, werden in zunehmendem Maß Unternehmungsspiele eingesetzt, die wegen ihres modellhaften Charakters hervorragend geeignet sind, Vorstellungen vom Systemzusammenhang in der Unternehmung zu vermitteln. Das gilt ganz besonders für die Darstellung der kybernetischen Verknüpfung von Planung, Steuerung und Kontrolle [17]. Ohne Verständnis für die grundlegenden Belange der Fertigung kann kein realistischer Vertriebsplan aufgestellt werden (und umgekehrt) usf. Darüber hinaus muß das Verständnis für gesamtunternehmerische Belange vorhanden sein, damit das Gesamtziel verfolgt werden kann und die notwendigen Kompromisse nicht auf Unverständnis bei den Betroffenen stoßen. Ein bestimmtes Maß an Aufgeschlossenheit für übergeordnete Belange ist auch deshalb zu fordern, um zu verhindern, daß selbstauferlegte Beschränkungen bei der Erstellung von Teilplänen eine Optimierung des Gesamtbereiches verhindern. Das wäre z. B. der Fall, wenn der Vertrieb seine Planung nicht grundsätzlich an den Marktmöglichkeiten orientieren würde, da in der Fertigung momentan ein Engpaß herrscht („Die Fertigung kann ja doch nicht liefern"). Dadurch würden wichtige grundsätzliche strategische Überlegungen, wie z. B. die Überprüfung der Möglichkeiten der mittelfristigen Anpassung der Fertigungskapazität an die Marktmöglichkeiten, unterbleiben.

Die Planung als Antizipation zukünftiger Ereignisse erfordert in hohem Maße die Fähigkeit zum exakten Denken [64, S. 59 f.]. Eine ausgeprägte Kombinationsgabe, verbunden mit der Fähigkeit, technische und technologische Veränderungen in ihrer wirtschaftlichen, sozialen und gesellschaftlichen Bedeutung zu erkennen, muß gefordert werden, um eine rechtzeitige Anpassung an Umweltveränderungen herbeizuführen. Dazu gehört neben Erfahrung und Urteilskraft auch die Bereitschaft, die notwendigen Auseinandersetzungen zur Überwindung von Ressortinteressen durchzustehen.

Die Beherrschung mehrdimensionaler Wirkungszusammenhänge wird umso bedeutender, je stärker die Systemdifferenzierung zur Systemintegration zwingt. Die Systemdifferenzierung nimmt mit zunehmender Arbeitsteilung und Spezialisierung zu. Das führt dazu, daß das System Unternehmung in immer mehr Elemente unterteilt wird, die untereinander in Beziehung stehen. Die hohen Anforderungen an die Planungsträger und die Komplexität aus der Systemdifferenzierung sind Kriterien, welche die Planung als unternehmerische Aufgabe unterstreichen. Für den konkreten Fall müssen diese Anforderungen auf die jeweilige hierarchische Stufe der Unternehmung, vom Vorstand bis zu den Funktions- und Produktverantwortlichen auf der Produktkommissions-Ebene zugeschnitten werden. Die Systemarchitektur wird zum belebenden Impuls für alle Aktivitäten, die darauf gerichtet sind, das gegenwärtige Organisationssystem voll zur Geltung zu bringen und zukünftige Organisationsstrukturen zu entwickeln. Das stellt auch hohe Anforderungen an die Fähigkeit zur Selbstbeschränkung auf die unternehmerisch relevanten Sachprobleme, ohne daß ein Bruch zwischen der Leitung und der Basis entsteht. Die Systemintegration in einem mehrdimensionalen Planungs-, Steuerungs- und Kontrollsystem kann diese Brücke schlagen.

4.3.3 Spezielle Anforderungen aus der Gruppenarbeit

Die Planung verlangt vertikale und horizontale Kooperation zwischen den Menschen. Zusammenarbeit wird gefordert zwischen Vorgesetzten und Untergebenen, zwischen Menschen auf gleicher Ebene, innerhalb derselben Linienfunktionen oder darüber hinaus sowie innerhalb und zwischen den einzelnen Produktgebieten. Entscheidend für das Funktionieren dieser Zusammenarbeit ist nicht der Grad der Institutionalisierung (der im System der Querorganisation sehr hoch ist), sondern allein das Arbeitsergebnis daraus.

Soll nun dieses Arbeitsergebnis mit Hilfe von formal organisierten Gruppenbeziehungen verbessert werden, dann müssen die besonderen Anforderungen aus der Gruppenarbeit berücksichtigt werden, um auch wirklich die erwünschten Verbesserungen zu erzielen und um nicht nur neue Probleme, die die Zusammenarbeit zusätzlich belasten, zu erzeugen. Dabei sind folgende Kategorien zu betrachten: Anforderungen aus den lose-strukturierten Beziehungen innerhalb und zwischen den Linienstellen, aus der Zusammenarbeit innerhalb der Produktinstanzen (Produktkommission und Produktarbeitsgruppe) sowie zwischen diesen untereinander und mit den Linienstellen. Diese Perspektiven müssen einer vertiefenden Betrachtung unterzogen werden, wenn die Bedingungen für das optimale Funktionieren der Gruppenarbeit erforscht werden sollen. Diese Untersuchung würde über den Rahmen dieser Arbeit hinausgehen, weshalb hier nur einige ausgewählte Aspekte, die für die Gestaltung der Arbeit in der Querorganisation interessant sind, behandelt werden können. (Zum Gruppenverhalten vgl. [93]).

Möglicherweise bietet auch das von Witte empirisch festgestellte Promotorengespann aus ‚Machtpromotor' und ‚Fachpromotor' [425, S. 322 f.] Anstöße für eine bewußte Gestaltung von Objektarbeitsgruppen. Die Beobachtung, daß ein Machtpromotor durch sein hierarchisches Potential und ein Fachpromotor durch sein objektspezifisches Fachwissen die Gruppenarbeit (den Innovationsprozeß) aktiv und intensiv fördern kann – soweit dies ohne wissenschaftliche Beweiskraft erlaubt ist – bezüglich der Erfahrungen mit der Produktquerorganisation bestätigt werden. Am schlagkräftigsten erweist sich eine Kombination aus Machtpromotor und Fachpromotor, wenn beide in einer Gruppe wirken und demselben Ziel verpflichtet sind. Dies deckt sich mit Witte: „Machtpromotor und Fachpromotor haben keine organisatorisch zwingende Verpflichtung zur Zusammenarbeit, sondern verbünden sich, weil sie die Innovation wollen, und weil sie wissen, daß sie diese am besten gemeinsam bewältigen können. Die Verbindung von Machtpromotor und Fachpromotor ist deshalb eher eine Koalition als ein Team [425, S. 323]." Knüpft man an diese Gedanken an, so erscheint es zweckmäßig, die bewußt herbeizuführende Konfliktlösung in der Querorganisation auch durch bewußt herbeigeführte Koalitionen von Machtpromotoren und Fachpromotoren zu unterstützen.

Die Gruppenarbeit in der Querorganisation verlangt u. a. Durchsetzungsvermögen, Kontaktfähigkeit und die Bereitschaft, gemeinsam mit Anderen Probleme lösen zu wollen. Sicher sind das Anforderungen, die ganz allgemein aus dem Zusammenleben in Organisationen zu fordern sind. Für die Gruppenarbeit gelten diese jedoch in besonderem Maße, da von der Erfüllung dieser Anforderungen der Erfolg der Gruppe abhängt. So ist die Bereitschaft, die gemeinsamen Interessen vor die eigenen zu stellen, eine wesentliche Voraussetzung für das Arbeiten in Gruppen. „In einem exakten Team inspiriert man sich nicht nur, man korrigiert sich gegenseitig auch, um Schwächen zu überwinden. Man diskutiert, um letztlich das Bestmögliche zu erreichen [182, S. 112]." Die interdisziplinäre Zusammenarbeit zwischen den verschiedenen Funktionen innerhalb Produktkommission und Produktarbeitsgruppe verlangt neben einem klaren sprachlichen Ausdruck gerade für die Darlegung komplizierter Zusammenhänge auch die Beherrschung interdisziplinärer Denkansätze wie z. B. der Systemtheorie. Die Organisation der Gruppenarbeit verlangt einheitliche Spielregeln, die von allen Beteiligten freiwillig akzeptiert werden müssen. Zu den einzusetzenden Arbeitstechniken gehören neben den bereits erwähnten Problemlösungstechniken auch Kenntnisse über konferenztechnisches Verhalten. Schließlich muß durch entsprechende Schulung und Information auch dafür gesorgt werden, daß den Gruppenmitgliedern die besonderen Probleme der Gruppenarbeit bewußt werden und sie in die Lage versetzt werden, sich damit (selbst-)kritisch auseinanderzusetzen. Die Fragen nach dem Sinn und Zweck der Gruppenarbeit, nach den Auswirkungen auf den Führungsstil, nach dem Rollenverständnis und nach dem Verhalten der Gruppenmitglieder sowie die Problematik der Bewertung von Gruppenleistungen müssen von allen Beteiligten ausgiebig diskutiert werden.

Neben diesen Aspekten sind in Anlehnung an Douglas McGregor eine Reihe weiterer Bedingungen zu nennen, die speziell für den Aufbau leistungsfähiger Gruppen charakteristisch sind [131, S. 261 ff.]:

1. Alle Mitarbeiter sorgen für eine unbürokratische Atmosphäre, in der engagiert und interessiert diskutiert werden kann. Jeder muß, selbstverständlich aus seiner Sicht, dazu beitragen, Diskussionen immer wieder zum Thema zurückzuführen. Notfalls muß der Gruppenführer (Sprecher) eingreifen und das Gespräch straffen.

2. Konflikte müssen als systemimmanent akzeptiert werden und sind unter weitgehender Ausschaltung persönlicher Meinungsverschiedenheiten zu lösen. Die Kritikfähigkeit des einzelnen muß geschult werden, sie liefert konstruktive Beiträge zur Beseitigung von Hindernissen.

3. Meinungsverschiedenheiten können nur dann in ruhiger Atmosphäre gelöst werden, wenn die Fähigkeit zum Zuhören gegeben ist. Eine ruhige, sachliche Darlegung der Ansichten ist zum gegenseitigen Verständnis nötig. Die Gruppe – und damit jeder Einzelne – muß lernen zu entscheiden, wann ein Konflikt die Kompetenz dieser Gruppe übersteigt und an die nächsthöhere Ebene weitergegeben werden muß.

4. Auch bei unterschiedlichen Auffassungen muß eine Übereinstimmung in der Gruppe herbeigeführt werden, da Vereinbarungen von allen getragen werden müssen. Es darf letzten Endes niemand in der Gruppe das Gefühl haben, als „Verlierer" aus einer Diskussion hervorzugehen. Das definierte gemeinsame Ziel muß die Richtschnur für die Entscheidungen bilden.

5. Der Leiter der Gruppe entwickelt sich nicht zu deren Herrscher, noch entwickelt die Gruppe ein ausgeprägtes Hierarchiedenken. Dadurch werden Machtkämpfe vermieden bzw. auf ein nützliches Minimum reduziert. Formelle und informelle Führung wechseln sich aufgabenbedingt ab und ergänzen sich. Die Rolle des Gruppenleiters als primus inter pares wird dort besonders sichtbar, wo diese Führungsrolle situationsgerecht wechseln kann wie z. B. in der Produktarbeitsgruppe. Zementierte Herrschaftsverhältnisse führen nur zur Erstarrung des Systems und ersticken jede Eigeninitiative bereits im Keim. Dem steht nicht entgegen, daß insbesondere in Krisenzeiten eine straffe Führung notwendig ist. Die Praxis zeigt, daß intensive Arbeit im Team ohnehin in der Regel von einer zentralen Persönlichkeit geprägt wird.

6. Die Kritikfähigkeit der Gruppenmitglieder muß sich auch auf die Gruppenarbeit selbst beziehen. Störungen, die den Arbeitsfortschritt hemmen, müssen offen diskutiert werden. Geschieht dies nicht, dann entstehen unterschwellig Vorbehalte und die gemeinsame Arbeit wird nachhaltig gestört.

Abschließend ist noch die Frage aufzuwerfen, ob ein Team (z. B. Produktarbeitsgruppe) durch ein anderes Team (Produktkommission) geführt werden kann. Diese Frage muß für die Mehrzahl der denkbaren Fälle mit ‚Nein' beantwortet werden, da kein Mensch auf Dauer einem Kollektiv dienen kann oder von einem Kollektiv geführt werden kann. Der Ausweg aus diesem

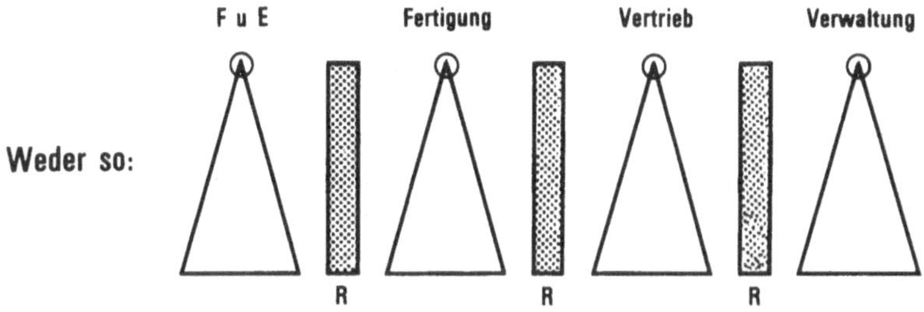

Abb. 43.1 Ressortwände (R) verhindern KuI

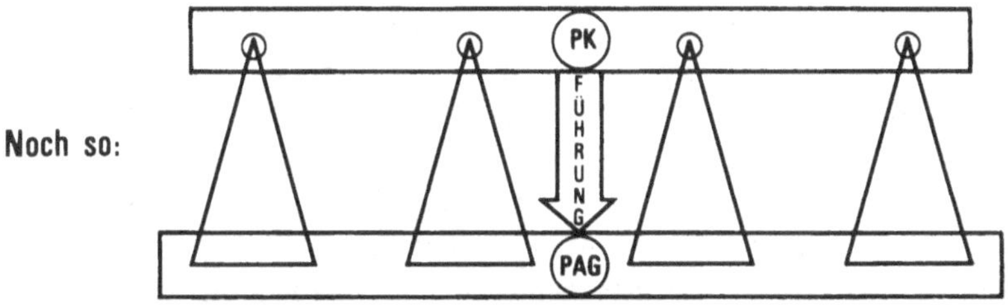

Abb. 43.2 „Anonyme Führung" greift nicht durch

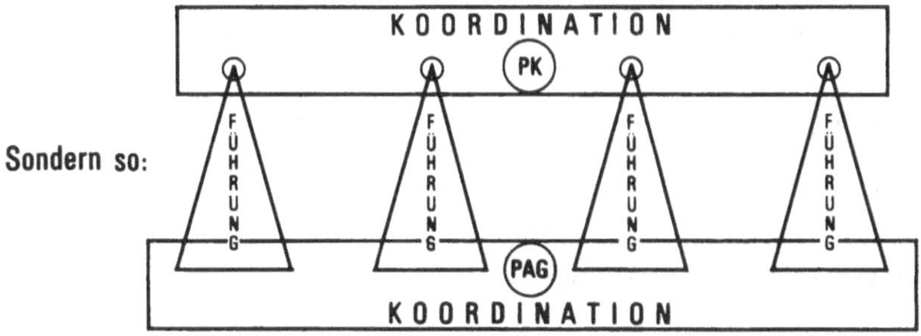

Abb. 43.3 Querorganisation dient zur Stärkung der Linie

Abb. 43 Linienorganisation und Querorganisation

scheinbaren Dilemma liegt in der integrativen Verknüpfung der Querorganisation mit der Linienorganisation: Die Weisungsbefugnis wird von den Linienmanagern innerhalb der Produktkommission ausgeübt und, wenn nötig, an den Produktkommissions-Sprecher delegiert. Soll nun ein Beschluß der Produktkommission in einer Produktarbeitsgruppe durchgesetzt werden, dann ist die Weisung über den Weg vom Produktkommissions-Sprecher zum Produktarbeitsgruppen-Sprecher reine Formsache und dient nur der Abkürzung des Verfahrens. Alle Produktarbeitsgruppen-Mitglieder wissen, daß dieser Beschluß im Einvernehmen mit ihren Vorgesetzten in der Produktkommission entstanden ist. In Abbildung 43 sind die drei Schritte von der Linienorganisation zur Querorganisation verdeutlicht. Abbildung 43-1 zeigt das Grundprinzip der funktionalen Gliederung mit den die objektorientierte Führung hemmenden Ressortwänden. Diese Hemmnisse sollen durch die Einführung der Querschnittsregelung mit Hilfe der Querorganisation überwunden werden (Abb. 43-2), allerdings ohne den zentralen Produktmanager mit disziplinarischer Weisungsbefugnis. Eine quasi „anonyme" Führung der Produktarbeitsgruppe durch die Produktkommission ohne Personifizierung ist nicht denkbar. Die Führung läuft auch in der Querorganisation über die Linienstellen (Abb. 43-3), nur jetzt eben unter Einbeziehung der Querschnittskoordinierung auf der jeweiligen Stufe. Darin liegt auch der Schlüssel für die Einbeziehung der hierarchischen Zwischenebene zwischen der Produktkommissions- und Produktarbeitsgruppen-Ebene. Nur wenn die Befehlswege der Linie eingehalten werden ist sichergestellt, daß alle nicht in der Querorganisation vertretenen Instanzen und Stellen in die produktorientierte Planung, Steuerung und Kontrolle eingeschaltet sind. Die Einheitlichkeit dieses mehrdimensionalen Führungssystems ist dadurch formal sichergestellt – tatsächlich jedoch nur, wenn sich alle Beteiligten an die vereinbarten Kommunikations- und Informationswege halten.

Daß diese objektorientierte Zusammenarbeit in der Unternehmung notwendig ist, wird nicht bestritten. Welche Organisationsform schließlich am besten geeignet ist, den individuellen Anforderungen zu genügen, ist weniger eindeutig. Grundsätzlich kann festgehalten werden, daß das Produktmanagement nicht nur vom Bewußtsein für dessen Notwendigkeit getragen wird, sondern auch praktisch geübt werden muß. Und dazu ist diese produktorientierte Querorganisation hervorragend geeignet.

5 Die Prozeßgestaltung des Systems der Produktplanung

In den vorstehenden Kapiteln wurde die Struktur des Planungssystems entwickelt. Potentialsystem, Objektsystem und Plansystem (Abb. 7) sind die grundlegenden Ordnungssysteme des Planungssystems und somit bestimmend für die Gestaltung des Aktionssystems. Zunächst wird der Prozeß der Produktplanung für sich und anschließend eingebettet in den jährlichen Planungsrhythmus entwickelt. Die Aufgabenvielfalt und die Reduktion der Komplexität des abzubildenden Geschehens verlangen den Einsatz allgemeiner Planungshilfen zur rationellen Gestaltung des Planungsablaufes. Abschließend wird die integrative Verknüpfung der Subsysteme des produktorientierten Management-Informationssystems diskutiert, um den Gesamtzusammenhang von Planung und Information wieder herzustellen.

5.1 Der Ablauf der Wirtschafts- und Produktplanung

In diesem Abschnitt werden die einzelnen Subsysteme des Aktionssystems der Planung – die permanente Produktplanung und die jährliche, revolvierende Wirtschaftsplanung – näher erläutert. Die Planung wird in die einzelnen Phasen zerlegt um ihren dynamischen Charakter und den sachlogischen Planzusammenhang herauszustellen.

5.1.1 Der Prozeß der Produktplanung

Die Produktplanung ist eine unternehmerische Aufgabe zur Steuerung des Geschäftes und muß als permanenter Prozeß verstanden werden. Das Produktgeschehen steht im Mittelpunkt der aufgabenorientierten Führung aller Funktionsbereiche, was schließlich die Institutionalisierung der Produktkommissionen und Produktarbeitsgruppen zur Folge hatte. Dieses Produktgeschehen als Basis der Produktplanung, die Einleitung neuer Produktideen und die Einbettung dieser Vorgänge in das generelle Planungssystem sind Gegenstand dieses und der folgenden Abschnitte.

5.1.1.1 Die Produktplanung als permanente Aufgabe

5.1.1.1.1 Stationen der Produktarbeit

Zur Steuerung des Produktgeschehens bedarf es neben einer umfassenden Planungsrechnung auch der Entwicklung und Einführung zusätzlicher Planungs- und Steuerungstechniken wie z. B. der Netzplantechnik einschließlich einer standardisierten Arbeitsfortschrittskontrolle. Die technische Erfolgskontrolle dagegen entzieht sich weitgehend einer Formalisierung. Diese muß während der Produktentwicklung im Rahmen der Arbeitsfortschrittskontrolle erfolgen. Nach Fertigstellung einer Entwicklung kann der technische Erfolg nur noch in abschließenden Tests und im praktischen Einsatz ermittelt werden. Deshalb ist es unerläßlich, daß zu Beginn der Produktentwicklung ein klares technisches Konzept existiert, dessen Charakteristika einen späteren Vergleich gestatten. (Zur Problematik der technischen Erfolgskontrolle vgl. [311]).

Um diese Planungs- und Steuerungstechniken einrichten zu können, muß der Produktbegriff nach Umfang und Inhalt definiert werden. Außerdem muß der Produktweg durch die ganze Organisation, von der ersten Idee bis zur Aussterbekontrolle, analysiert und strukturiert werden.

Die Komplexität des Produktgeschehens auf dem Gebiet der Kommunikationstechnik soll durch die Prinzipdarstellung in Abbildung 44 (am Beispiel der Errichtung einer Nachrichtenübertragungseinrichtung) demonstriert werden. Dieser zwangsläufig sehr vereinfachte Ablaufplan kann nur Modellcharakter haben, wobei die wesentlichen systembestimmenden Elemente im Zusammenhang zu zeigen sind. Die zwangsläufige Vereinfachung führt zu einer starken Abstraktion von der Vielfalt der Realität. In der Praxis müssen Ablaufpläne (Masterpläne) mit mehr als 150 Tätigkeiten erstellt werden. Einzelne Pläne können mehrere Tausend Aktivitäten umfassen, die nur noch mit Hilfe der EDV zu steuern sind. Hier interessieren diejenigen Stationen der Produktarbeit, beginnend mit der Entwicklungsfreigabe, die zur Charakterisierung der Wirkungszusammenhänge und der Rolle des Produktmanagements notwendig sind. Aufgabe des Produktmanagements ist nicht nur die Planung eines Produktes, sondern auch die konsequente Durchsetzung eines einmal festgelegten Produktkonzeptes am Markt von der Entwicklungsfreigabe bis hin zur Implementierung beim Kunden. Die nachhaltige Betreuung während der Produktrealisierung ist ebenso wichtig für den Produkterfolg wie die vorausgehende sorgfältige Planung.

In Anlehnung an den Führungsprozeß (Abb. 5) kann das Produktgeschehen in folgende Phasen gegliedert werden (Abb. 45):

Phase 1: Die Produktidee.
Ausgehend von einem – intern oder extern – induzierten Impuls erfolgt die Generierung der Problemstellung.

Phase 2: Die Produktstudie.
Diese umfaßt die Erarbeitung eines Grobkonzeptes und beinhaltet die Suche und Bewertung von Alternativen.

Phase 3: Die Produktentscheidung.
Diese betrifft die Vorauswahl der Alternative(n) und die Freigabe (oder Ablehnung) der Entwicklung entsprechend einem formalisierten Freigabeverfahren.

Phase 4: Die Produktrealisierung.
Diese umfaßt die Durchsetzung der Produktidee von der Entwicklung bis zur Aussterbekontrolle am Markt.

Phase 5: Die Produktkontrolle.
Die Kontrolle ist auf das formale, materielle und immaterielle Produktgeschehen gerichtet. Die Kontrolle erfolgt an definierten Meßpunkten und führt auf jeder Stufe des Produktgeschehens zu einer Rückmeldung und einer entsprechenden Nachsteuerung.

Die Phasen 1–3 entsprechen der Produktplanung im engeren Sinn, die Phase 4 der Produktsteuerung und die Phase 5 der Produktkontrolle. Der Übergang an den einzelnen Phasen ist fließend, dennoch müssen eindeutige Checkpunkte definiert werden, damit eine gezielte Information und Kommunikation zwischen den beteiligten Stellen und Instanzen erfolgen kann. Der Produktplanungsprozeß muß als mehrstufiges Regelmodell verstanden werden, dessen wesentliche Stufen in Abbildung 45 aufgezeichnet sind. (Vgl. auch die ähnlichen Beispiele bei Friese [49, S. 9], Kehrmann [99, S. 25] und den Vorschlag des VDI [170, S. 11]). Dabei können auf jeder Stufe die (computergestützten) Planungsbausteine des Planungsmodells (Abb. 46) eingesetzt werden. Dieses Ablaufmodell enthält die einzelnen voneinander abgrenzbaren Planungsbausteine (vgl. auch Tab. 3 in Abschnitt 4.1.2.6) und basiert auf dem im Planungssystem (Abb. 13) dargestellten Planzusammenhang.

Der Prozeß der Produktplanung (Phasen 1–3) und das damit verbundene Verfahren für die Beantragung, Genehmigung und Fortschreibung von FuE-Vorhaben sowie die Einbindung dieser Planungsschritte in die Unternehmungsplanung werden nachfolgend näher behandelt. Zuvor soll noch kurz der Produktlebenszyklus erläutert werden, da dessen Analyse wesentliche Impulse für die Produktplanung, -steuerung und -kontrolle gibt.

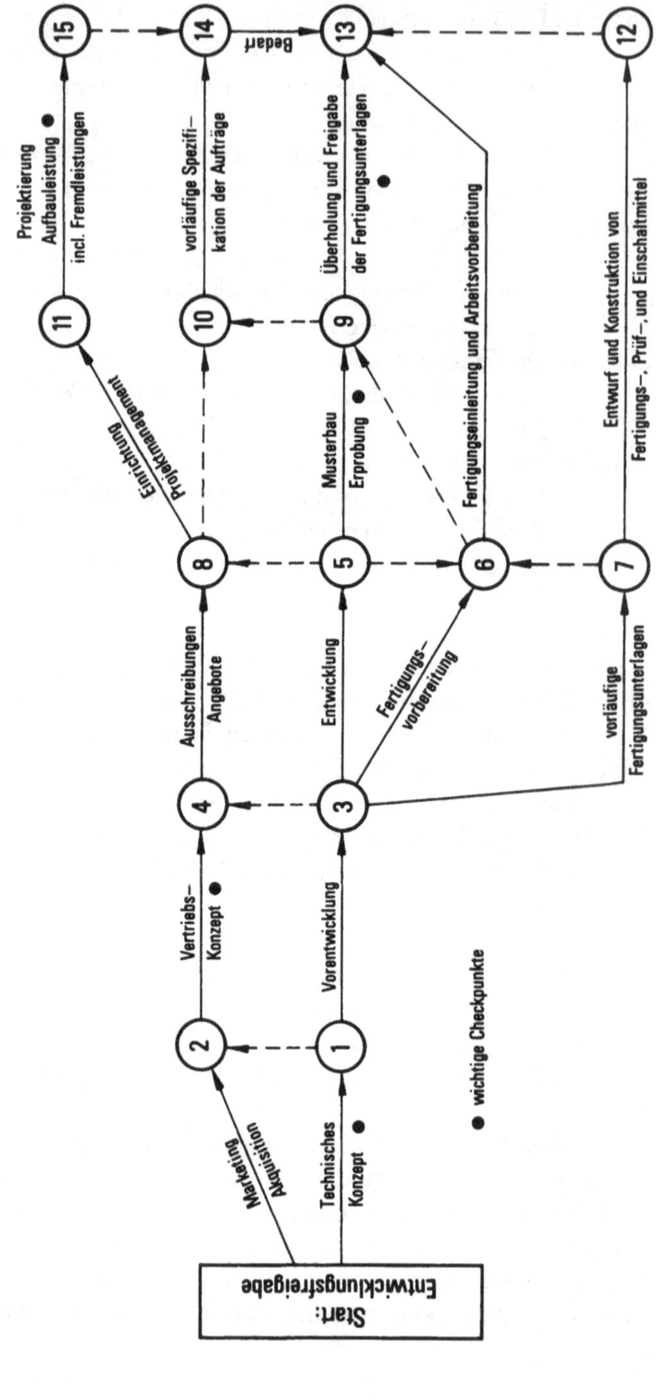
Start:
Entwicklungsfreigabe
Marketing
Akquisition
Technisches
Konzept ●
1
2
Vertriebs-
Konzept ●
Vorentwicklung
3
4
Ausschreibungen
Angebote
Entwicklung
Fertigungs-
vorbereitung
vorläufige
Fertigungsunterlagen
5
6
7
8
Einrichtung
Projektmanagement
Musterbau
Erprobung ●
Fertigungseinleitung und Arbeitsvorbereitung
Entwurf und Konstruktion von
Fertigungs-, Prüf-, und Einschaltmittel
9
10
11
Projektierung
Aufbauleistung ●
incl. Fremdleistungen
vorläufige Spezifi-
kation der Aufträge
Überholung und Freigabe
der Fertigungsunterlagen
●
12
13
14
15
Bedarf
● wichtige Checkpunkte

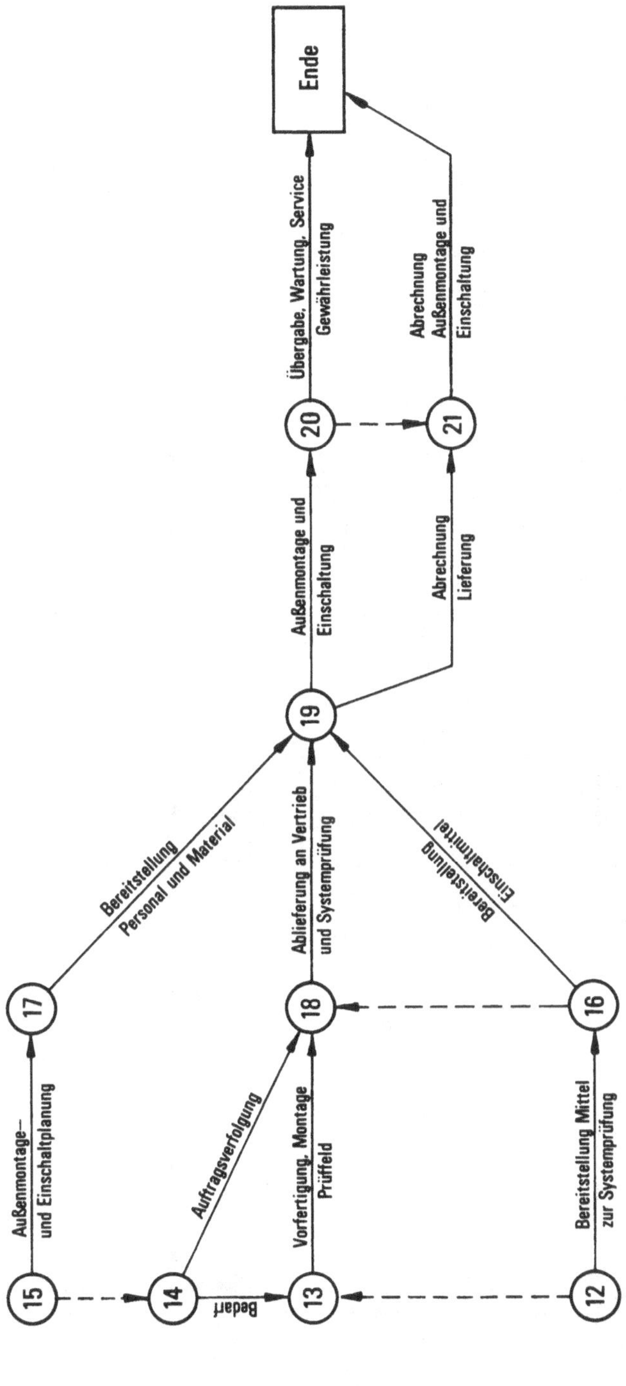

Abb. 44 Das Produktgeschehen (Prinzipdarstellung der Produkt-/Projektrealisierung und -betreuung)

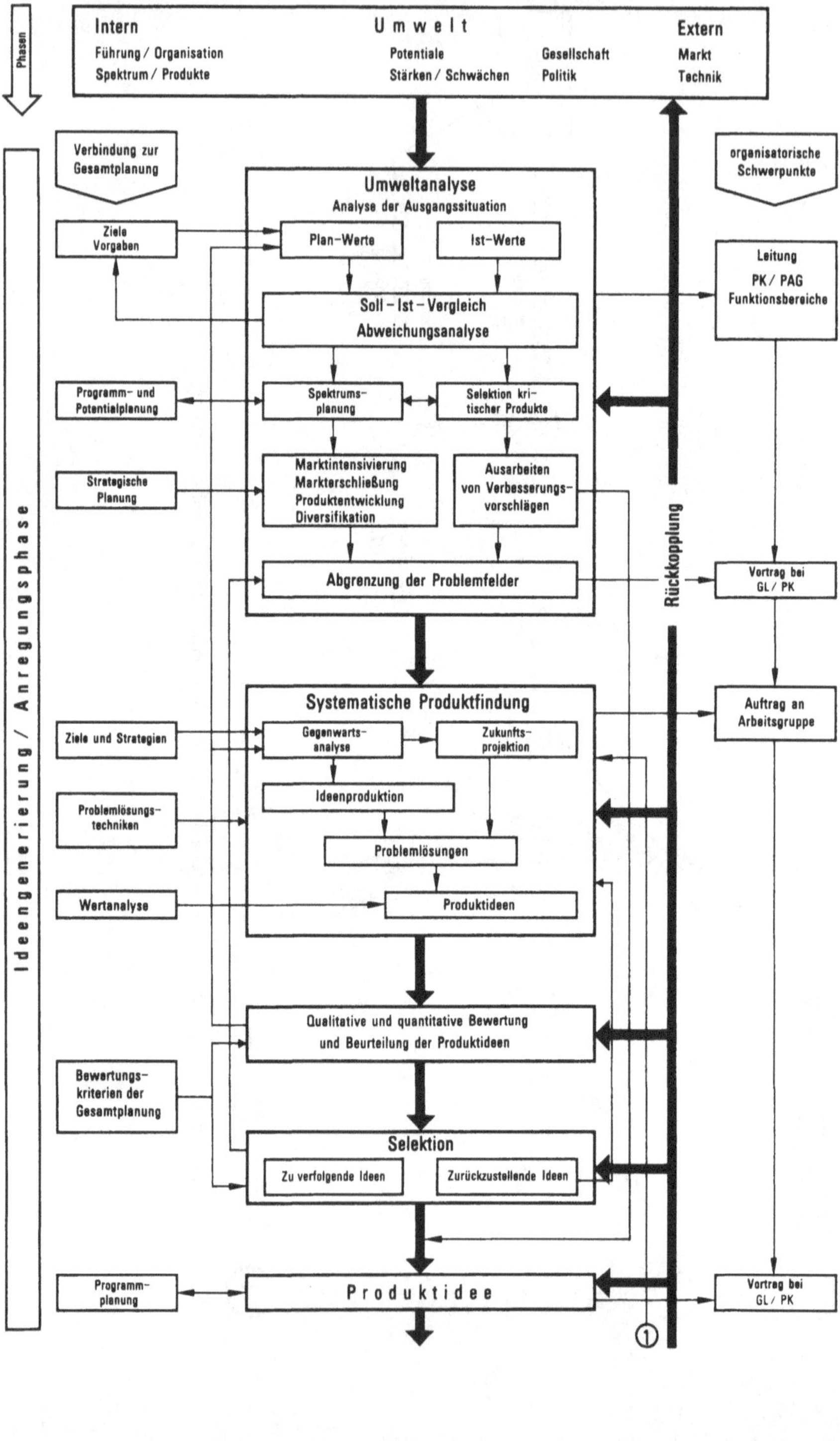
Phasen
Intern
Umwelt
Extern
Führung / Organisation
Spektrum / Produkte
Potentiale
Stärken / Schwächen
Gesellschaft
Politik
Markt
Technik
Verbindung zur Gesamtplanung
organisatorische Schwerpunkte
Umweltanalyse
Analyse der Ausgangssituation
Ziele Vorgaben
Plan-Werte
Ist-Werte
Soll-Ist-Vergleich
Abweichungsanalyse
Leitung
PK / PAG
Funktionsbereiche
Programm- und Potentialplanung
Spektrums-planung
Selektion kritischer Produkte
Strategische Planung
Marktintensivierung
Markterschließung
Produktentwicklung
Diversifikation
Ausarbeiten von Verbesserungs-vorschlägen
Abgrenzung der Problemfelder
Rückkopplung
Vortrag bei GL / PK
Ideengenerierung / Anregungsphase
Systematische Produktfindung
Auftrag an Arbeitsgruppe
Ziele und Strategien
Gegenwarts-analyse
Zukunfts-projektion
Ideenproduktion
Problemlösungs-techniken
Problemlösungen
Wertanalyse
Produktideen
Qualitative und quantitative Bewertung und Beurteilung der Produktideen
Bewertungs-kriterien der Gesamtplanung
Selektion
Zu verfolgende Ideen
Zurückzustellende Ideen
Programm-planung
Produktidee
Vortrag bei GL / PK
①

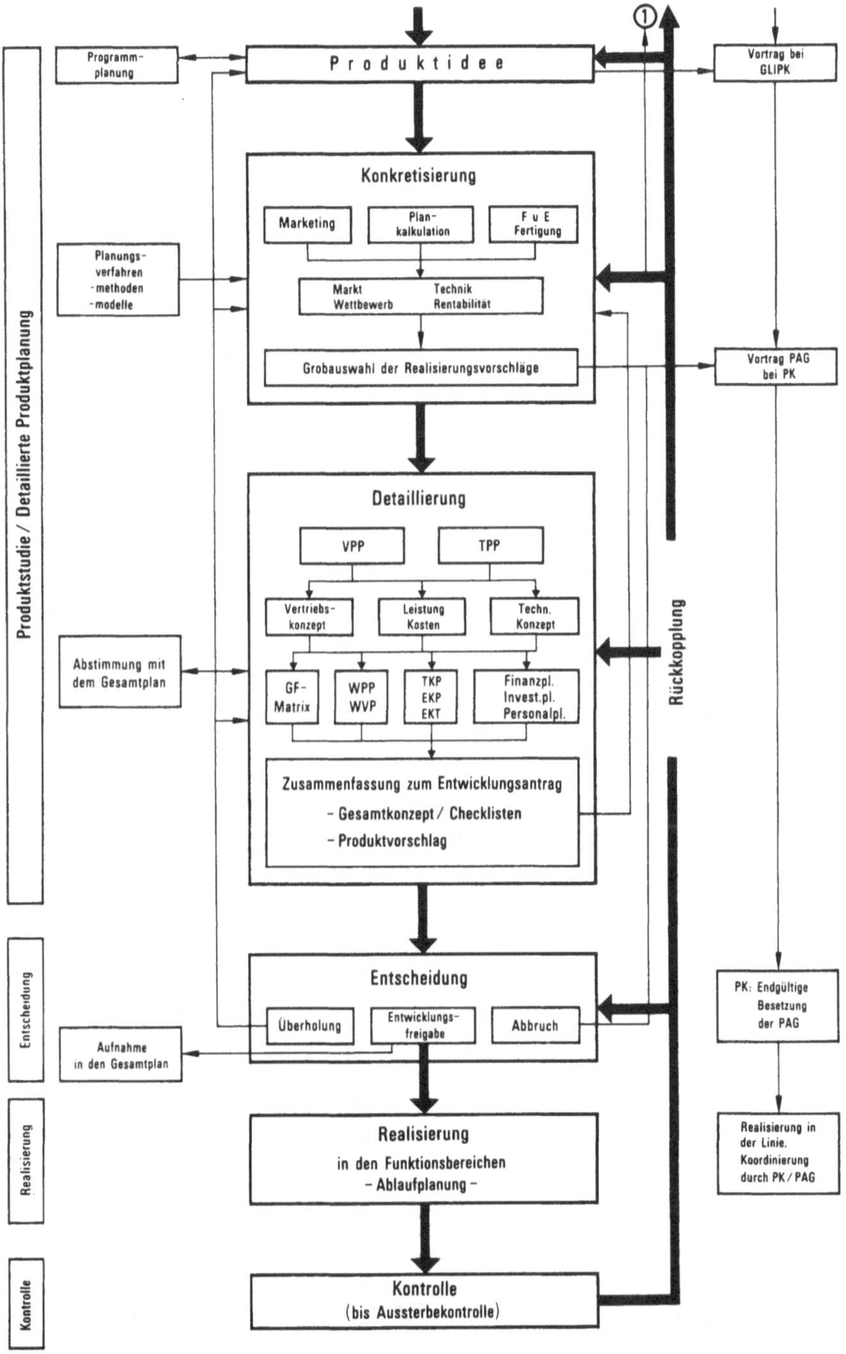

Abb. 45 Der Produktplanungsprozeß

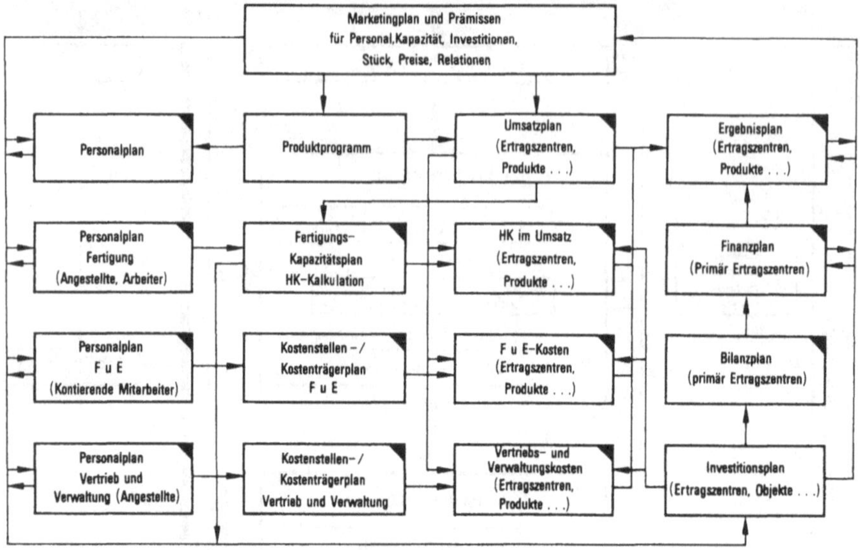

Abb. 46 Ablaufmodell der Planungsbausteine

5.1.1.1.2 Der Produktlebenszyklus

Im Produktlebenszyklus spiegelt sich das individuelle Produktgeschehen wider. Die Beobachtung und Analyse von Produktlebenszyklen ist Bestandteil der Produktplanung. Daraus können Erkenntnisse gewonnen werden, die bei der Planung neuer Produkte nutzbringend einsetzbar sind. Die Verfolgung der Produktlebenszyklen liefert z. B. eine Reihe von Anhaltspunkten für die Geschäftspolitik. „In jeder Phase des Lebenszyklus eines Produktes und in den verschiedenen Marketing-Bereichen sind spezielle Strategien erforderlich [166, S. 698]." Das hat u. a. zur Folge, daß das Engagement des Produkt- und Funktionsmanagements einer wechselnden Intensität unterworfen ist. Daraus ergeben sich wiederum Rückwirkungen auf die Struktur- und Prozeßorganisation, die nachfolgend erläutert werden sollen.

Abbildung 47 zeigt einen sechsstufigen Produktlebenszyklus (ohne Vorphase), wie er etwa für nachrichtentechnische Erzeugnisse (Systeme) angenommen werden kann. Zur Lebensdauer von Produkten ist damit noch keine Aussage gemacht. Diese kann bei (Teil-) Systemen und auch bezüglich einzelner Phasen recht unterschiedlich sein. (Zur Lebensdauer von Systemen der Elektroindustrie vgl. z. B. Haier [291, S. 326 ff.]). Die einzelnen Phasen

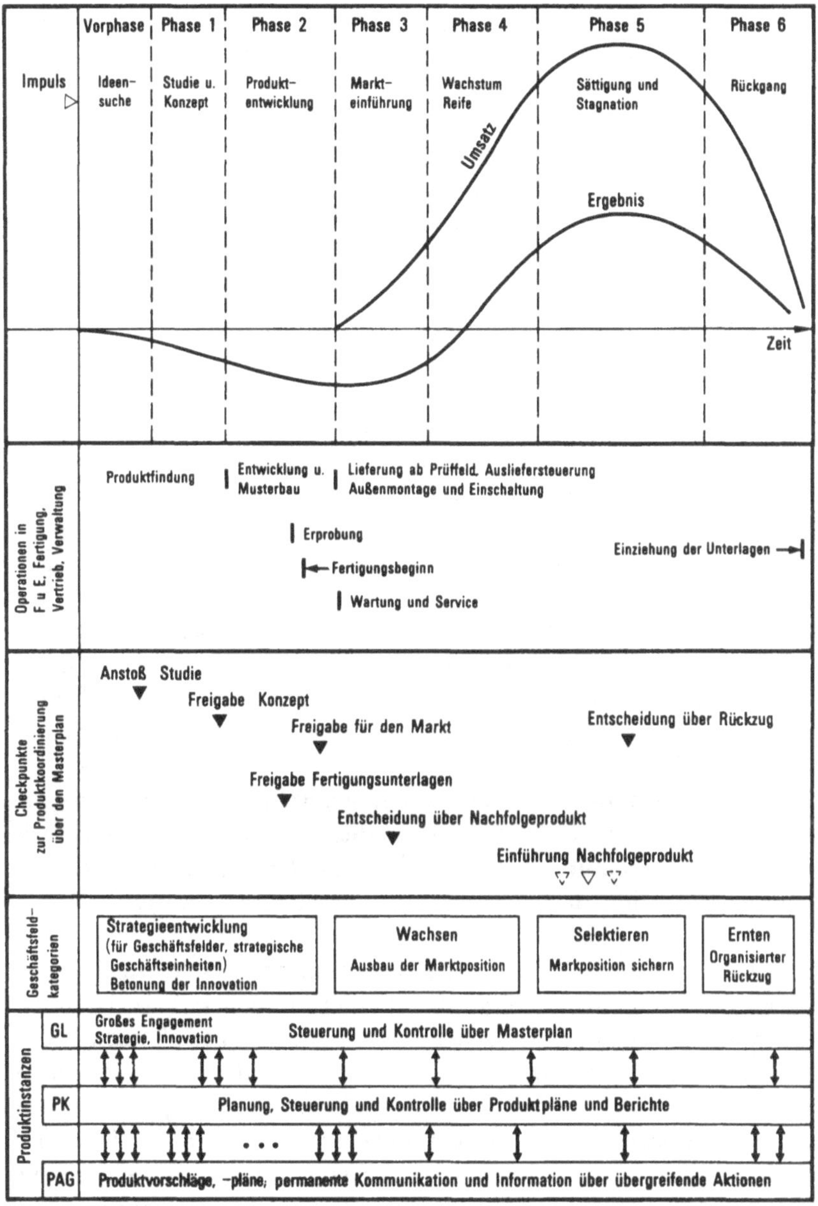

Abb. 47 Phasen und Stationen des Produktlebenszyklus

sind inhaltlich mit den Aktivitäten des Produktgeschehens (Abb. 44) identisch. Um den Zusammenhang zu verdeutlichen, wurden einige typische Operationen der Funktionsbereiche sowie die wichtigsten Checkpunkte für die Kontrolle und Überwachung des Produktgeschehens angedeutet. Der Zusammenhang zwischen den Hauptkategorien der Geschäftsfeldplanung und dem jeweiligen Produktstatus zeigt sich in der phasenorientierten Gegenüberstellung. Die Schwerpunkte und die Intensität der Kommunikation und Information zwischen den Produktinstanzen sollen durch Pfeile ausgedrückt werden. Sie werden in sachlicher Hinsicht weitgehend durch die Checkpunkte bestimmt, die sich vorwiegend an den Übergängen zwischen den Phasen befinden und die in jedem Masterplan explicite enthalten sein müssen.

Zusammenfassend kann folgendes festgestellt werden:

Die Produktplanung, das (materielle) Produktgeschehen und der Produktlebenszyklus bilden substantiell eine Einheit, aus der heraus ein in sich geschlossenes Führungssystem geschaffen werden muß. (Die Systemstruktur der Unternehmung in Abbildung 4 kann als Richtschnur für den Aufbau eines Planungssystems herangezogen werden). Die einzelnen Aktionen sind Elemente eines stark vernetzten und vermaschten Prozesses mit definierten Checkpunkten für eine gezielte Steuerung und Kontrolle auf allen Ebenen.

Funktionale Operationen (an Produkten) und produktorientierte Koordinierungsaufgaben erzwingen eine enge Verknüpfung in der Produktquerorganisation.

Die Kommunikation und Information ist während der Studien- und Entwicklungsphase besonders dicht, da in diesem Stadium der Freiheitsgrad für die einzelnen Funktionen noch groß ist und die verschiedenen Randbedingungen rechtzeitig in ein ausgewogenes und klar definiertes Konzept eingebracht werden müssen.

In diesem Stadium muß auch das Engagement der Geschäftsleitung sehr groß sein, da hier die grundlegenden Festlegungen und Vereinbarungen getroffen werden, die über den späteren Erfolg oder Mißerfolg entscheiden. Die Beeinflußbarkeit des Konzeptes für ein Produkt oder eine Produktfamilie ist jetzt am größten. Jeder spätere Eingriff führt zu kostspieligen Änderungen und Störungen, die auf das unbedingt notwendige Mindestmaß beschränkt bleiben müssen. Ein intensives Engagement der Geschäftsleitung in diesem Abschnitt muß auch deshalb gefordert werden, weil nur durch die Kenntnis wichtiger Details rechtzeitig ein Signal zum Abbruch gegeben werden kann. Die geschäftspolitische Strategie und Taktik wird in ihren Grundzügen während der Studien- und Konzeptphase entwickelt. Daß hier rechtzeitig alle notwendigen Verbindungen, gedanklich und faktisch, hergestellt werden können, dazu bedarf es ebenfalls der ordnenden Hand durch die Geschäftsleitung.

Die interfunktionale Produktkoordinierung muß während des ganzen Produktlebens aufrechterhalten werden. Dies ist nicht allein nötig, weil immer wieder die einzelnen Funktionen zum gemeinsamen Einsatz auch während der Umsatzphase aufgerufen werden, sondern auch weil aus der gemeinsamen Beschäftigung mit den Problemen eines Produktes oder einer Produktfamilie die Anstöße für die Konzeption von Nachfolgeprodukten erwachsen kann. Außerdem verlangt der technische Fortschritt die permanente und interdisziplinäre Auseinandersetzung mit der Technologie, dem Markt und der Leistungsfähigkeit einer Organisation.

Zu einem vergleichbaren Ergebnis hinsichtlich einer kontinuierlichen Zusammenarbeit der Funktionsbereiche über das Produktleben hinweg kommt W. C. Goggin in dem zitierten Aufsatz über die multidimensionale Unternehmungsstruktur bei Dow Corning [273, S. 64]: Goggin unterscheidet zwischen „Führungsrollen" (Lead roles) und „Gesamtverantwortungen" (Overall responsibilities) über den Produktlebenszyklus hinweg. Die Führungsrolle wechselt entsprechend dem Schwerpunkt der Produktaktivitäten von der Forschung (Research) über die technischen Dienste und die Entwicklung (Technical services & development) bis hin zu Marketing und Fertigung (marketing & manufacturing). Bei der Gesamtverantwortung wird noch unterschieden zwischen der Verantwortung der business boards (für das Geschäft) und der product management teams (für das Produkt), die in dem oben geschilderten Sinn tätig werden.

5.1.1.2 Die Einleitung neuer Produktvorhaben

5.1.1.2.1 Der Prozeß der Entscheidungsfindung

Die Produktplanung im engeren Sinn umfaßt den Prozeß von der Produktidee bis zur Produktentscheidung (Abb. 45). Er ist sachlich identisch mit dem Prozeß der Willensbildung (bestehend aus den Phasen Anregung, Suche, Optimierung und Entscheidung) und gilt prinzipiell für die Einführung neuer wie auch für die Weiterentwicklung bestehender Produkte.

Bei größeren Projekten wird der Entwicklungsentscheidung eine Studie vorgeschaltet, für deren Erstellung von der Produktkommission eine Produktarbeitsgruppe eingesetzt wird. Die Studie hat den Zweck, die noch sehr vagen Vorstellungen der beteiligten Innovatoren in ein konkretes, d. h. in seinen technischen, vertrieblichen, wirtschaftlichen und organisatorischen Dimensionen definiertes Produktvorhaben umzuwandeln.

Die Konzeptkonkretisierung setzt sich während der Entwicklungsphase fort wobei anzustreben ist, daß die Vertriebsvorstellungen zu einem möglichst frühen Zeitpunkt festgelegt und nur noch in Details geändert werden. Andererseits muß der Prozeß der Konzeptfindung so flexibel sein, daß noch wesentliche neue Erkenntnisse des Marktes (Kunde, Konkurrenz) eingebracht werden können. Ab einem bestimmten Konkretisierungsgrad (z. B. während der Herstellung des Versuchsmusters) ist es oft besser, ein Konzept zu Ende zu führen und das Produkt auf den Markt zu bringen, als diesen Prozeß durch neue Änderungen zu verlängern. Wesentliche neue Erkenntnisse, die zu diesem Zeitpunkt auftreten, sollten dann in eine Neu- oder Anschlußentwicklung eingebracht werden.

Im Zusammenhang mit der Diskussion über eine Produktidee tauchen immer wieder typische Fragestellungen auf, die an Hand der Checklisten und unter Beachtung der Planungszusammenhänge sorgfältig überlegt und beantwortet werden müssen:

- Wird das vorhandene Know How genutzt und effektiv umgesetzt?
- Welche neuen Technologien können eingesetzt werden?
- Können vorhandene Rohmaterialien genutzt werden?
- Können die gegebenen quantitativen und qualitativen Fertigungskapazitäten genutzt werden?
- Stellt dieses Produkt (oder diese Produktfamilie) eine sinnvolle Ergänzung des Produktspektrums dar und paßt dieses in die gegenwärtige Unternehmungsstrategie?
- Kann dieses Produkt von der vorhandenen Vertriebsorganisation bewältigt werden oder müssem völlig neue Vertriebswege erschlossen werden?
- Welche besonderen finanziellen Vorleistungen müssen erbracht werden und welcher Gewinn ist zu erwarten?

Diese und weiterführende Fragestellungen können nur von den Experten aus dem Vertrieb, der FuE und der Fertigung gemeinsam erarbeitet werden. In der Regel wird schon in diesem sehr frühen Stadium eine Produktarbeitsgruppe eingesetzt, um die Problemstellung unter Zugrundelegung der Kenntnisse aller Disziplinen zu bearbeiten. Wertanalyse und Plankalkulation haben bereits in dieser Phase ein besonderes Gewicht, damit ein günstiges Preis-/Leistungsverhältnis entsteht und die wirtschaftlichen Konsequenzen sukzessive sichtbar werden. Diese Arbeiten führen zu einem vorläufigen technischen Konzept mit alternativen Lösungsvorschlägen (z. B. Varianten, Systemfamilien). Man gewinnt gleichzeitig Vorstellungen über besondere Vertriebsaktivitäten (z. B. für den Aufbau von Versuchsstrecken beim Kunden oder für die Beschickung von Messen und Ausstellungen) zur Unterstützung der Akquisition. Aus den quantifizierbaren Daten und Fakten wird ein grober Umsatz- und Kostenplan aufgestellt, aus dem ein vorläufiger Wirtschaftlicher Produktplan abgeleitet werden kann. Die solchermaßen getroffene Bewertung von Markt, Technologie und Wirtschaftlichkeit findet schließlich durch die Positionierung in der Geschäftsfeldmatrix ihren vorläufigen Abschluß. Darin findet auch die strategische Betrachtung ihren konkreten Niederschlag und das neue Produktvorhaben kann im Zusammenhang mit der übergeordneten Zielsetzung und Strategie beurteilt werden. Die Unterlagen werden zusammengefaßt, noch einmal auf Plausibilität geprüft und nach einer abschließenden Diskussion zwischen Produktkommission und Produktarbeitsgruppe bei der Geschäftsleitung zur Entscheidung vorgelegt. Eine Studienphase einschließlich der Konzeptfindung dauert – je nach Aufgabenstellung – von wenigen Monaten bis zu zwei, manchmal mehr Jahren. Die lange Dauer liegt nicht nur an der Vielzahl von Klärungen, die intern und extern (z. B. auch mit zahlreichen technischen Verbänden) vorgenommen werden müssen, sondern an der iterativen Vorgehensweise generell. Der in Abbildung 45 gezeigte Ablauf wird – bis zur endgültigen Entwicklungsfreigabe – in der Regel mehrmals durchlaufen. Auf jeder Stufe finden Rückkoppelungen statt und führen zu einer Überholung der alten Vorstellung. Dabei ist auch jeweils der mögliche Abbruch des Vorhabens zu überprüfen. Keiner der Beteiligten kann in diesem vermaschten Beziehungsnetz über längere Zeit hinweg ohne intensiven Kontakt zu seinen Partnern agieren: Die Querschnittskoordinierung durch Produktkommission und Produktarbeitsgruppe wird zum tragenden Element der Zusammenarbeit.

Hat sich die Geschäftsleitung (oder auch die Produktkommission) am Ende der Studienphase auf Grund der vorgelegten Unterlagen entschieden, die Produktentwicklung aufzunehmen, dann ist ein wichtiger Meilenstein erreicht: Dieses neue Produktvorhaben wird Bestandteil der Gesamtheit aller Produktvorhaben (= Spektrum), die Gegenstand der permanenten Planung, Steuerung und Kontrolle sind. Spätestens jetzt erweist es sich als nötig und nützlich, bereits im Vorfeld der Planung standardisierte Unterlagen zu haben, die eine direkte Überleitung in das laufende Planungsgeschehen ermöglichen. Darüber hinaus wird durch diese Formalisierung der Dialog in einer neu gegründeten Produktarbeitsgruppe erleichtert und es wird bereits in einem sehr frühen Stadium jenes Maß an Verständnis für die Zusammenhänge erzwungen, das nötig ist, um Teillösungen nicht isoliert vom Gesamtgeschehen in einem Bereich oder in der Unternehmung anzugehen.

5.1.1.2.2 Das FuE-Antragsverfahren

Der Prozeß der Produktentscheidung wird formal durch das FuE-Antragsverfahren unterstützt. Die Beantragung, Genehmigung, Einleitung und Fortschreibung von FuE-Vorhaben ist in einem Verfahren geregelt, das die Informationsbeschaffung und Entscheidungsfindung für einzelne und miteinander konkurrierende FuE-Vorhaben umfaßt. Das gilt für Studien und FuE-Aufträge (sowohl für allgemeine Forschungsvorhaben als auch für spezielle Produktentwicklungen), wobei jeweils zu unterscheiden ist zwischen einem Erstantrag, einem Zusatzantrag (zur Ergänzung eines bestehenden Vorhabens oder zur Verbesserung eines existierenden Produktes) und einer Wiedervorlage.

Für jedes einzelne FuE-Vorhaben ist das Entwicklungsziel anzugeben, damit die formale, zeitliche und sachliche Kontrolle ermöglicht wird. Die Entwicklungsziele richten sich z. B. auf die Erstellung eines Konzeptes, die Herstellung eines Prototypen, die Serienreifmachung, die Fertigungsbetreuung oder die Produktverbesserung bzw. -anpassung. Die einzelnen Schritte können abschnittsweise oder auch insgesamt freigegeben werden.

Dieses Verfahren gilt nicht nur für spezielle Produktentwicklungen, sondern auch für die fertigungstechnische Entwicklung (Forschung und Entwicklung von Fertigungs- und Prüfmitteln) sowie für allgemeine, nicht produktspezifische FuE-Vorhaben (z. B. für die Konstruktionsrationalisierung oder die Herstellung von DV-Software für die Forschung und Entwicklung) und für die Forschung und Entwicklung neuer Technologien (z. B. der Hochintegration). Das Verfahren ist so eingerichtet, daß schon in einem sehr frühen Stadium, also z. B. bei der Diskussion einer neuen Idee, die Originalformulare der Produktplanung benutzt werden. Dies dient der Aufrechterhaltung einer kontinuierlichen Diskussion über sich wiederholende Sachverhalte über alle Phasen und alle hierarchischen Stufen hinweg. Dadurch wird auch das spätere Einbinden in den laufenden Planungs-, Steuerungs- und Kontrollmechanismus und in die jährliche Planung erleichtert.

Umfang und Bedeutung der FuE-Vorhaben sind unterschiedlich ausgeprägt. Deshalb gilt die Regelung, daß die Erstellung der Unterlagen (Teilpläne) auf den Teil beschränkt bleibt, der für die Entscheidung unbedingt notwendig ist. Diese Einschränkung betrifft auch den Tiefgang der einzelnen Pläne, da der Bürokratismus über den Sachvorgang nicht dominieren darf.

Daß dennoch das Informationsmaterial in sich abgerundet und plausibel vorgetragen werden kann, dafür werden die Checklisten zu Hilfe genommen. Diese dienen als Gedächtnisstütze, um die anfangs noch sehr vagen Vorstellungen sukzessive in konkrete Aussagen überführen zu können und um zu verhindern, daß wesentliche Aspekte vergessen werden. Dadurch soll auch erreicht werden, daß spätere Änderungen auf ein Mindestmaß beschränkt bleiben. Damit nicht jede Produkt- bzw. FuE-Entscheidung bis an die Geschäftsleitung herangetragen werden muß, wurden verschiedene Wertkategorien festgelegt. Als Kriterium für die Bestimmung dieser Wertkategorien bieten sich zwei Aspekte an: einmal der absolute Geldmitteleinsatz insgesamt (aus Personal-, Kapitaleinsatz und Zeitdauer) oder auch ein bestimmter %-Satz vom Gesamtetat und zum anderen die Feststellung, ob es sich um ein bedeutendes bereichsüberschreitendes Vorhaben handelt oder nicht. Bei vom Aufwand her zunächst unbedeutenden FuE-Vorhaben ist immer zu fragen, ob sich daraus notwendige Folgeentwicklungen ergeben. Insgesamt gibt es vier verschiedene Kategorien, die aus diesen Kriterien abgeleitet werden können:

Kategorie 1: Vorhaben, die der Genehmigung durch die Geschäftsleitung bedürfen (hoher FuE-Aufwand, bereichsüberschreitende Verfahren);

Kategorie 2: Vorhaben, die einzeln von der Produktkommission genehmigt werden können, die aber der Zustimmung der zuständigen Geschäftsgebietsleitung bedürfen (mittlerer FuE-Aufwand, gebietsüberschreitende Verfahren);

Kategorie 3: Vorhaben, die einzeln von der Produktkommission allein genehmigt werden können (niedriger FuE-Aufwand, in der Regel auf das Produktgebiet beschränkt);

Kategorie 4: Vorhaben, die im Rahmen der Plandurchsprachen für das laufende Jahr (Budget) von der Geschäftsleitung pauschal genehmigt werden und die von der Produktkommission bei Bedarf freigegeben werden können.

Durch das System der periodischen Kontrolle und durch die jährlichen Spektrumsdurchsprachen ist sichergestellt, daß die Produktkommissionen und auch die zuständigen Abteilungsleiter rechtzeitig über Veränderungen der Realisierung und in der Zielsetzung informiert werden. Dies wiederum gestattet die objektbezogene Führung der Produktarbeitsgruppen und die Optimierung der Produktvorhaben im gesamten Geschäftsbereich.

5.1.2 Die Phasen der jährlichen Wirtschafts- und Produktplanung

5.1.2.1 Das Phasenschema

Die Produktplanung ist eingebettet in das System der periodischen Unternehmungsplanung. Die einzelnen Phasen dieses Planungszyklus bilden das Grundgerüst für alle produktbezogenen Planungsschritte und bestimmen den Rhythmus für die Verknüpfung der permanenten Produktplanung mit der jährlichen Wirtschaftsplanung. Das umfassende System des Planungsprozesses wurde in seinen Grundzügen bereits erläutert, deshalb können die Ausführungen hier auf die produktspezifischen Planungen aus der Sicht eines Geschäftsbereiches beschränkt werden.

Der Prozeß der jährlichen Wirtschafts- und Produktplanung (Ablaufdiagramm siehe Abb. 48) kann in folgende vier Hauptphasen gegliedert werden:

Phase 1: Grundplanung und Kapazitätsausgleich,
Phase 2: Abstimmgespräche und Plandurchsprachen,
Phase 3: Erstellung der Teilpläne und Konsolidierung,
Phase 4: Planverabschiedung und (ausführliche) Diskussion der endgültigen Produktpläne

In diesen Phasen sind die einzelnen Planungsschritte (= Elemente) des Aktionssystems entsprechend ihrer zeitlichen und sachlogischen Verknüpfung zusammengefaßt. Der Ablaufplan (Abb. 48) zeigt nur die wesentlichen Planungsschritte, die für das Verständnis der Planungszusammenhänge im Zeitablauf notwendig sind. Dieser Planungsablauf gibt den eingeschwungenen Zustand wieder, wonach alle Funktionsbereiche zu Planungsbeginn im September gleichzeitig mit ihren neuen Planungsüberlegungen beginnen können, ohne zunächst auf Impulse aus den anderen Funktionsbereichen warten zu müssen. Grundsätzlich wird dabei das in Abbildung 46 dargestellte Planungsmodell während der einzelnen Phasen mehrmals durchlaufen: ausgehend vom Marketing und den aktuellen Prämissen für die Planung entsteht das Produktprogramm, aus diesem wird die Personal- und Investitionsplanung abgeleitet, die zusammen mit der Umsatz- (Markt-) planung zur Kosten- und Ergebnisplanung (einschließlich der Finanz- und Bilanzplanung) führen. Aus dieser ergeben sich schließlich neue Anstöße für die Produktprogrammplanung: der Regelkreis ist geschlossen. Die Pfeile zeigen die primäre Richtung des Modellablaufes, selbstverständlich sind auch Rückwärtsrechnungen möglich, wenn für Teilpläne (z. B. Personal- und Kostenpläne) ein Suboptimum gefunden werden soll.

5.1.2.2 Phase 1: Grundplanung und Kapazitätsabgleich

Zu Beginn der Grundplanung erfolgt eine tiefgreifende Analyse der jeweiligen Ausgangssituation, z. B. durch Erarbeitung eines Ist-Portfolios in der Geschäftsfeldmatrix. Im Rahmen dieser Statusanalyse wird der aktuelle Wissensstand über externe und interne Umweltbedingungen festgestellt, wozu auch die Überprüfung der vorliegenden Pläne (aus der vorausgehenden Planungsrunde) auf ihre Aktualität hin gehört. Dabei steht die Frage nach der Zielsetzung und nach dem Grad der Zielerreichung im Zentrum der Überlegungen, woraus sich wesentliche Anstöße für die Überholung der vorhandenen Pläne und für die Erarbeitung neuer Stoßrichtungen ergeben.

Parallel zu diesen Untersuchungen werden von der zentralen Planungsabteilung im Auftrag der Geschäftsleitung bestimmte Planungsprämissen und Zielprojektionen erarbeitet, die für die Planung in den einzelnen Bereichen richtungweisend sind. Dazu gehören z. B. Aussagen über neue Umsatzschwerpunkte, Fragen der Spektrumsausweitung oder -einschränkung, Angaben über Randbedingungen für den Personalauf- bzw. -abbau, Vorgaben über die Auslastung der Fertigungskapazität und die in diesem Zusammenhang zu betrachtende mittelfristige Gesamtkapazität sowie Angaben über Begrenzungen der Investitionsvolumina. Außerdem werden weitere Parameter der Formalplanung gesetzt wie z. B. die Einhaltung bestimmter Finanzierungsregeln und die Erzielung einer definierten Gleichgewichtsrendite. (Zur Mechanik der Gleichgewichtsrendite vgl. Günther [282, S. 238 f.]).

Auf der Grundlage der Analyse der Ausgangssituation und der von der Leitung verabschiedeten Prämissen erfolgt die Planung der Basisdaten in den Bereichen. Die Forschung und Entwicklung stimmt die laufenden Programme mit der Fertigung und dem Vertrieb ab, der Vertrieb überprüft seine Liefersituation und entwickelt – weltweit – im Rahmen seiner Marketingfunktion neue Marktmöglichkeiten und die Fertigung stellt die gegenwärtigen Kapazitäten und die zukünftigen Ausstoßmöglichkeiten fest. (Der komplizierte Mechanismus des Kapazitätsabgleiches kann hier nicht näher erläutert werden. Hier sei auf die bereits erwähnte Arbeit von Pedell [141, S. 29 ff.] verwiesen). Diese Vorgänge müssen bereits als permanente Prozeß verstanden werden, aus dem heraus die jeweils neuesten Erkenntnisse zu Beginn der jährlichen Planung ermittelt werden.

Die Planung selbst als Folge aufeinander abgestimmter Entscheidungspro-

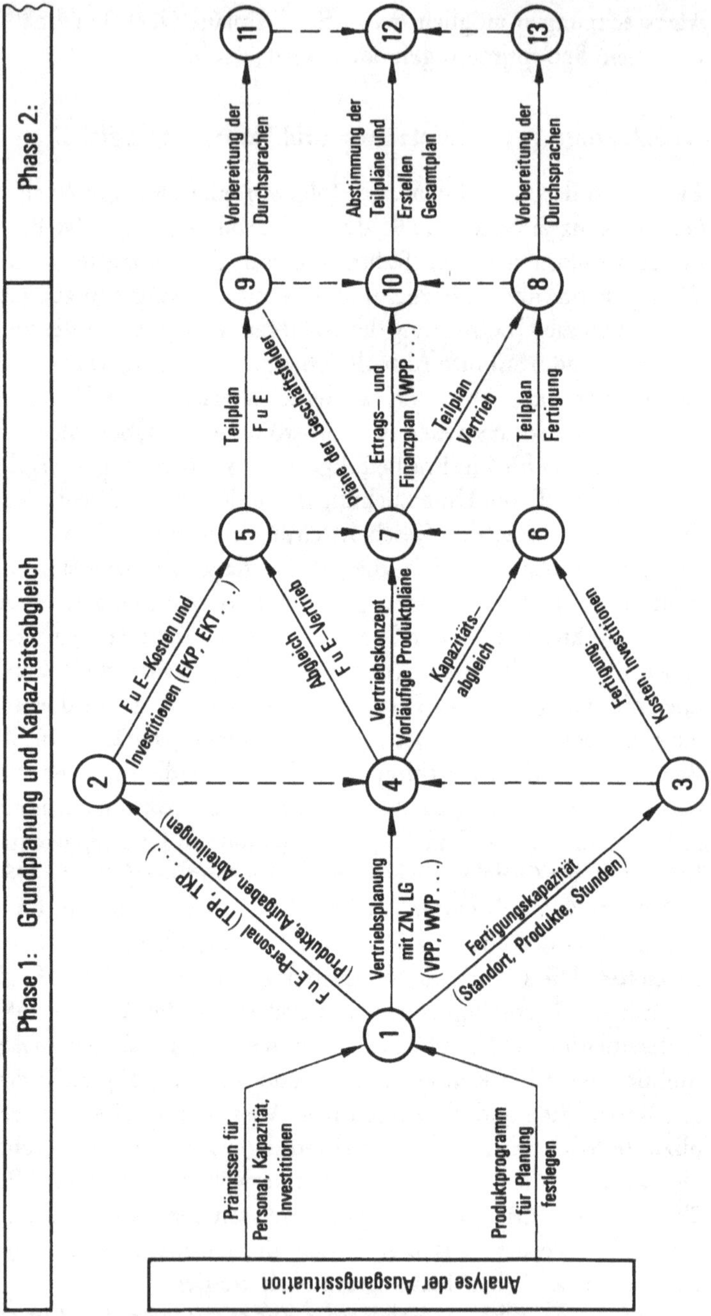
Phase 1: Grundplanung und Kapazitätsabgleich
Phase 2:
Analyse der Ausgangssituation
Prämissen für Personal, Kapazität, Investitionen
Produktprogramm für Planung festlegen
1
F u E-Personal (TPP, TKP . . .) (Produkte, Aufgaben, Abteilungen)
Vertriebsplanung mit ZN, LG (VPP, WVP . . .)
Fertigungskapazität (Standort, Produkte, Stunden)
2
4
3
F u E-Kosten und Investitionen (EKP, EKT . . .)
Abgleich F u E-Vertrieb
Vertriebskonzept Vorläufige Produktpläne
Kapazitäts-abgleich
Fertigung: Kosten, Investitionen
5
7
6
Teilplan F u E
Pläne der Geschäftsfelder
Ertrags- und Finanzplan (WPP . . .)
Teilplan Vertrieb
Teilplan Fertigung
9
10
8
Vorbereitung der Durchsprachen
Abstimmung der Teilpläne und Erstellen Gesamtplan
Vorbereitung der Durchsprachen
11
12
13

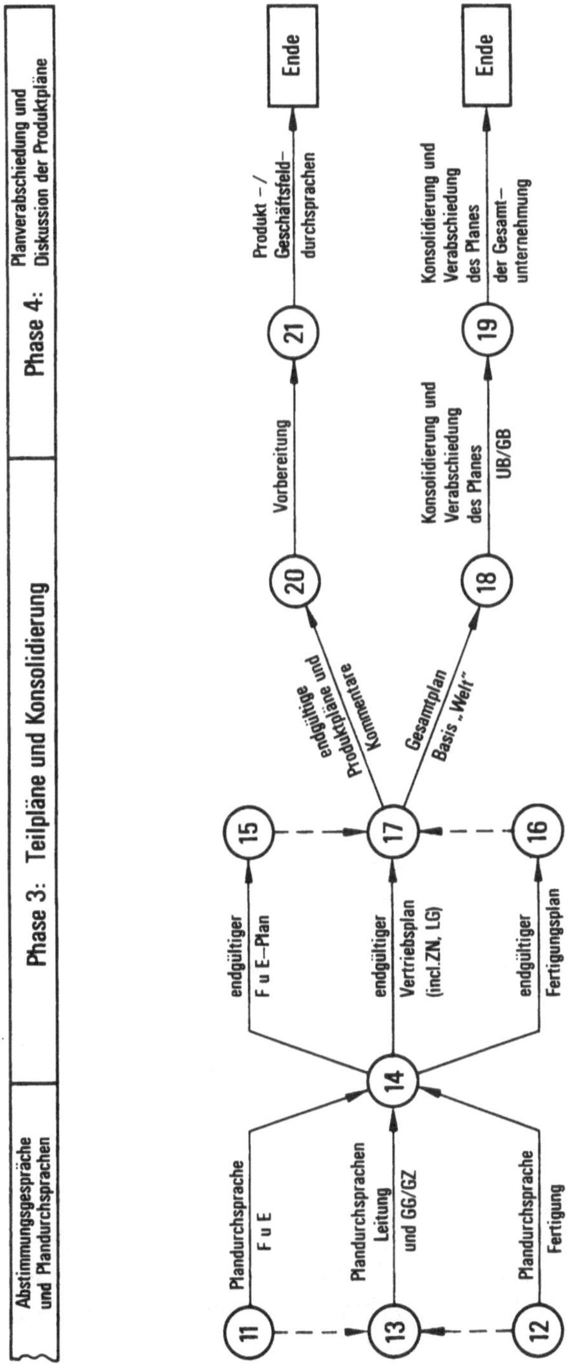

Abb. 48 Der Prozeß der jährlichen Wirtschafts- und Produktplanung

zesse erfolgt dort, wo die Realisierung von Planvorhaben auch verantwortet werden muß: in den zuständigen Funktionsbereichen. Das bedeutet, daß über die Produktkommissionen und Produktarbeitsgruppen das gesamte Wissen aus FuE, Fertigung und Vertrieb in die Einzelpläne einfließt, da in diesen Gremien die Repräsentanz der Linienfunktionen sichergestellt ist. Das in diesen Instanzen angesammelte Wissen ist damit Grundbestandteil des Gesamtplanes und es kann keine Konkurrenz zwischen den planenden Stellen der Funktionsbereiche und den Planvorstellungen in den Produktkommissionen entstehen.

Der gesamte Planungsablauf ist begleitet von einer ständigen Kommunikation und Information mit den Zweigniederlassungen und Landesgesellschaften, die aus ihrer regionalen Verantwortung als Mittler zwischen Markt und Fachunternehmer wesentliche Beiträge liefern müssen. Dabei wird selbstverständlich über Produkte und Projekte gesprochen, wenn auch nicht immer mit dem partiellen Auflösungsvermögen, wie es die geschäftsführenden Bereiche kennen. Hier wird selektiv vorgegangen: es werden Schwerpunkte nach Produkten und Ländern gebildet, die Gegenstand der permanenten Kommunikation und Information sind. Dabei werden Wirtschaftseckdaten wie Auftragseingang, Umsatz (nach Menge und Wert), Vertriebsspanne (in % vom Umsatz), Bestände und besondere Vertriebsaktivitäten diskutiert und festgelegt. Diese Daten werden generell bis zur Ebene Geschäftsgebiet und Geschäftszweig festgelegt, speziell darüber hinaus nur für ausgewählte Produktgruppen oder Produkte. Hier muß ein Kompromiß zwischen vertretbarem Aufwand und detaillierter Information gefunden werden.

Neben der Vereinbarung dieser Formaldaten ist die Information und Diskussion über technische Trends, Marktentwicklungen, Konkurrenz, neue Kunden und regionale Besonderheiten von elementarer Bedeutung, da diese die Grundplanung im Geschäftsbereich maßgeblich beeinflussen und richtungweisend für die Erarbeitung von Zielvorstellungen und Maßnahmen zur Erreichung dieser Ziele sind.

Die Bildung regionaler Schwerpunkte führt zu organisatorischen Konsequenzen: Für eine direkte Steuerung und Koordinierung des weltweiten Produktgeschehens werden regelmäßig stattfindende Plandurchsprachen von Produktkommission und Landesgesellschaft (LG) eingerichtet. Inwieweit die Integration einzelner Mitarbeiter einer LG in die Produktkommission gelingt, muß abgewartet werden. Hier sind durch die Vielfalt der Interessen und der beteiligten Menschen natürliche Grenzen gesetzt. Es wird sich zeigen, ob die Organisation als Ganzes jene Flexibilität aufbringt, die notwendig ist, um sich den jeweiligen Prioritäten bestmöglichst anzupassen.

5.1.2.3 Phase 2: Abstimmgespräche und Plandurchsprachen

Als Ergebnis der Grundplanung entstehen die Teilpläne der Funktionsbereiche (Sach- und Formalpläne), die noch einer weitergehenden Abstimmung bedürfen. Allerdings ist jetzt die Möglichkeit gegeben, diese Abstimmungen an Hand vorbereiteter und allseits verständlicher (weil aufeinander abgestimmter) Unterlagen vorzunehmen. Ziel dieser Abstimmungen ist einmal die Synchronisierung der Planinhalte zwischen Forschung und Entwicklung, Fertigung und Vertrieb in sachlicher und zeitlicher Sicht und zum anderen die erste Zusammenfassung der Teilpläne zu Produktplänen und zu einem Gesamtplan, der in einer Durchsprache im Leitungskreis diskutiert werden kann.

Die Abstimmung der Teilpläne und des Gesamtplanes erfolgt entsprechend den verschiedenen Kommunikations- und Informations-Kreisen (Abb. 28) in folgenden Dimensionen:

(1) innerhalb der einzelnen Funktionsbereiche unter Berücksichtigung deren spezifischer Aufgabenstellung;

(2) zwischen den Funktionsbereichen, wobei das Objekt (Produkt, Projekt, Aufgabe . . .) sachlich und zeitlich im Zentrum der Betrachtung steht;

(3) zwischen verschiedenen Objekten und Verantwortungsbereichen innerhalb eines Geschäftsbereiches, wobei primär der Ausgleich zwischen miteinander konkurrierenden Geschäften herbeizuführen ist;

(4) zwischen verschiedenen Geschäfts- und/oder Unternehmensbereichen im Hinblick auf die Verfolgung gemeinsamer Vorhaben und auch zur Verhinderung sich gegenseitig störender Marktstrategien;

(5) zwischen dem Geschäftsbereich und den Regionaleinheiten (Zweigniederlassungen und Landesgesellschaften), damit deren Planung mit der des Geschäftsbereiches substantiell und formal übereinstimmt. Das ist eine Grundbedingung für die Homogenität des Gesamtplanes der Unternehmung, die darin begründet ist, daß die verschiedenen Teilpläne der Unternehmung in sich und untereinander plausibel sind.

Das gesamte Planwerk wird in der zentralen Planungsstelle so zusammengefaßt, aufbereitet und analysiert, daß die Geschäftsbereichsleitung nach entsprechenden Vorgesprächen in den Funktionsbereichen in die Lage versetzt wird, sich einen Gesamtüberblick über den Planungsstand zu verschaffen und zusätzliche Impulse für die Modifizierung der Pläne zu geben. Die Plandurchsprachen erfolgen etwa Mitte März, wobei jeder Geschäftszweig (Verantwortungsbereich) getrennt diskutiert wird.

Diese zweite Phase ist gekennzeichnet durch ein häufiges Durchrechnen der Formalpläne mit alternativen Grunddaten (Alternierung), die auf die verschiedenen Abstimmgespräche zurückzuführen sind. Die Produktkommissionen stellen das geeignete Gremium dar, das einen Ausgleich divergierender Interessen, die sich in voneinander abweichenden Teilplänen niederschlagen, rasch und unkonventionell herbeiführen kann. Typisch ist der Abgleich zwischen Umsatzschwerpunkt (aus dem Vertriebsplan), Fertigungsbeginn (im Kapazitätsplan implizite enthalten) und Entwicklungseinsatz, die inhaltlich voll zusammenpassen müssen. Ein Vergleich der entsprechend aufbereiteten Unterlagen aus Forschung und Entwicklung, Fertigung und Vertrieb zeigt, wo noch zwischen den einzelnen Partnern in den Produktkommissionen eine Korrektur der Pläne vorgenommen werden muß. Erweisen sich die individuellen Standpunkte als unvereinbar, dann muß die nächsthöhere Instanz angesprochen werden.

Entscheidend ist, daß durch die Mitwirkung der Produktkommissionen in einem möglichst frühen Stadium der Planung ein ausgewogenes Verhältnis zwischen Markt, Technologie, Rentabilität und Wirtschaftlichkeit herbeigeführt wird. Dies gilt für jedes einzelne Produkt ebenso wie für den Geschäftsbereich als Ganzes.

5.1.2.4 Phase 3: Erstellung der Teilpläne und Konsolidierung

Aus den Plandurchsprachen mit der Leitung entstehen Vorgaben, die zu Änderungen der Teilpläne führen. In dieser Phase werden die endgültigen Teilpläne erstellt und über eine umfassende Planungsrechnung zu einem endgültigen Gesamtplan zusammengefügt. In diesem Zusammenhang werden erst jetzt auch die endgültigen wirtschaftlichen Produktpläne erstellt und die Auswertungen für die Geschäftsfeldmatrizen durchgeführt. Dabei muß jederzeit die Möglichkeit gegeben sein, neue Erkenntnisse einzubringen und alternative Pläne durchzurechnen. Dies ist notwendig, damit die Aktualität der Pläne gewahrt bleibt und die sachgerechte Interpretation der Produktergebnisse sichergestellt ist.

Die Produktpläne (für Vertrieb, Forschung und Entwicklung und Ergebnis) werden nach Produktgebieten zusammengestellt, verschiedenen Auswertungen (z. B. Plan-Plan-Vergleich, um die Auswirkungen er neuen Erkenntnisse auf die bestehenden Pläne zu erkennen) unterzogen und den Produktkommissionen zur Analyse und Kommentierung zur Verfügung gestellt.

Dies dient der Vorbereitung auf die in der Phase 4 erforderlichen Produktplandurchsprachen.

Das gesamte Zahlenwerk eines Planes mündet im System der ergebnis- und liquiditätsorientierten Planungs- und Kontrollrechnung [75, S. 110 ff.] der Geschäfts- und Unternehmensbereiche und der Gesamtunternehmung. Das Zahlenmaterial wird jedoch erst durch die Kommentierung und verbale Interpretation zum Leben erweckt. Das wiederum kann nur dann fundiert und in sich schlüssig erfolgen, wenn der sachliche Bezug dieses Zahlenwerkes zum Geschäft erhalten bleibt. Deshalb muß die Möglichkeit gegeben sein, Globaldaten und -aussagen bis zum Produkt, also der Grundlage des Geschäftes, verfolgen zu können. Dazu bedarf es nicht der rechenhaften Auflösung aller Wirtschaftsdaten bis zum Produkt, sondern es genügt z. B. die Kenntnis der Zusammenhänge zwischen dem Produktgeschehen und den finanzwirtschaftlichen Vorgängen, die dieses auslösen kann.

5.1.2.5 Phase 4: Planverabschiedung und Diskussion der Produktpläne

Der am Ende der Phase 3 fertiggestellte Plan wird zur Abrundung der Argumentation und zur Vornahme geringfügiger Änderungen, die nicht mehr in die Grundplanungen einfließen können, im Leitungskreis diskutiert und verabschiedet. Dieser Gesamtplan enthält alle Teilpläne, die in Abbildung 13 als wesentliche Bestandteile (Elemente) des Systems der Unternehmungsplanung bezeichnet wurden. Die Pläne der Geschäftsbereiche werden im April auf Unternehmensbereichs-Ebene konsolidiert, diskutiert und verabschiedet. Sie werden anschließend zum Gesamtunternehmungsplan zusammengeführt, mit dem Vorstand diskutiert (im Mai) und verabschiedet (im Juni) (Abb. 12).

Dadurch, daß neben den Leitern der Zentralbereiche alle Unternehmensbereichsleiter und einige Geschäftsbereichsleiter im Vorstand vertreten sind, ist sichergestellt, daß die Geschäftspolitik und Strategie der Unternehmungsleitung (Vorstand) in die Planung der Bereiche eingehen kann und Interessenkonflikte bereits in einem sehr frühen Stadium festgestellt und behoben werden können. (Vgl. auch Abb. 30).

Am Ende der Planungsphase finden im Geschäftsbereich Produktplandurchsprachen statt. Parallel zur Verabschiedung des Gesamtplanes für den Bereich erfolgt die Vorbereitung der Spektrumsdurchsprachen in den einzelnen Produktinstanzen. Es ist die Aufgabe der Geschäftsbereichsleitung, sich am Ende des Planungszyklus die einzelnen Produktpläne zusammen mit der zuständigen Produktkommission genau anzusehen, da erst jetzt alle detaillierten Produktunterlagen vorliegen, die als solide Basis für eine fundierte Diskussion der Produkt- und Marktstrategie dienen können. Außerdem steht erst jetzt die für die Diskussion der einzelnen Produktgebiete notwendige Zeit zur Verfügung. Eine ausführliche Diskussion, die sachlich in der Phase 3 möglich wird, verbietet sich in der Regel wegen des zu großen Zeitdruckes, verursacht durch die übrigen Planungsarbeiten. Außerdem dienen diese Pläne, die während des Jahres z. T. fortgeschrieben werden, als Basis bereits für die im Herbst beginnende neue Planungsrunde. Die Kontinuität der Diskussion über Ziele, Strategien und Maßnahmen ist also sichergestellt. Als Rahmen für diese Durchsprachen hat sich das in Tabelle 5 aufgezeichnete Standardprogramm bewährt, das individuell abgewandelt werden kann.

Tabelle 5 Programmrahmen für die Produktplandurchsprachen

1. Überblick über das Spektrum nach Geschäftsfeldern und strategischen Geschäftseinheiten (Umsatz- und Ergebnisschwerpunkt, Forschungs- und Entwicklungsintensität)
2. Aussagen zur Strategie
   2.1 Markt und Wettbewerb
   2.2 Technologie
   2.3 Wirtschaftlichkeit
3. Diskussion einzelner Produktpläne und Geschäftsfelder
   3.1 Wirtschaftliche Produktpläne über die Lebensdauer
   3.2 Soll-Ist- und Plan-Plan-Vergleiche für ausgewählte Produkte
   3.3 Aktuelle Probleme ausgewählter Produkte und Techniken
4. Zukünftige Aufgaben für Forschung und Entwicklung (die noch nicht in konkreten Produktplänen ihren Niederschlag gefunden haben);
   Diskussion zukünftiger Produkte/Technologien in Relation zur Entwicklung des Marktes.

Der Umfang der Diskussion hängt von den individuellen Problemen der Produktgebiete ab. Entscheidend ist für alle Gespräche die Erzielung einer ausgewogenen und ausgereiften Strategie zwischen Markt/Wettbewerb, Technologie und Wirtschaftlichkeit/Rentabilität in Bezug auf den Einsatz der Ressourcen der Unternehmung. Dabei dienen die vorgelegten Unterlagen – die ohnehin nur einen Augenblickszustand der Planung widerspiegeln – nur als Argumentationshilfe. Kurskorrekturen müssen nicht nur erlaubt, sondern auch erwünscht sein, um dem Gespräch über die Zukunft jene Dynamik zu verleihen, die es angesichts der Vielfalt von miteinander zu verknüpfenden

Aspekten benötigt. Ein allzu starres Festhalten am Formalismus und an den quantifizierten Planaussagen wäre eine unzulässige Beschränkung des unternehmerischen Denkens. Die vorgelegten Zahlen und Fakten können nur der Orientierung dienen, sie sind nie die Zukunft selbst. Allerdings erzwingt das formalisierte Planwerk immer wieder die Konkretisierung unternehmerischer Entscheidungen im Hinblick auf deren mögliche finanzielle Auswirkungen für die Unternehmung. Und das ist nötig, um das Bewußtsein um die Bedeutung unternehmerischen Tuns zu schärfen und immer wieder von Neuem zu wecken.

Bei der Betrachtung der Bedeutung dieses Dialogs zwischen der Geschäftsleitung und den Produktkommissionen müssen zwei Aspekte besonders hervorgehoben werden: einmal ist diese Auseinandersetzung nötig, um in der Verknüpfung von Produkt- und Spektrumsbetrachtung die übergreifenden Produktprobleme feststellen, bewerten und gemeinsam einer Lösung zuführen zu können. Damit ist auch eine umfassende und intensive Information der Geschäftsleitung über aktuelle und zukünftige Probleme verbunden, die das Umsetzen von einer globalen Strategie in einzelne Produktstrategien (und umgekehrt) erleichtert.

Zum anderen ist dieses Forum in hervorragender Weise geeignet, die Vorstellungen der Geschäftsleitung über geschäftspolitische Erfordernisse im Abwägen zwischen dem individuell Möglichen auf der Basis wohldefinierter Produktpläne bzw. Geschäftsfelder und dem gesamtunternehmerisch Nötigen in die Organisation hineinzutragen und eine gemeinsame Meinungsbildung zu erringen. Dadurch wird die Unternehmungsführung auf jene breite Basis gestellt, die nötig ist, damit die wirklich wesentlichen Probleme erkannt und behandelt werden können. Außerdem ist dabei die Möglichkeit gegeben, bei den verantwortlichen Mitarbeitern das Verständnis für Prämissen und Randbedingungen zu wecken, die sich aus dem Unternehmungsverband als Ganzes ergeben. Wenn beim Mitarbeiter das Verständnis für übergeordnete Belange wächst und er wesentliche persönliche Ziele – wie z. B. die aktive Teilnahme am Führungsprozeß und eine entsprechende Anerkennung seines Beitrages – erfüllt sieht, dann kann man auch erwarten, daß der verantwortliche Mitarbeiter auch aus sich heraus handelt und nicht ausschließlich auf Weisung von oben her.

5.1.3 Die Verbindung der laufenden Produktplanung mit der jährlichen Wirtschaftsplanung

Die Wirtschafts- und Produktplanung ist ein kontinuierlicher Prozeß, in den alle neuen (Produkt-) Planvorstellungen nahtlos eingefügt werden müssen. Wie das geschehen kann und welche Konsequenzen sich daraus für die permanente Planung ergeben, wird in diesem Abschnitt dargelegt.

5.1.3.1 Die Einbeziehung neuer Produktpläne in den Gesamtplan

Ausgehend von einer Produktidee wird eine Planungskette (Abb. 45) angestoßen. Zunächst ist (z. B. im Wege einer Studie) festzustellen, ob die FuE-Kapazität qualitativ und quantitativ verfügbar ist – entweder durch Umschichten vorhandener Aufgaben oder durch Erweiterung der Kapazität. Letzteres kann nur mittelfristig erfolgen, da neues FuE-Personal erst eingearbeitet werden muß. Ähnliche Überlegungen sind für den Fertigungs- und Vertriebsbereich anzustellen, woraus sich detaillierte Investitions- und Personalpläne ergeben. Wird die Studie genehmigt, dann wird diese in den FuE-Aufgabenkatalog aufgenommen und wie alle anderen Vorhaben verfolgt, kontrolliert und fortgeschrieben.

Mit fortschreitender Studie nehmen die einzelnen Pläne (TPP, VPP, EKP, EKT und WPP) immer konkretere Formen an und führen schließlich zur Produktentscheidung. Spätestens zu diesem Zeitpunkt der Entwicklungsfreigabe werden die Teilpläne in den Gesamtplan des Bereiches eingefügt und sind somit Bestandteil der permanenten und der jährlichen Planfortschreibung. Die mit Hilfe der EDV mögliche umfassende und schnelle Durchrechnung aller Teilpläne gestattet das Einfügen neuer Produktpläne auch während der jährlichen Planungsrunde.

Diese Ausführungen gelten analog für die Projektplanung. Hierbei ist jeweils zu überlegen, ob und wann die mehr oder weniger konkretisierten Vertriebsprojekte in die jährliche Planung aufgenommen werden. Entscheidend ist nicht der Formalismus, sondern die Dokumentation des Wissensstandes: die Summe der Wirtschaftlichen Produkt- bzw. Projektpläne ist zu jedem Zeitpunkt identisch mit der Umsatz-, Kosten- und Ergebnisplanung der einzelnen Verantwortungsbereiche. Ausgehend von den Produkt- bzw. Projektplanungen werden Kapazitätsplanungen initiiert, die über die Investitions- und Personalplanung in die kurz- und mittelfristige Wirtschafts- und

Finanzplanung einfließen. Der Produkt- bzw. Projektplan ist somit Ausgangspunkt und Anstoß für alle Folgeplanungen.

5.1.3.2 Die Fortschreibung der Pläne

Die jährliche Wirtschafts- und Produktplanung ist eine Momentaufnahme, die nur den augenblicklichen Wissensstand reflektiert. Neue Erkenntnisse – z. B. auch aus dem Soll-Ist-Vergleich – führen zu einer Korrektur alter Annahmen und zu einer Formulierung neuer Vorstellungen über die Zukunft. Dies führt zur Fortschreibung der Planung in einem sich immer neu einregelnden Führungsmodell. Wie dieses „Hineinwachsen in die Zukunft" zur Planfortschreibung führt soll an zwei Beispielen demonstriert werden: an der Fortschreibung der Geschäftsentwicklung (Umsatzentwicklung) und der FuE-Planung.

5.1.3.2.1 Zur Umsatzentwicklung

In Abbildung 49 [166, S. 282] ist die Umsatzsstruktur des Planungszeitraumes schematisch dargestellt. Der Gesamtumsatz (Umsatzziel) setzt sich zusammen aus dem Umsatz mit gegenwärtigen Produkten (aktuelles Produktprogramm), aus dem Umsatz mit neu zu entwickelten Produkten und aus einer sogenannten „Umsatzlücke". Diese Umsatzlücke entsteht, wenn

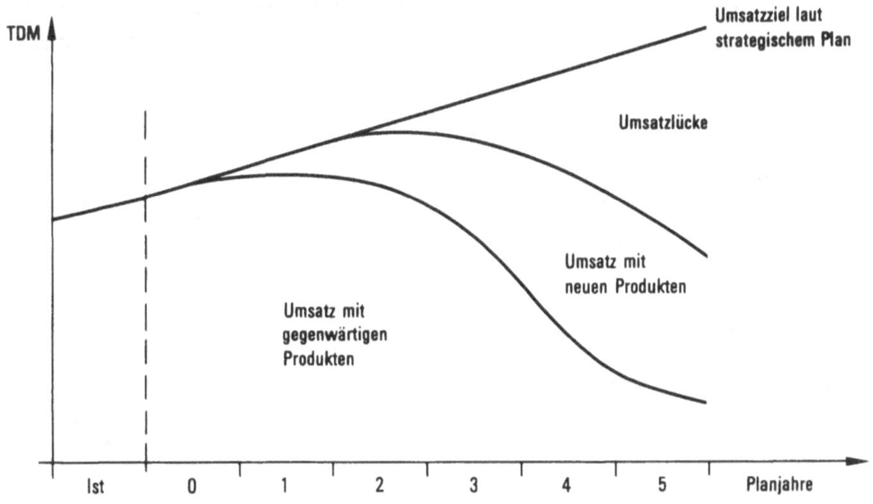

Abb. 49 Der Umsatzplan gibt strategische Anhaltspunkte (nach G. A. Steiner)

der aus den einzelnen Produktplänen additiv gewonnene Gesamtumsatz nicht mit dem Umsatzziel übereinstimmt. (Diese Umsatzlücke kann theoretisch auch negativ sein, wenn das Umsatzziel – z. B. wegen anderer begrenzender Faktoren – niedriger ist als der von den Produkten aufaddierte Gesamtumsatz). Diese Planungslücke zu schließen ist eine strategische Aufgabe. Die grundsätzlichen Entwicklungsrichtungen wie Marktintensivierung, Markterschließung, Produktentwicklung und Diversifikation wurden bereits mit Abbildung 23 erläutert. Dabei ist zu überprüfen, welche konkreten Schritte bezüglich Technik, Markt (Kunde, Wettbewerb) und Wirtschaftlichkeit eingeleitet werden müssen. Das Ergebnis dieser Überlegungen schlägt sich dann in einer entsprechenden Positionierung in der Geschäftsfeldmatrix nieder und führt somit zu einer Ausgestaltung dieser Planungslücke. Diese Überlegungen werden nicht nur im Rahmen der jährlichen Planungsrunde angestellt, sondern ergeben sich jeweils aktuell aus der neuen geschäftlichen Situation. Allerdings wird diese Diskussion während der jährlichen Planungsrunde systematisch herbeigeführt, während in der übrigen Zeit dieses Problem nur sporadisch auftritt.

Ist der Plan verabschiedet, wird dieser durch den Soll-Ist-Vergleich kontrolliert. Aus der Abweichungsanalyse und aus der Gesamtheit der geschäftlichen Aktivitäten ergeben sich nun Anhaltspunkte dafür, ob der geplante Umsatz erreichbar ist oder nicht. Darüber hinaus entstehen neue Vorstellungen über die Umsatzchancen des definierten Spektrums (das sind die gegenwärtigen und die in Entwicklung befindlichen Produkte) und über neue Produkte und/oder neue (Teil-)Spektren. Diese werden, wie oben dargestellt, in den Planungsprozeß eingeschleust und führen bei entsprechender Konkretisierung zu einer Modifizierung des bestehenden Planes.

Entscheidend ist nicht so sehr die mit Akribie betriebene Fortschreibung aller greifbaren neuen Planvorstellungen, sondern vielmehr der Anstoß für bestimmte Maßnahmen, die ergriffen werden müssen, damit die auftretenden Planungslücken – z. B. durch Einleitung neuer FuE-Vorhaben – rechtzeitig geschlossen werden können.

5.1.3.2.2 Zur FuE-Planung

Bei der Planung der FuE-Vorhaben wird dieses „Hineinwachsen in die Zukunft" noch unmittelbarer sichtbar. Abbildung 50 zeigt den Einsatz der FuE-Kapazität (in Mannjahre) für Produkte und Technologien im Planungszeitraum. Geht man von einer konstanten Gesamtkapazität aus und stellt man dieser die für bestimmte Produkte und Technologien Erforderliche

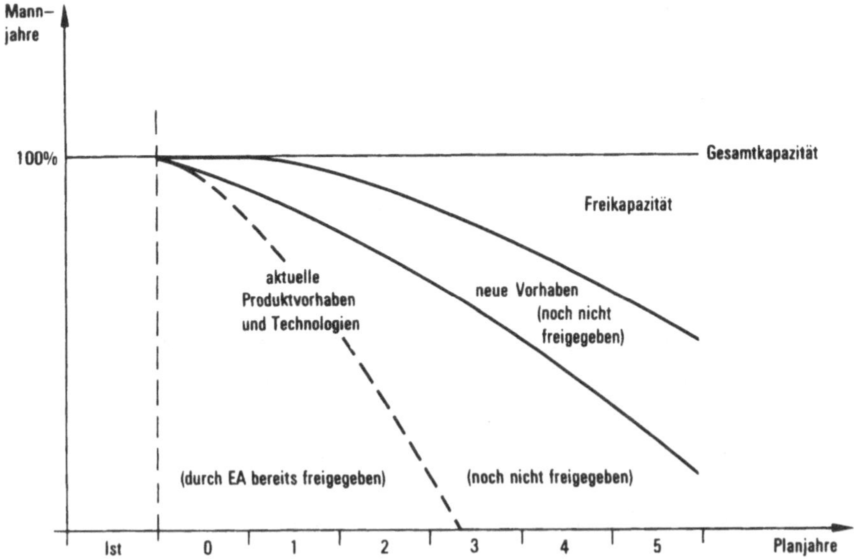

Abb. 50 Die Struktur der FuE-Kapazität zeigt das Hineinwachsen in die Zukunft

gegenüber, dann entsteht auch hier eine Planungslücke, die „Freikapazität" genannt wird. Freikapazität bedeutet nicht, daß diese genehmigt ist und zur freien Verfügung steht, sondern daß diese für neue FuE-Vorhaben bereitgehalten wird, aber noch einzeln genehmigt werden muß.

Die durch aktuelle Pläne belegte Kapazität unterscheidet sich in Vorhaben, die bereits über FuE-Anträge genehmigt sind und in Vorhaben, für die konkrete Pläne vorliegen, die aber noch nicht explizit genehmigt sind. Der Umfang der Gesamtbelegung der zukünftigen Jahre gibt einen Anhaltspunkt nicht nur für die zukünftige Beschäftigung, sondern auch für den Lebenszyklus der Produkte. Wenn die zukünftige FuE-Kapazität bereits zu einem relativ großen Teil durch FuE-Aufgaben gefüllt ist, dann liegt das auch an der relativ langen Innovationszeit nachrichtentechnischer Produkte. Das hat zur Folge, daß der Spielraum insgesamt nicht sehr groß ist und daß die verbleibende Freikapazität sehr sorgfältig disponiert werden muß, damit die wirklich erfolgversprechenden Aufgaben bevorzugt angegangen werden. Deshalb wird diese Freikapazität während der jährlichen Planung in mögliche Aufgabenpakete zerlegt, damit der Dialog über zukünftige Aufgaben rechtzeitig aufgenommen werden kann. Diese Aufgabenpakete werden mit Prioritäten versehen, um die Diskussion über konkurrierende Vorhaben zu strukturieren. Die Freikapazität bildet den Spielraum für den Unternehmer auf dem

FuE-Gebiet. Sie kann – unter Berücksichtigung der Nebenbedingungen – erweitert, abgebaut oder umstrukturiert werden. In ihrem Rahmen entstehen neue Anstöße für Produktentwicklungen, die zu neuen Umsatzmöglichkeiten führen. Diese Fortschreibung des FuE-Aufgabenkataloges lebt und ist im Zusammenhang mit dem FuE-Antragsverfahren zu sehen. Jedes neue Vorhaben wird über diesen Formalismus eingeleitet. So wird die Freikapazität in konkrete Forschungsvorhaben und Produktentwicklungen umgewandelt.

5.2 Hilfsmittel für die Koordinierung und Steuerung der Wirtschafts- und Produktplanung

Zur Durchführung der Planung ist eine Verständigung zwischen den Planungsträgern über Ziel, Inhalt und Umfang der Planung in sachlicher, zeitlicher und örtlicher Sicht nötig. Die generellen und fallweisen Regelungen für die Organisation der Planung werden zweckmäßigerweise in Richtlinien festgelegt. Als spezielles Koordinierungs- und Steuerungsinstrument stellt die Netzplantechnik ein unentbehrliches Hilfsmittel für die zentrale Planungsstelle dar. Einer besonderen Unterstützung bedürfen die Planungskonferenzen, die reibungslos in den Planungsprozeß einzubetten sind und an deren Effizienz besonders hohe Anforderungen gestellt werden müssen.

5.2.1 Allgemeine Richtlinien und Formalia

Die allgemeinen Richtlinien und Formalia werden häufig in einem Planungshandbuch niedergelegt. (Vgl. auch das praktische Beispiel von Agthe [3, S. 78 ff. und S. 235 ff.]). Aufgabe eines solchen Planungsmanuals ist

(1) die Erläuterung von Sinn und Zweck der Planung, also auch die Dokumentation der im Planungssystem zum Tragen kommenden Führungsgrundsätze (z. B. Führung durch Planziele, System der Zielvereinbarung als Ausdruck eines kooperativen Führungsstils . . .),

(2) die Schaffung eines generellen Rahmens für die Planung und Berichterstattung, in den die individuellen Pläne und Berichte der geschäftsführenden Bereiche sachlich, zeitlich und örtlich eingefügt werden können und

(3) die Herbeiführung einer standardisierten Verständigung durch Einführung einer einheitlichen Nomenklatur für die wichtigsten Begriffe der Planung und Berichterstattung.

Durch die schriftliche Darlegung der Grundsätze der Planung werden diese einem breiten Mitarbeiterkreis zur Kenntnis gegeben. Die positive psychologische Wirkung dieser Dokumentation des Willens der Geschäftsleitung muß betont werden. Allerdings muß diese auch ständig beweisen, daß sie gewillt ist, sich an die gemeinsam mit den verschiedenen hierarchischen Ebenen erarbeiteten Spielregeln zu halten.

Die zentrale Planungsstelle arbeitet zusammen mit den betroffenen Stellen und Bereichen die detaillierten Durchführungsbestimmungen für die Wirtschafts- und Produktplanung eines Geschäftsbereiches aus. Diese enthalten auch detaillierte Definitionen und Verzeichnisse, die für alle Planungsträger verbindlich sind. Zu den wichtigsten Verzeichnissen gehört z. B. das Produktraster, das ist die technisch-vertriebliche Definition des Produktspektrums. Dieses enthält die namentliche Bezeichnung und die inhaltliche Definition aller Produkte des Planungszeitraumes entsprechend dem jeweiligen Stand des technischen Konzeptes. Entscheidend ist die gemeinsame Erarbeitung und Festlegung des technischen Inhaltes durch Forschung und Entwicklung, Fertigung, Vertrieb und Verwaltung, da nachrichtentechnische Produkte wegen ihrer Komplexität anwendungsorientiert bestimmt werden müssen. Je konsequenter diese gemeinsame Festlegung des Produktinhaltes erfolgt, desto reibungsloser gestaltet sich später die Kommunikation und Information innerhalb und zwischen den Linienstellen und der Produktquerorganisation.

Ähnliches gilt z. B. für das Länderraster (= Liste der zu planenden Länder), um konkurrierende Bedürfnisse zwischen Verantwortungsbereichen innerhalb eines Geschäftsbereiches oder zwischen Geschäftsbereichen/Unternehmensbereichen in Einklang zu bringen. Diese und weitere Sachverhalte müssen jährlich sorgfältig überprüft werden und sind unverzichtbarer Bestandteil der Vorbereitung der Planung, auch im Zusammenhang mit dem Einsatz der EDV.

Die Gliederung für ein derartiges Planungshandbuch der Wirtschafts- und Produktplanung kann wie folgt aussehen:

1. Planungsgrundsätze
   - Ziel und Zweck der Planung
   - Führungsgrundsätze
2. Inhalt und Umfang der Planung
   - Planrahmen (Gesamtplan und Teilpläne)
   - Planungshorizont (Wirtschaftsplan, Produktplan)
   - Produkte, Länder, Geschäftsfelder
   - Checklisten

- Planbericht (Hinweise zur verbalen Erläuterung der Pläne)
- Computer-Modell
- Definitionen und Verzeichnisse

3. Planungsträger: Aufgaben und Arbeitsweise
   - Leitungsstellen
   - Zentrale Planungsstelle
   - Linienstellen (FuE, Fertigung, Vertrieb, Verwaltung)
   - ZN und LG
   - Produktkommissionen/GG- bzw. GZ-Leitung
   - Produktarbeitsgruppen
   - Besonderheiten der EDV als Aufgabenträger
4. Sachliche und zeitliche Abfolge der Planung
   - Katalog der Planungsaufgaben (und Zuordnung auf Planungsträger)
   - Ablaufplan/Netzplan (logische Abfolge, Kapazitäten)
   - Zeitplan/Terminplan
   - Planungskonferenzen (Aufgabe, Zeit, Teilnehmer, Unterlagen)
   - Besonderheiten der Abstimmung mit der zentralen Unternehmensplanung und den regionalen Einheiten
5. Planungsmethoden und -verfahren
   - Übersicht
   - Erläuterung der aktuell eingesetzten Verfahren
6. Planung und Berichterstattung
   - Planung, Steuerung und Kontrolle als Regelkreis
   - Richtlinien für die Informationsgewinnung aus dem Rechnungswesen
   - Soll-Ist-Vergleich (Definition der Meßpunkte)
   - Berichterstattung (auch verbal) der Funktionsbereiche, Verantwortungsbereiche und der Querorganisation (PK, PAG)
7. Grundtatbestände und Entwicklungstendenzen
   - Allgemeine wirtschaftliche und politische Umweltbedingungen
   - Spezielle Marktverhältnisse (Branche, Konkurrenz, Kunden . . .)
   - Technologische Trends
   - Eigene Stärken und Schwächen (im Management, in den Funktionen, in der Technik . . .)
   - Spezielle Prämissen (z. B. für Umsatz, Rentabilität, Personal, Investitionen, Finanzierung in FuE, Fertigung, Vertrieb, Verwaltung).

5.2.2 Einsatz der Netzplantechnik

Die Netzplantechnik ist ein unentbehrliches Instrument für die Koordinierung und Steuerung des Ablaufs der Planung. Eine umfassende Darstellung der Anwendung der Netzplantechnik kann in diesem begrenzten Rahmen nicht erfolgen. Hier soll lediglich auf die Bedeutung der Netzplantechnik für die Gestaltung von Planungssystemen hingewiesen werden (vgl. Abb. 48). Dabei sind zwei Betrachtungen anzustellen: einmal kann die Netzplantechnik als Instrument der Systemforschung für die Aufbau- und Ablauforganisation der Planung herangezogen werden, zum anderen ist sie ein Instrument für die Planung, Steuerung und Kontrolle einzelner Produktvorhaben.

Die jährliche Wirtschafts- und Produktplanung eines Geschäftsbereiches verursacht einen erheblichen Aufwand an Arbeitseinsatz, Zeit und Kosten. Alle Funktions- und Produktbereiche, einschließlich der regionalen Einheiten, sind, mit unterschiedlichen Akzenten, am Planungsgeschehen beteiligt. Mit Hilfe der Netzplantechnik soll nun jenes Maß an systemtheoretischer Durchdringung erreicht werden, daß die Planung zielbewußt und rationell durchgeführt werden kann.

Die Komplexität des Produktgeschehens und der Projektcharakter von Produktentwicklungen machen die Netzplantechnik zum unentbehrlichen Instrument für PK und PAG. So kann der Netzplan durch Verdichtung von Aktionsfolgen zu Arbeitspaketen auf das Informationsbedürfnis der verschiedenen Führungsstufen zugeschnitten werden. Daraus entstehen Meilensteinpläne (z. B. für verschiedene Produkte), die, entsprechend den geschäftlichen Erfordernissen, zu Rahmenplänen für das Top-Management zusammengefügt werden können [75, S. 351]: die Basis- und Zwischensystemgestaltung wird zum strukturierenden Element einer umfassenden Unternehmungssteuerung. PK und PAG werden auf diese Art und Weise in die Lage versetzt, angewandte Systemforschung und Systemgestaltung zu betreiben.

Zusammenfassend läßt sich die Bedeutung der Netzplantechnik für die Gestaltung von Planungssystemen wie folgt charakterisieren:

1. Das zu beschreibende System wird analysiert und synthetisiert bezüglich seiner Elemente und der sie verbindenden Beziehungen.
2. Der Gesamtkomplex (Projekt „Planung“) wird in Teilaufgaben, diese werden in Arbeitspakete und diese wiederum in einzelne Aufgaben (Aktionen) zerlegt. Daraus entsteht eine nach sachlichen und personellen Gesichtspunkten gegliederte Aufgabenhierarchie.
3. Die Aktionen werden durch Folgebeziehungen entsprechend ihrer sachlo-

gischen Verknüpfung zu einer Aktionsstruktur zusammengefügt. Diese qualitativen Variablen werden durch die quantitativen Variablen Zeit, Kapazität und Kosten ergänzt [75, S. 330]. Daraus ergeben sich die Bestandteile eines Netzplanes: der Strukturplan, der Zeitplan (mit Terminplan), der Kapazitätsplan und – wenn die Kapazitätsinanspruchnahme bewertet werden kann – der Kostenplan.

4. Der so aufgebaute Netzplan gestattet die Koordinierung und Steuerung der Planungsprozesse, erlaubt die sachliche und zeitliche Verfolgung einzelner Planungsschritte unter Berücksichtigung des kritischen Weges und unterstützt die Kooperation in der Querorganisation.

Der Netzplan ist somit ein Instrument für die Kombination funktionaler, produkt- und marktorientierter Planungsaufgaben.

5.2.3 Die Organisation von Planungskonferenzen

Die Organisation von Planungskomitees und Planungskonferenzen bedarf der Unterstützung durch besondere Maßnahmen, wenn sie effektiv sein soll. Zu den Planungskonferenzen können auch die Sitzungen der Produktkommissionen und Produktarbeitsgruppen gerechnet werden, die entsprechend ihrem Schwerpunkt in eine der genannten Konferenzarten eingereiht werden können.

Das Problem der Organisation von Planungskonferenzen kann generell wie folgt definiert werden: Es müssen die verantwortlichen Personen mit vergleichbaren Unterlagen zur gleichen Zeit am gleichen Ort versammelt werden. Diese Aufgabe präsentiert sich als logistisches Problem und kann wie folgt näher bestimmt werden:

(1) Es ist das Ziel und die Aufgabenstellung der Konferenz festzulegen, in Form einer Tagesordnung zu gliedern und den Teilnehmern rechtzeitig vorher bekanntzugeben. Dies erfolgt in der Regel durch den Vorsitzenden des Organs.

(2) Der Teilnehmerkreis ist entsprechend der Aufgabenstellung festzulegen. Jeder Teilnehmer soll kompetent sein, seinen Aufgabenbereich voll verantwortlich vertreten zu können. Der Teilnehmerkreis, insbesondere für Entscheidungsgremien, sollte eine bestimmte Grenze (z. B. 6–7 Personen) nicht überschreiten.

(3) Zur Vorbereitung der Planungskonferenzen gehört auch die einheitliche Aufbereitung und rechtzeitige Zustellung der dazu notwendigen Unterlagen und eine sorgfältige Vorbereitung durch die Teilnehmer. Für evtl. auftretende Sonderfragen ist eine schnelle Zugriffsmöglichkeit auf ergänzende Daten und Informationen zu schaffen, damit der Fortgang der Diskussion nicht unnötig gestört oder gar unterbrochen wird. Nichts ist einer Konferenz abträglicher als mangelhaft aufbereitete Unterlagen oder die halbherzige Vorbereitung auch nur eines einzelnen Teilnehmers. Die häufig zitierte Formalisierung der Planung muß dazu beitragen, daß der Aufwand für diese Vorbereitung gemindert wird und daß ein fundierter Dialog zwischen allen Trägern der Konferenz herbeigeführt werden kann.

(4) Die Durchführung von Planungskonferenzen wird substantiell von der Aufgabe bestimmt. Es empfiehlt sich, eine Strukturierung der Konferenzarbeit in Stufen vorzunehmen, um den Erfolg sachlich und zeitlich sicherzustellen. Speziell für Entscheidungskonferenzen (in abgewandelter Form auch für die übrigen Konferenzarten) können folgende vier Stufen vorgesehen werden [231, Sp. 860]: Die Einleitungsstufe dient der Weckung der Aufmerksamkeit, der Darlegung der Zielsetzung und der Erläuterung der Zusammenhänge. In der Darstellungsstufe wird das Problem analysiert und diskutiert. Hierbei ist auf eine geeignete Visualisierung zu achten, damit alle Teilnehmer die Zusammenhänge begreifen können und das Ziel nicht aus den Augen verloren wird. Diese Stufe mündet in der Entscheidungsphase, wobei die erarbeiteten Lösungsvorschläge beurteilt und eine Alternative ausgewählt wird. Bei der abschließenden Zusammenfassung ist das Ergebnis exakt festzuhalten und auf die Konsequenzen daraus hinzuweisen. Es ist wichtig darauf zu achten, daß das Konferenzergebnis allen Teilnehmern klar ist und auch von allen getragen wird. Nur dann kann man erwarten, daß auch die folgenden Maßnahmen nachdrücklich und konzertiert ergriffen und verfolgt werden.

Wird das Wechselspiel zwischen Konferenzleitung und Teilnehmer geschickt ausgenutzt und evtl. noch durch eine geeignete Moderation unterstützt, dann bietet die Technik der Konferenzleitung „. . . wesentliche Möglichkeiten zur Integration der Aufgabenerfüllung, zur Verbesserung der innerbetrieblichen Zusammenarbeit und damit allgemein zur Koordination der unternehmerischen Bemühungen [231, Sp. 861]."

(5) Ebenso wichtig wie die Vorbereitung und Durchführung der Planungskonferenz ist deren Nachbereitung. Diese beginnt mit einer kurzen und prägnanten Dokumentation des Konferenzergebnisses und mit der Veranlas-

sung und Durchführung der beschlossenen Maßnahmen. Sie endet mit der Überwachung der Maßnahmen bis zu deren Erledigung. Diesem Teil ist speziell auch deshalb eine besondere Aufmerksamkeit zu widmen, weil das Konferenzergebnis unmittelbar in die Pläne einfließt und somit der gemeinsame Wille und die gemeinsame Verantwortung für die Planung dokumentiert werden.

Um eine bestmögliche Vorbereitung, Durchführung und Nachbereitung der Planungskonferenzen zu erzielen, werden die Mitarbeiter der zentralen Planungsstelle zielbewußt eingesetzt, d. h. diese Stelle ist in allen wichtigen Planungskonferenzen vertreten. Sie sorgt für die Aufbereitung der Unterlagen und für die Verfolgung der Ergebnisse. Insbesondere die Produktreferenten haben die Aufgabe, die Konferenzarbeit in den Produktkommissionen nachhaltig zu unterstützen. Die Effizienz der Planungskonferenzen wird nicht nur durch den Formalisierungsgrad der Planung und durch den Einsatz organisatorischer Hilfsmittel bestimmt. Sie wird letztlich getragen vom Willen aller Beteiligten, ein Ziel gemeinsam zu verfolgen unter weitgehender Wahrung der Individualität des Einzelnen. Hier zeigt sich, in welchem Umfang der kooperative Führungsstil praktiziert wird. Die institutionalisierte Produktquerorganisation kann als Übungsfeld auch zur Verbesserung der Planungskonferenzen verstanden werden.

5.3 Die Integration von Produkt-, Management- und Informationssystem

Betrachtet man das System von Planung, Steuerung und Kontrolle als das grundlegende System eines MIS, dann kann dessen Systemarchitektur zur Charakterisierung eines MIS herangezogen werden. Das produktorientierte MIS (Abb. 51) vereinigt in sich drei grundlegende Subsysteme, die miteinander verknüpft sind: das Produktsystem (als spezielles Objektsystem), das Managementsystem (als System der Führungskräfte) und das Informationssystem (als Gesamtheit aller informationellen Beziehungen in der Unternehmung).

Das Produktsystem umfaßt alle Produkte in den jeweiligen Ausprägungen. Produkt-, Markt- und Aufgabenstruktur sind die grundsätzlichen Gliederungskriterien für die Aufbau- und Ablauforganisation der Unternehmung. Produkte bzw. Produktgebiete und Märkte werden nach strategischen Gesichtspunkten miteinander kombiniert. Die strategische Orientierung an

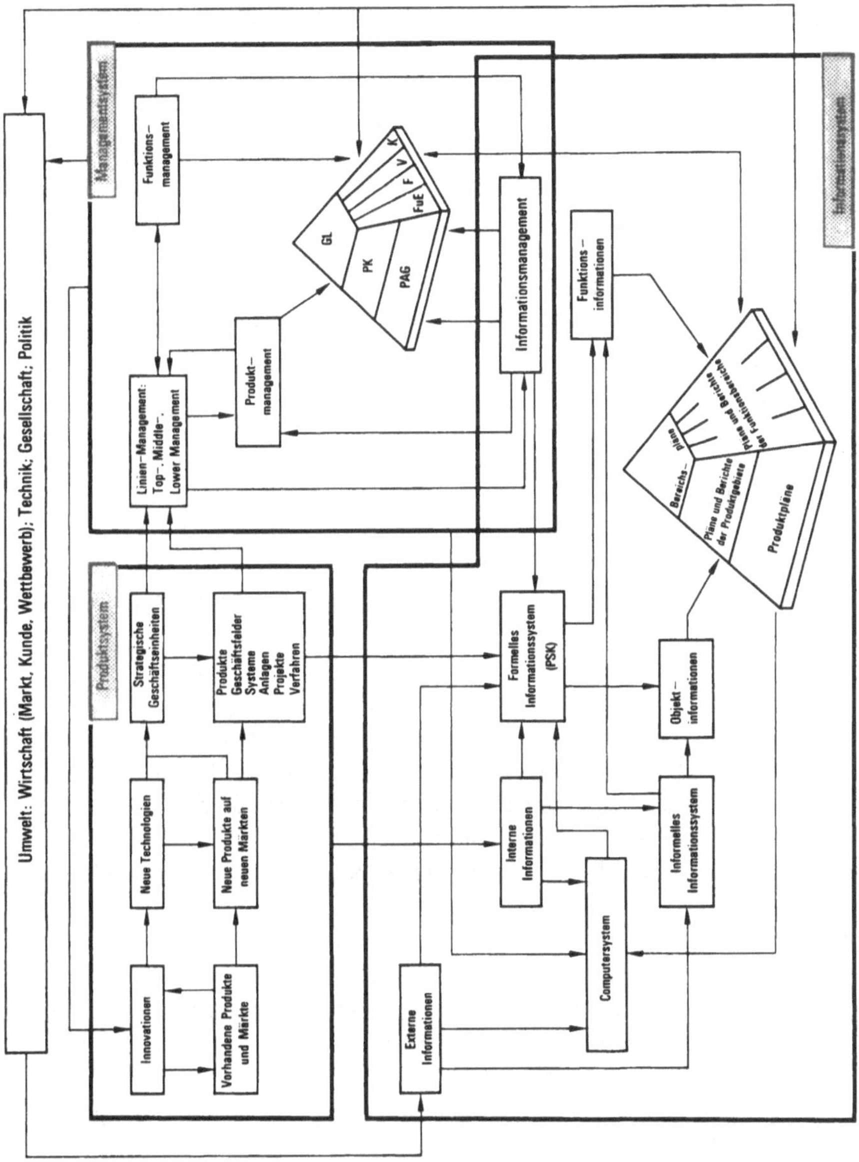

Abb. 51 Subsysteme des produktorientierten Management-Informationssystems

gegenwärtigen und zukünftigen Produkt-/Markt-Konstellationen führt zur Bildung von strategischen Geschäftseinheiten, die das zukünftige Organisations- und Führungssystem bestimmen.

Im Zentrum des Managementsystems steht die Management-Pyramide mit ihrer mehrdimensionalen Matrixorganisation. Das auf die optimale Aufgabenerfüllung seiner spezialisierten Teilbereiche ausgerichtete Funktionsmanagement wird ergänzt durch das markt- und ertragsorientierte Produktmanagement. Hauptträger dieses Systems ist die produktorientierte Querorganisation, die durch ein aktives Informationsmanagement unterstützt wird.

Die geschilderten organisatorischen Strukturen und Prozesse der Planung, Steuerung und Kontrolle sind – im Sinne der Erfüllung der Informationsfunktion im Rahmen der Planung – auch auf die Verbesserung der Leistungsfähigkeit der sie tragenden Informationssysteme gerichtet. Die Aufgaben der Leitungs- und Produktinstanzen sind die Quelle für den objektiven Informationsbedarf und die subjektive Informationsnachfrage. Die Konkretisierung eines auf die Bewältigung der Aufgaben von Planung, Steuerung und Kontrolle gerichteten Informationsmanagements zeigt sich im Einsatz von Planungskomitees und zentralen Planungsstellen sowie in der Entwicklung eines prozeßorientierten Instrumentariums für die Planung unter Einsatz der EDV. Die zentrale Aufgabe dieses Informationsmanagements ist es, für ein ausgewogenes Informationsangebot zu sorgen. Dazu gehört nicht nur die Bereitstellung zusätzlicher Informationen in bestimmten Entscheidungssituationen, sondern auch der Aufbau eines integrierten Informationssystems, in dem die wichtigsten Führungsinformationen bis auf die Ertragszentren und Produkte verfolgt werden können.

Hauptträger des Informationsmanagements sind die zentralen Planungsstellen sowie alle übrigen Stellen und Bereiche, die auf die Steuerung und Koordinierung des Informationsflusses spezialisiert sind, wie z. B. das Betriebszentrum für den Einsatz der EDV in der Planung und Berichterstattung sowie die Organisationsstellen. Das Informationsmanagement kann als Drehscheibe für eine optimale Informationsversorgung der Unternehmung verstanden werden. Es hat die Aufgabe, den Informationsbedarf des Managements zu ermitteln und Informationsangebot und -nachfrage zu regeln. Für spezielle Fälle z. B. für die Sammlung, Verwaltung und Zurverfügungstellung von Marktdaten sowie für die Planungs- und Kontrollrechnung kann der Computer als Hilfsmittel eingesetzt werden. Formelles und informelles Informationssystem sind im MIS untrennbar miteinander verbunden, beide prägen das Informationsverhalten der Menschen. Der sich daraus ergebende Konfliktstoff ist in sachlich orientierten Kommunikationsprozessen zu verarbeiten. Die Informations-Pyramide mit den Plänen und Berichten als verdichtete Informationskonzentrate ist das entsprechende Gegenstück zur Management-Pyramide.

Die Information als Abbild der Realität und als eigenständiger Produktivfaktor wird selbst zum Objekt planerischer Überlegungen wenn es darum geht, durch Verfeinerung bestehender und Entwicklung neuer Verfahren und Methoden die Informationsversorgung zu verbessern. „Die langfristig erfolgreiche Führung neuer Produkt-Markt-Bereiche setzt .. nicht nur den ständigen Aufbau bestimmter Wissenspotentiale in einer Sparte voraus, sondern auch das Erlernen einer spezifischen Denkweise, deren Schwerpunkte vor allem im Bereich des Marketing liegen [213, 2. 315]." Produkt-, Management- und Informationssystem sind eingebettet in eine lebendige Umwelt. Der ständige Wandel muß durch gezielte Informationen in steuerbare Bahnen gelenkt werden. Um die damit verbundenen Anpassungs- und Veränderungsprozesse beherrschen zu lernen, dürfen Schulung und Weiterbildung nicht einmalige oder zufällige Ereignisse bleiben. Auch das Verhalten in der Zusammenarbeit will geübt sein. Eine in der Linienorganisation verankerte institutionalisierte Gruppenorganisation erscheint geeignet, frühzeitig die Einsicht in die Notwendigkeit der Zusammenarbeit zu wecken und die entsprechenden Verhaltensweisen der Menschen zu entwickeln.

6 Die Bedeutung der Produktplanung für die Unternehmungsführung

Ziel der Arbeit war es, unter Zugrundelegung des systemtheoretischen Instrumentariums die Wechselwirkungen zwischen Organisation und Planung sichtbar zu machen, die Produktplanung als integrativen Bestandteil der Unternehmungsplanung zu untersuchen und die Möglichkeiten und Grenzen der Organisation eines mehrdimensionalen, primär produktorientierten Führungssystems am praktischen Beispiel zu demonstrieren. Diese Übersicht soll unter Betonung des Nutzens einer institutionalisierten Produktplanung erfolgen und schließt mit einer Skizze der zukünftigen (wünschenswerten) Entwicklungstendenzen von Produktplanung und Produktmanagement ab.

6.1 Der Nutzen der Produktplanung

(1) Systematische Planung und Information sind unverzichtbare Aufgaben der Unternehmungsführung. Die Systemtheorie in Verbindung mit der Kybernetik, die Entscheidungstheorie, eine pragmatisch orientierte Informationstheorie und der verhaltenswissenschaftliche Denkansatz liefern die Grundlagen und das Instrumentarium für eine umfassende Analyse und Synthese der mit der Planung verbundenen Probleme.

(2) Der Systemansatz darf nicht zur ‚Umterminologisierung' mißbraucht werden [174, S. 43], sondern muß durch Verknüpfung von Erkenntnissen aus verschiedenen Wissensgebieten zu inhaltlich neuen Aussagen führen. Er zwingt zum Denken in Zusammenhängen und gestattet die Analyse und Synthese von Elementen und Beziehungen in komplexen Planungssystemen.

(3) Die Besinnung auf das Produkt in den verschiedenen Märkten als der Grundlage des Geschäftes ermöglicht eine Konzentration aller Kräfte auf ein gemeinsames Objekt. Was als Grundlage des Geschäftes zu verstehen ist, muß für jeden Zweck und für jede Organisationsstufe (und Funktionseinheit) so definiert werden, daß die Beiträge aller Stellen und Bereiche sichtbar gemacht und auf der Grundlage einer gemeinsam erarbeiteten Konzeption geleistet werden können.

(4) Produktentscheidungen werden auf der Grundlage einer systematischen Produktplanung gefällt. Eine strategisch orientierte Produktplanung ist die zentrale Aufgabe des Produktmanagements mit dem Ziel der nachhaltigen Sicherung der technischen, wirtschaftlichen und sozialen Leistungsfähigkeit der Unternehmung.

(5) Die Produktplanung ist integrativer Bestandteil der Unternehmungsplanung. Sie enthält in Form der Geschäftsfeldplanung die systematische Erarbeitung strategischer Stoßrichtungen zur Durchsetzung von Produkt- und Unternehmungszielen. Analyse und Synthese des Ertragspotentials stehen im Zentrum der Bemühungen, die darauf gerichtet sind, umfassende globale Ziele und Strategien in produkt- und aufgabenorientierte Operationen zu überführen.

(6) Eine konsequent strategische Planung eröffnet uns neue Dimensionen des Handelns. Strategie kann als ‚Rückkoppelung aus der Zukunft‘ verstanden werden. Sie zwingt dazu, daß sich das Handeln nicht nur an gegenwärtigen Zuständen orientiert, sondern daß auch zukünftig mögliche Abweichungen von geplanten Konstellationen in die Entscheidung mit einbezogen werden. Aufgabe der Planung ist es nicht, Unvorhersehbares vorhersehbar zu machen, sondern zukünftige Tatbestände und Entwicklungstendenzen in steuerbare Aktionen überzuführen. Die nach strategischen Gesichtspunkten definierten Geschäftsfelder bestimmen ebenso die Planung wie die aus diesen aggregierten Strategischen Geschäftseinheiten, aus denen die zukünftig zu organisierenden Verantwortungsbereiche (Ertragszentren) erwachsen.

(7) Der Computer führt eine Neuverteilung der Planungsaufgaben herbei. Die Übernahme formalisierbarer Planungsaufgaben durch den Computer zieht ein institutionalisiertes Datenmanagement (verwaltet durch ein Betriebszentrum) nach sich, mit dessen Hilfe die Datenflut eingedämmt, geordnet und in die vorgesehenen Kanäle gelenkt werden soll.

(8) Das Betriebszentrum für den Computereinsatz operiert als Forum einer interdisziplinären Zusammenarbeit und ermöglicht die Dezentralisierung der Planungsaufgaben, da die anschließende zentral durchgeführte Konsolidierung zu einem Gesamtplan mit Hilfe des Computers mühelos vollzogen werden kann. Diese Vorgehensweise gestattet die für das Produktmanagement notwendige Entscheidungszentralisation (z. B. bei der Produktkommission für ein Produktgebiet) bei gleichzeitiger Informationsdezentralisation (z. B. in Bezug auf die Produktarbeitsgruppe).

(9) Mit zunehmendem Einsatz der EDV ist zu beobachten, daß die Anzahl der „was geschieht wenn-Fragen" zunimmt und daß sich eine gewisse Befriedigung einstellt, wenn dabei konkrete Ergebnisse entstehen – sei es, daß eigene Vermutungen durch das Rechenergebnis bestätigt werden, oder daß sich neue Perspektiven öffnen. Sinn und Zweck des Computers können nicht allein durch überzeugende Präsentationen in das Bewußtsein der Benutzer gerufen werden, sondern müssen nach und nach in der praktischen Bestätigung heranreifen. Nichts überzeugt mehr als der eigene Erfolg, das tatsächliche Erlebnis.

(10) Die Grenzen des Computers zeigen sich dort, wo sich die Planung der Formalisierung entzieht und auch wo sachliche und persönliche Gründe eine mögliche Formalisierung verbieten. Der computergestützte Teil der Planung ist Bestandteil des umfassenden Planungs- und Informationssystems, in dessen Rahmen alle computerorientierten Aktivitäten eingefügt werden müssen.

(11) Die innovationshemmenden Wirkungen einer formalisierten Planung müssen durch Aufklärung und Beschränkung auf die relevanten Sachverhalte überwunden werden. Richtig verstandene Planung aktiviert und mobilisiert die kreativen Kräfte. Eine alle internen und externen Aspekte umfassende Geschäftsfeldplanung fördert eine vielseitige, alle notwendigen Kräfte und Wissensgebiete ansprechende Diskussion über strategische Konzeptionen und deren Umsetzung in operationale Maßnahmen und Aktionen. Unternehmerisches Wagnis und Gespür zeigen sich erst, wenn trotz formalisierter Planungsprozesse der schöpferischen Idee und Erfindungsgabe des Einzelnen zum Durchbruch verholfen wird.

(12) Die Produktplanung verlangt und schafft klare unternehmerische Verantwortung. Sie verlangt eine enge Zusammenarbeit zwischen den einzelnen Funktionen und „. . . stimuliert das Interesse aller Beteiligten am wirtschaftlichen Erfolg des Produkts [354, S. 13]." Produktkommission (Geschäftszweigleitung) und Produktarbeitsgruppe werden zum Dreh- und Angelpunkt einer intensiven Kommunikation und Information und einer weltweiten Produkt- und Systemkoordinierung. Funktions- und Produktverantwortung sind matrixartig miteinander verknüpft und ergänzen einander in einer Weise, daß die Querorganisation zur Stärkung der Linie führen kann.

(13) Planungs- und Organisationssystem müssen einander entsprechen. Nur dann ist sichergestellt, daß eine globale Geschäftspolitik in operationale Maßnahmen auf allen Ebenen umgesetzt werden kann. Im Organisationssy-

stem zeigt sich außerdem der jeweilige Führungsstil. Dieser wiederm impliziert ein bestimmtes Führungsverhalten auch in den Planungsprozessen.

(14) Die aus der unterschiedlichen Aufgabenstellung und Interessenlage der Menschen im Produktmanagement entstehenden Konflikte dürfen im Interesse der Optimierung des Produkterfolges und der Stärkung der Motivation der Mitarbeiter nicht unterdrückt werden. Sie sind in einer Atmosphäre auszutragen, die von konsequenten, zielgerichteten Handlungen einerseits und Verständnis für die Probleme des Partners andererseits geprägt wird. Dieser Konfliktausgleich soll durch die produktorientierte Querorganisation und durch einen gezielten kompetenzübergreifenden Arbeitseinsatz bewußt herbeigeführt werden. Dabei ist nicht der Grad der Institutionalisierung ausschlaggebend für den Erfolg, sondern vielmehr die Einsicht in den Zwang zur Zusammenarbeit und die Bereitschaft, die dafür notwendigen Verhaltensweisen zu entwickeln. Das wachsende Vertrauen in einer über längere Zeit hinweg praktizierten teamorientierten Organisationsform stellt die Basis für eine vorurteilsfreie Diskussion der wirklichen Probleme.

(15) Die Zusammenarbeit in der Gruppe wirft Probleme auf, die bewußt gemacht werden müssen, damit sie überwunden werden können. Verschiedene Denkansätze wie z. B. die Vorgehensweise im Rahmen der Organisationsentwicklung (Organization Development) bieten vielversprechende Ansatzpunkte für die Überwindung von Führungsproblemen. Organization Development kann ganz allgemein charakterisiert werden als „. . . eine langfristige Strategie, die Fähigkeit des Unternehmens – nicht also nur einzelner Mitarbeiter – zu Problemlösungen, zur flexiblen Anpassung an externe Störfaktoren, zur Reduzierung interner Störfaktoren zu verbessern durch

- Schaffung eines Klimas von Vertrauen und Hilfsbereitschaft;
- Beherrschung und Nutzung von Konflikten;
- Einbeziehung von Sachautorität in den Entscheidungsprozeß;
- Erhöhung von persönlichem Engagement, Begeisterung, Befriedigung;
- Erhöhung der individuellen Gruppen-Verantwortung [367, S. 3]."

(16) Teamarbeit wird in hohem Maße durch zwischenmenschliche Beziehungen bestimmt. Sie kann nicht hierarchiefrei sein, ein zentrales Merkmal der Führung – auch im Team – ist die Beeinflussung der menschlichen Verhaltensweisen. Nur eine Gruppe, die von einer zentralen Persönlichkeit geführt wird, kann auf Dauer den gestellten Anforderungen entsprechen. Den Menschen in einer arbeitsteiligen Organisation muß bewußt werden, daß sie nur gemeinsam die gesteckten Ziele erreichen können. Das auf einem

kooperativen Führungsstil basierende Produktmanagement wird nicht allein vom Bewußtsein für dessen Notwendigkeit getragen, sondern muß auch praktisch geübt werden.

(17) Kommunikation und Information als tragende Elemente der Zusammenarbeit sind Störungen ausgesetzt. Diese können nur behoben werden, wenn die Bedeutung der Information als Produktivfaktor entsprechend gewürdigt wird und das Informationsverhalten der Kommunikationspartner – z. B. mit Hilfe der Erkenntnisse der Semiotik – analysiert wird und wenn diese Analyse zu Anpassungsprozessen führt.

(18) Das menschliche Verhalten wird weitgehend von seiner persönlichen Motivationsstruktur geprägt. Die Identifikation mit der Unternehmung wird stärker sein, wenn der Einzelne eine Chance sieht, daß auch die Befriedigung seiner persönlichen Bedürfnisse ermöglicht wird. Es ist das Ziel einer sozialorientierten Unternehmungsführung, zur Stabilisierung der Verhältnisse im System Unternehmung die geschäftlichen Notwendigkeiten mit den persönlichen Bedürfnissen der Menschen in ihr nachhaltig in Einklang zu bringen. Daraus entstehen zwangsläufig Konflikte, die zu Anpassungen und Einschränkungen in beiden Richtungen führen. Ein institutionalisiertes, mehrdimensional orientiertes Produkt-Team-Management, geprägt von starken Führungspersönlichkeiten läßt erwarten, daß diese Probleme in Zukunft besser bewältigt werden können.

6.2 Entwicklungstendenzen im Produktmanagement

6.2.1 Stufenweise Entwicklung

Die Praxis der Produktplanung in dem hier vorgestellten Beispiel hat sich in drei Stufen entwickelt: Während einer ersten Stufe, etwa von 1964–1968, dominierte die Auseinandersetzung mit den Schwachstellen der Produktplanung. Zu den kritischen Punkten gehören zu lange Durchlaufzeiten von der Produktidee bis zur Marktreife, eine unzureichende Kommunikation zwischen den verschiedenen Ebenen der Linienorganisation, eine mangelhafte Koordinierung von Entscheidungen der Funktionsbereiche und ein unsystematischer Daten- und Informationsfluß zur Erarbeitung der Entscheidungsunterlagen. Diese Stufe war geprägt vom Erkennen der Notwendigkeit einer systematischen Produktplanung und von der Erarbeitung der Grundsätze, die zu dem heutigen System führten. Der notwendige Formalismus (Unterlagen und Spielregeln der Zusammenarbeit) wurde an einem zu verbessernden Produkt ausprobiert. Die breitere Anwendung wurde durch das inzwischen fertiggestellte erste Computermodell begünstigt und begann zwei Jahre später mit der Gründung einer Produktkommission und den dazugehörigen Arbeitsgruppen (für Produktplanung und Wertanalyse). Gleichzeitig wurde auch die vollständige sachliche und formelle Übereinstimmung zwischen Wirtschafts- und Produktplanung in diesem Geschäftsbereich erzielt.

In der zweiten Stufe, etwa 1969–1975, trat eine Konsolidierungsphase ein. Das System von Produktkommission und Produktarbeitsgruppen wurde nach und nach auf alle Produktgebiete ausgedehnt, und die Integration und weitgegebende Identität von Produktplanung und Wirtschaftsplanung wurde akzeptiert. Dies wurde vor allem dadurch erreicht, daß die Geschäftsleitung regelmäßig einmal im Jahr das Spektrum mit der jeweiligen Produktkommission diskutierte. Gegen Ende dieser Phase zeigte sich eine Lockerung des äußeren Zwanges. Die Papierflut konnte eingedämmt werden. Der systematische Informationsaustausch führte zu einem wachsenden Selbstverständnis der beteiligten Mitarbeiter, die Einblicke in den benachbarten Arbeitsbereich nahmen zu. Das Agieren in der Organisation wurde insgesamt freier (auch die Besprechungstechnik hatte sich inzwischen verbessert) und die EDV-Systematik stand nicht mehr im Vordergrund. Produktpläne waren permanent in Diskussion.

Die dritte Stufe (nach 1975), die gegenwärtig noch andauert, wird von einer stärkeren Konzentration der Aktivitäten auf den Markt geprägt. Verlangsamtes Wachstum, technologischer Wandel, härtere Konkurrenz und stetig steigende soziale Verpflichtungen üben einen Druck auf die Unternehmungsführung aus, der wiederum zu einer intensiveren Orientierung auf die Umweltfaktoren zwingt. Vom Markt her wird ein wesentlich stärkerer Druck auf die Entwicklungsentscheidung ausgeübt. Strategie und Taktik sind die Instrumente einer aggressiven Geschäftsführung wenn es darum geht, trotz leistungsfähiger Konkurrenten dem eigenen Produkt zum Erfolg am Markt zu verhelfen.

Die weitere Entwicklung ergibt sich als Folge einer konsequenten Orientierung am Markt. Um die Schlagkraft der Verantwortungsbereiche (Ertragszentren) zu erhöhen, wurde im Zuge einer weiteren Divisionalisierung die Produktentwicklung den Leitern der Ertragszentren unterstellt. Dadurch soll auch die geschäftsführende Verantwortung der Leiter der Ertragszentren stärker betont werden. Die ursprünglich mehr auf Koordination gerichtete Arbeit in den Produktkommissionen wird damit noch stärker der geschäftsführenden Rolle des Leiters des Ertragszentrums verpflichtet. Diese Umstrukturierung wird unterstützt durch die Schaffung einer übergeordneten Systementwicklung für diejenigen Produkte und Technologien, die zu Systemen höherer Ordnung zu integrieren sind. Systementwicklung und Produktentwicklung werden sich gegenseitig ergänzen müssen. Damit wird ein flexibel zu handhabendes Produkt- und Systemmanagement weiter an Bedeutung gewinnen.

6.2.2 Tendenzen des Computereinsatzes

Die maschinelle Produktplanung in dem hier geschilderten Fall wird seit etwa zehn Jahren praktiziert. Sie hat sich bewährt und wird laufend weiterentwickelt.

Ohne diese Computerhilfe hätte die Arbeit in den Produktinstanzen (Produktkommission und Produktarbeitsgruppe) und in den Linieninstanzen (speziell in der Entwicklung und im Vertrieb) nicht so wirkungsvoll und so nachhaltig unterstützt werden können. Die psychologische Wirkung, die darin begründet ist, daß durch die formelle Integration der Produktplanung in die Wirtschaftsplanung immer wieder die Konsequenzen aus der Produktarbeit aufgezeigt werden, ist besonders hervorzuheben. Es sei ausdrücklich darauf hingewiesen, daß ein derartiges Planungssystem auch Anfeindungen und Kritiken ausgesetzt ist. Dies gilt ganz besonders dann, wenn die Grenzen der Aussagefähigkeit der Kostenträgerrechnung erreicht sind und das vorgelegte Zahlenmaterial der fachkundigen Interpretation bedarf. Geschieht dies nicht in abgestimmter Form und in einer auf gegenseitigem Vertrauen basierenden Atmosphäre, dann liefert ein so tief gegliedertes Planungs- und Kontrollsystem den Zündstoff für harte Auseinandersetzungen, in denen der Kampf um die Interpretation überwiegt, anstatt daß sich alle Beteiligten gemeinsam auf eine konstruktive Diskussion über Stärken und Schwächen des Geschäftes zur Verfolgung einer gemeinsamen Zielsetzung besinnen. Dieses Problem ist allgemeiner Natur und hat ursächlich mit dem Computer zunächst wenig zu tun, wird aber durch die mit Hilfe der EDV erzeugte tiefe Aufgliederung der Planungs- und Kontrollrechnung noch verstärkt. Es sind also großes Geschick, sorgfältige Analysen und gesicherte Recherchen nötig, um die maschinellen Planungs- und Kontrollergebnisse zu erläutern.

Die Planungsaufgaben werden eher umfangreicher als daß sie stagnieren oder gar zurückgehen. Das verstärkt noch den Trend der Übernahme weiterer routinemäßiger Aufgaben durch den Computer. In dem Maße, in dem das

Verständnis für die planerischen Zusammenhänge wächst, können auch komplizierte Modelle und Methoden (insbesondere Simulationsmodelle für Kapazitätsüberlegungen oder zur Berechnung von Konkurrenzsituationen) in der Planung eingesetzt werden. Dabei muß das Prinzip der Einfachheit dort dominieren, wo komplizierte mathematische Modelle zwar bessere Ergebnisse versprechen, aber ein unverhältnismäßig hoher Aufwand auf der Eingabeseite betrieben werden muß. Das gilt auch, wenn die grundlegenden Zusammenhänge des Modells dem Benutzer fremd sind und er nicht mehr in der Lage ist, die Ergebnisse in ihrem Zustandekommen zu verstehen. Eine intensive Information und Schulung der Betroffenen wird dazu beitragen müssen, daß nicht nur das Verständnis für komplexe Planungsmodelle wachsen, sondern daß auch die Beteiligung dieser Mitarbeiter am Entscheidungsprozeß zunehmen kann.

Die Miniaturisierung der EDV-Anlagen (Computer an den Arbeitsplatz) bei gleichzeitigem Anwachsen des Leistungsumfangs wird zu einer allerdings noch vorsichtig beurteilten Dezentralisierung der Datenverarbeitung führen. Dies führt zu einer Weiterentwicklung der direkten Kommunikation zwischen dem Benutzer und dem Computer durch den zunehmenden Einsatz von Terminals. Allerdings wird das nicht in gleichem Umfang den Abbau der zwischengeschalteten Aktionsträger nach sich ziehen. Nach wie vor wird eine Vereinbarung über unterschiedliche Benutzerwünsche herbeigeführt werden müssen. Modulare Anwendungssoftware und einfache Beschreibungshilfen werden zunehmend an Bedeutung gewinnen. Dadurch wird der stetig wachsende Benutzerkreis in die Lage versetzt, weitgehend mit Hilfe der natürlichen Sprache und dennoch formalisiert seine Anforderungen an Computermodelle zu beschreiben und diese auch intensiv zu nutzen. Der Einsatz der EDV wird schließlich dazu beitragen, daß die Produktplanung trotz der notwendigen Dezentralisierung weiterhin an Bedeutung gewinnt und in vermehrtem Umfang als Basis einer strategisch orientierten Unternehmungsplanung eingesetzt werden kann.

6.2.3 Zur Führung und Kooperation

Dieses und andere angedeutete Beispiele zeigen uns, daß es sich bei den Bemühungen um eine effektive produkt- und marktorientierte Führung unter besonderer Berücksichtigung der Belange des Menschen nicht um ein einzelnes Phänomen handelt. Forschung, Lehre und Praxis bemühen sich u. a. auf den gebieten der Organisationsentwicklung, der Soziologie, der

(Führungs-)Psychologie und der Unternehmungsführung intensiv um die Auseinandersetzung mit dem Wandel vom unipersonalen patriarchalischen Führungsstil der Vergangenheit zur multipersonalen Führung der Gegenwart. Die starke zentrale Führungspersönlichkeit, die insbesondere in Krisensituationen zu fordern ist, steht dem Verlangen nach kooperativer Führung nicht entgegen. Im Gegenteil: sie wird als belebende und treibende Kraft verstanden, die allerdings in einer arbeitsteilig stark gegliederten Organisation auf eine nahezu reibungslos funktionierende Zusammenarbeit aller Teilbereiche angewiesen ist. Diese Forderung gewinnt in einer weltweit operierenden Unternehmung an Bedeutung, wenn einer weltweit operierenden Konkurrenz begegnet werden soll.

Das in einer Organisation vorhandene Potential muß zum Nutzen der Unternehmung und der Menschen in ihr geweckt werden. Dieser Aufgabe müssen sich alle Menschen verpflichten, die in einem Führungssystem vereinigt sind. Das naturgemäß hierarchisch strukturierte Führungssystem wirft Probleme in der Zusammenarbeit auf. Der Konflikt ist unausweichlich, wenn es gilt, eine breit angelegte Beteiligung aller verantwortlichen Mitarbeiter mit den Erfordernissen einer straffen Führung zu vereinen. Zur Auseinandersetzung mit diesen Problemen bedarf es der Entwicklung entsprechender Spielregeln und Verhaltensweisen, die in der individuellen Führungsform und im Führungsstil ihre konkrete Ausprägung finden.

Die Neuorientierung unserer Verhaltensweisen fällt uns deshalb so schwer, weil die Vernetzung der Probleme nur durch eine kybernetisch orientierte Denkweise begriffen werden kann. Diese wiederum erschließt sich uns nur, wenn die Information als die herrschende Kraft jedes kybernetischen Wechselspiels verstanden wird. Ihr „... kommt für die gesamten Beziehungen zwischen Mensch und Umwelt und darüber hinaus für deren zukünftige Entwicklung eine phänomenale Bedeutung zu, die inzwischen in zunehmendem Maße erkannt und genutzt wird [181, S. 122]."

Es ist nicht leicht, den scheinbaren Widerspruch zwischen straffer, zentraler Führung und kooperativer Zusammenarbeit im Team in der Praxis zu überwinden. Dazu ist ein Lernprozeß nötig, der erst begonnen hat. Eines Tages wird es sich lohnen, wenn wir uns heute schon mit diesen Problemen auch in der Praxis auseinandersetzen. Das vorgestellte System des teamorientierten Produktmanagements, eingebettet in ein weltweites Führungssystem, ist Risiko und Chance zugleich.

7 Zusammenfassung der Arbeit in Thesen

1. Diese thesenartige Zusammenfassung soll einen raschen Überblick über die Schwerpunkte dieser Arbeit ermöglichen und den Einstieg in interessierende Teile erleichtern.
   Ziel dieses Buches ist es, auf der Basis praktischer Erfahrungen einige aktuelle Aspekte einer strategisch orientierten Produktplanung vorzustellen. Schwerpunktmäßig wird versucht, vor allem die mit der Produktplanung verbundenen Probleme von Führung und Kooperation in einer Unternehmung zur Diskussion zu stellen. Dabei kam es darauf an,
   - den systemtheoretischen Ansatz als Ordnungskriterium für ein Planungssystem einzuführen,
   - die strategisch orientierte Produktplanung im Zusammenhang mit der Unternehmungsplanung zu diskutieren,
   - die Einbettung der Produktplanung in die Unternehmungsorganisation aufzuzeigen,
   - ein modernes und in der Praxis erprobtes Konzept eines mehrdimensionalen Produkt-Team-Managements zu entwerfen,
   - die Bedeutung kommunikativer Konflikte und die Möglichkeiten ihrer Behebung zu erläutern und schließlich
   - den Planungsprozeß als permanente Aufgabe des (Produkt-)Managements zu betonen.

7.1 Führungsaufgaben im Wandel

2. **Unternehmung und Umwelt** sind untrennbar miteinander verknüpft. Beide sind Veränderungen unterworfen, die durch planvolles Vorgehen in beherrschbare Bahnen gelenkt werden müssen. Politische, gesellschaftliche, wirtschaftliche und technische Faktoren sind in einem vernetzten Beziehungsgefüge miteinander verknüpft. Die Beurteilung des technologischen Wandels muß aus der Sicht der Unternehmung und aus der Sicht ihrer Wirkungen in der Umwelt beurteilt werden. Technologische und marktwirtschaftliche Faktoren verlangen die Entwicklung und Anwen-

dung moderner Konzepte für die Planung, Steuerung und Kontrolle weltumspannender Unternehmungsaktivitäten (Abschnitt 1.1).

3. **Der Mensch** selbst mit seinen individuellen Bedürfnissen steht heute im Mittelpunkt der Auseinandersetzung über die Effizienz verbesserter Führungstechniken. Der verantwortliche, kritisch eingestellte und sein Arbeitsgebiet beherrschende Mitarbeiter wird mehr und mehr als die treibende Kraft des Fortschritts gesehen. Konflikte sollen nicht unterdrückt sondern in einer ruhigen Atmosphäre ausgetragen werden. Die verhaltenstheoretische Forschungsrichtung bietet Erkenntnisse und Anregungen, um kooperative und straffe Führung in Einklang zu bringen (Abschnitt 1.1).

4. Strategische Unternehmungsführung, Unternehmungsplanung, Wirtschaftsplanung und Produktplanung bilden substantiell eine **Einheit** (vgl. auch Punkt 21 dieser Zusammenfassung), die durch organisatorische und planungstechnische Voraussetzungen immer wieder neu herbeigeführt werden muß. Um diese komplexen Planungszusammenhänge begreifen zu können, ist deren systemtheoretische Durchdringung nötig. Die Reflexion auf entscheidungstheoretische Modelle und Methoden liefert Erkenntnisse über das Entscheidungsverhalten der Menschen. Die Betrachtung der Information als zentralem Gegenstand planerischer Überlegungen führt zu Auseinandersetzungen mit den Problemen der Kommunikation im Rahmen der Informationstheorie. Die Erkenntnismöglichkeiten der Kybernetik erleichtern die Erschließung dieses komplexen Beziehungsgefüges (Abschnitt 1.2).

5. Beschränkung tut not, will man der Fülle von denkbaren Problemanalysen nicht erliegen. So soll hier ein in der Praxis erprobtes **System einer strategisch orientierten Produktplanung** in den Vordergrund gestellt werden. Die systemtheoretische Durchdringung des Planungssystems wurde versucht, um die ganzheitliche Betrachtung zu unterstützen. Diese wird nicht durch den häufigen Gebrauch des Begriffs »System« erzielt, sondern einzig und allein durch den Versuch, mehrdimensionale Wirkungszusammenhänge in ihren wichtigsten Ausprägungen zu analysieren und zu erkennen (Abschnitt 1.2).

7.2 Organisation und Planung als Subsysteme der Unternehmung

6. Die **Systemtheorie** ist eine auf die Realwissenschaften gerichtete allgemeine Wissenschaft und gestattet eine umfassende und ganzheitliche Betrachtung komplexer Wirkungsgefüge. Die Vernachlässigung wesentlicher Systemeinflüsse bei der Analyse und Synthese stellt eine meist unterschätzte Gefahr für den Bestand eines Systems dar (Abschnitt 2.1.1).

7. Als Schwerpunkte der **systemtheoretischen Forschung** können folgende vier Schritte herauskristallisiert werden:

   (1) Die Erforschung der Systemziele,
   (2) die Bestimmung und Beschreibung der Systemelemente,
   (3) die Untersuchung der Beziehungen zwischen den Elementen und
   (4) die Analye und Synthese des Systemverhaltens.

   Den Kriterien der Bestimmung und der Abgrenzung von Systemen folgend kann die Unternehmung als ein zielorientiertes, offenes, äußerst komplexes, probabilistisches, soziotechnisches System verstanden werden. Das System Unternehmung ist wiederum integrativer Bestandteil des Systems Gesamtwirtschaft und damit Partner in einem weltweiten System ökonomischer Arbeitsteilung (Abschnitte 2.1.1 und 2.1.2).

8. Die Gliederung der Unternehmung in **Subsysteme und Elemente** (Abb. 4: Zielsystem und Zielerreichungssystem) liefert die Gestaltungskriterien für die Organisation der Unternehmungs- und Produktplanung. Als spezielle (Sub-) Systeme der Unternehmung sind zwei Gruppen zu nennen, die hier von besonderer Bedeutung sind: die gesamtunternehmungsbezogenen Systeme wie das Führungssystem, das Organisationssystem sowie das Planungs- und Kontrollsystem. Teilunternehmungsbezogene Systeme entstehen, wenn man dem Verrichtungsprinzip folgt: das Forschungs- und Entwicklungssystem, das Produktionssystem, das Vertriebssystem und das Verwaltungssystem. Alle diese Systeme durchdringen sich gegenseitig und bilden schließlich das Gesamtsystem Unternehmung in seinen vielfältigen Ausprägungen und vernetzten Wirkungen (Abschnitte 2.1.2.1 und 2.1.2.2; vgl. auch Punkt 14).

9. Die **organisatorische Systemgestaltung** beruht auf einer fundierten Systemanalyse und führt zu einer konstruktiven Systemsynthese. Durch die Synthese werden die im Wege der Analyse gewonnenen Elemente

(Menschen, Aufgaben, Sachmittel) unter Zugrundelegung einer bestimmten Zielsetzung zusammengefügt. In der Synthese liegt der eigentliche schöpferische Akt organisatorischer Systemgestaltung (Abschnitte 2.1.3.1 und 2.1.3.2).

10. **Die Planung ist eine Führungsaufgabe.** Die besteht aus dem Akt der Willensbildung und dem Akt der Willensdurchsetzung. Diese wiederum schließen die Übernahme von Verantwortung mit ein. Damit ist die Planung auch unmittelbar mit der Beeinflussung menschlichen Verhaltens verknüpft, das auf die Erreichung bestimmter Ziele hingelenkt wird. Die Begriffe Planung, Prognose, Disposition und Improvisation müssen unterschieden werden, um eine eindeutige Basis der Verständigung zu erzielen. Die genannten Begriffe überschneiden und ergänzen sich: systematische Planung und Improvisationstalent können sich stimulierend ergänzen (Abschnitt 2.2.2.1).

11. **Führungs- und Planungsprozeß sind mehrstufig** und können als Regelkreis verstanden werden (Abb. 5 und 6). Der Kern des Planungsprozesses kann nach Agthe wie folgt definiert werden:

    (1) Festlegung der anzustrebenden Gesamt- und/oder Teilziele der Unternehmung,
    (2) Festlegung der Strategien für die Erreichung der Ziele und
    (3) Bestimmung der konkreten Maßnahmen in sachlicher und zeitlicher Sicht zur Durchführung der ausgewählten Strategien (Abschnitt 2.2.2.1).

12. Der Prozeß von Planung, Steuerung und Kontrolle ist ein kybernetisches System. **Kybernetik** ist die Lehre von der Steuerung und Regelung in Organismen. Stellt man das System von Planung, Steuerung und Kontrolle als Regelkreis dar (Abb. 6), dann entsteht das Grundmodell eines Management-Informations-Systems (MIS) (Abschnitt 2.2.2.2).

13. Zerlegt man das **Planungssystem** in Subsysteme, dann können u. a. unterschieden werden: die Zielplanung, die strategische Planung und die operative Planung. Diese Teilplanungskomplexe werden durchdrungen von einer unternehmungs- und produktbezogenen ergebnis- und liquiditätsorientierten Planungs- und Kontrollrechnung (Abschnitt 2.2.3.1.1).

14. Nach den Kriterien einer systemorientierten Organisationsanalyse können **weitere Subsysteme** des Planungssystems unterschieden werden (Abb. 7; vgl. auch Punkt 8): das Potentialsystem (Personen und Sachmit-

tel), das Aktionssystem (personelle und maschinelle Planungsaktivitäten) und das Objektsystem (Objekte der Planung wie Geschäfte, Produkte, Projekte . . .). Die Daten und Informationen sind Elemente des Planungssystems und können als Bestandteile von Plänen und Berichten (im Plan- und Berichtssystem) und diese wiederum als Subsysteme des Informationssystems verstanden werden (Abschnitt 2.2.3.2).

15. **Strategie und Taktik** beherrschen gegenwärtig die Diskussion über Planungssysteme wie nie zuvor – vielleicht auch aus dem Bestreben heraus, die Planung aus ihrer zu starken Umklammerung durch das betriebswirtschaftliche Zahlenmaterial zu befreien. Unter Strategie (griechisch: Kriegskunst) wird hier eine besondere Ausprägung planerischen Verhaltens verstanden, die immer dann anzutreffen ist, wenn das eigene Verhalten unter bewußter Bezugnahme auf mögliche Verhaltensweisen anderer Wirtschaftssubjekte (z. B. der Konkurrenz) geplant wird. Die Taktik (griechisch: Kunst der Truppenführung im Gefecht) umfaßt dann die einzelnen kurzfristigen Operationen zur Verfolgung einer (übergeordneten) Strategie (Abschnitt 2.2.3.1.2; zur konkreten Ausgestaltung der strategischen (Produkt-)Planung vgl. die Punkte 28, 29 und 30).

16. Um möglichst konkrete Ansatzpunkte für die Zielsetzung und Aufgabenstellung der Planung zu gewinnen ist es zweckmäßig, sich auf deren **Grundfunktionen** zu besinnen. Im einzelnen können folgende Planungsfunktionen unterschieden werden:

    (1) Die Führungsfunktion,
    (2) die Informationsfunktion,
    (3) die Ordnungsfunktion,
    (4) die Erklärungsfunktion,
    (5) die Flexibilitätsfunktion und
    (6) die Motivationsfunktion.

    Dieses sowohl auf den Sachvorgang als auch auf das Verhalten der Menschen bezogene Profil der Planung bietet Ansatzpunkte generell für die Ausgestaltung von Planungssystemen und speziell für die Reduktion der Komplexität der Planung (Abschnitt 2.2.3.3.1).

17. **Modelle und Methoden** müssen als Hilfssysteme der Planung eingesetzt werden, um statische und dynamische Zusammenhänge erklären oder um komplexe Entscheidungssituationen strukturieren und/oder quantifizieren zu können. Dabei müssen Hindernisse überwunden werden, die in

erster Linie im Menschen selbst begründet sind (Abschnitt 2.2.3.3.2; vgl. auch die Punkte 53 und 59).

18. Die **Produktplanung** ist ein auf das Produkt (Geschäft) oder eine Gruppe von Produkten (Geschäften) gerichtetes System von Ziel- und Mittelentscheidungen, die im voraus festgelegt und die koordiniert werden müssen. Aufgabe der Produktplanung ist es, durch eine zielbewußte Zusammenarbeit aller am Produktgeschehen beteiligten verantwortlichen Mitarbeiter die technische Leistungsfähigkeit, die Wirtschaftlichkeit und Rentabilität sowie die Stellung am Markt nachhaltig zu sichern (Abschnitt 2.2.4.1)

19. **Interdisziplinäre Produktplanung** tut not, wenn man die Praxis beobachtet und den Erhebungen glauben darf: etwa 50% des Umsatzes (je nach Branche) wird heute mit Produkten getätigt, die erst innerhalb der letzten fünf Jahre auf den Markt gebracht wurden. Und: die Chance für den kommerziellen Erfolg eines Produktes wird geringer als 1:100 geschätzt. Diese Mißerfolgsrate wird in engem Zusammenhang mit Problemen im Management gesehen. Definition der Verantwortung, Kooperation, Kommunikation und Information, Unterstützung durch das Top Management, Organisation, Systeme und Verfahren werden für verbesserungswürdig gehalten (Abschnitt 2.2.4.2).

20. **Organisation und Planung** bedingen sich gegenseitig (Abb. 8 und 14). Von fundamentaler Bedeutung für die Unternehmungsplanung ist die Identität der Grundstruktur von Organisationssystem und Planungssystem. Nur wenn sichergestellt ist, daß der sachliche Bezug der Planung mit den Organisationseinheiten (z. B. Bereiche, Abteilungen, Stellen) und den Objekten (z. B. Produkte und Projekte) übereinstimmt, dann können die Zielvorstellungen der Unternehmungsführung in operationale Maßnahmen auf allen Ebenen umgesetzt werden. Als praktisches Beispiel dafür werden das Organisations- und das Planungssystem der Siemens AG vorgestellt (Abschnitte 2.3.1 bis 2.3.4).

21. Produktpläne, strategische Pläne und Wirtschaftspläne sind in einem **geschlossenen Planungssystem** integrativ miteinander verknüpft (Abbildung 13). Zielplanung und operative Planung müssen substantiell zusammenpassen und in die Pläne der Funktionsbereiche überleitbar sein (Abschnitt 2.3.3.2).

7.3 Charakteristika des Planungssystems

22. Zur allgemeinen und speziellen Charakterisierung von Planungssystemen können sowohl die Planungsfunktionen (zur Ableitung von Anforderungsprofilen für Planungssysteme) als auch die **Dimensionen der Planung** herangezogen werden. Im einzelnen lassen sich folgende wesentliche Dimensionen der Planung feststellen: Ziele, Potentiale (Planungsträger und deren Hilfsmittel), Objekte (Gegenstand der Planung), Struktur, Prozeß, Zeit, Kommunikation und Information und Flexibilität (Abschnitt 3.1).

23. Insbesondere die **Information und** das **Informationsverhalten** der Menschen in Planungssystemen bedarf der intensiven Behandlung durch die einschlägigen Wissenschaften. Die heutige Situation läßt sich durch folgende Aussagen charakterisieren:

    - das Verständnis für die Information als Produktivfaktor ist noch wenig ausgeprägt;
    - der Informationsbegriff ist unklar und wird uneinheitlich benutzt;
    - der Kommunikations- und Informationsprozeß ist komplex und in seinen Grundstrukturen zu wenig transparent und bekannt;
    - der objektive und/oder subjektive Informationsbedarf des Managers ist nicht oder nur unzureichend bekannt;
    - es sind zu viele Informationen potentiell vorhanden, welche die Informationsauswahl und -beschaffung erschweren und
    - die Gesetze von Angebot und Nachfrage nach Informationen sind noch weitgehend unbekannt (Abschnitt 3.1; vgl. auch die Punkte 44 und 56 dieser Zusammenfassung).

24. Voraussetzung einer funktionsübergreifenden, systematischen Produktplanung ist eine allgemeingültige **Produktdefinition.** Wie schwer diese scheinbar triviale Forderung bei komplexen Produktgebilden (z. B. in der Nachrichtentechnik) zu erfüllen ist, zeigen die unterschiedlichen Auffassungen der Funktionsbereiche (Abb. 15). Unter einem Produkt soll hier ganz allgemein der Gegenstand des Geschäfts verstanden werden. So müssen verschiedene Ausprägungen des Produktbegriffes (wie z. B. Auftrag, Projekt, Gerät oder auch Produktgruppe, Geschäftsfeld) auf einen Nenner gebracht werden, damit das gesamte Leistungsspektrum einer Unternehmung und alle damit verbundenen Aktivitäten erfaßt, durchdacht und koordiniert werden können (Abb. 16, Abschnitt 3.2.1).

25. Der **Planrahmen** leitet sich aus dem Planungssystem (Abb. 13) ab und dient als Grundschema für die sachliche und formale Gliederung des Gesamtplanes und der Teilpläne. Er enthält nicht nur die bereichs- und funktionsorientierten klassischen Pläne, sondern auch alle produktbezogenen Teilpläne wie Vertrieblichen Produktplan (VPP), Technischen Produktplan (TPP) und Wirtschaftlichen Produktplan (WPP) (Abschnitte 3.2.2.1 bis 3.2.2.4).

26. Die **Wertanalyse** (mit value analysis – Wertverbesserung und value engineering – Wertgestaltung) ist vorwiegend Arbeitsmethodik der technischen Produktplanung und auf eine funktions- und leistungsgerechte Gestaltung der Produkte gerichtet. Sie ist verbindendes Element zwischen Technik, Markt und Wirtschaftlichkeit und bietet Ansatzpunkte für eine systematische Vorgehensweise bei der Umsetzung neuer Ideen in verkaufsfähige Produkte (Abschnitt 3.2.2.5).

27. **Checklisten** (Tab. 2) sind ein wesentliches Hilfsmittel, um die Fülle von wichtigen Daten und Fakten ordnen zu können und um zu verhindern, daß wesentliche Sachverhalte im Eifer des Gefechts einfach vergessen werden. Sie können insbesondere zu Beginn von Produktentwicklungen eine erfolgsentscheidende Bedeutung haben (Abschnitt 3.2.2.6).

28. Ausgangspunkt der strategischen Analyse und Synthese (vgl. Punkt 15) ist die Frage nach den Geschäften (Produkten) und Märkten (Abnehmern) der Zukunft (vgl. Abb. 23). Eine **strategisch orientierte Produktplanung** betont die gegenwärtigen und zukünftigen Produkte als die Träger des Geschäftes. Markt und Wettbewerb, Technologie, Rentabilität und Wirtschaftlichkeit und andere (Umwelt-)Faktoren werden im Wirkungszusammenhang analysiert (Abb. 24). Ziel ist eine Synthese aller erfolgsbringenden Faktoren, um die (immer zu) knappen Ressourcen einer Unternehmung auf die wirklich zukunftträchtigen Geschäfte hinzulenken (Abschnitt 3.2.3.1).

29. Die **Definition von** sogenannten **Geschäftsfeldern** dient dazu, die systematische Suche nach neuen Geschäftsmöglichkeiten zu provozieren und zu forcieren. Bei den Geschäftsfeldern handelt es sich um einzelne Produkte (Produktgruppen, Systeme, Dienstleistungen), die auf definierten Märkten im Wettbewerb mit bestimmten Konkurrenten stehen. Sie sind als Elemente von strategischen Geschäftseinheiten zu verstehen, für die unter Berücksichtigung insbesonders interner und externer Gesichtspunkte eine einheitliche Strategie formuliert werden kann: (Markt-)Posi-

tionen müssen gewonnen, verteidigt oder auch – wenn keine geschäftlichen Erfolge mehr zu erwarten sind – rechtzeitig aufgegeben werden (Abschnitt 3.2.3.2).

30. Die **Analyse von Stärken und Schwächen** im Zusammenhang mit der Attraktivität des Marktes (Abb. 26) liefert Ansatzpunkte für ein zukunftsorientiertes Verhalten. (Standard-)Strategien (Abb. 28) erleichtern nicht nur das Auffinden der situationsgerechten Verhaltensweise sondern erlauben den Entwurf einer konzertierten Aktion über verschiedene Funktionen, Bereiche und Hierarchien hinweg. Die Schritte der Geschäftsfeldplanung (Abb. 25) werden somit zum festen Bestandteil von (Produkt-)Planungsprozessen (Abschnitt 3.2.3.2).

31. Der **Planungshorizont** (das ist die Reichweite der Planung in die Zukunft) und die Anpassungsrhythmik (das ist die Häufigkeit der Planüberholung) sind Kriterien für die individuelle Ausgestaltung eines Planungssystems (Abb. 29). Maximal 10 Jahre für die Produktplanung (bezogen auf langlebige Produkte), 5 Jahre für die Wirtschaftsplanung der geschäftsführenden Bereiche und 1 Jahr für das Budget sind Richtwerte, die sich in der Praxis eingespielt haben. Die rasche Veränderung der Umweltbedingungen führt zwangsläufig zu einer jährlichen Anpassung der Planung (= rollende Planung) – selbstverständlich auf der Basis der alten Planung und einer Analyse der jeweils neuen Ausgangssituation (Abschnitt 3.3).

32. Ein **kooperativer Führungsstil** erzwingt die Beteiligung aller Verantwortlichen bei der Planung (Abb. 30 und 31). Das führt zu einem System von vertikalen, horizontalen und diagonalen Kommunikations- und Informationsbeziehungen, in denen funktionale, produktorientierte und regionale Interessen aufeinander abgestimmt werden müssen. Bottom up – und top down – Ansatz verschmelzen ineinander, wenn Planvorschläge erarbeitet, Berichte diskutiert und Zielvereinbarungen verabschiedet werden (Abschnitt 3.4).

7.4 Zur Strukturgestaltung des Planungssystems

33. **Planung und Verantwortung** müssen einander entsprechen, Verantwortung kann nur dann wirkungsvoll ausgeübt werden, wenn sie auf einer disziplinarischen und fachlichen Kompetenz beruht, die mit einer persönlichen Autorität gepaart ist (Abschnitt 4.1.1.1).

34. **Ressortgrenzen** dürfen nicht zum Hindernis werden, wenn ein kompetenzübergreifendes Denken und Handeln nicht nur geduldet, sondern geradezu gefordert werden muß. Ein selbst erarbeitetes Verantwortungsbewußtsein, eine pragmatische und flexible Aufgabenerfüllung und die Erkenntnis, aufeinander angewiesen zu sein, sind die wichtigsten Faktoren für eine erfolgreiche Kooperation (Abschnitt 4.1.1.1).

35. **Verantwortungsübernahme und Kompetenz** sind auch von grundlegender Bedeutung für die Verteilung der Planungsaufgaben. Zielplanung und Durchführungsplanung müssen von den für das zu planende Sachgebiet verantwortlichen Stellen wahrgenommen werden. Dabei ist zwischen Planaufstellung und Planentscheidung zu differenzieren. Die Planaufstellung erfolgt zweckmäßigerweise durch die für die Realisierung zuständige Stelle, während die Planentscheidung von einer übergeordneten Instanz wahrgenommen werden muß, die einen Überblick hat über die Tragweite der zu treffenden Entscheidungen. Planaufstellung und Planverwirklichung können auch getrennt werden. Der Plan wird dann zur Vorgabe für die durchführende Stelle (Abschnitt 4.1.1.1; zur Zentralisierung und Dezentralisierung in der Planung vgl. Abschnitt 4.1.1.2).

36. Des weiteren trägt die Planung dazu bei, daß durch die vorausschauende Gestaltung und Koordinierung von Handlungen eine **Stabilisierung der Verhaltensweisen** erreicht wird Das zeigt sich u. a. in der Reduktion der Konfliktmöglichkeiten und in der rechtzeitigen Entspannung unvermeidbarer Gegensätze, wenn diese im Rahmen der Konzeption und Abstimmung der Teilpläne bereits erkannt und diskutiert werden können. Dadurch kann eine Atmosphäre geschaffen werden, die es allen Parteien ermöglicht, die ihnen übertragene Verantwortung zu begreifen und auch auszuüben (Abschnitte 4.1.1.1 und 4.1.1.2).

37. Ansatzpunkt für die objektbezogene Zuordnung und Zusammenfassung von Planungsaufgaben ist die Konzentration der Verantwortung auf produkt- und/oder marktorientierte **Ertragszentren** (Abb. 32). Aus der Kombination von produkt-, markt- und funktionsorientierter Verantwortung entstehen die Ertragszentren. Die gemeinsame Verantwortung für die Verfolgung einer einheitlichen Geschäftspolitik dokumentiert sich in einer gemeinsamen und einheitlichen Planung, Steuerung und Kontrolle der Aufgaben jedes einzelnen Ertragszentrums. Die Ertragszentren setzen sich aus Kosten- und Erlöszentren zusammen. Alle Funktionsbereiche sind als „Kostenzentren" zu betrachten, während der Vertriebsbe-

reich auch als Erlöszentrum zu sehen ist. Erst in der Verknüpfung aller Elemente der Leistungserstellung und Leistungsverwertung kann von einem Ertragszentrum gesprochen werden. Der Gesamtertrag der Unternehmung beruht auf dem Erfolg der einzelnen Produkte und dieser wiederum kann nur im konzentrierten und konzertierten Zusammenwirken aller Funktionsbereiche erzielt werden (Abschnitt 4.1.1.3.1).

38. Es müssen also auch die organisatorischen Vorkehrungen geschaffen werden, damit eine produktbezogene Führung und Durchführung praktisch durchsetzbar wird. Diese ist einem **Gremium** (mit einem Geschäftszweigleiter an der Spitze als primus inter pares) übertragen, das die Führung und das Ergebnis dieses Ertragszentrums gemeinsam verantwortet (Abschnitt 4.1.1.3.1; vgl. auch Punkt 50).

39. Wenn es gelingt, diese Ertragszentren zur Drehscheibe der Geschäftsführung zu machen und die problemorientierte Zusammenarbeit zwischen den Funktionsbereichen zu forcieren, dann sind auch die besten Voraussetzungen für die Identifizierung der Mitarbeiter mit ihrer Aufgabe gegeben. **Motivation** darf nicht nur gefordert werden, sondern muß durch die Schaffung entsprechender Freiheitsräume wachsen können. Zentrale und dezentrale Tendenzen in der Führung und Organisation entspringen einem gleichberechtigten Interesse. Nicht die Konfrontation, sondern die gegenseitige Ergänzung zur Erreichung eines gemeinsamen Zieles muß permanent angestrebt werden (Abschnitt 4.1.1.3.2; vgl. auch Punkt 35).

40. Eine produktorientierte Planung besteht in der **Integration aller funktionsorientierten Planungsaufgaben**. Vor der Implementierung eines Produktplanungsgremiums sind die Planungsaufgaben der Leitungsstellen, der Funktionsbereiche und auch von zentralen Planungsstellen klar zu definieren (Abschnitte 4.1.2.1 bis 4.1.2.5).

41. Produktplanung ist ohne **Computerhilfe** nicht mehr denkbar. Der Einsatz der EDV in der Planung, Steuerung und Kontrolle verlangt nach einer klaren, allen Beteiligten bekannten Zielsetzung, damit die Erwartungen der zukünftigen Benutzer mit den Möglichkeiten des Computermodells übereinstimmen. Benutzer und Computer sind zu einem soziotechnischen System zu integrieren. Dieses ist wiederum als Teilsystem des computergestützten Planungssystems (CPS) zu verstehen (Abb. 35, Abschnitt 4.1.2.6).

42. Um **falsche oder zu hohe Erwartungen** und die daraus resultierenden Enttäuschungen zu vermeiden sollte auch immer gesagt werden, was vom Computer nicht erwartet werden kann: nämlich dem Planer die Entscheidung für eine Planalternative abzunehmen. Der Computer kann nur eine Hilfe zur Entscheidungsfindung sein, er ersetzt nicht das unternehmerische Gespür. Vor der Euphorie einer umfangreichen maschinellen Planungsrechnung, die allzuleicht in „Planbuchhaltung" ausarten kann, sei nachdrücklich gewarnt. Entscheidend ist, daß lesbare (= konsumierbare) Unterlagen geschaffen werden, mit deren Hilfe das Management die einzelnen Pläne diskutieren kann (Abschnitt 4.1.2.6.2).

43. Produktplanung erfordert das **Lösen von Konflikten**, es ist ein ständiger Interessenausgleich zwischen den beteiligten Stellen nötig. Die Konfliktsituation in der Produktplanung ist gekennzeichnet durch Verständigungsprobleme zwischen den beteiligten Menschen und durch systemimmanente Konflikte zwischen den verschiedenen Funktionsbereichen (Abschnitt 4.2.1.1.1).

44. Die **persönlichen Wertvorstellungen des Menschen**, seine Bedürfnisstruktur sowie die damit verbundene individuelle Betrachtung der Umwelt sind die Ursachen für unterschiedliche Standpunkte, die überbrückt werden müssen. Die Analyse und Synthese des Kommunikationsprozesses mit Hilfe der Semiotik bietet Ansatzpunkte für die Beseitigung oder Verhinderung von Störungen auf der technisch-physikalischen, der syntaktischen, der semantischen und der pragmatischen Ebene der Kommunikation. Entscheidend ist, daß den Kommunikationspartnern (Sender und Empfänger) bewußt wird, daß sie beide die Verantwortung tragen für eine abgestimmte Verhaltensweise (Abschnitt 4.2.1.1.2, vgl. auch den Anhang über die semiotische Analyse des Kommunikationsprozesses sowie Punkt 56).

45. In dem Bestreben, die Optimierung der Funktionsbereiche und die Optimierung des Produkterfolges herbeizuführen ist **der sachliche Konflikt** begründet. Dieser verlangt ein gleichzeitiges, koordiniertes und auf ein gemeinsames Ziel ausgerichtetes Handeln aller Beteiligten. Darum müssen Arbeitsgruppen gebildet werden, damit die produkt- und funktionsorienterte Zusammenarbeit durch eine entsprechende Institutionalisierung von Verantwortung und Durchführung erzwungen werden kann (Abschnitt 4.2.1.1.3; vgl. auch die Punkte 49 und 50).

46. Es gibt verschiedene **Strategien zur Konfliktlösung**, die situationsgerecht angewendet werden müssen. Die Abgrenzung von Konfliktfeldern in der Unternehmung bietet Ansatzpunkte für eine Strukturierung von Konfliktsituationen und für die Herbeiführung eines organisierten Konfliktausgleiches (Abschnitt 4.2.1.2).

47. **Produktmanagement** ist die Organisation, Planung, Steuerung, Durchführung und Kontrolle durch den oder die Produktverantwortlichen. Ziel ist die Optimierung des Produkterfolges zur nachhaltigen Sicherung der technischen, wirtschaftlichen und sozialen Leistungsfähigkeit der Unternehmung. Das Produktmanagement basiert auf einem System von Instrumenten, Methoden und organisatorischen Maßnahmen, die allesamt auf eine schlagkräftige marktorientierte Unternehmungsführung gerichtet sind. Der Zwang zur Koordinierung der Teilaktivitäten ist unbestritten. Dazu bedarf es der engen Zusammenarbeit aller planenden Instanzen auf allen hierarchischen Ebenen. Der organisierte Konfliktausgleich wird zum Gegenstand planerischer Überlegungen (Abschnitt 4.2.2.1.1).

48. In der Praxis haben sich zahlreiche **Varianten eines institutionalisierten Produktmanagements** herausgebildet – vom unipersonalen Produkt – Marketing – Manager bis hin zum multipersonalen Produkt – Matrix – Management. Allen Bestrebungen ist die Optimierung des Produkterfolges gemeinsam – allerdings auf der Basis unterschiedlicher Regelungen für Verantwortung, Kompetenz und Beteiligung an der Planung, Steuerung und Kontrolle (Abschnitt 4.2.2.1.2).

49. Will man den verschiedenen Einschränkungen in einer primär funktionsorientierten Organisation (mangelhafte Kompetenz, geteilte Verantwortung, fehlende Identifikation mit den Produktzielen) entgehen, dann muß ein **„Produkt-Team-Management"** eingesetzt werden. Dieses muß von den Funktionsmanagern getragen werden, denn letztlich bestimmt der Produkterfolg auch das Handeln der Funktionsverantwortlichen: Der Funktionsmanager ist praktisch „Produktmanager in eigener Sache". Da er aber nur für einen Verrichtungskomplex verantwortlich ist, muß die Leitung dafür sorgen, daß die Verantwortung, das Wissen und das Engagement aller Funktionsmanager so zusammengefaßt werden, daß neben den Zielen der Funktionsbereiche auch die Produktziele nachhaltig durchgesetzt werden: nämlich in einem „Produkt-Team-Management", in dem alle Funktionsmanager gleichberechtigt vertreten sind und einem gemeinsamen Produktziel verpflichtet werden (Abschnitt 4.2.2.2.1).

50. Soll nun dieses „Produkt-Team-Management" begründet werden, dann bestimmt man in jedem Funktionsbereich diejenigen Mitarbeiter, die für einzelne Produkte verantwortlich sind und führt diese Menschen zu einem Produktteam zusammen. Daraus entsteht die **produktorientierte Querorganisation** mit zwei Gremien: der Produktkommission (PK) und der Produktarbeitsgruppe (PAG) (Abb. 38). Die Produktkommission (vgl. das Gremium in Punkt 38) verantwortet ein Teilspektrum des Geschäftsbereiches (z. B. Produktgruppe) und die Produktarbeitsgruppe ein einzelnes Produkt oder eine Anzahl verwandter Produkte. In beiden Gremien sind alle Funktionsbereiche durch die zuständigen Produktverantwortlichen vertreten. Es gibt keinen disziplinarischen Leiter dieser Gremien sondern nur einen „primus inter pares", der primär eine Sprecherrolle auszuüben hat (Abschnitt 4.2.2.2.1).

51. Das hier geschilderte System einer produktorientierten Querorganisation ist auf **verschiedene Organisationsansätze** zurückzuführen: auf die (stufenweise) Einführung der Ertragszentren unter Beibehaltung der funktionalen Gliederung, auf die Einführung von Teams für die Forcierung der Produktplanung und der Wertanalyse und schließlich auf die ganz bewußte Förderung von Innovationsprozessen. Insbesondere das Innovationsverhalten der Menschen erfordert zugleich eine flexible und kontinuierliche Gestaltung der Gruppenprozesse (Abschnitt 4.2.2.2.2).

52. Das **Grundprinzip der Zusammenarbeit** zwischen den Mitgliedern von Produktkommission und Produktarbeitsgruppe ist gekennzeichnet durch die Kombination von „Miteinander Denken" und „Nacheinander Tun" (Abb. 39). Die Gremien operieren als Drehscheibe der Information. Der Produktplan ist die standardisierte Informationsbasis für die planende, steuernde und kontrollierende Tätigkeit dieser Produktinstanzen (Abschnitt 4.2.2.2.3).

53. **Teamarbeit** kann erfahrungsgemäß nicht angeordnet sondern muß eingeübt werden. Die natürlichen Hemmnisse müssen nüchtern analysiert werden, damit die gewünschten Erfolge eintreten. Teamarbeit kann nicht hierarchiefrei sein. Deshalb sollte der Fähigste in einer Gruppe und nicht ein Ressortinhaber als Sprecher eingesetzt werden. Fachpromotor und Machtpromotor können sich dabei sinnvoll ergänzen. Die größten Barrieren sind nach wie vor im Menschen zu suchen. Derjenige, der sich alleine für stark genug hält, ist grundsätzlich weniger kooperationsbereit. Persönliche Bedürfnisse konkurrieren mit denen der Unternehmung und

ergänzen sich. Die Bedürfnispyramide (Maslow) und das Verhaltensgitter (Blake/Mouton) helfen uns, die Probleme des Individuums in der Unternehmung besser zu erkennen und liefern Ansatzpunkt für eine bessere Beherrschung der Konflikte. Spielregeln für die Teamarbeit, die gemeinsam aufgestellt werden (Tab. 4), können ebenfalls zu einer Stabilisierung unserer Verhaltensweisen beitragen (Abschnitt 4.2.2.2.3).

54. In der produktorientierten Querorganisation muß sich das Organisations- und Führungsprinzip der Unternehmung widerspiegeln. Kooperation, Partnerschaft, Handlungsfreiheit, angemessene Beteiligung an Entscheidungsprozessen und Delegation von Verantwortung sind die Kennzeichen dieses Führungsstils. Dennoch können auch **Zwangssituationen** entstehen, in denen das Individuum unterliegen kann oder muß. In der Krise muß der verantwortliche Manager ohne hemmende Koordinierungsprozesse führen können. Jetzt zeigt sich, wie wertvoll ein eingespieltes Team für die Bewältigung einer Krise sein kann. Die Autorität des Leiters kann sich voll entfalten und wird bedingungslos akzeptiert, weil das Zusammenwirken früher erprobt wurde. Teamarbeit steht nicht notwendigerweise im Gegensatz zur straffen Führung durch einen Einzelnen. Beide Prinzipien können und müssen sich situationsbedingt ergänzen (Abschnitt 4.2.2.2.3).

55. **Linienkompetenz und Produktverantwortung** müssen sich nicht zum Schaden des Bereiches gegenseitig stören, da die Produktverantwortung von den ohnehin zuständigen Funktionsverantwortlichen getragen wird: Produkt- und Funktionsmanagement sind im wahrsten Sinne des Wortes integrativ miteinander verknüpft (vgl. Punkt 49). Die Abgrenzung muß auch klar sein: Grundsätzlich haben die Produktkommissionen und die Produktarbeitsgruppen eine informierende, koordinierende und steuernde Aufgabe, während die Aufgabenerledigung, also insbesondere die Wahrnehmung der Routineaufgaben, in der Linie zu geschehen hat. Der kompetenzübergreifende Arbeitseinsatz schließt eine mögliche Lücke, wenn Probleme rasch, unkonventionell und wirksam beseitigt werden müssen (Abschnitt 4.2.2.3).

56. Die Pläne als inhaltlich verknüpfte Informationskonzentrate sind nur dann als Koordinierungs- und Steuerungsinstrument für die Leitung und die Querorganisation brauchbar, wenn durch sie ein **einheitlicher Informationsstand** (= Wissensstand) erreicht wird. Subjektive Informationsnachfrage, objektiver Informationsbedarf und tatsächliches Informa-

tionsangebot sind in Übereinstimmung zu bringen. Die sachliche, zeitliche und räumliche Bewältigung des Produktivfaktors Information induziert ein institutionalisiertes Informationsmanagement. Die Logistik erschließt neue Möglichkeiten für eine optimale Informationsversorgung dergestalt, daß die wirklich relevanten Daten und Informationen auch für Produktkommissionen und Produktarbeitsgruppen ermittelt werden können (Abb. 47, Abschnitt 4.2.2.4).

57. Die **Ziele,** die **Aufgaben und** die **Arbeitsweisen** der **Produktinstanzen** müssen klar definiert und gemeinsam festgelegt werden (Abschnitte 4.2.3.1 und 4.2.3.2). Produktkommissionen und Produktarbeitsgruppen haben den ihnen zugewiesenen Spielraum als Bestandteil des Produkt-Team-Managements auszufüllen und zu nutzen. Dabei ist auch die Rolle der Geschäftsleitung und die Zusammenarbeit mit ihr genau festzulegen (vgl. Abschnitt 4.2.3.1.3). Die Produktinstanzen und die Geschäftsleitung bilden ein dreidimensionales Führungssystem, in dem Bereichs-, Funktions- und Produktinteressen gleichberechtigt miteinander verbunden sind.

58. Den Menschen in der Organisation muß bewußt werden, daß sie **gemeinsam bessere Produktergebnisse** erzielen und daß sie auch persönlich mehr gewinnen. Jeder Mitarbeiter wird durch diese Zusammenarbeit auf seinem Gebiet kompetenter und erreicht einen größeren Aktionsradius. Dadurch wird er auf die Dauer auch stärker in seiner Linie wirken können: Er gewinnt durch die Behandlung seiner Probleme aus der Gesamtschau heraus. Als Fazit kann festgehalten werden: Die Querorganisation dient auch zur Stärkung der Linie (Abschnitt 4.2.3.2).

59. **Jede Planung ist Restriktionen und Hemmnissen unterworfen** (vgl. Abschnitt 2.2.3.3.2). Neben dem Dilemma der simultanen Planung, dem Ungewißheitsphänomen und der systemimmamenten Konfliktsituation zwischen den Funktionen müssen Hindernisse überwunden werden, die im menschlichen Verhalten liegen. Das Produkt-Team-Management kann nur dann zur vollen Wirkung kommen, wenn die Menschen willens und fähig sind, kooperative Führung nicht nur (verbal) zu akzeptieren sondern auch zu praktizieren. Optimismus, Pessimismus und (De-)Motivation spielen eine Rolle bei der Erarbeitung und Interpretation von Planergebnissen (Abschnitte 4.3 und 4.3.1).

60. **Sinn der Planung ist es nicht,** Unvorhersehbares vorhersehbar zu machen, sondern zukünftige Tatbestände und Entwicklungstendenzen in

ihren Grundzügen zu erkennen, nach Möglichkeit zu beeinflussen und in steuerbare Ziele und Maßnahmen zu überführen. Diese Erkenntnis wird wesentlich von der persönlichen Einstellung des Planenden bestimmt. Eine aufgeschlossene Planungsmentalität muß gefordert und permanent unterstützt werden (Abschnitt 4.3.1).

61. Die streng organisierte und formalisierte Produktentscheidung bringt die **Gefahr eines Automatismus** mit sich, der nicht unterschätzt werden darf. Die formalisierte Planungsrechnung entbindet den Unternehmer nicht von seiner Verantwortung für eine alle Aspekte umfassende Produktentscheidung, bei der Risiko und Chance genügend berücksichtigt werden. Unternehmerisches Wagnis und unternehmerisches Gespür zeigen sich erst, wenn in Einzelfällen trotz zunächst wenig Erfolg versprechender Plankalkulationen der schöpferischen Idee und der Erfindungsgabe zum Durchbruch verholfen wird. Die ausschließliche Bindung der Innovation an eine formalisierte Planungsrechnung wäre eine unzulässige Einschränkung der unternehmerischen Freiheit. Eine derartige falsch verstandene Produktplanung kann innovationshemmend wirken, die innovatorischen Prozesse könnten durch sie im Keim erstickt werden (Abschnitte 4.3.1 und 4.3.2).

62. Aus dem **Zwang zur Gruppenarbeit** ergeben sich spezielle Anforderungen an den Menschen. Durchsetzungsvermögen, Kontaktfähigkeit und die Bereitschaft, gemeinsam mit Kollegen Probleme lösen zu wollen, sind wesentliche Voraussetzungen für erfolgreiches Teammanagement. Darüber hinaus müssen die Fragen nach dem Sinn und Zweck der Gruppenarbeit, nach den Auswirkungen auf den Führungsstil, nach dem Rollenverständnis und nach dem Verhalten der Gruppenmitglieder sowie die Problematik der Bewertung von Gruppenleistungen von allen Beteiligten ausgiebig diskutiert werden (Abschnitt 4.3.3).

7.5 Zur Prozeßgestaltung des Planungssystems

63. Potentialsystem (Personen und Sachmittel), Objektsystem (Gegenstand der Planung) und Plansystem (Pläne und Berichte) sind die grundlegenden **Ordnungssysteme des Planungssystems** und bestimmen das Aktionssystem (personelle und maschinelle Planungsaktivitäten) (Abb. 7). Im Aktionssystem sind die permanente Produktplanung (einschließlich

der strategischen Planung) sowie die Wirtschafts- und Unternehmungsplanung miteinander verbunden (Abschnitte 5 und 5.1).

64. Die wesentlichen Aufgaben und **Stationen bei der Arbeit am Produkt** – von der Entwicklung bis zur Übergabe an den Kunden und der anschließenden Wartung (z. B. im Projektgeschäft der Nachrichtentechnik) charakterisieren die Wirkungszusammenhänge des Produktgeschehens und damit das Betätigungsfeld des Produktmanagements (Abb. 44). In Anlehnung an den Führungsprozeß kann das Produktgeschehen in folgende Phasen gegliedert werden (Abb. 45):

    (1) Produktidee
    (2) Produktstudie
    (3) Produktentscheidung
    (4) Produktrealisierung
    (5) Produktkontrolle
    (Abschnitt 5.1.1.1.1).

65. Im **Produktlebenszyklus** spiegelt sich das individuelle Produktschicksal wider. Es ist naturgemäß eng mit den Phasen des Produktgeschehens verknüpft (Abb. 47):

    (1) Impuls/Ideensuche
    (2) Studie und Konzept
    (3) Produktentwicklung
    (4) Markteinführung
    (5) Wachstum und Reife
    (6) Sättigung und Stagnation
    (7) Rückgang und Aussterbekontrolle.

    Der Produktlebenszyklus bestimmt die Operationen in den Funktionsbereichen, die Checkpunkte zur Produktkoordinierung, die Geschäftsfeldkategorien und die Planungs-, Steuerungs- und Kontrollaktivitäten der Produktinstanzen (Abschnitt 5.1.1.1.2).

66. Der **Prozeß der Entscheidungsfindung** orientiert sich grundsätzlich an den Phasen des Führungsprozesses im engeren Sinne (Anregung, Suche, Optimierung und Entscheidung) und gilt prinzipiell für die Einführung neuer wie auch für die Weiterentwicklung bestehender Produkte (Abschnitt 5.1.1.2.1).

67. Das **FuE-Antragsverfahren** umfaßt die Beantragung, Genehmigung, Einleitung und Fortschreibung von produktspezifischen Entwicklungs-

und allgemeinen Forschungsvorhaben. Dieses Verfahren dient als Entscheidungsvorbereitung für die betroffenen Fachabteilungen und stellt eine Entscheidungshilfe für die Produktinstanzen und die Leitung dar – nicht nur für die Einleitung neuer Produktvorhaben sondern auch für die Auswahl konkurrierender FuE-Vorhaben. Der Formalismus darf nicht dominieren, auf Quantität an Unterlagen ist zu Gunsten der Qualität zu verzichten. Deshalb werden hier bereits die normalen Standardformulare der Produktplanung (TPP, EKT, EKP, VPP, WPP) eingesetzt. Wertgrenzen erlauben eine abgestufte Entscheidungspraxis. Nur alle wirklich wichtigen Vorhaben werden an die Geschäftsleitung herangetragen (Abschnitt 5.1.1.2.2).

68. Der **Prozeß der jährlichen (revolvierenden) Wirtschafts- und Produktplanung** (Abb. 48) kann in vier Hauptphasen gegliedert werden (Abschnitt 5.1.2.1):

    (1) Grundplanung und Kapazitätsausgleich (Abschnitt 5.1.2.2)
    (2) Abstimmgespräche und Plandurchsprachen (Abschnitt 5.1.2.3)
    (3) Erstellung der Teilpläne und Konsolidierung (Abschnitt 5.1.2.4)
    (4) Planverabschiedung und Diskussion der (Produkt-)pläne (Abschnitt 5.1.2.5).

69. Die Diskussionen der Teilpläne und die **Durchsprache aller Pläne** am Ende des Planungszyklus sind von wesentlicher Bedeutung für die Qualität einer Planung. Deshalb müssen diese (Produkt-)Plandurchsprachen sorgfältig vorbereitet werden (Tab. 5). Diese Pläne stellen den aktuellen Stand der Planung dar, die in den nachfolgenden Monaten fortgeschrieben wird und als Basis für die darauffolgende Planung gilt (Abschnitt 5.1.2.5).

70. Außerdem sind diese Plandurchsprachen für den **Dialog zwischen Geschäftsleitung und Produktkommission** wichtig. Es müssen Produkt- und Spektrumsprobleme festgestellt, bewertet und einer Lösung zugeführt werden. Allgemeine geschäftspolitische Erfordernisse sind zusammen mit Prämissen und Randbedingungen zu erläutern und zu diskutieren. Hier kann die so häufig geäußerte Forderung nach Beteiligung aller Führungskräfte am Entscheidungsprozeß problemnah demonstriert und durchgeführt werden (Abschnitt 5.1.2.5).

71. Die **permanente Produktplanung** und die **jährliche Wirtschaftsplanung** sind sachlich und zeitlich dergestalt miteinander verknüpft, daß neue Produktpläne immer dann in den Wirtschaftsplan mit aufgenommen werden, wenn diese einen bestimmten Reifegrad erreicht haben. Die formale Übereinstimmung der Planungsformulare erleichtert diesen Prozeß (Abschnitt 5.1.3.1).

72. Die **Fortschreibung der (Einzel-)pläne** ergibt sich konsequenterweise aus dem permanenten Prozeß der Produktplanung. Bei der Fortschreibung der Umsatzentwicklung (Abschnitt 5.1.3.2.1) kommen die Kriterien von Produktentwicklung, Markterschließung und Diversifizierung zum Tragen (Abb. 49). Bei der Fortschreibung der FuE-Planung wird das „Hineinwachsen in die Zukunft" noch unmittelbarer sichtbar (Abschnitt 5.1.3.2.2): Wegen des Vorlaufs der FuE-Investitionen (für Produktentwicklungen und Entwicklung neuer Technologien) in bezug auf die zukünftigen Geschäfte haben diese Investitionen eine gewisse Signalwirkung und müssen deshalb sehr sorgfältig disponiert werden, damit die wirklich erfolgversprechenden Aufgaben bevorzugt angegangen werden können.

73. Zur Durchführung der Planung ist eine **Verständigung zwischen den Planungsträgern** über Ziel, Inhalt und Umfang der Planung in sachlicher, zeitlicher und örtlicher Sicht nötig. Zur rationellen Abwicklung von Planungsprozessen („Planung der Planung") gehören

- allgemeine Richtlinien und Formalia wie z. B. ein ausgearbeitetes Planungshandbuch (Abschnitt 5.2.1),
- ein Netzplan (Abschnitt 5.2.2) und
- die Organisation von Planungskonferenzen (Abschnitt 5.2.3).

74. **Das produktorientierte Management-Informations-System** (Abb. 51) vereinigt in sich drei grundlegende Subsysteme, die miteinander verknüpft sind: das Produktsystem (als spezielles Objektsystem), das Managementsystem (als System der Führungskräfte) und das Informationssystem (als Gesamtheit aller informationellen Beziehungen in der Unternehmung). Nur wenn sichergestellt werden kann, daß die Elemente dieser Subsysteme und deren Beziehungen untereinander sachlich, zeitlich und räumlich harmonieren, ist eine Chance gegeben, daß die Planung zum Nutzen der Unternehmung und der Menschen in ihr dienen kann. Mensch, Produkt, Technologie, Organisation, Information und die gesamte Umwelt sind in einem vieldimensionalen Wirkungsgefüge mitein-

ander verbunden und verlangen eine systemgerechte Behandlung. Deshalb ist es so wichtig, den Mitarbeitern und Managern klar zu machen, wie vernetzt viele Probleme sind und daß deshalb das gesamte zur Verfügung stehende Potential genutzt werden muß, um komplexe Aufgaben zu lösen (Abschnitt 5.3).

7.6 Die Bedeutung der Produktplanung

75. Der **Nutzen der Produktplanung** muß aus der Sicht
    - der gesamten Unternehmung,
    - der beteiligten Menschen und
    - der einzusetzenden Hilfsmittel (z. B. der EDV)

    beurteilt werden. Es sind Hemmnisse und Restriktionen zu überwinden, damit die Planung ihre Funktionen (Abschnitt 2.2.3.3.1) erfüllen kann und nicht Selbstzweck wird (Abschnitt 6.1).

76. Die **Errichtung des Produktmanagements** in Vergangenheit und Zukunft verläuft nicht stetig, sondern in Schritten von unterschiedlichem Ausmaß. Die Vergangenheit wird durch drei Stufen gekennzeichnet, die ihre Fortsetzung in Gegenwart und Zukunft finden:

    - 1. Stufe (1964–1968):
        - Auseinandersetzung mit den Schwachstellen der (Produkt-)Planung
        - Erarbeitung von Planungsgrundsätzen (incl. Spielregeln)
        - Beginn des Aufbaues der produktorientierten Querorganisation
        - Erarbeitung eines ersten Computermodells
    - 2. Stufe (1969–1975):
        - Konsolidierung der Aktivitäten
        - Auseinandersetzung mit konkreten Planungsproblemen
        - Ausdehnung der Produktinstanzen auf das gesamte Spektrum
        - Erweiterung des Computermodells auf das gesamte Planungssystem
        - Lockerung des formellen Zwanges und Eindämmung der Papierflut
    - 3. Stufe (1975 – heute):
        - Konzentration der Aktivitäten auf den Markt
        - intensivere Orientierung auf Umweltfaktoren
        - Entwicklung und Einsatz eines strategischen Instrumentariums
    - 4. (und weitere) Stufen (Gegenwart und Zukunft):
        - weitere Divisionalisierung zur Intensivierung der Produktaktivitäten

- bei gleichzeitiger Implementierung einer übergeordneten Systementwicklung sowie die
- konsequente Verfolgung des Problemlösungsgedankens (alles aus einer Hand – Prinzip) (Abschnitt 6.2.1).

77. Der **Computer-Einsatz** birgt **Chancen und Risiken** in sich, die sorgfältig analysiert werden müssen. Mensch, Planung und Computer werden in Zukunft noch stärker als bisher miteinander verbunden sein. Das Mensch-Maschine-Verhältnis wird weiteren Belastungen ausgesetzt werden – doch wird sich der Computer auch in der Planung als selbstverständliches Arbeitsmittel durchsetzen (Abschnitt 6.2.2).

78. Das hier vorgestellte Modell der produktorientierten Querorganisation (= Produkt – Team – Management) ist ein praktisches Beispiel für die **Neuorientierung der Führung und Kooperation,** die in den letzten zehn bis zwanzig Jahren intensiv in Theorie und Praxis diskutiert wurde. Daß Kooperation und Teamarbeit nicht im Gegensatz zu straffer Führung stehen müssen, beginnt man jetzt zu begreifen. Es wird viel Standfestigkeit notwendig sein, um auch oder gerade in Krisenzeiten den Willen zur gemeinsamen Lösung der anstehenden Probleme nicht zu verlieren (Abschnitt 6.2.3).

Anhang

Exkurs: Die Elemente von Information und Kommunikation – Versuch einer Abgrenzung

Der Planungsprozeß erzwingt einen Austausch von Informationen zwischen verschiedenen Planungsträgern. „In dem gegenseitigen Informationsfluß zwischen den Aktionseinheiten in der Unternehmung konkretisiert sich das spezifisch organisatorische Informationsproblem: die Kommunikation [65, S. 79].“ Die Kommunikation umfaßt den Austausch von Signalen, Daten, Nachrichten und Informationen, wozu auch die räumliche und zeitliche Überbrückung gehört. Geschieht dieser Informationsaustausch zwischen Menschen, dann entstehen soziale (Basis-)Systeme. Darauf weist auch die allgemeine Definition der Kommunikation von Cherry hin: Kommunikation ist die „Bildung einer sozialen Einheit aus Individuen durch den Gebrauch von Sprachen und Zeichen [28, S. 371].“ Nimmt man den Computer als Aktionseinheit hinzu, dann entsteht aus der Kommunikationsbeziehung Mensch-Maschine ein soziotechnisches (Basis-)System. Ein MIS wird nicht allein durch die Existenz eines Computersystems bestimmt, sondern ist systemimmanenter Bestandteil eines jeden Managementsystems. Die Diskussion über MIS ist auf deren optimale Ausrichtung für individuelle Zwecke gerichtet. Dieser allgemeinen Orientierung wird auch hier gefolgt, zumal die Auffassung vertreten wird, daß die Grundtatbestände des MIS zuerst erforscht werden müssen, bevor der Computer als integrativer Bestandteil eines MIS eingeführt werden kann. Deshalb werden hier Kommunikation und Information in ihrer allgemeinen Ausprägung diskutiert. Der Computer wird als spezielle Form der technischen Unterstützung eines MIS betrachtet, keineswegs als ein wesensbestimmender Bestandteil eines MIS.

Die Elemente der Kommunikation sind in Abbildung 52 in Anlehnung an Dworatschek in einem einfachen Modell für einen Kommunikationsprozeß in ihrer gegenseitigen Verknüpfung dargestellt [40, S. 44; 1, S. 167 ff.]. Jedes Kommunikationsnetz setzt sich aus elementaren Kommunikationsketten zusammen, die folgende Elemente enthalten [40, S. 38 f.]: die Kommunikationspartner Sender und Empfänger, den Kommunikationsweg bestehend aus dem Kommunikationskanal (Art und Richtung der Übertragungseinrichtung) und verschiedenen Speichermedien, die Kommunikationsart nach

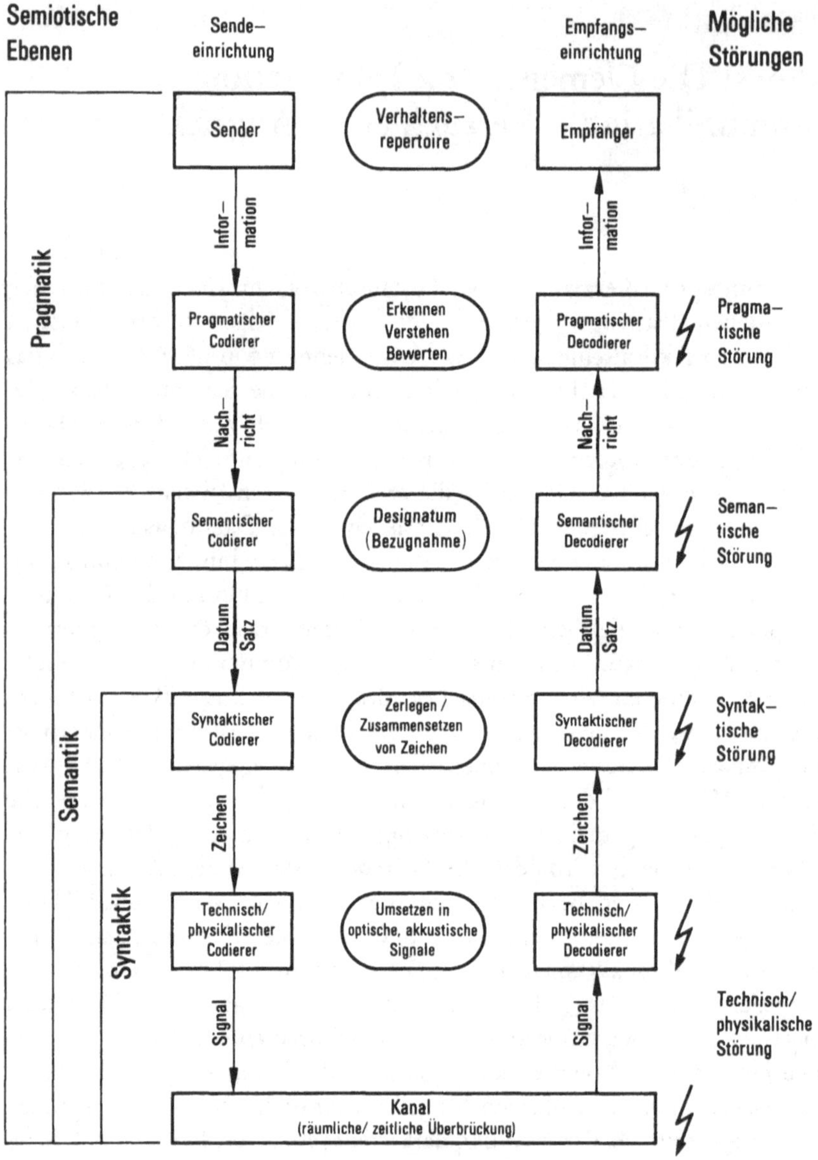

Abb. 52 Modell des Kommunikationsprozesses

Form, Inhalt und Häufigkeit der übertragenen Information und den Kommunikationsakt bezogen auf unterschiedliche Ausprägungen des Kommunikationsinhaltes wie Signale, Zeichen, Daten, Sätze, Nachrichten und Informationen. Das von Dworatschek entwickelte Modell wurde um eine Stufe erweitert, damit eine Unterscheidung zwischen Nachricht und Information, die für wesentlich gehalten wird, vorgenommen werden kann.

Um eine weitergehende Charakterisierung der Elemente der Kommunikation zu ermöglichen, soll die Terminologie der Semiotik eingeführt werden. Die Semiotik (auch: Semeiotik = Zeichentheorie) geht auf Charles S. Peirce und Charles W. Morris zurück [28, S. 373] und befaßt sich mit der Bedeutung von Zeichen und Symbolen für die Kommunikation auf drei Abstraktionsebenen: der Syntaktik, der Semantik und der Pragmatik. Die Syntaktik (Satzlehre) umfaßt die Erforschung von Zeichen und deren Beziehungen untereinander, sie abstrahiert von den persönlich-psychologischen Faktoren des Kommunikationsprozesses und von der Bedeutung von Zeichen im Hinblick auf bestimmte Bezugsobjekte (Designata). Sie „... befaßt sich ausschließlich mit den Zeichen; sie behandelt die Sprache als Kalkül [28, S. 263]." Die Semantik (Bedeutungslehre) baut auf der Syntaktik auf und untersucht den Zusammenhang zwischen den Zeichen und deren Designata. Die Pragmatik schließlich baut auf Syntaktik und Semantik auf und betrachtet die Beziehungen der Zeichen zu ihren Benutzern. Sie „... ist die allgemeinste, umfassendste Stufe der Untersuchung, sie berücksichtigt sämtliche persönlich-psychologischen Faktoren, die ein Kommunikationsereignis von einem anderen unterscheiden, Fragen der jeweiligen Absicht, der praktischen Ergebnisse und des Wertes für die Benutzer der Zeichen [28, S. 263]."

Unter Bezugnahme auf die semiotische Terminologie sollen die einzelnen Objekte der Kommunikation, beginnend von innen nach außen (Abbildung 52), näher bestimmt werden, um schärfere Konturen des Informationsbegriffes zu gewinnen.

Das Signal ist die physikalische Erscheinungsform der Nachricht (einer Mitteilung, Äußerung) [28, S. 372; 40, S. 39 ff.; 164, S. 32], die sich aus einzelnen Zeichen zusammensetzt. Typisch sind z. B. akustische Signale (wie Töne, Sprache), optische Signale (z. B. Rauchzeichen, Schriftzeichen), elektrische Ströme oder auch die Reize in Nervensystemen. Das einzelne Signal entsteht durch Transformation eines Zeichens oder einer Menge von Zeichen in physikalische Größen, ist also der technisch-physikalischen Ebene zuzuordnen und gehört in den Bereich der Syntaktik.

Unter Zeichen sollen die Elemente einer endlichen Zeichenmenge verstanden werden. Sie sind ein Allgemeinbegriff und kein physikalisches Ereignis

(z. B. die Zeichen in einem Alphabet, Wörterbuch etc.) [28, S. 374]. In der Datenverarbeitung sind Zeichen die kleinsten Einheiten von Daten z. B. binäre Zeichen, numerische Zeichen, Alphazeichen und Sonderzeichen) [118, S. 561].

Daten sind nach den Regeln der Syntax miteinander verknüpfte Zeichen und Symbole zur Abbildung von Realitäten. Verknüpft man Daten nach syntaktischen Regeln zu sinnvollen Aussagen, dann entstehen Sätze [185, S. 14]. Damit befinden wir uns bereits in der Ebene der Semantik, wo den (verknüpften) Zeichen und Symbolen eine Bedeutung (Sinn, sachlicher Bezug, Designatum) zugeordnet wird.

Konsequenterweise werden die Nachrichten als von einem Sender an einen Empfänger übertragene Sätze bezeichnet, die Nachricht schließt also die raumzeitliche Übermittlung ein [185, S. 15]. Oder allgemein: die Nachricht ist eine geordnete Auswahl von Zeichen aus einem vereinbarten Zeichenvorrat zur Bildung einer Information [28, S. 372]. Im Mittelpunkt der Semantik steht also die Zuordnung von Zeichen und Symbolen zu einem Sachverhalt (Referendum, Designatum), worin dann die Bedeutung dieser Zeichen und Symbole begründet wird. Dies kommt auch in der Aussage zum Ausdruck, die Nachricht sei der Denkinhalt einer Zeichenreihe, die in natürlicher oder künstlicher Sprache codiert ist [40, S. 46]. Sätze, Daten, Zeichen und Symbole sind also nur Subsysteme bzw. Elemente der Nachricht und entsprechen ihrem semantischen Gehalt dem Abbild einer Realität.

Zur näheren Bestimmung der Information sind zwei Anmerkungen nötig. Die Information wurde als „zweckorientiertes Wissen" definiert. „Dabei ist nicht nur Wissen mit Gewißheitscharakter, sondern auch ‚wahrscheinliches Wissen' in den Informationsbegriff einzubeziehen [84, S. 24]." Beide Ausprägungen des Informationsbegriffes werden für die Behandlung von Entscheidungsproblemen benötigt [201, S. 17]. Dies scheint angebracht, da gerade in der Planung, bei der es um die naturgemäß ungewisse und unsichere Zukunft geht, die Information auch als wahrscheinliches Wissen verstanden werden muß. Hier geht es weniger um den Grad der Gewißheit, sondern vielmehr um die Bewußtseinslage des Senders, der diese dem Empfänger übermitteln möchte. Eine zweite Anmerkung betrifft die Zweckbezogenheit. Dieses Attribut betont den pragmatischen Charakter der Information, womit im Gegensatz zur klassischen Informationstheorie der subjektive Wert einer Information für den Benutzer betont wird. Die klassische Informationstheorie betrachtet lediglich den statistisch meßbaren Informationsgehalt (z. B. mit Hilfe der Shannon-Formel), das ist „. . . die theoretische untere Grenze der im Mittel zur eindeutigen Codierung erforderlichen Zeichenmenge . . .[164, S. 34]."

Diese Terminologie reicht nicht aus, um die informationellen Probleme in sozialen und soziotechnischen Systemen zu behandeln. Die Pragmatik schließt die Lücke, indem sie sich vornehmlich der psychologischen Faktoren der Informationsverarbeitung annimmt. Dabei werden der Wert der Information, deren subjektive Bedeutung und das durch sie induzierte Verhalten untersucht [40, S. 47, 49]. Die Zweckbezogenheit als spezifisches Attribut der Information muß jedoch in Zweifel gezogen werden, wenn man davon ausgeht, daß diese keine der Information immanente Eigenschaft ist: Sie wird der Information erst vom jeweiligen Empfänger zugeordnet [40, S. 50], hängt also von dessen spezifischem Verhalten ab. Das wird auch bei einer mehr betriebswirtschaftlich orientierten Betrachtungsweise ersichtlich. Wahl bezeichnet Informationen als „... die Teile von Nachrichten, die für den Empfänger einen Neuigkeitswert besitzen und ihn zur Erfüllung von Aufgaben besser befähigen [185, S. 15].“ Diese Orientierung entspringt der allgemeinen Zweckbezogenheit unternehmerischen Tuns und ist der Ausdruck für eine gewollte, also bewußt oder unbewußt herbeigeführte Verhaltensänderung. Diese wird durch Abgabe und Aufnahme von Information (den Prozeß des Informierens) bewirkt. Also erst das ökonomische Prinzip oder auch ein persönliches Bedürfnis generiert eine Art Zweckbezogenheit der Information. Eine Einschränkung der Betrachtung der Information auf allen drei semiotischen Ebenen sollte deshalb nicht erfolgen [40, S. 51].

Aus der hier vorgetragenen Abgrenzung zwischen den verschiedenen semiotischen Ebenen kann geschlossen werden, daß es für das Zustandekommen einer Information beim Empfänger nicht genügt, daß dieser eine Nachricht aufnimmt, sondern daß er auch die Bedeutung in pragmatischer Sicht versteht und erkennt. Fuchs bringt dies auf eine einfache Formel, wenn er die Nachrichten als Symbole für Informationen, deren Bedeutung gelernt werden muß, bezeichnet [51, S. 83]. Informationen entstehen also, wenn Nachrichten vom Empfänger aufgenommen und in ihrem pragmatischen Gehalt verstanden werden. Dabei ist der Tatbestand der Information aus der Sicht von Sender und Empfänger unterschiedlich zu beurteilen. Aus der Sicht des Senders ist Information das, was er gemeint hat und aus der Sicht des Empfängers das, was dieser verstanden zu haben glaubt. Dies ist auf die unterschiedliche Situation von Sender und Empfänger und auch deren individuelles Verhaltensrepertoire zurückzuführen. Diese Feststellung ist von grundlegender Bedeutung für das Verständnis der Probleme in Kommunikations- und Informationsprozessen.

Nachwort

Die Unternehmung – ein evolutionäres Wirkungsgefüge oder: Über Systeme

Die Auseinandersetzung mit Problemen der Führung und Kooperation in Unternehmungen erfordert das Denken in Zusammenhängen in einer Art und Weise, die wir heute noch nicht beherrschen – ja, die ein einzelner vielleicht gar nicht beherrschen kann. Das vorliegende Buch von P. M. Lembke stellt einen Versuch dar, die angesprochenen Probleme des Produktmanagements im Wirkungszusammenhang verstehen zu lernen. Die darin enthaltenen Gedanken entspringen einer intensiven Auseinandersetzung mit Problemen der täglichen Praxis und haben es verdient, im Systemzusammenhang der Unternehmung und ihrer Umwelt verstanden zu werden. Dieses Nachwort möchte (auch im Sinne des Verfassers) als Mit-Wort verstanden werden, um einerseits die Absicht dieser Arbeit zu verstärken und um andererseits zum Mit-Denken (wozu wir hiermit herzlich einladen möchten) zu verführen.

Gefüge

Mehrere Jahrzehnte permanenter Wechselwirkung zwischen Mitarbeitern verschiedener Funktionsbereiche wie Entwicklung, Fertigung, Prüfung, Vertrieb, Kaufmannschaft, in einem nachrichtentechnischen Unternehmen, mit wachsender Komplexität nachrichtentechnischer Geräte und schnellen strukturellen Veränderungen durch die Miniaturisierung, durch den Übergang von Mechanik auf Elektronik, von Analogtechnik auf Digitaltechnik und den sich damit ebenso schnell ändernden Arbeitsmethoden und -mitteln usw., haben uns gelehrt, *Systeme* so zu verstehen:

> *Systeme* sind *Wirkungsgefüge* von *Subsystemen,*
> und
> *Systeme* sind *Subsysteme* von *Hypersystemen.*

Damit reicht jede *System*-Struktur in die Tiefen des subatomaren Bereiches und über die *Systeme Atom – Molekül* – usw. bis in die grenzenlosen Weiten des hypergalaktischen Weltalls. Die *System*-Struktur ist unendlich vielschichtig. Dies erzwingt bei der Betrachtung einzelner *Systeme* notwendig eine Beschränkung nach „innen" und nach „außen", also auf einen Ausschnitt der Gesamtheit, was uns nicht verleiten sollte, *Systeme* für „geschlossene" Gefüge zu halten – denken wir beispielsweise an die Umwelteinflüsse technischer *Systeme*, sprich *Produkte*.

In der jeweiligen Beschränkung könnten wir z. B. von
biologischen Systemen reden, wie
– *Organell – Zelle – Organ – Tier – Ökologie* –
oder von
technischen *Systemen* der Nachrichtentechnik, wie
– *Bauelement – Baugruppe – Gerät – Anlage – Netz* –
oder, wie P. M. Lembke in seiner Arbeit, von
ökonomischen *Systemen*, nämlich vom *Unternehmen* mit seinen *Subsystemen* und seiner Einbettung in den *Markt*.

Wirkung

Die Gefüge-Struktur reicht zur *System*-Beschreibung nicht aus. Zum *Wirkungsgefüge* gehört die prozessuale Komponente. Es geschieht also etwas im *System*, durch das *System* und mit dem *System*, indem es aus seiner *Umwelt* und für seine *Umwelt* „lebt", funktioniert, indem es wirkt. Nur in seinen Wirkungen erkennen wir das *System*. Deshalb sagen wir:

> *Systeme* zeigen sich uns als *Wirkungsgefüge* der drei Entitäten der Natur, nämlich in Materie, Energie, Information,
> und
> die Grundfunktion eines *Systems* ist die Überführung von Materie, Energie und Information von einem Zustand 1 in einen Zustand 2.

Wie aus drei Beispielen technischer *Systeme* hervorgeht, kann bei der Zustandsüberführung eine Entität Priorität haben, ohne aber dabei auf die „unerwünschten" Entitäten verzichten zu können:

> *Auto:*
> Es soll Materie von einem Ort 1 in einer bestimmten Zeit zu einem Ort 2 transportieren; das geht nicht ohne Energie und Information.
>
> *Elektromotor:*
> Er soll elektrische Energie in mechanische Energie umwandeln; das geht nicht ohne Materie und Information.

Nachrichtengerät:
Es soll Informationen des Zustandes 1 in solche des Zustandes 2 überführen – z. B. Daten transportieren, verarbeiten, speichern usw.; das geht nicht ohne Materie und Energie.

Am technisch effektivsten arbeitet dabei dasjenige *Produkt,* das die gewünschte Funktion mit einem Minimum an „unerwünschten" Entitäten realisiert.

Der *Mikroprozessor* ist dafür ein repräsentatives Beispiel eines *Produktes* der dritten Art, bei dem der gewünschte Informationstransfer durch Hochintegration und Miniaturisierung mit einem Minimum an Materie und Energie erreicht wird.

Beim biologischen *System Gehirn* ist eine noch wesentlich höhere Effizienz erreicht.

Evolution

Wir meinen, *Systemen* erst dann „ganz gerecht" zu werden, wenn wir noch sagen:

Die Geschichte der *Systeme* ist eine evolutionäre Geschichte,

die sich uns in folgerichtigen Entwicklungsschritten darstellt, aber nicht notwendig „zielgerichtet" sein muß. Es ist eine Geschichte permanenter Anpassungsprozesse, deren einzig erkennbares „Ziel" vielleicht das „Überleben" auf Zeit ist.

Auch der *Mensch* hat seine Geschichte, die, so sagt man, sich dann vom *Tier* zu unterscheiden begann, als er anfing, eigene *Werkzeuge* zu formen, um besser überleben zu können; allgemein gesprochen, als er anfing, τέχνη (Technik = Kunst, handwerkliche Fähigkeit, Einsicht . . .) zu betreiben.

An diesem Beginn war der Unterschied zum *Tier* so klein wie der Unterschied eigengeformter *Werkzeuge* zu anderen „natürlichen" *Dingen* bzw. so klein, wie die τέχνη noch klein war. *Mensch* und τέχνη sind untrennbar miteinander verbunden, sie stehen in engster, unauflösbarer Wechselwirkung zueinander, sie bilden zusammen das *Mensch*-τέχνη-*System,* das in einem gewaltigen Evolutionprozeß zu demjenigen *Mensch-Technik-System* geworden ist, das heute die *Erde* umspannt und begonnen hat, über sie hinauszugreifen. Unser Leben ist restlos durchdrungen von der Technik, das gilt beispielsweise sowohl für den *Haushalt* als *Subsystem* des *Mensch-Technik-Systems* als auch für ein nachrichtentechnisches *Unternehmen.*

Unternehmen = evolutionäres Wirkungsgefüge

Wir stellten fest, daß *Produkte* technisch dann am effektivsten sind, wenn sie die gewünschte Grundfunktion mit einem Minimum der „unerwünschten" Entitäten erfüllen. Der *Mikroprozessor* war dafür ein charakteristisches Beispiel. Ein solches *Produkt* muß aber noch lange nicht das wirtschaftlich effektivste sein. Derartige Produkte können aber wirtschaftlich effektiver werden, und zwar in dem Maße, in dem es gelingt, die Arbeitssysteme (Arbeitsmittel, Arbeitsverfahren, Organisation) in *Entwicklung, Fertigung* und *Prüfung* rechtzeitig und optimal an dieses *Produkt* anzupassen.

Damit ist gesagt, daß jeder *Produkt*-Fortschritt aus *Markt*-Gründen einem evolutionären Druck auf das *Unternehmen* und seine Arbeitssysteme ausübt und es verändert. Dieser evolutionäre Druck reicht in alle Tiefen des *Unternehmens,* denn Arbeitssysteme lassen sich z. B. nur ändern, wenn sich Wissen und Verhalten der *Mitarbeiter* entsprechend ändern. Wie aber sollen sich die *Mitarbeiter* und die *Subsysteme Entwicklung, Fertigung, Prüfung* ändern, wenn andere, diese stark beeinflussende *Subsysteme* wie z. B. die *Kaufmannschaft* an relativ starre *Gesetzessysteme* oder wenn das *Personalwesen* an relativ starre *Wertsysteme* (*Ober* sticht *Unter*) gebunden sind, sich also nicht entsprechend ändern – können?

P. M. Lembke kennt diese Probleme aus der Praxis, er kennt die *produkt*-bedingten, die verhaltens-bedingten und *organisations*-bedingten Fehlanpassungen mit allen daraus resultierenden Konflikten. Er weiß, daß es das optimale *Unternehmen* nicht gibt, sondern nur das bessere. Um dieses geht es ihm in seiner Arbeit, in der er bessere Arbeits-, Organisations- und Verhaltens-Strukturen sucht, die mithelfen sollen, unnötige Konflikte zu vermeiden, die notwendigen Konflikte – im Sinne zeitweiliger Optimierung – besser organisiert austragen zu können, die insgesamt ein »besseres Überleben" des *Unternehmens* im evolutionären Wechselspiel der Kräfte sichern sollen. P. M. Lembke geht es dabei nicht um das *Unternehmen* oder um das *Produkt* als Selbstzweck, sondern beide sollen Entfaltungsraum des *Menschen* sein und für andere *Menschen* schaffen helfen. Auch aus diesem Grunde kann dieses Buch nicht nur Unternehmern, Planern und Organisatoren, sondern auch Studenten empfohlen werden, damit diese sich einen kleinen Einblick in die Wirklichkeit wirtschaftlichen Handelns verschaffen können.

Riederau a. Ammersee, im September 1980 *Albert Kürzl*

Zeitschriften-Abkürzungsverzeichnis
(incl. Sammelwerke)

BFuP	Betriebswirtschaftliche Forschung und Praxis
BTA	Bürotechnik und Automatisation, später bürotechnik
DBw	Der Betriebswirt
HBR	Harward Business Review
HWO	Handwörterbuch der Organisation
IO	Industrielle Organisation
KRP	Kostenrechnungs-Praxis
LRP	Long Range Planning
N. B.	Neue Betriebswirtschaft
WiSt	Wirtschaftswissenschaftliches Studium
ZfB	Zeitschrift für Betriebswirtschaft
ZfD	Zeitschrift für Datenverarbeitung
ZfbF	Zeitschrift für betriebswirtschaftliche Forschung (N. F. der ZfhF)
ZfhF	Zeitschrift für handelswissenschaftliche Forschung
ZfürO	Zeitschrift für Organisation
ZO	

Allgemeines Abkürzungsverzeichnis

Abschl.	Abschluß
AE	Auftragseingang
AV	Allgemeine Verwaltung
BAP	Bereichsabgabepreis
CPS	Computergestütztes Planungssystem
DGK	Dienststellengemeinkosten
DV	Datenverarbeitung
EA	Entwicklungsantrag
EDV	Elektronische Datenverarbeitung
EDVA	Elektronische Datenverarbeitungsanlage
EKP	Entwicklungskostenplan(ung)
EKT	Entwicklungskosten- und Terminplan(ung)
FuE	Forschung und Entwicklung
GB	Geschäftsbereich
GF	Geschäftsfeld

GG	Geschäftsgebiet
GZ	Geschäftszweig
HK	Herstellkosten
K	Kaufmännische Verwaltung
KGK	Kontengemeinkosten
KU	Kapitalumschlag
KuI	Kommunikation und Information
LG	Landesgesellschaft
MW	Materialwirtschaft
OR	Operations Research
PAG	Produktarbeitsgruppe
PK	Produktkommission
PV	Preisveränderung
RIK	Rentabilität des investierten Kapitals
SEK	Sondereinzelkosten
SGE	Strategische Geschäftseinheiten
TKP	Termin- und Kapazitätsplan(ung)
TPP	Technische(r) Produktplan(ung)
UB	Unternehmensbereich
UR	Umsatzrendite
V	Vertrieb
VGK	Vertriebsgemeinkosten
Vorr. Ist	Voraussichtliches Ist
VPP	Vertriebliche(r) Produktplan(ung)
WIPLA	Wirtschaftsplan(ung)
WPP	Wirtschaftliche(r) Produktplan(ung)
WVP	Wirtschaftliche(r) Vertriebsprojektplan(ung)
ZN	Zweigniederlassung

Verzeichnis der Abbildungen und Tabellen

Abbildungen

Tabellen

Literaturverzeichnis

1. Bücher (incl. Dissertationen und selbständige Schriften)

[1] Ackoff, R. L. u. F. E. Emery: Zielbewußte Systeme. Frankfurt und New York 1975.

[2] Ackhoff, R. L.: Unternehmensplanung. Ziele und Strategien rationeller Unternehmensführung. München 1972.

[3] Agthe, K.: Strategie und Wachstum der Unternehmung. Baden-Baden und Bad Homburg vor der Höhe 1972.

[4] Allen, L. A.: Management und Organisation. Gütersloh o. J., Originalausgabe: Management and Organization. New York, Toronto, London 1958.

[5] Ansoff, H. I.: Corporate Strategy. New York, San Francisco, Tronto, London, Sidney 1965. Deutsche Übersetzung: Management-Strategie. München 1966.

[6] Arbeitshilfen zur systematischen Produktplanung. Hrsg. VDI. Düsseldorf 1978.

[7] Archibald, R. D. u. R. L. Villoria,: Network-Based Management Systems (PERT–CPM). New York, London, Sidney 1967.

[8] Argyris, C.: Integrating the Individual and the Organization. New York und London 1964.

[9] Arrow, Kenneth J.: Wo Organisation endet. Wiesbaden 1979.

[10] Beer, S.: Kybernetik und Management. 4. Aufl. Frankfurt a. M. 1967.

[11] Bendixen, P. u. H. W. Kemmler: Planung, Organisation und Methodik innovatorischer Entscheidungsprozesse. Berlin und New York 1972.

[12] Berthel, J., u. D. Moews: Information und Planung in der industriellen Unternehmung. Berlin 1970.

[13] Bidlingmaier, J.: Unternehmerziele und Unternehmensstrategien. 2. Aufl. Wiesbaden 1973.

[14] Bischof, P.: Produktlebenszyklen im Investitionsgüterbereich. Göttingen 1976.

[15] Blake, R. R. u. J. S. Mouton: Verhaltenspsychologie im Betrieb. Düsseldorf und Wien 1964.

[16] Blake, S. P.: Forschung, Entwicklung und Management. München 1969.

[17] Bleicher, K.: Entscheidungsprozesse an Unternehmungsspielen. Band I. Baden-Baden und Bad Homburg vor der Höhe 1969.

[18] Bleicher, K.: Perspektiven für Organisation und Führung von Unternehmungen. Baden-Baden und Bad Homburg vor der Höhe 1971.

[19] Bleicher, K.: Unternehmensentwicklung und organisatorische Gestaltung. Stuttgart 1978.

[20] Bleicher, K.: Zentralisierung und Dezentralisierung von Aufgaben in der Organisation der Unternehmungen. Berlin 1966.

[21] Bleicher, K. u. E. Meyer: Führung in der Unternehmung – Formen und Modelle. Reinbek 1976.

[22] Booz, Allen & Hamilton: Management of New Products. New York 1968.

[23] Brankamp, K.: Planung und Entwicklung neuer Produkte. Berlin 1971.

[24] Brockhoff, K.: Forschungsplanung im Unternehmen. Wiesbaden 1969.

[25] Brockhoff, K.: Prognoseverfahren für die Unternehmensplanung. Wiesbaden 1977.

[26] Brockhoff, K.: Unternehmensforschung. Berlin und New York 1973.

[27] Buckingham, W.: Automation und Gesellschaft. Frankfurt a. M. 1963.

[28] Cherry, C.: Kommunikationsforschung – eine neue Wissenschaft. 2. Aufl. Hamburg 1967.

[29] Chmielewicz, K.: Betriebliches Rechnungswesen. Band 2: Erfolgsrechnung. Reinbek 1973.

[30] Chmielewicz, K.: Grundlagen der industriellen Produktgestaltung. Berlin 1968.

[31] Chorafas, D.: Management Planning. Düsseldorf 1973.

[32] Churchman, C. W.: Einführung in die Systemanalyse. 2. Aufl. München 1971.

[33] Churchman, C. W., Ackhoff, R. L. u. E. L. Arnoff: Operations Research. 5. Aufl. München und Wien 1971.

[34] Cleland, D. I. u. W. R. King: Systems Analysis and Project Management. New York, St. Louis, San Francisco, Tronto, London, Sidney 1968.

[35] Computergestützte Unternehmensplanung – Computer Assisted Corporate Planning. Hrsg. v. H. D. Plötzeneder. Stuttgart 1977.

[36] Cyert, R. M. u. J. G. March: A Behavioral Theory of the Firm. Englewood Cliffs, N. J. 1963.

[37] Demmer, K. H.: Aufgaben und Praxis der Wertanalyse. München 1969.

[38] Die Industrie im Zeichen der elektronischen Großintegration. Hrsg. Siemens AG. Berlin und München 1975.

[39] Dunst, K. H.: Portfolio Management. Berlin und New York 1979.

[40] Dworatschek, S.: Management-Informations-Systeme. Berlin und New York 1971.

[41] Dworatschek, S. u. H. Donike, Wirtschaftlichkeitsanalyse von Informationssystemen. Berlin und New York 1972.

[42] Ebersdobler, R., Heinemann, J. u. P. Mey: Entscheidungstabellentechnik. Berlin, Heidelberg, New York 1976.

[43] Eiff, W.: Organisationsentwicklung. Berlin 1979.

[44] Fayol, H.: Allgemeine und industrielle Verwaltung. München und Berlin 1929.

[45] Firnberg, D.: Computers, Management and Information. London 1973.

[46] Flechtner, H.-J.: Grundbegriffe der Kybernetik. 4. Aufl. Stuttgart 1969.

[47] Freibichler, H.: Praxis der Teamarbeit. Wiesbaden 1976.

[48] Freudenmann, H.: Planung neuer Produkte. Stuttgart 1965.

[49] Friese, W.: Ein System zur koordinierten Produktplanung in Unternehmen der Investitionsgüterindustrie. Diss. Aachen 1975.

[50] Frischmuth, G.: Daten als Grundlage für Investitionsentscheidungen. Berlin und New York 1969.

[51] Fuchs, W. R.: Leben unter fernen Sonnen? München und Zürich 1973.

[52] Gälweiler, A.: Unternehmensplanung. Frankfurt a. M. und New York 1974.

[53] Gaitanides, M.: Planungsmethodologie. Berlin 1979.

[54] Gallie, W. B.: Peirce and Pragmatism. Harmondsworth 1952.

[55] Gasser, Chr.: Unternehmensführung im Strukturwandel. 1. Aufl. Düsseldorf und Wien 1972.

[56] Gebert, D.: Organisation und Umwelt. Stuttgart 1978.

[57] Gerhardt, H. A.: Unternehmerisches Zielverhalten und marktorientierte Programmstrategie. Berlin und New York 1974.

[58] Gerlach, J. T. u. Ch. A. Wainwright: Successful Management of New Products. London 1970.

[59] Gewald, K., K. Kasper u. H. Schelle: Netzplantechnik. Bd. 2: Kapazitätsoptimierung. München und Wien 1972.

[60] Golas, Heinz G.: Der Mitarbeiter. Essen 1979.

[61] Gorle, P. u. J. Long: Taschenbuch der Produktplanung. Heidelberg 1974.

[62] Goslin, L. N.: The Product-Planning System. Homewood Ill. 1967.

[63] Grigo, H. J.: Produktplanung – Theorie und Praxis. Grafenau-Döffingen und Stuttgart 1973.

[64] Grochla, E.: Betriebliche Planung und Informationssysteme. Reinbek 1975.

[65] Grochla, E.: Unternehmungsorganisation. Reinbek 1972.

[66] Grochla, E. u. F. Meller: Datenverarbeitung in der Unternehmung – Grundlagen. Reinbek 1974.

[67] Gross, H. F.: Grundfragen des Management. Berlin und New York 1971.

[68] Grundsätze des Planungs- und Berichtssystems Siemens. Hrsg. Siemens AG. München 1973. (Nicht veröffentlicht).

[69] Gutenberg, E.: Einführung in die Betriebswirtschaftslehre. Wiesbaden 1958.

[70] Gutenberg, E.: Grundlagen der Betriebswirtschaftslehre. Bd. 1: Die Produktion. 20. Aufl. Berlin, Heidelberg, New York 1973.

[71] Gutenberg, E.: Grundlagen der Betriebswirtschaftslehre. Bd. 2: Der Absatz. 7. Aufl. Berlin, Göttingen, Heidelberg 1964.

[72] Gutenberg, E.: Unternehmensführung. Wiesbaden 1962.

[73] Häusler, J.: Planung als Zukunftsgestaltung. Wiesbaden 1970.

[74] Hahn, D.: Planung als Instrument der Unternehmensführung, in: Unternehmensführung auf neuen Wegen. Hrsg. v. R. W. Stöhr. Wiesbaden 1967. S. 191 ff.

[75] Hahn, D.: Planungs- und Kontrollrechnung – PuK. Wiesbaden 1974.

[76] Hake, B.: Die Suche und Auswahl neuer Produkte. 2. Aufl. München 1967.

[77] Hamann, F.: Ein System von Modellen zur Neuproduktplanung. Diss. Giessen 1974.

[78] Hansen, H. R.: Wirtschaftsinformatik. 2 Bde. Stuttgart 1978 und 1979.

[79] Hansen, H. R. u. A. Thabor: Marketing-Modelle. Berlin und New York 1973.

[80] Hanssmann, F.: Einführung in die Systemforschung. München 1978.
[81] Hartmann, B.: Organisationssysteme der betriebswirtschaftlichen elektronischen Datenverarbeitung. Freiburg i. Br. 1971.
[82] Hax, H.: Entscheidungsmodelle in der Unternehmung / Einführung in Operations Research. Reinbek 1974.
[83] Heinen, E.: Betriebswirtschaftliche Kostenlehre. Bd. I. Begriff und Theorie der Kosten. 2. Aufl. Wiesbaden 1965.
[84] Heinen, E.: Das Zielsystem der Unternehmung. Wiesbaden 1966.
[85] Heinen, E.: Grundfragen der entscheidungsorientierten Betriebswirtschaftslehre. Wiesbaden 1976.
[86] Heinen, E.: Industriebetriebslehre. 4. Aufl. Wiesbaden 1975.
[87] Hellmich, R.: Entwicklung eines Planungssystems für Unternehmungen. Winterthur 1970.
[88] Henderson, B. D.: Die Erfahrungskurve in der Unternehmensstrategie. Frankfurt und New York 1974.
[89] Hilton, P. u. A. von Ungern-Sternberg: Einführung neuer Produkte. Heidelberg 1969.
[90] Hinterhuber, H. H.: Strategische Unternehmungsführung. Berlin und New York 1977.
[91] Hoffmann, F.: Entwicklung der Organisationsforschung. 2. Aufl. Wiesbaden 1975.
[92] Hoffmann, M. J. A.: Betriebliche Informationswirtschaft und Datenverarbeitungsorganisation. Berlin und New York 1976.
[93] Hofstätter, R.: Gruppendynamik. Hamburg 1957. Neuauflage 1971.
[94] Humane Personal- und Organisationsentwicklung. Hrsg. v. Rolf Wunderer. Berlin und München 1979.
[95] Jungk, R.: Der Jahrtausend-Mensch. München, Gütersloh, Wien 1973.
[96] Kalscheuer, H. D.: Die betriebliche Planung und Kontrolle mit elektronischer Datenverarbeitung. Berlin und New York 1973.
[97] Kalscheuer, H. D. u. P. J. Gsell: Integrierte Datenverarbeitungssysteme für die Unternehmensführung. 3. Aufl. Berlin und New York 1972.
[98] Kappler, E.: Systementwicklung. Wiesbaden 1972.
[99] Kehrmann, H.: Die Entwicklung von Produktstrategien – Eine Methode zur Ideenfindung und -bewertung auf der Grundlage des Unternehmenspotentials. Diss. TH. Aachen 1972.
[100] Kern, W.: Operations Research. Stuttgart 1964.
[101] Kirsch, W.: Entscheidungsprozesse. Bd. I: Verhaltenswissenschaftliche Ansätze der Entscheidungstheorie; Bd. II: Informationsverarbeitungstheorie des Entscheidungsverhaltens; Bd. III: Entscheidungen in Organisationen. Wiesbaden 1970/71.
[102] Kirsch, W., Bamberger, I., Gebele, E. u. H. K. Klein: Betriebswirtschaftliche Logistik. Wiesbaden 1973.
[103] Kiwitz, H.: Produktplanung. München und Wien 1974.

[104] Koch, H.: Aufbau der Unternehmensplanung. Wiesbaden 1977.

[105] Koestler, A.: Der Mensch – Irrläufer der Evolution. 2. Aufl. Bern und München 1978. Titel der Originalausgabe: Janus. A summing up. London o. J.

[106] Koreimann, D. S.: Methoden der Informationsbedarfsanalyse. Berlin und New York 1976.

[107] Koreimann, D. S.: Methoden und Organisation von Management-Informations-Systemen. Berlin und New York 1971.

[108] Koreimann, D. S.: Systemanalyse. Berlin und New York 1972.

[109] Kosiol, E.: Die Unternehmung als wirtschaftliches Aktionszentrum. Reinbek 1966.

[110] Kosiol, E.: Organisation der Unternehmung. Wiesbaden 1962.

[111] Kourim, G.: Wertanalyse; Grundlagen, Methoden, Anwendungen. München und Wien 1968.

[112] Kramer, F. u. H. G. Appelt: Die neuen Techniken der Produktinnovation. München 1974.

[113] Kreußlein, G.: Modelle zur Bestimmung der Gewinnerwartung im Rahmen der Neuproduktplanung. Berlin 1971.

[114] Krüger, W.: Macht in der Unternehmung. Stuttgart 1976.

[115] Laux, H.: Der Einsatz von Entscheidungsgremien. Berlin, Heidelberg, New York 1979.

[116] Laux, H.: Grundfragen der Organisation. Berlin, Heidelberg, New York 1979.

[117] Lewandowski, R.: Prognose- und Informationssysteme und ihre Anwendungen. 2 Bde. Berlin und New York 1974 und 1980.

[118] Lexikon der Datenverarbeitung. Hrsg. v. P. Müller. München 1969.

[119] Lievegoed, B. C. J.: Organisationen im Wandel. Bern und Stuttgart 1974.

[120] Likert, R.: Die integrierte Führungs- und Organisationsstruktur. Frankfurt a.M. und New York 1975.

[121] Likert, R.: Neue Ansätze der Unternehmensführung. Bern und Stuttgart 1972.

[122] Lindemann, P.: Unternehmensführung und Wirtschaftskybernetik. Neuwied und Berlin 1970.

[123] Lochstampfer, P.: Systemorientierte Betriebsorganisation. München 1974.

[124] Lorsch, J. W.: Product Innovation and Organization. New York und London 1965.

[125] Luhmann, N.: Zweckbegriff und Systemrationalität. Tübingen 1968.

[126] Management-Informationssysteme. Hrsg. v. E. Grochla. u. N. Szyperski. Wiesbaden 1972.

[127] March, J. G. u. H. A. Simon: Organizations. 3. Aufl. New York und London 1961.

[128] Marr, R.: Innovation und Kreativität. Wiesbaden 1973.

[129] Maslow, A. H.: Motivation and Personality. New York 1954.

[130] Mayo, E.: The Human Problems of an Industrial Civilization. 2. Aufl. Boston 1953.

[131] McGregor, D.: Der Mensch im Unternehmen. 3. Aufl. Düsseldorf und Wien 1973.

[132] Mellerowicz, K.: Forschungs- und Entwicklungstätigkeit als betriebswirtschaftliches Problem. Freiburg i. Br. 1958.
[133] Meyers großes Handlexikon. Hrsg. v. Bibliographischen Institut. 11. Aufl. Mannheim, Wien, Zürich 1972.
[134] Michael, M.: Produktideen und „Ideenproduktion". Wiesbaden 1973.
[135] Modell- und computergestützte Unternehmungsplanung. Hrsg. v. E. Grochla und N. Szyperski. Wiesbaden 1973.
[136] Müller-Merbach, H.: Operations Research. 2. Aufl. München 1971.
[137] Nagtegaal, H.: Wie überlebt mein Unternehmen? Wiesbaden 1977.
[138] v. Neumann, J. u. O. Morgenstern: Spieltheorie und wirtschaftliches Verhalten. Würzburg 1961.
[139] Organisation als System. Hrsg. v. Knut Bleicher. Wiesbaden 1972.
[140] Organisationsplanung. Hrsg. Siemens AG. Berlin und München 1974.
[141] Pedell, K. L.: Elektronische Informationsverarbeitung und Fertigungssteuerung. München und Wien 1965.
[142] Pfohl, Hans-Chr.: Problemorientierte Entscheidungsfindung in Organisationen. Berlin und New York 1977.
[143] Produktplanung. Hrsg. Siemens AG. München 1971 und 1974 (nicht veröffentlicht).
[144] Rivett, B. H. P.: Model Buildings for Decision Analysis. Baffin Lane, Chichester, Sussex 1980.
[145] Röpke, J.: Die Strategie der Innovation. Tübingen 1977.
[146] Rösner, H. J.: Produkt – Manager. Berlin und New York 1979.
[147] Roethlisberger, F. J., u. W. Dickson: Management and the Worker. Cambridge, Mass. 1950.
[148] Rothschild, W. E.: Putting it all together. New York 1976.
[149] Ruge, F.: Politik und Strategie. Frankfurt a. M. 1967.
[150] Salcher, E. F.: Psychologische Marktforschung. Berlin und New York 1978.
[151] Sammlung von OR-Verfahren. Sonderdruck der OR-Praxis der Mitteilungen der Arbeitsgemeinschaft für Unternehmensforschung (AGUFO). Hrsg. Siemens AG. München 1976 (nicht veröffentlicht).
[152] Schauenberg, B.: Zur Logik kollektiver Entscheidungen. Wiesbaden 1978.
[153] Schein, Edgar H.: Die Psychologie der Organisation. Wiesbaden 1979.
[154] Schiller, W.: Der Einfluß der Technologie auf die Organisation industrieller Unternehmungen. Bern und Stuttgart 1973.
[155] Schmidt, G.: Produkt-Innovation und Organisation. Diss. Giessen 1969.
[156] Schmitt-Grohé, J.: Produktinnovation. Wiesbaden 1972.
[157] Schnelle, E.: Entscheidungen im Management. Wege zur Lösung komplexer Aufgaben in großen Organisationen. Quickborn 1966.
[158] Schwetlick, W.: Forschung und Entwicklung in der Organisation industrieller Unternehmen. Berlin 1973.
[159] Siegwart, H.: Produktentwicklung in der industriellen Unternehmung. Bern und Stuttgart 1974.

[160] Simon, H. A.: Administrative Behavior. 2. Aufl. New York 1961.
[161] Simon, H. A.: The New Science of Management Decision. New York 1960.
[162] Sommer, W.: Handbuch für Systemorganisation. Berlin und New York 1971.
[163] Steinbuch, K.: Automat und Mensch. 4. Aufl. Berlin, Heidelberg, New York 1971.
[164] Steinbuch, K.: Die informierte Gesellschaft. Stuttgart 1966 und Reinbek 1968.
[165] Steinbuch, K.: Mensch, Technik, Zukunft. Reinbek 1973.
[166] Steiner, G. A.: Top Management Planung. München 1971.
[167] Strategic Planning Systems. Hrsg. v. P. Lorange u. R. F. Vancil. Englewood Cliffs N. J. 1977.
[168] Strebel, H.: Die Bedeutung von Forschung und Entwicklung für das Wachstum industrieller Unternehmungen. Berlin 1968.
[169] Surböck, E. K.: Management von EDV-Projekten. Berlin und New York 1978.
[170] Systematische Produktplanung – ein Mittel zur Unternehmenssicherung. Hrsg. VDI. Düsseldorf 1976.
[171] Taylor, F. W.: Scientific Management. New York und London 1947.
[172] Thom, N.: Zur Effizienz betrieblicher Innovationsprozesse. Diss. Köln 1976.
[173] Thumb, N.: Grundlagen und Praxis der Netzplantechnik. 2. Aufl. München 1969.
[174] Ulrich, H.: Die Unternehmung als produktives soziales System. 2. Aufl. Bern und Stuttgart 1970.
[175] Unternehmensplanung. Hrsg. v. K. Agthe u. E. Schnaufer. Baden-Baden 1963.
[176] Unternehmensplanung. Hrsg. v. Hans Ulrich. Wiesbaden 1975.
[177] Unternehmensplanung. Hrsg. von Zentralverband der elektronischen Industrie e. V. (ZVEI). Frankfurt a. M. 1974.
[178] Unternehmensplanung in Fällen. Hrsg. v. Wilfried Eiff. München 1979.
[179] Unternehmenstheorie und Unternehmensplanung. Festschrift für Helmut Koch. Hrsg. v. Winfried Mellwig, Alfred Kuhn, Dirk Standop und Wilhelm Strobel. Wiesbaden 1979.
[180] Unternehmungsplanung. Hrsg. v. Jürgen Wild. Reinbek 1975.
[181] Vester, F.: Das kybernetische Zeitalter. Frankfurt a. M. 1974.
[182] Vester, F.: Denken, Lernen, Vergessen. Stuttgart 1975.
[183] Volkmann, H.: Innovation – Pränovation. (Arbeitstitel). Beiträge zur Theorie und Praxis einer permanenten Herausforderung. Diss. München 1980 (erscheint demnächst).
[184] Wagner, A. P.: Der Schlüssel zum erfolgreichen Produkt. Wien 1974.
[185] Wahl, M. P.: Grundlagen eines Management-Informationssystems. Neuwied und Berlin 1970.
[186] Wedekind, H.: Systemanalyse. München 1973.
[187] Weihe, H. J.: Unternehmensplanung und Gesellschaft. Berlin und New York 1976.
[188] Weizenbaum, J.: Die Macht der Computer und die Ohnmacht der Vernunft. 1. Aufl. Frankfurt a. M. 1977.

[189] Wendt, Klaus-G.: Informationsbedarf für industrielles Management. Berlin und New York 1974.
[190] Wertanalyse-Handbuch. 2. Aufl. Hrsg. Siemens AG. München 1971.
[191] Wheelwright, S. C., S. Makridakis u. H. Reschke: Prognosetechniken in der Unternehmenspraxis. Wiesbaden 1979.
[192] Wiener, N.: Kybernetik. Düsseldorf und Wien 1963.
[193] Wieser, W.: Organismen, Strukturen, Maschinen. Frankfurt a. M. 1959.
[194] Wild, J.: Grundlagen der Unternehmungsplanung. Reinbek 1974.
[195] Wild, J.: Product Management. 2. Aufl. München 1973.
[196] Wille, H., Gewald, K. u. H. D. Weber: Netzplantechnik. Bd. 1: Zeitplanung. 3. Aufl. München und Wien 1972.
[197] Wilpert, B.: Führung in deutschen Unternehmen. Berlin und New York 1977.
[198] Witte, E.: Organisation für Innovationsentscheidungen. Göttingen 1973.
[199] Witte, E. u. Mitarbeiter: Das Informationsverhalten in Entscheidungsprozessen. Tübingen 1972.
[200] Wittek, B. F.: Strategische Unternehmensführung bei Diversifikation. Berlin und New York 1980.
[201] Wittmann, W.: Unternehmung und unvollkommene Information. Köln und Opladen 1959.
[202] Zimmermann, H.-J.: Einführung in die Grundlagen des Operations Research. München 1971.

2. *Beiträge und Aufsätze in Sammelwerken und Zeitschriften*

[203] o.V.: There's more to product planning than the generation of new ideas. In: Electronics (30. März 1970), S. 87–93.
[204] o. V.: Piercing future fog in the executive suite. In: Business Week (28. April 1975), S. 46–54.
[205] o. V.: AT&T goes back to school to learn how to sell. In: Business Week (11. 8. 75), S. 56–58.
[206] Abernathy, W. J. u. K. Wayne: Limits of the learning curve. In: HBR (September/Oktober 1974), S. 109–119.
[207] Agthe, K.: Aktuelle Probleme der Führungsorganisation internationaler Unternehmungen. In: ZfürO Heft 8 (1976), S. 434–442.
[208] Albach, H.: Entscheidungsprozeß und Informationsfluß in der Unternehmensorganisation. In: Organisation. Hrsg. von E. Schnaufer und K. Agthe. Berlin und Baden-Baden 1961, S. 355 ff.
[209] Alewell, K.: Die Kopplung des Systems Unternehmung mit dem Umsystem, dargestellt am Beispiel des Absatzsystems. In: ZfürO Heft 4 (1971), S. 178–188.
[210] Alewell, K., K. Bleicher u. D. Hahn: Anwendung des Systemkonzepts auf betriebswirtschaftliche Probleme. In: ZfürO Heft 4 (1971), S. 159–160.

[211] Andresen, G. A.: Product-Management. In: Management Enzyclopädie. Bd. IV. München 1969, S. 1201–1220.

[212] Ansoff, H. I.: Strategies for Diversification. In: HBR (September/October 1957), S. 113 ff.

[213] Arbeitskreis „Diversifizierung" der Schmalenbach-Gesellschaft (Hrsg.): Diversifizierungsprojekte. Betriebswirtschaftliche Probleme ihrer Planung, Organisation und Kontrolle. In: ZfbF Heft 5 (1973), S. 293–335.

[214] Arbeitskreis „Langfristige Unternehmensplanung" der Schmalenbach-Gesellschaft (Hrsg.): Strategische Planung. In: Sonderdruck der ZfbF (1977), S. 1–20.

[215] Arbeitskreis „Organisation international tätiger Unternehmen" der Schmalenbach-Gesellschaft: Organisation des Planungsprozesses in international tätigen Unternehmen. In: ZfbF Heft 1 (1979), S. 20–37.

[216] Arlt, J.: Systematische Produktbewertung – Vorbedingung einer optimalen Produktionsprogrammplanung. In: Industrial Engineering (1972), S. 115 ff.

[217] Baumgarten, R.: Das Maslow-Konzept: Wunschbild oder Wirklichkeit? In: ZfürO Heft 2 (1975), S. 72–78.

[218] Baur, H.: Kommunikationstechnik – wie Siemens auf Marktnähe schaltet. In: Absatzwitschaft Heft 7 (1976), S. 34–37.

[219] Blanke, H. u. H. Kirsten: Organisationsplanung. In: IBM-Nachrichten 222. S. 255–260.

[220] Bernhard, A.: Attraktive Möglichkeiten der Matrix-Organisation. In: IO Heft 8 (1974), S. 341–345.

[221] Berschin, H. H.: Participation in Planning. In: LRP Heft 4 (1973), S. 25–30.

[222] Bertalanffy, L. v.: Zu einer allgemeinen Systemlehre (aus: Biologica Generalis 1/1949, S. 114–129). In: Organisation als System. Hrsg. von K. Bleicher. Wiesbaden 1972.

[223] Bhattacharyya, S. K.: Management control systems and conflict – a framework for analysis and resolution. In: International Studies of Management & Organization Heft 4 (1973/74), S. 43–63.

[224] Bidlingmeier, J.: Die Bedeutung zielgerichteter Informationen für die Unternehmensführung. In: ZfürO Heft 3 (1970), S. 97–102.

[225] Biedermann, E. A. u. R. Brändle: Erfolgszentren legieren Marketing und Technik. In: Plus Heft 6 (1971), S. 17–22.

[226] Bläsius, W.: Vorschlag zur Erstellung eines Management-Informationssystems. In: bürotechnik Heft 3 (1971), S. 138–144.

[227] Blau, H.: Die Planung von Management-Informationssystemen. Nachdruck einer Artikelserie in BTA. (1967).

[228] Blau, H.: Wie intelligent darf ein Terminal – gerade noch – sein, daß es nicht auf Abwege gerät? In: bürotechnik Heft 12 (1975), S. 1329–1330.

[229] Bleicher, K.: Die Organisation der Unternehmung in systemtheoretischer Sicht. In: ZfürO Heft 4 (1971), S. 171–177.

[230] Bleicher, K.: Führungsstile, Führungsformen und Organisationsformen. In: ZfürO Heft 2 (1969), S. 31–40.

[231] Bleicher, K.: Konferenzen. In: HWO. Hrsg. von E. Grochla, Stuttgart 1969. Sp. 856–861.

[232] Bleicher, K.: Koordinationsorgane in der Unternehmungsorganisation. In: ZfürO Heft 8 (1968), S. 281–288.

[233] Bleicher, K.: Organisation der Unternehmensplanung. In: Unternehmungsplanung. Hrsg. v. J. Wild, Reinbek 1975, S. 283–318.

[234] Bleicher, K.: Probleme langfristiger Organisationsplanung. In: ZfürO Heft 1 (1968), S. 1–10.

[235] Bleicher, K.: Zur Organisation von Entscheidungsprozessen. In: Sonderdruck aus Schriften zur Unternehmensführung. Hrsg. von H. Jacob. Wiesbaden 1970, S. 55–80.

[236] Bleicher, K.: Zur Zentralisation und Dezentralisation von Entscheidungsaufgaben. In: Die Unternehmung Heft 2 (1969), S. 123–139.

[237] Blohm, H.: Der Entscheidungsbaum als praktikables Entscheidungsmodell im Meta-Regelkreissystem. In: ZfürO Heft 5 (1972), S. 227–232.

[238] Bosetzky, H.: Der Fehler als Voraussetzung zum Funktionieren großer Organisationen. In: ZfürO Heft 1 (1974), S. 36–37.

[239] Brankamp, K.: Produktplanung – Instrument der Zukunftssicherung im Unternehmen. In: Konstruktion Heft 8 (1974), S. 319–321.

[240] Brehm, E.: Die Verwendung von Prognosen in der Unternehmungsplanung. In: IO Heft 4 (1976), S. 131–135.

[241] Brockhoff, K.: A Test for the Product Life Cycle. In: Econometria (1967), S. 472 ff.

[242] Bühner, R.: Zum Situationsansatz in der Organisationsforschung. In: ZfürO Heft 2 (1977), S. 67–74.

[243] Bünte, P.: Nutzen und Aufwand bei Datenverarbeitungsprojekten. In: ZfürO Heft 6 (1974), S. 331–338.

[244] Carter, E. E. u. K. J. Cohen: Portfolio Aspects of Strategic Planning. In: Modell- und computer-gestützte Unternehmungsplanung. Hrsg. von E. Grochla u. N. Szyperski. Wiesbaden 1973, S. 498–531.

[245] Chenu, P. u. D. L. Wilemon: A decision process for a new product selection. In: Industrial Marketing Management Heft 3 (1973), S. 33–46.

[246] Cleland, D. I. und W. R. King: Developing A Planning Culture for More Effective Strategic Planning. In: LRP Heft 3 (June 1974), S. 70 bis 74.

[247] Clifford, D. K., B.A A. Bridgewater u. T. Hardy: The game has changed. In: McKinsey Quarterley (Autumn 1975), S. 2–21.

[248] Corey, E. R.: Key options in market selection and product planning. In: HBR (September/Oktober 1975), S. 119–128.

[249] Danert, G. u. D. Solaro: Das integrierte Planungs- und Kontrollsystem der Standard Elektrik Lorenz AG (SEL) im Rahmen der International Telephone & Telegraph Corporation (ITT). In: Hahn, D., Planungs- und Kontrollrechnung – PuK. Wiesbaden 1974, S. 757–821.

[250] Davies, S. M. u. P. R. Lawrence: Die Probleme der Matrix-Organisation. In: Manager Magazin Heft 10 (1978), S. 98–111.
[251] DIN 19226: Berlin und Köln. (Ausg. Mai 1968).
[252] Dinkelbach, W.: Entscheidungsmodelle. In: HWO. Hrsg. von E. Grochla. Stuttgart 1969, Sp. 485–496.
[253] Dreger, W.: Grundlagen der Systemtechnik. In: IBM-Nachrichten 218 (1973), S. 823–829 (Teil 1); 219 (1974), S. 13–20 (Teil 2) und 223 (1974), S. 380–385 (Teil 3).
[254] Drukarczyk, J.: Zum Problem der Bestimmung des Wertes von Informationen. In: ZfB Heft 1 (1974), S. 1–18.
[255] Dullien, M.: Konflikt als Organisationsprinzip? In: ZfürO Heft 5 (1972), S. 247–248.
[256] Dullien, M.: Zur Anatomie des Projekt-Managements. In: ZfürO Heft 5 (1974), S. 261–265.
[257] Dworatschek, S.: Systemanalyse. In: ZfD Heft 7 (1971), S. 480–486.
[258] Dyment, J. J. u. K. F. Vaterrodt: Finanzen mit Computer planen. In: Plus Heft 10 (1971), S. 17–24.
[259] Ebskamp, K.: Strategische Planung in der Praxis. In: ZfbF Heft 1 (1979), S. 111–120.
[260] Engelhardt, W. H., K. Backhaus u. B. Günter: Investitionsgüter-Marketing. Eine kritische Bestandsaufnahme und Ansatzpunkt zur Weiterentwicklung. In: ZfB Heft 3 (1977), S. 153–166.
[261] Entrick, N. L.: „Die Dateninflation bei Management-Informations-Systemen." In: bürotechnik Heft 9 (1971), S. 532–537.
[262] Ernst, Th.: Techniken der Kostenrechnung in der Forschung. In: IO Heft 6 (1976), S. 227–229.
[263] Faesch, R.: Organisatorische Formen interdisziplinärer Zusammenarbeit im Unternehmen. In: ZfürO Heft 6 (1974), S. 325–330.
[264] Fopp, L.: Marktplanung: So erfassen wir die Umweltveränderungen rascher und besser. In: IO Heft 4 (1977), S. 175–178.
[265] Fuchs, H.: Systemtheorie. In: HWO. Hrsg. von E. Grochla, Stuttgart 1969, Sp. 1618–1630.
[266] Fuchs, H. u. H. Lehmann: Managementprozesse aus systemtheoretisch-kybernetischer Sicht. In: BFuP (1973), S. 659–677.
[267] Fulmer, R. M.: „Product Management: Panacea or Pandora's Box." In: California Management Review vol. 7 (1965), S. 63–74.
[268] Fulmer, R. M. (Hrsg.): Organization for New Products Development, Experiences in Marketing Management No. 11 (New York: National Industrial Conference Board Inc., 1966), S. 28–32.
[269] Galbraith, J. R.: Gestaltungsmöglichkeiten der Matrixorganisation. In: ZfürO Heft 2 (1973), S. 75–83.
[270] Gasser, Ch.: Die industrielle Unternehmung vor den Aufgaben der Zukunft. In: IO Heft 5 (1970), S. 191–202.

[271] Geyer, E.: Produktplanung. In: Management Enzyklopädie. München 1969, S. 1251–1264.

[272] Götzen, G. u. W. Kirsch: Problemfelder und Entwicklungstendenzen der Planungspraxis. In: ZfbF Heft 3 (1979), S. 162–194.

[273] Goggin, W. C.: How the multidimensional structure works at Dow Corning. In: HBR (Januar/Februar 1974), S. 54–65.

[274] Golembiewski, R. T.: A New ‚Staff' Model: A Synthesis from Behavioral Research. In: Managerial Behavior and Organization Demand. Chicago 1967, S. 296–315.

[275] Grabwoski, H. u. W. Friese: Systematische Produktplanung in Unternehmen der Investitionsgüterindustrie. In: Planung und Produktion Heft 12 (1974), S. 208–215.

[276] Grinyer, P. H. u. D. Norburn: Strategic Planning in 21 U.K. Companies. In: LRP Heft 4 (August 1974), S. 80–88.

[277] Grochla, E.: Auswirkungen der automatisierten Datenverarbeitung auf die Unternehmungsplanung. In: Unternehmungsplanung. Hrsg. von J. Wild. Reinbek 1975, S. 155–168.

[278] Grochla, E.: Die Gestaltung entscheidungsorientierter Informationssysteme als Aufgabe der Unternehmungsführung. In: Datascope Heft 5 (1971), S. 1–7.

[279] Grochla, E.: Organisation der Planung. In: HWO. Hrsg. von E. Grochla. Stuttgart 1969, Sp. 1305–1317.

[280] Grochla, E.: Organisatorische Voraussetzungen einer effizienten modell- und computer-gestützten Unternehmungsplanung. In: Modell- und computer-gestützte Unternehmungsplanung. Hrsg. von E. Grochla u. N. Szyperski. Wiesbaden 1973, S. 263–279.

[281] Grün, O.: Entscheidung. In: HWO. Hrsg. von E. Grochla. Stuttgart 1969, Sp. 474–484.

[282] Günther, M.: Der Wandel der betriebswirtschaftlichen Probleme als Folge der Internationalisierung von Großunternehmen. In: ZfbF Heft 4 (1975), S. 220–239.

[283] Gysi, R.: Logistik. In: IO Heft 12 (1975), S. 575–578.

[284] Hahn, D.: Ergebnisorientierte Planungsrechnung mehrgliedriger Unternehmungen auf der Basis des „Return on Investment" (ROI). In: ZfürO Heft 5 (1969), S. 177–192.

[285] Hahn, D.: Führung des Systems Unternehmung. In: ZfürO Heft 4 (1971), S. 161–169.

[286] Hahn, D.: Industrielle Fertigungswirtschaft in entscheidungs- und systemtheoretischer Sicht. In: Sonderdruck aus der Zeitschrift für Organisation Heft 6, 7, 8 (1972).

[287] Hahn, D.: Organisationsplanung und Planungsprozeß. In: ZfürO Heft 8 (1976), S. 447–453.

[288] Hahn, D.: Wachstumspolitik industrieller Unternehmungen. In: BFuP (1970), S. 609 ff.

[289] Hahn, D.: Wertanalyse. In: N. B. Heft 6 (1970), S. 1–5.
[290] Hahn, D. u. U. Krystek: Betriebliche und überbetriebliche Frühwarnsysteme für die Industrie. In: ZfbF Heft 2 (1979), S. 76–88.
[291] Haier, U.: Innovationsprozeß in einem Großunternehmen. In: Technischer Fortschritt – Ursache und Auswirkung wirtschaftlichen Handelns. Hrsg. vom Ifo-Institut für Wirtschaftsforschung. München 1974, S. 319–333.
[292] Hamilton, W. F. u. M. A. Moses: An Analytical System for Corporate Strategic Planning. In: Modell- und computer-gestützte Unternehmensplanung. Hrsg. von E. Grochla und N. Szyperski. Wiesbaden 1973, S. 322–337.
[293] Hammond III, J. S.: Do's & don'ts of computer models for planning. In: HBR Heft 2 (März/April 1974), S. 110–123.
[294] Hax, H. u. H. Laux: Fexible Planung – Verfahrensregeln und Entscheidungsmodelle für die Planung bei Ungewißheit. In: ZfbF (1972), S. 318–340.
[295] Hayes, R. L. u. R. Radosevich: Designing Information Systems for Strategic Decisions. In: LRP Heft 4 (1974), S. 45–48.
[296] Heinen, E.: Der entscheidungsorientierte Ansatz der Betriebswirtschaftslehre. In: ZfB Heft 7 (1971), S. 429–444.
[297] Heinen, E.: Die Zielfunktion der Unternehmung. In: Zur Theorie der Unternehmung. Hrsg. von H. Koch. Wiesbaden 1962.
[298] Hellerich, P. u. D. Hagen: Portfolio Management. In: Management Enzyclopädie. München 1969, S. 1152–1161.
[299] Helms, E. W.: Formal Approaches to Strategic Planning. In: Modell- und computer-gestützte Unternehmungsplanung. Hrsg. von E. Grochla und N. Szyperski. Wiesbaden 1973, S. 205–214.
[300] Henke, M.: Produkt-Abbruch-Entscheidungen bei zufallsabhängigen Periodengewinnen. In: ZfB Heft 8 (1972), S. 565–582.
[301] Henzler, H.: Strategische Geschäftseinheiten (SGE): Das Umsetzen von strategischer Planung in Organisation. In: ZfB Heft 10 (1978), S. 912–919.
[302] Hettich, G. O.: Entscheidungskriterien, Entscheidungsregeln, Entscheidungsprinzipien. In: WiSt Heft 3 (1977), S. 126–132.
[303] Heuer, G.: Wie läßt sich der Erfolg industrieller Forschungs- und Entwicklungsvorhaben voraussagen? In: IO Heft 2 (1976), S. 72–74.
[304] Hirsch, R. E.: Informationswert und -kosten und deren Beeinflussung. In: ZfbF (1968), S. 670–676.
[305] Hirsch, V.: Bewertungsprofile bei der Planung neuer Produkte. In: ZfbF (1968), S. 291–303.
[306] Hoffmann, M. J. A.: Auswirkungen komplexer EDV-Systeme auf die betriebliche Organisationsstruktur. In: ZfürO Heft 8 (1973), S. 449–454.
[307] Ingersoll, B.: Siemens rejigs product planning. In: International Management. (November 1969), S. 24–25.
[308] Irgel, L.: Team mit oder als Spitze? In: IO Heft 1 (1976), S. 27–28.
[309] Irle, M.: Psychologische Führungsprobleme. In: HWO. Hrsg. von E. Grochla. Stuttgart 1969, Sp. 583–595.

[310] Ishikawa, A. u. C. H. Smith: A Feedforward Control System for organizational Planning and Control. In: International Studies of Management & Organization Heft 4 (1973/74), S. 5–29.

[311] Josephy, A.: „Technische Erfolgskontrolle" verbessert den Lebenszyklus eines Produktes. In: IO Heft 6 (1976), S. 219–222.

[312] Kappler, E.: Informationskosten aus der Sicht der Informationsökonomik und des Informationsverhaltens. In: ZfürO Heft 2 (1975), S. 95–104.

[313] Keidel, H.: Modellgestützte Planung komplexer Systeme. Dargestellt am Beispiel des Marketingsystems. In: ZfürO Heft 2 (1975), S. 79–85.

[314] Kern, U.: Zur Bildung und zum Einsatz von Gruppen in der Unternehmung. In: ZfürO Heft 3 (1976), S. 157–161.

[315] Kern, W.: Kennzahlensystem als Niederschlag interdependenter Unternehmungsplanung. In: ZfbF (1971), S. 701–718.

[316] Kieser, A.: Der Einfluß der Umwelt auf die Organisationsstruktur der Unternehmung. In: ZfürO Heft 6 (1974), S. 302–314.

[317] Kieser, A.: Management der Produktinnovation: Strategie, Planung und Organisation. In: Management International Heft 1 (1974), S. 3–19.

[318] Kirsch, W.: Probleme der Unternehmensführung bei der Entwicklung und Implementierung von Management-Informationssystemen. In: Die Unternehmung Heft 3 (1974), S. 173–185.

[319] Kirsch, W. u. I. Bamberger: Strategische Unternehmensplanung, Rationalität und Philosophien der politischen Planung. In: ZfB Heft 4/5 (1976), S. 341 bis 356.

[320] Kirsch, W. u. H.-P. Kieser: Perspektiven der Benutzeradäquanz von Management-Informations-Systemen. In: ZfB Heft 6 (1974), S. 383–402 (Teil 1); Heft 7/8 (1974), S. 527–548 (Teil 2).

[321] Klaus, H. G.: Die Bedeutung von Konflikten für das Management von Projekten. In: Angewandte Informatik Heft 4 (1974), S. 171–175.

[322] Koch, H.: Zum Verfahren der strategischen Programmplanung. In: ZfbF Heft 3 (1979), S. 145–161.

[323] Köhler, R.: Die Kontrolle strategischer Pläne als betriebswirtschaftliches Problem. In: ZfB Heft 4/5 (1976), S. 301–318.

[324] Koreimann, D. S.: Informationssysteme auf die Bedürfnisse der Benutzer abstimmen! In: IO Heft 3 (1974), S. 148–152.

[325] Kosiol, E.: Modellanalyse als Grundlage unternehmerischer Entscheidungen. In: ZfhF Heft 7 (1961), S. 318–334.

[326] Kosiol, E.: Zur Problematik der Planung in der Unternehmung. In: Unternehmungsplanung, Hrsg. von J. Wild. Reinbek 1975, S. 38–57.

[327] Kosiol, E., N. Szyperski u. K. Chmielewicz: Zum Standort der Systemforschung im Rahmen der Wissenschaften. In: ZfbF Heft 5 (1965), S. 337–378.

[328] Kováts, P.: Management by Innovation. In: Plus Heft 2 (1971), S. 17–24.

[329] Kramer, R.: Planung und Organisation. In: HWO. Hrsg. von E. Grochla. Stuttgart 1969, Sp. 1317–1324.

[330] Kraus, H.: Informationsplanung. In: Unternehmensplanung. Hrsg. von H. Ulrich. Wiesbaden 1975, S. 179–196.

[331] Krüger, W.: Umweltwandel und Unternehmungsverhalten. In: ZfürO Heft 2 (1974), S. 62–70.

[332] Krulis-Randa, J. S.: So finden wir den „relevanten Markt" für die Unternehmung. In: IO Heft 3 (1977), S. 104–106.

[333] Lutz, Th.: Informationssysteme und Datenbanken. Teil 1–4. In: IBM-Nachrichten 215 (1973), S. 624–630 (Teil 1); 216 (1973), S. 706–711 (Teil 2); 217 (1973), S. 804–710 (Teil 3) und 218 (1973), S. 910–914.

[334] Lutz, Th. u. H. Beutler: Management Information Systems (MIS), Teil 1: Begriffe und Konzeption für ManagementInformationssysteme. In: IBM-Nachrichten 191 (1968), S. 367–374.

[335] Lutz, Th. u. P. Miottke: Management Information Systems (MIS). Der Weg zu einem MIS. In: IBM-Nachrichten 193 (1969), S. 534–541.

[336] Macharzina, K.: Neuere Entwicklungen in der Führungsforschung. In: ZfürO Heft 1 (1977), S. 7–16 (Teil 1) und Heft 2 (1977), S. 101–108 (Teil 2).

[337] Magee, J. F.: Decision Trees for Decision Making. In: HBR (Juli/August 1964), S. 126 ff.

[338] Malik, F. u. P. Gomez: Evolutionskonzepte für unternehmerische Entscheide. In: IO Heft 9 (1976), S. 308–312.

[339] Malik, F., P. Gomez u. K.-H. Oeller: Eine Systemmethodik zur Erschließung neuer Märkte. In: IO Heft 11 (1976), S. 407–412.

[340] Marx, G.-R.: Marketing bei verschärfter Konkurrenz. In: IO Heft 3 (1977), S. 107–111.

[341] Matsuda, T. u. T. Morokoshi: Management Systems in Multilevel Organizations. In: International Studies of Management & Organization. Heft 4 (1973/4), S. 76–119.

[342] Maul, H.: Unternehmerische Planungen und Entscheidungen bei der Einführung neuer Produkte. In: ZfürO Hert 2 (1964), S. 52–62.

[343] Medicke, W.: Kurzfristige Erfolgsrechnung: Optimale Kontrolle mit EDV-Einsatz. In: Wirtschaftswoche Nr. 49 (8.12.1972), S. 43–62.

[344] Meffert, H.: Die Durchsetzung von Innovationen in der Unternehmung und im Markt. In: ZfB (1976), S. 77–100.

[345] Meffert, H.: Entwicklungstendenzen des Marketing an amerikanischen Hochschulen. In: ZfB Heft 11 (1976), S. 834–841.

[346] Meissner, H.-G.: Die Unternehmung im weltwirtschaftlichen Strukturwandel. In: ZfbF Heft 4 (1975), S. 190–199.

[347] Mellerowicz, K.: Sozialorientierte Unternehmensführung. In: ZfürO Heft 8 (1976), S. 429–433.

[348] Mertens, P.: Zum Inhalt der computer-unterstützten Führungsinformation. In: Management-Informationssysteme. Hrsg. von E. Grochla und N. Szyperski. Wiesbaden 1972, S. 654–665.

[349] Mertens, P. u. H. Kiess: Mensch – Maschinen – Kommunikation als Hilfe bei Entscheidungsvorbereitung und Planung. In: ZfbF (1970), S. 1–21.

[350] Milliken, J. G. u. E. J. Morrison: Management methods from aerospace. In: HBR (März/April 1973), S. 6 ff.

[351] Müller, W. R. u. W. Hill: Die situative Führung. In: Die Betriebswirtschaft (1977), S. 353–378.

[352] Musiol, A.: Organisation von Organisationsprojekten. In: ZfürO Heft 4 (1974), S. 192–206 (Teil 1) und Heft 5 (1974), S. 227–286 (Teil 2).

[353] Nagel, K.: Grundlagen und Aufbau eines Management-Informationssystems. In: ZfürO Heft 3 (1970), S. 104–110.

[354] Peisl, A.: Die Produktplanung in einem S&H-Werk. München 1965 (nicht veröffentlicht).

[355] Peisl, A.: Unternehmensorganisation und Datenverarbeitung – Sechs Thesen für den Vorstand –. In: ZfB Heft 8 (1979), S. 673–691.

[356] Peisl, A. u. B. Lüttge: Konzeption und Organisation der Unternehmensplanung der Siemens AG. In: ZfbF Heft 6 (1975), S. 349–365.

[357] Pfeiffer, E. u. P. Bischof: Produktlebenszyklen als Basis der Unternehmensplanung. In: ZfB Heft 10 (1974), S. 635–666.

[358] Pfohl, H.-C.: Die Logistik als Beispiel für Auswirkungen des Systemdenkens in der entscheidungsorientierten Betriebswirtschaftslehre. In: Management International Heft 1 (1974), S. 67–80.

[359] Prahalad, C. K.: Strategic choices in diversified MNCs. In: HBR (Juli/August 1976), S. 67–78.

[360] Probst, A. R.: Computermodelle für die Unternehmungsplanung. In: IO Heft 7/8 (1976), S. 267–270.

[361] Quinn, J. B. u. J. A. Mueller: Transferring Research Results to Operations. In: HBR (Januar/Februar 1963), S. 49–66.

[362] Rittmeier, B.: Entscheidungshilfen im Informations-System. In: bürotechnik Heft 4 (1971), S. 216–218.

[363] Rölle, H.: Die Ermittlung des Informationsbedarfs der Manager – Ausgangspunkt oder Ziel des MIS? In: Management-Informationssysteme. Hrsg. von E. Grochla und N. Szyperski. Wiesbaden 1972, S. 761–783.

[364] Rölle, H.: Die modellgestützte Systemanalyse für die Gestaltung problembezogener computergestützter Informationssysteme. In: ZfD Heft 1 (1972), S. 24–30.

[365] Rölle, H.: Planungssystem als Grundlage computergestützter Planungsprozesse. In: Modell- und computer-gestützte Unternehmungsplanung. Hrsg. von E. Grochla und N. Szyperski. Wiesbaden 1973, S. 667–696.

[366] Röthig, P.: Organisation und Krisen-Management. In: ZfürO Heft 1 (1976), S. 13–20.

[367] Rüggeberg, H.: Organisation Development (OD) – Antwort auf Führungsprobleme unserer Zeit? Vortrag (überarbeitete Kurzfassung) anläßlich des 27. deutschen Betriebswirtschafter-Tages am 2. 10. 1973 in Berlin.

[368] Rytz, R. u. A. Seiler: Strategie der Investitionsentscheide. In: IO Heft 9 (1974), S. 374–380.

[369] Sahm, A.: Führungsverhalten in Problem- und Konfliktsituationen. In: ZfürO Heft 8 (1970), S. 365–371.

[370] Schanz, G.: Ein Modell zur Planung des Forschungs- und Entwicklungsaufwands in industriellen Unternehmungen. In: BFuP Heft 3 (1976), S. 270–282.

[371] Scheuch, E. K.: Konflikt in Organisationen. In: HWO. Hrsg. von E. Grochla. Stuttgart 1969, Sp. 861–873.

[372] Schierz, J.: Nicht mehr nach Gefühl entscheiden. In: Manager Magazin Heft 10 (1974), S. 116–122 (Teil 1) und Heft 11 (1974), S. 82–92 (Teil 2).

[373] Schlegel, H.: Produktplanung in der Automobilindustrie. In: ZfürO Heft 1 (1974), S. 17–29.

[374] Schmidt, E.: Wandlungen und Tendenzen in der Unternehmensführung internationaler Konzerne. In: ZfürO Heft 3 (1970), S. 93–96.

[375] Schmidt, P.: Matrixorganisation als geeignete Organisationsform für Mehrproduktunternehmen. In: ZfürO Heft 4 (1972), S. 183–190.

[376] Schmitz, P.: Voraussetzungen für die Gestaltung computergestützter Entscheidungssysteme. In: elektronische Datenverarbeitung Heft 9 (1970), S. 401–405.

[377] Schneider, S.: Konflikte in einer Matrixorganisation. In: ZfürO Heft 6 (1975), S. 321–330.

[378] Schoeffler, S., R. D. Buzzel u. D. F. Heany: Impact of strategic planning on profit performance. In: HBR (März/April 1974), S. 137–145.

[379] Schreiber, K.: Das Programm „Kurzfristige Erfolgsrechnung" der IBM-Rechenzentren. In: IBM-Nachrichten 215 (April 1973), S. 631–634.

[380] Schultheiß, R. R.: Finanzplanung mit EDV. In: IO Heft 2 (1970), S. 59–66.

[381] Schulze, W.: Verrechnungspreise in der Elektroindustrie (Siemens AG). In: Verrechnungspreise, Hrsg. v. G. Danert, H. J. Drumm u. K. Hax, Sonderheft 2 der ZfbF (1973), S. 53–59.

[382] Schumacher, R. u. P. Seiler: Das Rechnungswesen als Management-Instrument eines Großforschungszentrums. In: IO Heft 6 (1976), S. 223–226.

[383] Schwarz, H.: Die kombiniert verrichtungs- und objektorientierte Arbeitsteilung innerhalb der Unternehmungsleitung als Erscheinungsform der Anwendung des Matrix-Prinzips. In: ZfürO Heft 8 (1976), S. 443–446.

[384] Siegfried, P.: Über die Zuverlässigkeit logistischer Systeme. In: IO Heft 7/8 (1976), S. 276–278.

[385] Siemens AG (Hrsg.): Die Neuorganisation des Hauses Siemens, eine Darstellung der Hauptabteilung „Unternehmensplanung" der Siemens AG und Interview mit G. Tacke. In: ZürO Heft 8 (1970), S. 337–347.

[386] Siemens AG (Hrsg.): Geschäftsbericht 1978/79.

[387] Siemens AG (Hrsg.): Entwicklungstendenzen in der Elektronik. Erweiterter Sonderdruck aus der Siemens-Zeitschrift, Berlin und München 1976.

[388] Simon, H. A.: Technology and Environment. In: Management Science Heft 10 (1973), S. 1110–1121.

[389] Speiser, A. P.: Forschung und Entwicklung. In: IO Heft 1 (1976), S. 39–41.

[390] Staehle, W. H.: Deutschsprachige situative Ansätze in der Managementlehre. Heft 5 (1979), S. 218–222.

[391] Stalp, H. G.: Strategische Geschäftseinheiten? In: ZfB Heft 10 (1978), S. 919–924.

[392] Stang, R.: IFIS Ein integriertes Führungs- und Informationssystem. In: Plus Heft 2 (1971), S. 37–43.

[393] Steinbuch, K.: Kybernetik und Organisation. In: ZfürO Heft 2 (1964), S. 41–47 und Heft 3 (1964), S. 94–105.

[394] Steinbuch, P. A.: Transparenz durch Datenmatrix. In: bürotechnik Heft 4 (1976), S. 62–65.

[395] Strunz, H.: Eine Methode zur Zergliederung von Entscheidungstabellen. In: Angewandte Informatik Heft 3 (1971), S. 117–122.

[396] Strunz, H.: Entscheidungstabellen und ihre Anwendung bei Systemplanung, -implementierung und -dokumentation. In: elektronische Datenverarbeitung Heft 2 (1970), S. 56–65.

[397] Spiecker, A. u. H.-G. Jordan: Alle Jahre wieder. In: data report Heft 3 (1969), S. 27–32.

[398] Szyperski, N.: Gegenwärtiger Stand und Tendenzen der Entwicklung betrieblicher Informationssysteme. In: IBM-Nachrichten 214 (1973), S. 473–482.

[399] Szyperski, N. u. K. Welters: Grenzen und Zweckmäßigkeit der Planung. In: Die Unternehmung Heft 4 (1976), S. 265–283.

[400] Taylor, B.: Strategic Planning for Resources. In: LRP Heft 4 (1974), S. 12–26.

[401] Teichmann, H.: Die Bestimmung der optimalen Information. In: ZfB Heft 11 (1971), S. 745–774.

[402] Teichmann, H.: Theorie und Praxis der Bestimmung des Planungshorizonts. In: KRP Heft 6 (1975), S. 257–266.

[403] Teichmann, H.: Zum Wert und Preis von Informationen. In: ZfB Heft 5 (1973), S. 373–390.

[404] Thom, N.: Innovationsfördernde Organisations- und Führungsformen: Projekt- und Produktmanagement. In: DBw Heft 5 (1974), S. 118–125.

[405] Thomée, F. u. S. Höhn: Integrierte Planungsrechnung im Planungssystem der Volkswagen AG, Wolfsburg. In: Hahn, D., Planungs- und Kontrollrechnung-PuK. Wiesbaden 1974, S. 639–703.

[406] Thymm, B.: IPAK Integrierte Planung, Abrechnung und Kontrolle. In: bürotechnik Heft 10 (1970), S. 668–673.

[407] Trebesch, K.: Innovationsfördernde Organisationsstrukturen. In: IO Heft 6 (1973), S. 227–282.

[408] Türk, K.: Gruppenentscheidungen. In: ZfB Heft 4 (1973), S. 295–322.

[409] Ulrich, H.: Die Organisation der Planung. In: Grundprobleme der Unternehmungsplanung. Hrsg. vom Institut für Betriebswirtschaft an der Hochschule St. Gallen für Wirtschafts- und Sozialwissenschaften. Bern 1968, S. 23–37.

[410] Unterguggenberger, S.: Betriebswirtschaftliche Überlegungen zur Problematik

der Forschungs- und Entwicklungskosten für neue Industrieprodukte. In: ZfB Heft 4 (1972), S. 262–282.
[411] Vieweg, R.: Der Einfluß der Organisationsformen auf den Entscheidungsprozeß. In: ZfürO Heft 2 (1972), S. 77–74.
[412] Wagle, B. V.: „Management Science" und strategische Planung. In: IBM-Nachrichten 210 (1972), S. 103–108 (Teil 1) und 211 (1972), S. 180–182 (Teil 2).
[413] Warnecke, H.-J.: Innovationen in der Produktionstechnik. In: Technischer Fortschritt – Ursache und Auswirkung wirtschaftlichen Handelns. Hrsg. Ifo-Institut für Wirtschaftsforschung. München 1974, S. 109–133.
[414] Welters, K.: Zum Problembegriff einer Theorie strategischer Unternehmungsplanung. In: ZO Zeft 3 (1978), S. 135–142.
[415] Wild, J.: Bestandteile, Aufbauprinzipien und Entwicklungsstufen von Planungssystemen. In: Modell- und computer-gestützte Unternehmungsplanung. Hrsg. von E. Grochla und N. Szyperski. Wiesbaden 1973, S. 215–229.
[416] Wild, J.: Informationstheorie. In: Management Encyclopädie. München 1969, S. 530–546.
[417] Wild, J.: Input- und Output-Prozeßanalyse von Informationssystemen. In: ZfbF (1970), S. 50–72.
[418] Wild, J.: Kosten der Information. In: BFuP Heft 11 (1973), S. 616–624.
[419] Wild, J.: Unterentwickeltes Management by . . . In: Manager Magazin Heft 10 (1972), S. 60–64.
[420] Wild, J.: Zur Problematik der Nutzenbewertung von Informationen. In: ZfB Heft 5 (1971), S. 315–334.
[421] Wilke, F. L. u. G. v. Velsen: Informationsnetze entwirren. In: Plus Heft 7 (1971), S. 17–23.
[422] Witte, E.: Die Organisation komplexer Entscheidungsverläufe. In: ZfbF Heft 9 (1968), S. 581–599.
[423] Witte, E.: Entscheidungsprozesse. In: HWO. Hrsg. von E. Grochla. Stuttgart 1969, Sp. 497–506.
[424] Witte, E.: Führungsstile, In: HWO. Hrsg. von E. Grochla. Stuttgart 1969, Sp. 595–602.
[425] Witte, E.: Kraft und Gegenkraft im Entscheidungsprozeß. In: ZfB Heft 4/5 (1976), S. 319–326.
[426] Witte, E.: Mikroskopie einer unternehmerischen Entscheidung. In: IBM-Nachrichten 193 (1969), S. 490–495.
[427] Witte, E.: Phasen-Theorem und Organisation komplexer Entscheidungsverläufe. In: ZfbF Heft 10 (1968), S. 625–647.
[428] Wolter, A.: Zielgerechte Erfolgsrechnung. In: Plus Heft 3 (1970), S. 67–72.
[429] Zahn, E.: Zur Anwendung mathematischer Modelle bei der strategischen Planung. In: Modell- und computer-gestützte Unternehmungsplanung. Hrsg. von E. Grochla und N. Szyperski. Wiesbaden 1973, S. 597–619.
[430] Zangemeister, Chr.: Systemtechnik – eine Methodik zur zweckmäßigen Gestaltung komplexer Systeme. In: ZfürO Heft 5 (1970), S. 209–217.

[431] Zangemeister, Chr.: Werturteil und formalisierte Planungsprozesse. In: Modell- und computer-gestützte Unternehmungsplanung. Hrsg. von E. Grochla und N. Szyperski. Wiesbaden 1973, S. 97–123.

[432] Zarecor, W. D.: High-technology product planning. In: HBR (Januar/Februar 1975), S. 108–115.

[433] Zimmermann, K.: Die Projektgruppe als Organisationsform zur Lösung komplexer Aufgaben. In: ZfürO Heft 2 (1970), S. 45–51.

Sachregister

FSC
www.fsc.org
MIX
Papier | Fördert gute Waldnutzung
FSC® C083411

Kolibri 360 GmbH
Ferdinand-Jühlke-Straße 7
99095 Erfurt, Deutschland
produktsicherheit@kolibri360.de